Das Gute und das Gerechte

Jan Rommerskirchen

Das Gute und das Gerechte

Eine Einführung
in die praktische Philosophie

2. Auflage

Jan Rommerskirchen
Hochschule Fresenius
Köln, Deutschland

ISBN 978-3-658-22504-9   ISBN 978-3-658-22505-6   (eBook)
https://doi.org/10.1007/978-3-658-22505-6

Die Deutsche Nationalbibliothek verzeichnet diese Publikation in der Deutschen National-
bibliografie; detaillierte bibliografische Daten sind im Internet über http://dnb.d-nb.de abrufbar.

© Springer Fachmedien Wiesbaden GmbH, ein Teil von Springer Nature 2015, 2019
Das Werk einschließlich aller seiner Teile ist urheberrechtlich geschützt. Jede Verwertung, die
nicht ausdrücklich vom Urheberrechtsgesetz zugelassen ist, bedarf der vorherigen Zustimmung
des Verlags. Das gilt insbesondere für Vervielfältigungen, Bearbeitungen, Übersetzungen,
Mikroverfilmungen und die Einspeicherung und Verarbeitung in elektronischen Systemen.
Die Wiedergabe von Gebrauchsnamen, Handelsnamen, Warenbezeichnungen usw. in diesem
Werk berechtigt auch ohne besondere Kennzeichnung nicht zu der Annahme, dass solche
Namen im Sinne der Warenzeichen- und Markenschutz-Gesetzgebung als frei zu betrachten
wären und daher von jedermann benutzt werden dürften.
Der Verlag, die Autoren und die Herausgeber gehen davon aus, dass die Angaben und Informa-
tionen in diesem Werk zum Zeitpunkt der Veröffentlichung vollständig und korrekt sind.
Weder der Verlag noch die Autoren oder die Herausgeber übernehmen, ausdrücklich oder
implizit, Gewähr für den Inhalt des Werkes, etwaige Fehler oder Äußerungen. Der Verlog bleibt
im Hinblick auf geografische Zuordnungen und Gebietsbezeichnungen in veröffentlichten Karten
und Institutionsadressen neutral.

Verantwortlich im Verlag: Frank Schindler

Springer ist ein Imprint der eingetragenen Gesellschaft Springer Fachmedien Wiesbaden GmbH
und ist ein Teil von Springer Nature
Die Anschrift der Gesellschaft ist: Abraham-Lincoln-Str. 46, 65189 Wiesbaden, Germany

Vorwort zur zweiten Auflage

Die praktische Philosophie bietet ihren Freunden die Möglichkeit, über das eigene Leben nachzudenken. Wie keine andere Wissenschaft verbindet sie eigenes Handeln und Denken, Praxis und Theorie. Ihre Aufgabe ist seit vielen Jahrhunderten dieselbe: Sie fordert auf zur Reflexion über das eigene Tun, sie sät den Zweifel und erntet die Selbst-Aufklärung. Dieses Buch will dazu beitragen, indem es philosophische Theorien und praktische Fallbeispiele verknüpft. Für die zweite Auflage wurden zahlreiche Kapitel überarbeitet und aktualisiert, wobei insbesondere neue Erkenntnisse aus der psychologischen Verhaltensforschung und aus Experimenten der Verhaltensökonomie aufgegriffen wurden. Ich hoffe, dass das Verständnis der praktischen Philosophie und ihrer Theorien der täglichen Praxis dadurch anschaulicher geworden ist.

In den letzten Jahren durfte ich mit vielen Studentinnen und Studenten die Frage nach dem guten und dem gerechten Handeln diskutieren. Aus diesen Gesprächen ergaben sich weitere Klarstellungen, die hoffentlich ebenfalls eine Verbesserung des Textes darstellen. Ich danke allen Studentinnen und Studenten hierfür. Dem Springer VS Verlag und Frank Schindler danke ich für das Angebot, eine zweite Auflage als Sachbuch zu veröffentlichen, und die freundliche Unterstützung. Monika Mülhausen und Kerstin Hoffmann danke ich für die schnelle und gelungene Lektorierung. Für ihre kritischen Fragen und Vorschläge zur Verbesserung danke ich auch Anna Pluymakers, Laura Opolka und Dr. Michael Roslon. Meiner Frau Barbara gebührt auch bei dieser Überarbeitung mein besonderer Dank, ohne ihre verständige, kritische und geduldige Prüfung des Manuskripts wäre dieses Buch nicht entstanden.

Vorwort zur ersten Auflage

Dieses Buch entstand im Rahmen meines Seminars *Praktische Philosophie* im Masterstudiengang Corporate Communication an der Hochschule Fresenius in Köln. Ich danke der Hochschule für die Möglichkeit, diese Themen in kleinen Gruppen behandeln zu können. Dank gebührt insbesondere den vielen Studierenden, die mir in den gemeinsamen Diskussionen durch ihre Fragen zahlreiche Anregungen für die Erstellung dieses Buches gegeben haben. Den Mitarbeitern des Verlags Springer VS, insbesondere Herr Frank Schindler und Frau Monika Mülhausen, danke ich für ihre freundliche Unterstützung bei der Verwandlung des Manuskripts in ein Buch. Mein ganz besonderer Dank gilt erneut meiner Frau Barbara für ihre Geduld, ihre Kritik und ihre Unterstützung. Erst in unseren Gesprächen über die Themen dieses Buches entstand ein expliziter Text. Ohne sie wäre aus dem Manuskript des Seminars keinesfalls ein Buch entstanden, das meine Gedanken lesbar und verständlich macht.

Inhalt

Abbildungsverzeichnis XI

1	**Einleitung**	1
1.1	Der Anfang der Philosophie	5
1.2	Der Anfang der praktischen Philosophie	10

2	**Ethik als Wissenschaft**	15
2.1	Ethik und Moral	16
2.2	Recht und Gerechtigkeit	23
2.3	Gut handeln	31
2.4	Ein Dilemma und drei Lösungen	36

3	**Grundlagen der Ethik**	43
3.1	Teleologische Ethik	43
	3.1.1 Das Gute und das Ziel des Handelns	43
	3.1.2 Aristoteles und die Glückseligkeit	46
3.2	Utilitaristische Ethik	61
	3.2.1 Das Nützliche und das Gute	61
	3.2.2 Thomas Hobbes und der Nutzen der Ethik	63
	3.2.3 Adam Smith und das ethische Gefühl	66
	3.2.4 Gefangene und Organe	71
	3.2.5 Jeremy Bentham und das Glück der größten Zahl	72
	3.2.6 Politik und Terror	79
	3.2.7 John Stuart Mill und das bessere Glück	81
3.3	Deontologische Ethik	96
	3.3.1 Die Schlangenwindungen der Glückseligkeitslehren	96
	3.3.2 Immanuel Kant und die praktische Vernunft	99

4	**Sozialethik**	**117**
4.1	Kontraktualistische Ethik	118
	4.1.1 Gerechtigkeit als Spiel	118
	4.1.2 John Rawls und die Theorie der Gerechtigkeit	121
4.2	Neo-Utilitarismus	136
	4.2.1 Das Recht der Tiere	136
	4.2.2 Peter Singer und der Präferenz-Utilitarismus	140
	4.2.3 Aschenputtel unter Kannibalen	146
	4.2.4 Robert Nozick und der Libertarianismus	149
4.3	Kommunitaristische Ethik	155
	4.3.1 Das Kopftuch als Symbol	155
	4.3.2 Michael Sandel und die Republik der Bürger	158
5	**Wirtschaftsethik**	**167**
5.1	Sozialethische Ansätze	175
	5.1.1 Was verdient ein Manager?	175
	5.1.2 Oswald von Nell-Breuning und die soziale Ordnung	178
5.2	Ordnungsethische Ansätze	182
	5.2.1 Vertrauen und Verrat	182
	5.2.2 Karl Homann und die Anreizsysteme	188
5.3	Sozioökonomische Ansätze	195
	5.3.1 Der Preis der Gerechtigkeit	195
	5.3.2 Amitai Etzioni und der Gemeinsinn	199
6	**Gerechtigkeitstheorien**	**207**
6.1	Gerechtigkeit als Fairness	208
	6.1.1 Generationengerechtigkeit	208
	6.1.2 John Rawls und der Generationenvertrag	213
6.2	Gerechtigkeit als Sozialwahl	221
	6.2.1 Eine gerechte Entwicklung	221
	6.2.2 Amartya Sen und die Idee der Gerechtigkeit	225
6.3	Gerechtigkeit als Gemeinwohl	234
	6.3.1 Die Gerechtigkeit und das Glück der Menschen	234
	6.3.2 Der Kommunitarismus und die multikulturelle Gesellschaft	244
	6.3.3 Charles Taylor und das Recht auf Selbstbestimmung	249
	6.3.4 Michael Walzer und die Sphären der Gerechtigkeit	255
7	**Das gute und das gerechte Handeln**	**263**
	Literatur	**277**

Abbildungsverzeichnis

Abbildung 1	Übersicht der Theoriebereiche	4
Abbildung 2	Ethik und das Gute	18
Abbildung 3	Ethik, Moral und Recht	25
Abbildung 4	Formen der Gerechtigkeit	31
Abbildung 5	Das Gute und die Gerechtigkeit	33
Abbildung 6	Voraussetzungen für ethisches Handeln	36
Abbildung 7	Übersicht der Theorien und ihrer Vertreter	40
Abbildung 8	Aristoteles und die Ziele des Handelns	55
Abbildung 9	Handlungs- und Regelutilitarismus	86
Abbildung 10	Kant und das Handeln zwischen Pflicht und Neigung	109
Abbildung 11	Wohlstandsverteilung in drei fiktiven Ländern	120
Abbildung 12	Rawls und der Schleier des Nichtwissens	127
Abbildung 13	Verantwortungspyramide des Unternehmens nach Carroll	170
Abbildung 14	Verantwortungsbereiche in der Wirtschaftsethik	173
Abbildung 15	Das Gefangenendilemma	185
Abbildung 16	Das öffentliche Güter-Spiel – Investitionen und Gewinne	187
Abbildung 17	Der Gini-Koeffizient	223
Abbildung 18	Verteilungsformen des Wohlstands	223
Abbildung 19	Ungleichheit und Statistik	225
Abbildung 20	Verteilung von Arbeitseinkommen und Kapitalbesitz	235
Abbildung 21	Index für menschliche Entwicklung, HDI	237
Abbildung 22	Wohlstand und Zufriedenheit	239
Abbildung 23	Ökologische Belastungen und Zufriedenheit	241
Abbildung 24	IHDI, Zufriedenheit und ökologische Belastung	243

Abbildung 25   Die Paradigmen der praktischen Philosophie   264
Abbildung 26   Positionen und Konzepte der Gerechtigkeit   269
Abbildung 27   Themenbereiche der praktischen Philosophie   274

Einleitung 1

Im Juni 2013 treffen sich zwei Journalisten einer britischen Tageszeitung mit dem Mitarbeiter einer US-amerikanischen Beratungsfirma für IT-Sicherheit in einem Hotel in Hongkong. Der Sicherheitsberater Edward Snowden informiert die Journalisten bei diesem Treffen über die Aktivitäten der Geheimdienste NSA, CIA und GCHQ und übergibt ihnen zahlreiche Unterlagen und Daten, die er als Mitarbeiter und Berater der Geheimdienste gesammelt hat. Nach der Veröffentlichung der geheimen Informationen über die teilweise illegale Abhörarbeit der Dienste erhebt die US-Justiz Anklage wegen Diebstahls und Spionage, Snowden flieht nach Russland.

In seinem Heimatland USA würde Snowden vor Gericht gestellt. Er hat das Vertrauen seiner Arbeitgeber und Kollegen missbraucht und geheimdienstliche Erkenntnisse weitergegeben. Dafür kann er in den USA aufgrund des ›Espionage Act‹, einem Gesetz »voller Gummiparagrafen« (Wefing & Pham, 2013) aus dem Jahr 1917, zu einer jahrzehntelangen Gefängnisstrafe oder sogar zum Tode verurteilt werden.

Die Regierung der Bundesrepublik Deutschland will Edward Snowden daher aus rechtlichen Gründen kein Asyl anbieten und würde ihn an die USA ausliefern. Falls Snowden jedoch bei einem zufällig ausgewählten Bürger in Deutschland um Unterschlupf bitten würde, so hätte er zumindest eine gute Chance auf eine Unterkunft: 55 % der Deutschen befürworten im Juni 2014 einen geschützten Aufenthalt Snowdens in ihrem Land, lediglich 39 % sind dagegen (vgl. Drach, 2014). Mindestens jeder zweite Deutsche ist der Meinung, dass Edward Snowden gut gehandelt habe, und dass seine Bestrafung ungerecht wäre.

Die Meinung der US-Amerikaner ist in dieser Frage weniger eindeutig: Während die Mehrheit der US-Amerikaner ab 50 Jahre glaubt, dass Snowden ihrem Land und den Interessen der Öffentlichkeit geschadet hat, sind die unter 50-Jährigen der entgegengesetzten Meinung (vgl. PRC, 2014). Allerdings gibt es in den

© Springer Fachmedien Wiesbaden GmbH, ein Teil von Springer Nature 2019
J. Rommerskirchen, *Das Gute und das Gerechte*,
https://doi.org/10.1007/978-3-658-22505-6_1

USA eine klare Mehrheit von 60 % für einen Gerichtsprozess, in dem sich Snowden den juristischen Vorwürfen stellen sollte und ein gerechtes Urteil gefällt würde. Diese unterschiedlichen Meinungen führen zu grundsätzlichen Fragen über gute und gerechte Handlungen: Warum sind einige Menschen der Meinung, dass Snowden *gut* gehandelt habe, andere aber nicht? Und warum glauben einige Menschen, dass seine Bestrafung *gerecht* wäre, andere aber nicht? Und warum denken einige Menschen, dass sein Handeln zwar gut war, er aber dennoch eine gerechte Bestrafung verdienen würde? Über gute Handlungen und gerechte Handlungen gibt es offensichtlich unterschiedliche Ansichten und gute beziehungsweise gerechte Handlungen müssen unterschiedlichen Anforderungen genügen.

Eine Gruppe von Menschen fragt nach dem *Ziel* einer Handlung. Rechtfertigt das Ziel, die Weltöffentlichkeit über die Arbeitspraxis der Geheimdienste aufzuklären, das von Snowden gewählte Mittel des Verrats von Geheimnissen? Eine zweite Gruppe von Menschen fragt nach dem *Nutzen* einer Handlung. Rechtfertigt der mögliche positive Nutzen der Aufklärung der Allgemeinheit über die Arbeitspraxis der Geheimdienste die möglichen negativen Folgen für den Schutz der Bürger vor Bedrohungen? Eine dritte Gruppe von Menschen fragt nach der moralischen *Pflicht*. War es Snowdens moralische Pflicht, die Öffentlichkeit über sein Wissen zu informieren und alle Konsequenzen seines Handelns – seien sie positiv oder negativ – zu ignorieren?

Fragen wie diese stellen sich auch in anderen Fällen. Als gut und gerecht gilt generell die Bestrafung von Straftätern, also Personen, die gegen wesentliche Rechtsvorschriften verstoßen haben. Das Gericht soll dann im Namen des Volkes ein Urteil sprechen, eine Geld- oder Haftstrafe verhängen und das jeweilige Recht der Gemeinschaft zur Anwendung bringen. Wenn deutsche Staatsbürger allerdings in Singapur für das Besprühen von U-Bahnwaggons mit Haft und Stockschlägen oder für den geringfügigen Handel mit illegalen Drogen mit dem Tod bestraft werden, wünschen sich die deutschen Täter zumeist eine schnelle Auslieferung in ihre Heimat – sie halten solche Strafen für ungerecht.

Umgekehrt versuchen Straftäter ausländischer Provenienz oftmals die Ausweisung in ihre Heimat zu verhindern. Ein fatales Beispiel hierfür ist sicherlich der Tunesier Anis Amri, der erst in seinem eigenen Land straffällig wurde, dann nach Europa floh und dort zahlreiche weitere Verbrechen beging. Selbst nachdem er in Deutschland festgenommen wurde, entließ man Amri wieder in Freiheit, da sich die Behörden über die Möglichkeit der Abschiebung nicht einig waren. Auch Warnungen aus dem Ausland, Amri sei ein islamistischer Terrorist, führten nicht zu Konsequenzen. Im Dezember 2016 tötete er zwölf Menschen in Berlin mit einem Sattelzug und wurde wenige Tage später in Italien von einem Polizisten erschossen.

Wenige Monate danach sind die deutschen Behörden erfolgreicher bei der Umsetzung des geltenden Rechts. Die 15-jährige Schülerin Bivsi Rana wird im Mai 2017 in Duisburg aus dem Unterricht geholt und am Frankfurter Flughafen zusammen mit ihren Eltern nach Nepal abgeschoben. Fast zwanzig Jahre zuvor hatten die Eltern von Bivsi ihre Heimat Nepal, in dem damals ein blutiger Bürgerkrieg herrschte, verlassen und in Deutschland Asyl beantragt. Aus Angst vor Verfolgung gab der Vater dabei jedoch einen falschen Namen an und legte einen gefälschten Pass vor. Viele Jahre lebten und arbeiteten die Eltern in Deutschland, lernten die deutsche Sprache, zahlten ihre Steuern und schickten ihr Kind auf ein Gymnasium – bis die Täuschung der Behörden entdeckt wurde und ein Gericht die Abschiebung der Eltern mit der minderjährigen Tochter beschloss. Die öffentliche Empörung über die Abschiebung der Schülerin schlug nun immer höhere Wellen und schon einen Monat später beschloss der Petitionsausschuss des Landtages Nordrhein-Westfalen, dass die Familie aus humanitären Gründen wieder einreisen und erneut die Aufnahme in Deutschland beantragen dürfe – diesmal mit richtigen Angaben.

Edward Snowden, Anis Amri und Bivsi Rana sind drei aufsehenerregende Fallbeispiele, die das gute und das gerechte Handeln zur Diskussion stellen. Zweifelsohne sind die drei Fallbeispiele in Bezug auf die jeweiligen Straftaten und deren Konsequenzen nicht vergleichbar, aber in allen drei Fällen fordern die staatlichen Gesetze, dass Personen für eine Straftat zur Verantwortung gezogen werden. Die meisten Menschen sehen hierin jedoch drei völlig unterschiedliche Fälle, die zu unterschiedlichen Bewertungen und Handlungen führen sollen. Wäre es gerecht gewesen, Edward Snowden an die USA, Anis Amri an Tunesien und die Familie Rana an Nepal gegen ihren Willen abzuschieben? Mit welcher Begründung würde man in einem Fall die Überstellung als gut und gerecht bezeichnen, in einem anderen Fall nicht?

Die Antworten und die Begründungen werden unterschiedlich ausfallen und davon abhängen, wie man das Ziel, den Nutzen oder die moralische Pflicht bewertet, die hinter einer Haltung und einer Handlung stehen – und zwar der Straftäter, der Behörden und der Öffentlichkeit. Die Diskussion dieser Fragen bringt uns wiederum zu einer anderen Frage, nämlich der nach unserer eigenen ethischen Haltung und nach unseren eigenen Bewertungen von Handlungen, ihren Zielen, ihrem Nutzen und ihren Motiven.

Im Kern geht es dabei um die zentrale Frage der praktischen Philosophie: *Was soll ich tun?* In der Praxis resultieren aus dieser zentralen Frage zwei weitere Fragen: Was ist eine *gute* Handlung? Und was ist eine *gerechte* Handlung? Die Darstellung der nachfolgenden Theorien der praktischen Philosophie konzentriert sich daher auf die Thematik des Guten und des Gerechten in vier unterschiedlichen Themenbereichen: Zunächst werden die Grundlagen in Form der *klassi-*

schen Theorien der praktischen Philosophie von Aristoteles, Immanuel Kant und der britischen Utilitaristen dargestellt, anschließend aktuelle Theorien der *Sozialethik* und der *Wirtschaftsethik* sowie wesentliche *Gerechtigkeitstheorien*.

Dabei werden die dargestellten klassischen und aktuellen Theorien den drei Paradigmen der praktischen Philosophie zugeordnet und voneinander abgegrenzt. Das erste Paradigma orientiert sich an den *Zielen* von Handlungen und wird als teleologische Ethik bezeichnet. Das zweite Paradigma thematisiert den *Nutzen* von Handlungen und wird daher utilitaristische Ethik genannt. Das dritte Paradigma fragt nach der moralischen Pflicht im Sinne eines *Sollens* und wird als deontologische Ethik angeführt (s. Abb. 1). Die Paradigmen und ihre Zuordnungen sind grobe Verallgemeinerungen und innerhalb der einzelnen Paradigmen gibt es sehr unterschiedliche Theorien – doch in diesem Buch sollen sie zunächst den Einstieg ins Thema erleichtern und eine Orientierung in der Vielfalt der Theorien ermöglichen.

Seit mehr als 2000 Jahren stellt die Philosophie grundsätzliche Fragen über das Wissen und das Handeln von Menschen. In der theoretischen Philosophie geht es unter anderem um die Zuverlässigkeit von Wahrnehmungen und die Möglichkeit von Erkenntnissen oder sicherem Wissen. In der praktischen Philoso-

Abbildung 1 Übersicht der Theoriebereiche

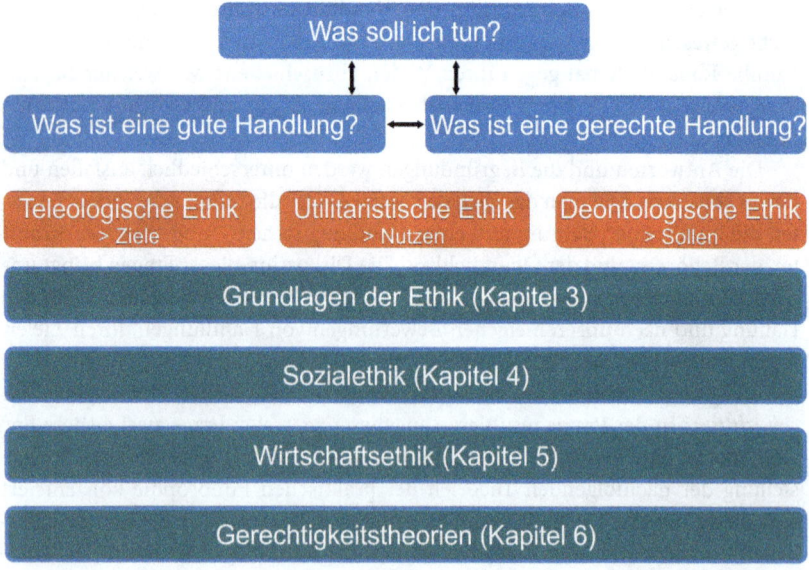

phie geht es hingegen um die Probleme und Konflikte des menschlichen Handelns in alltäglichen oder außergewöhnlichen Situationen, um ökonomische oder politische Handlungsentscheidungen. Sowohl die theoretische als auch die praktische Philosophie müssen für ihre wissenschaftlichen Untersuchungen jedoch Annahmen über das Wesen des Menschen machen. Diese Annahmen über das menschliche Wesen, die Anthropologie, betreffen beispielsweise die Fähigkeit zur Vernunft, den freien Willen und die Erkenntnis wahrer Sachverhalte. Diese anthropologischen Annahmen haben wiederum Konsequenzen für die Theorien der theoretischen und der praktischen Philosophie, sie führen zu unterschiedlichen Schulen innerhalb der Philosophie mit sich zuweilen sogar widersprechenden Aussagen. Eines der frühesten – und bis heute strittigen – philosophischen Probleme ist die Möglichkeit sicherer Erkenntnisse über die Tatsachen einer Welt, die sich kontinuierlich verändert.

1.1 Der Anfang der Philosophie

Wenn wir einen Baum, einen Hund oder einen Menschen beschreiben müssten, so würden wir über seine optische Erscheinung sprechen. Wir würden ihn so beschreiben, wie wir ihn wahrgenommen haben, und beispielsweise sein Aussehen, seine Farben und seine Bewegungen oder Handlungen beschreiben. Ein Jahr später würden wir denselben Baum, Hund oder Menschen möglicherweise ganz anders beschreiben. Es ist derselbe Gegenstand und doch hat er sich verändert. War unsere Beschreibung vom letzten Jahr nun falsch? Oder haben wir den Baum, den Hund oder den Menschen nicht richtig beschrieben, also die wesentlichen Dinge, die ihn auszeichnen, nicht erkannt?

Dieses Problem der Veränderung steht am Anfang der Philosophie und es gibt von Anfang an zwei Erklärungen hierfür. Diese ersten philosophischen Theorien zur Deutung der Phänomene der Welt stammen von den sogenannten Vorsokratikern Parmenides und Heraklit. Beide lebten von circa 520 bis 460 v. u. Z.[1], Parmenides im süditalienischen Elea, Heraklit im ionischen Ephesos an der heutigen türkischen Westküste. Sie entwerfen philosophische Theorien, weil sie die Phänomene der Natur, wie beispielsweise die Veränderungen der Dinge und der Lebewesen, nicht mehr auf den Willen und die Willkür der Götter zurückführen, wie es zu dieser Zeit üblich war, sondern eine neue und bessere Erklärung suchen. Sie wollen nicht mehr *glauben*, dass ein Gewitter von Jupiter, ein Vulkanausbruch von Hephaistos oder der Regenbogen von Isis bewirkt werden, wie es Homers Helden-

---

1 Nachfolgend wird die säkularisierte Schreibweise der Jahreszählung benutzt, also *vor unserer Zeitrechnung* (v. u. Z.) für Ereignisse, die vor dem Jahr 1 lagen.

sagen erklärten, sondern *wissen* und nach dem Warum forschen. Da die Theorien der beiden frühen Philosophen einander widersprechen, werden Parmenides und Heraklit auch die Antipoden genannt.

Für *Heraklit* besteht die Welt aus Veränderungen, aus einem ewigen Entstehen und Vergehen, und alles ist im Fluss *(panta rhei)*[2]. Licht und Schatten, Tag und Nacht, Wachsein und Schlafen, Werden und Vergehen sind im stetigen Wechsel miteinander, und die Welt um uns herum kennt keinen Stillstand. Von Heraklit stammt der bekannte Ausspruch, der diesen universellen Wandel der Welt und den ewigen Wechsel des Entstehens und Vergehens beschreibt: »Du kannst nicht zweimal in dieselben Flüsse steigen, denn frische Wasser fließen immer auf dich zu« (zit. nach Russel, 2007, S. 63). Krieg und Frieden sind für Heraklit ebenfalls nur Erscheinungsformen der Welt und der Gesellschaften im Wandel, wobei der Krieg für ihn die eigentliche schöpferische Kraft ist: »Krieg ist der Vater aller Dinge und der König aller Dinge; und einige hat er zu Göttern gemacht und einige zu Menschen, einige gebunden und einige frei« (zit. nach Russel, 2007, S. 63). An einer anderen Stelle schreibt er dem Krieg und der Zerstörung sogar eine Gerechtigkeitsfunktion zu, da beide die Macht und das Eigentum neu verteilen: »Wir müssen wissen, dass Krieg allen gemeinsam und dass Kampf Gerechtigkeit ist und dass alle Dinge durch Kampf entstehen und vergehen« (zit. nach Russel, 2007, S. 63). Die Welt der Natur und der Menschen ist veränderlich und für Heraklit ist dies gut und gerecht.

Parmenides hingegen bestreitet jegliche Veränderung, für ihn gibt es nur das wahrhaft Seiende auf der einen Seite und das Nicht-Seiende auf der anderen Seite. Es könne nun mal nicht richtig sein zu behaupten, dass etwas ein Seiendes sei und zugleich etwas Nicht-Seiendes – und jeder, der behaupte, dass der Baum vor dem Fenster zwar etwas Seiendes sei, dieses Baum-Sein sich aber verändere und nächstes Jahr etwas *anderes* sein werde, sage zugleich, dass das aktuell Seiende etwas Nicht-Seiendes wäre. Eine derartige Aussage ist für Parmenides jedoch logisch unmöglich, da etwas entweder so ist oder nicht so ist – ein Drittes kann es nicht geben *(tertium non datur)*: »Wie aber könnte dann Seiendes vergehen? Wie könnte es werden? Wenn es nämlich wurde, *ist* es nicht, auch nicht, wenn es zukünftig einmal sein wird. So ist Werden ausgelöscht und verschollen der Untergang« (zit. nach Cohen, 2010, S. 15). Jede Beschreibung der sinnlichen Wahrnehmung des Baums sei daher, so Parmenides, eine bloße Behauptung über den äußeren, wechselhaften Anschein und erfasse nicht das Wesentliche und die eigentliche *Substanz* des Baum-Seins. Es gibt für Parmenides nur den ›Weg der Meinungen‹ und den ›Weg der Wahrheit‹. In den scheinbaren Veränderungen der Welt-Dinge

---

2 Bei wesentlichen Termini wird der originalsprachliche Begriff in Klammern hinzugefügt, bei altgriechischen Begriffen in der lateinisierten Form.

müsse man daher durch die Vernunft das wahrhaft Seiende – die Substanz und ›das Eine‹ – erkennen, um die Welt zu verstehen. Für Parmenides verändert sich *nichts*, für Heraklit *alles*.

Veränderung und Seiendes wurden zu den grundsätzlich konträren Erklärungsmustern der Wirklichkeit, Heraklit und Parmenides zu den Antipoden, an denen alle ihre Nachfolger sich ausrichten mussten. Jeder Philosoph musste sich entscheiden, ob er sich der Weltdeutung des einen oder des anderen anschließen wollte. Mit der Entwicklung der Mathematik als methodischer Grundlage der Naturphilosophie wurde diese Diskrepanz zwischen den sinnlichen Erscheinungen und einer unveränderlichen Wahrheit noch deutlicher: Wenn man ein beliebiges Dreieck von Hand in den Sand zeichnet und die einzelnen Winkel zunächst misst und dann addiert, so wird man möglicherweise eine Winkelsumme von 175 oder 185 Grad erhalten. Durch die Vermessung eines solchen realen, aber von Hand gezeichneten Dreiecks wird man immer andere Winkelsummen erhalten, aber niemals genau 180 Grad. Wenn man sich aber nicht auf das Messen und die Erfahrung in der realen Welt verlässt, sondern auf die Vernunft, so kann man durch reines Nachdenken erkennen, dass die Summe aller Winkel in jedem Dreieck genau 180 Grad betragen *muss*. Die Winkelsumme von 180 Grad ist eine notwendige Wahrheit.

Die Philosophen des antiken Griechenland schlossen aus diesem Phänomen, dass die Vorstellung eines idealen Dreiecks *wahrer* ist als das reale Objekt. Die Dinge der Welt, wie gezeichnete Dreiecke im Sand, verändern sich und täuschen uns. Die Ideen sind nur durch die Vernunft erkennbar, sie sind unveränderlich, ewig und wahr. Die Wahrnehmungen der Welt führen folglich auf den ›Weg der Meinungen‹, das Denken der Ideen auf den ›Weg der Wahrheit‹, zur Erkenntnis der Substanz und schließlich ›des Einen‹.

Dieser philosophische Zweifel an der sinnlich wahrnehmbaren Welt ist auch das zentrale Thema eines bekannten Dialogs, den der griechische Philosoph Platon schildert. In dem sogenannten Höhlengleichnis, das sich im siebten Buch seiner *Politeia* findet, berichtet Platon, Schüler des Sokrates, von einem Gespräch zwischen seinem Lehrer und Glaukon. Sokrates will Glaukon darin erklären, wie wahre Erkenntnis als Grundlage der philosophischen Arbeit entsteht:

> Sieh nämlich Menschen wie in einer unterirdischen, höhlenartigen Wohnung, die einen gegen das Licht geöffneten Zugang längs der ganzen Höhle hat. In dieser seien sie von Kindheit an gefesselt an Hals und Schenkeln, so daß sie auf demselben Fleck bleiben und auch nur nach vorne hin sehen, den Kopf aber herumzudrehen der Fessel wegen nicht vermögend sind. Licht aber haben sie von einem Feuer, welches von oben und von ferne her hinter ihnen brennt. Zwischen dem Feuer und den Gefangenen geht obenher ein Weg, längs diesem sieh eine Mauer aufgeführt wie die Schran-

ken, welche die Gaukler vor den Zuschauern sich erbauen, über welche herüber sie ihre Kunststücke zeigen. – Ich sehe, sagte er. – Sieh nun längs dieser Mauer Menschen allerlei Geräte tragen, die über die Mauer herüberragen, und Bildsäulen und andere steinerne und hölzerne Bilder und von allerlei Arbeit; einige, wie natürlich, reden dabei, andere schweigen. (Platon, 2010, 106a)[3]

In dieser Höhle, so berichtet Sokrates weiter, müssten die Menschen die Projektionen für die Wirklichkeit halten, die Schatten für Menschen und die Gespräche für Worte, die die Schattenbilder äußern. Dieser Irrtum und das Unverständnis für die Wahrheit habe seine Ursache in den Ketten, die die Höhlenmenschen an die Mauer fesseln. In dieser Situation müsse es nun einen Menschen geben, der sich von den Ketten und der Unwissenheit befreit:

> Wenn einer entfesselt wäre und gezwungen würde, sogleich aufzustehen, den Hals herumzudrehen, zu gehen und gegen das Licht zu sehn, und, indem er das täte, immer Schmerzen hätte und wegen des flimmernden Glanzes nicht recht vermöchte, jene Dinge zu erkennen, wovon er vorher die Schatten sah: was, meinst du wohl, würde er sagen, wenn ihm einer versicherte, damals habe er lauter Nichtiges gesehen, jetzt aber, dem Seienden näher und zu dem mehr Seienden gewendet, sähe er richtiger, und, ihm jedes Vorübergehende zeigend, ihn fragte und zu antworten zwänge, was es sei? Meinst du nicht, er werde ganz verwirrt sein und glauben, was er damals gesehen, sei doch wirklicher als was ihm jetzt gezeigt werde? (Platon, 2010, 106a)

Mit der Rolle des Befreiten identifiziert sich Sokrates als Philosoph, als jener also, der nach der Wahrheit sucht. Unter Anstrengungen muss er Schein und Sein voneinander trennen lernen und dabei auch mit der Kritik der noch Angeketteten und Unwissenden umgehen können. Da er nun aber ein freier Mensch ist, kann er seine Suche nach Erkenntnis fortsetzen:

> Und, sprach ich, wenn ihn einer mit Gewalt von dort durch den unwegsamen und steilen Aufgang schleppte und nicht losließe, bis er ihn an das Licht der Sonne gebracht hätte, wird er nicht viel Schmerzen haben und sich gar ungern schleppen lassen? Und wenn er nun an das Licht kommt und die Augen voll Strahlen hat, wird er nicht das Geringste sehen können von dem, was ihm nun für das Wahre gegeben wird. – Freilich nicht, sagte er, wenigstens nicht sogleich. – Gewöhnung also, meine ich, wird er nötig haben, um das Obere zu sehen. Und zuerst würde er Schatten am leichtesten erkennen, hernach die Bilder der Menschen und der andern Dinge im Wasser, und dann erst sie

---

3 Die Zitate aus Schriften von Platon werden nachfolgend mit der Seitenangabe der Stephanus-Ausgabe angegeben.

selbst. Und hierauf würde er was am Himmel ist und den Himmel selbst leichter bei Nacht betrachten und in das Mond- und Sternenlicht sehen als bei Tage in die Sonne und in ihr Licht. – Wie sollte er nicht! – Zuletzt aber, denke ich, wird er auch die Sonne selbst, nicht Bilder von ihr im Wasser oder anderwärts, sondern sie als sie selbst an ihrer eigenen Stelle anzusehen und zu betrachten imstande sein. – Notwendig, sagte er. – Und dann wird er schon herausbringen von ihr, daß sie es ist, die alle Zeiten und Jahre schafft und alles ordnet in dem sichtbaren Raume und auch von dem, was sie dort sahen, gewissermaßen die Ursache ist. (Platon, 2010, 106b)

Nachdem der befreite Philosoph die Hölle der Unwissenden verlassen konnte, sieht er nun die Wirklichkeit der Welt: das Wasser, die Menschen, die Gestirne und letztlich die Sonne. Er erkennt, dass er, als er noch in Ketten lag, die Schattenbilder und das Flackern des Feuers mit dieser Wirklichkeit verwechselte. Nun aber hat er unter Mühen die Wirklichkeit der Welt und die Wahrheit erkannt. Diese Wahrheit muss er nun auch den Höhlenmenschen mitteilen und sie befreien:

Wenn ein solcher nun wieder hinunterstiege und sich auf denselben Schemel setzte: würden ihm die Augen nicht ganz voll Dunkelheit sein, da er so plötzlich von der Sonne herkommt? – Ganz gewiß. – Und wenn er wieder in der Begutachtung jener Schatten wetteifern sollte mit denen, die immer dort gefangen gewesen, während es ihm noch vor den Augen flimmert, ehe er sie wieder dazu einrichtet, und das möchte keine kleine Zeit seines Aufenthalts dauern, würde man ihn nicht auslachen und von ihm sagen, er sei mit verdorbenen Augen von oben zurückgekommen und es lohne nicht, daß man auch nur versuche hinaufzukommen; sondern man müsse jeden, der sie lösen und hinaufbringen wollte, wenn man seiner nur habhaft werden und ihn umbringen könnte, auch wirklich umbringen? – So sprächen sie ganz gewiß, sagte er. (Platon, 2010, 106b)

Der Versuch, den unwissenden Höhlenmenschen die Wahrheit zu erklären, ist für den Philosophen also gefährlich. Er ist vom Licht des Wissens und der Erkenntnis geblendet, und die Höhlenmenschen verkennen das Bestreben des Philosophen. Anstatt sich von ihm befreien zu lassen, werden sie versuchen, ihn zu töten – weil sie nicht verstehen können, dass *die Wahrheit* nur den denkenden Philosophen zugänglich ist.

Mit dieser Unterscheidung zwischen den begrenzten Erkenntnismöglichkeiten der sinnlichen Wahrnehmung in der Welt und der wahren Erkenntnis des ewigen und unveränderlichen Seins durch die Vernunft ist die Ausgangsposition beschrieben, die für die Philosophie und alle aus ihr entstehenden Wissenschaften für viele Jahrhunderte prägend sein wird (vgl. Cohen, 2010, S. 16 ff.). In der Höhle der Unwissenden gilt es, die Ketten abzustreifen und die ewigen Gesetze der Vernunft zu erkennen. Diese Hoffnung auf Wissen und Erkenntnis ist der Beginn der Philosophie und der Wissenschaft.

Dahinter steht die Sehnsucht nach Gewissheit und eine Verschiebung: In der Antike erkennen die Menschen, dass die gestaltende Macht der Götter nicht zu verstehen ist. Blitz und Donner, Sonne und Regen, Leben und Tod sind Phänomene, die vermutlich keinem erkennbaren göttlichen Plan entstammen. Bei diesen Phänomenen gibt es keinerlei Beständigkeit, aus der Gewissheit entstehen könnte. Wille, Wirken und Wesen der Götter kann der Mensch nicht deuten. Dennoch ist die Sehnsucht nach Gewissheit einer der stärksten Instinkte des Menschen und so verändert sich der Gegenstand der Sehnsucht: Nicht mehr die Götter werden befragt, sondern das Wissen. Wissen und Wissenschaft sollen nun die menschliche Sehnsucht nach Beständigkeit, Sicherheit und Gewissheit befriedigen. Die Religion verliert ihre Deutungshoheit über die Wirklichkeit, die Philosophie beginnt.

Bis heute suchen auch die Naturwissenschaftler nach Symmetrien, also nach der einen Weltformel der ewigen und wahren physikalischen Größen, die stets gleich bleiben, auch wenn die Umgebung, die wahrgenommene Wirklichkeit sich verändert. Auf der einen Seite stehen die Sinnesdaten und die Wahrnehmungen, auf der anderen Seite die Grundsätze der Logik und der Mathematik. Dazwischen liegen die Dinge der Welt, die physikalischen und biologischen Objekte, die chemischen Prozesse und das Handeln von Lebewesen. Dass die Wahrnehmungen uns täuschen können, war und ist jedem bewusst. Dass die logischen und mathematischen Grundsätze als Arbeitshypothesen jeder Wissenschaft für wahr gehalten werden müssen – zumindest bis zum Beweis einer besseren Hypothese – ist notwendig. Alles andere ist weder bloßer Schein noch eine notwendige Wahrheit, sondern *kontingent* – jede Aussage ist möglicherweise richtig oder falsch. Doch die Sehnsucht nach Gewissheit bleibt ein menschliches Bedürfnis (vgl. Dewey, 1998, S. 196 ff.). Die Suche nach *dem Seienden* und *der Wahrheit* hat ihre Wurzeln bei Parmenides, Sokrates und Platon, wurde von Isaac Newton, James Clerk Maxwell und Albert Einstein bis zur modernen Quantenphysik weitergeführt und ist nach wie vor ein wesentlicher Teil des Denkens und der Wissenschaft der modernen Welt.

1.2 Der Anfang der praktischen Philosophie

Am Ende des Höhlengleichnisses erklärt Sokrates seinem Schüler Glaukon, dass es gefährlich sein kann, wenn man den Menschen die Wahrheit erzählt. Aus Unverständnis und Dummheit würden sie den Weisen töten, dies sei das Berufsrisiko des Philosophen. Platon, der seinen Lehrer Sokrates diese Worte sagen lässt, bezieht sich damit auf ein reales Ereignis: den Tod des Sokrates. Im Jahre 399 v. u. Z. setzte Sokrates seinem Leben mit 70 Jahren ein Ende, indem er einen Becher mit dem Gift des gefleckten Schierlings trank, wozu er zuvor durch einen Gerichtsbeschluss seiner Heimatstadt Athen verurteilt worden war. Die Anklagen, denen sich Sokrates stellen musste, lauteten: Gottlosigkeit und Verführung der Jugend. Wie kam es dazu?

Von Sokrates selbst gibt es keine schriftlichen Dokumente, er lehrte auf dem belebten Marktplatz von Athen und diskutierte dort mit den Bürgern der Stadt. Athen hatte zu jener Zeit, im vierten Jahrhundert vor unserer Zeitrechnung, den Höhepunkt seiner Macht bereits überschritten. Die Niederlagen in den Peloponnesischen Kriegen hatten auch das Selbstbewusstsein und den Zusammenhalt der Hellenen geschwächt. Der Glaube an die unbezwingbare Stärke der griechischen Lebensführung und ihrer kollektiven Sitten und Gebräuche war zutiefst erschüttert.

Sokrates erkannte diesen kritischen Zustand seiner Landsleute und wollte mit ihnen gemeinsam nach sicherem Wissen und Erkenntnissen suchen. Hierzu musste er aber die bislang herrschenden Vorstellungen in Zweifel ziehen und damit die moralischen Grundlagen der griechischen Gesellschaft in Frage stellen. Sokrates wollte wissen, was seine Gesprächspartner unter einer guten Handlung verstehen und welche Bedeutung Begriffe wie *das Gute* und *Gerechtigkeit* haben. Im Verlauf dieser Gespräche erkannten viele, dass ihre vormaligen, für sicher gehaltenen Erkenntnisse über moralische Grundsätze durch Sokrates in Frage gestellt wurden und sie deshalb neue und bessere Antworten suchen mussten.

Sokrates versuchte in diesen Gesprächen zumeist, die Meinungen seiner Gesprächspartner zu hinterfragen und so gemeinsam die wahren ethischen und moralischen Prinzipien ihres Handelns zu erforschen. Er wollte wissen, was gut oder gerecht ist, was Besonnenheit oder Tapferkeit bedeuten, wie man herrscht oder was ein guter Herrscher tun oder lassen sollte. So wie die Hebamme der Mutter hilft, ihr Kind auf die Welt zu bringen, so verstand sich Sokrates als Geburtshelfer der Wahrheit. Seine philosophische Methode des erörternden Gesprächs bezeichnete Sokrates deshalb auch als Hebammenkunst *(mäeutik)*.

Das Hinterfragen der Meinungen konnte natürlich nicht ohne Kritik an den allgemeinen Vorstellungen über moralische und politische Grundsätze in der Athener Gesellschaft erfolgen. Sokrates' Ziel war es aber nicht, die bestehenden Vorstellungen schlichtweg zu kritisieren und zu verwerfen. Ihm ging es um die Begründung dieser Vorstellungen, und nur wenn die Begründung für eine Meinung sich im erörternden Gespräch als tauglich herausstellte, wollte er diese als Wahrheit anerkennen.

Diese kritische Grundhaltung fand bei den Athenern – in einer Zeit der sozialen und politischen Verunsicherung – keine ungeteilte Begeisterung. Insbesondere die herrschende Elite und ihre sophistischen Steigbügelhalter sahen in Sokrates' fundamentaler Kritik an allem Bestehenden eine Gefahrenquelle für die eigene soziale Position und ihre Macht. Und so wurde Sokrates angeklagt und von einem Gericht zum Tode verurteilt. Der Philosoph akzeptierte das Urteil mit folgender Begründung: Er, Sokrates, habe es nicht geschafft, das Gericht durch Argumente von seiner philosophischen Arbeit für die Hellenen zu überzeugen. Auch wenn er von der Notwendigkeit und Richtigkeit seiner Hebammenkunst überzeugt war, setzte Sokrates aus Respekt vor den geltenden Gesetzen, die in einem korrekten Verfahren entstanden waren und deshalb für alle Mitglieder der Gemeinschaft galten, seinem Leben dem Richterspruch gemäß ein Ende. Das Recht der Gemeinschaft ist für Sokrates wichtiger als seine persönlichen Überzeugungen und Haltungen – denn wer das Recht breche, zerstöre die Gemeinschaft.

Für Platon, seinen bekanntesten Schüler, war diese Entscheidung in jeder Hinsicht falsch. Der von ihm bewunderte Sokrates habe sich in diesem Falle nicht richtig verhalten, da er die falschen Menschen überzeugen wollte. Die Richter waren für Platon unwissend und uneinsichtig, daher konnten sie Sokrates' Argumente auch nicht verstehen und waren offensichtlich nicht in der Lage, ein Urteil zu finden, das Recht und Gerechtigkeit miteinander verbunden hätte. Die Athener hatten sich mit dem Urteil an ihrem besten Bürger vergriffen und ihn auf der Grundlage eines ungerechten Gesetzes verurteilt. Was hier als Recht gesprochen wurde, war in Wahrheit ein Unrecht.

Dieses Problem war für Platon zeitlebens eine Grundfrage seiner Schriften: Was ist wahrhaftig gut und gerecht, was sind wahres Recht und wahre Gerechtigkeit? Wie kann man wissen, ob das Recht wirklich gerecht ist? Wie kann man erkennen, ob ein Gesetz rechtens oder eine persönliche Entscheidung gerecht ist? Platon zweifelte am Entschluss seines Lehrers, sein Leben für die Gesetze zu opfern. Er wollte herausfinden, wie man die Wahrheit über die Gerechtigkeit findet und *erkennt*. Das geltende Recht in Athen war für Platon aufgrund von Unwissenheit entstanden und die Richter waren lediglich Menschen, die in der Tiefe der Höhle an die Wand gekettet waren. Diese Differenz zwischen geltendem Recht und wahrer Gerechtigkeit müsse, so Platon, von den Philosophen offengelegt werden, damit die Wahrheit in der Gemeinschaft siegen könne. In einem idealen Staat, den Platon in seiner *Politeia* beschreibt, wären daher die *erkennenden* und *wissenden* Philosophen auch die Herrscher über das geltende Recht und die Gemeinschaft:

> Wenn nicht in den Staaten entweder die Philosophen Könige werden oder die, welche man jetzt Könige und Herrscher nennt, echte und gründliche Philosophen werden, und wenn nicht diese beiden, die politische Macht und die Philosophie, in eines zusammenfallen und all die vielen Naturen, die heute ausschließlich nach dem einen

oder dem anderen streben, zwingend ausgeschlossen werden, dann, mein lieber Glaukon, gibt es kein Ende der Übel für die Staaten und, wie ich meine, auch nicht für die Menschheit. (Platon, 2010, 473c–d)

In einem solchen idealen Staat würde die Gerechtigkeit erkannt werden. Alle anderen Gemeinschaften sind für Platon nur »Gemeinwesen von Schweinen« (Platon, 2010, 372d), in denen die Willkür der Unwissenden herrscht. Nur die Philosophen würden die ewigen unveränderlichen Ideen des wahrhaft Guten und der wahren Gerechtigkeit erkennen und dann über eine wahrhaft gute Gemeinschaft herrschen. Am Ende des 20. Jahrhunderts wird der Philosoph Karl Popper eine solche Gesellschaft, in der einige Wenige im Besitz der Wahrheit sind und mit dieser Legitimation die Vielen beherrschen, einen diktatorischen Staat mit einer »totalitären Gerechtigkeit« nennen (Popper, 1992a, S. 104).

Aristoteles ist wiederum der bekannteste Schüler von Platon. Allerdings versuchte Aristoteles eine eigene philosophische Position zu entwickeln, die sich von der seines Lehrers unterschied – anders als Platon, der sich als Interpret der Sokratischen Lehre verstand. Eine wichtige Differenz zwischen Platon und Aristoteles ist ihr Verhältnis zu den Gedanken von Parmenides und Heraklit. Für Platon, der Parmenides als ›unseren Vater‹ bezeichnet, ist die Wahrheit der Ideen nur der Vernunft zugänglich und Wissenschaft die Erkenntnis des Wahren. Für Aristoteles ist es eine offensichtliche Wahrheit, dass alles in der Welt eines Tages entsteht, sich verändert und schließlich vergeht. Wie Heraklit, so glaubt auch Aristoteles, dass das Werden und die Veränderung die Grundlagen aller Erkenntnisse und allen Wissens sind. Allerdings war Aristoteles auch von der argumentativen Kraft der Logik und der Mathematik fasziniert, die es möglich machten, aus wenigen Grundsätzen viele neue präzise Erkenntnisse zu entwickeln. Auch wenn Euklid seine *Elemente* erst nach Aristoteles' Tod schrieb, so kannte dieser doch die neue Methode, aus wenigen Axiomen und den daraus folgenden Deduktionen alle anderen Sätze der Geometrie abzuleiten. Für Aristoteles musste die Wissenschaft deshalb versuchen, die Beobachtungen in der Welt und die Erkenntnisse des bloßen Denkens miteinander zu verbinden.

In seiner Theorie des Wissens und der Wissenschaft *(episteme)* unterscheidet Aristoteles drei Klassen (vgl. Aristoteles, 1995a, MP, 1025b 19 ff.)[4]: Die herstellenden Wissenschaften *(poietiké)* beschäftigen sich damit, wie Dinge gemacht werden, also mit der Baukunst, dem Ackerbau und der Dichtung. Die praktischen Wissenschaften *(praktiké)* haben die Handlungen von Menschen zum Gegenstand des Denkens, hierzu gehören die Ethik und die Politik. Die dritte und höchste

---

4   Die Zitate aus Schriften von Aristoteles werden nachfolgend mit einem Werkkürzel und der Seitenangabe der Bekker-Ausgabe (Seite, Spalte, Zeile) angegeben.

Form der Wissenschaft ist das theoretische Denken *(theoretiké)*. Hierbei geht es weder um das Herstellen noch um Handlungen, sondern um das Nachdenken über die Wahrheit. Hierzu gehören die Wissenschaften über die Natur, die Mathematik und schließlich die letzten, höchsten und grundlegenden Wahrheiten des Seins und des Seienden – also das Nachdenken über das, was alles in dieser Welt übersteigt, die Erste Philosophie oder auch Metaphysik. Die höchste Form der Erkenntnis, die auch für Aristoteles nur einem Philosophen – wörtlich übersetzt einem › Freund der Weisheit‹ *(philó* und *sophos)* – möglich ist, ist das Denken des ewigen und unveränderlichen Seienden. Hier ist Aristoteles wieder ganz in der Nähe des Parmenidischen *Einen* und der Platonischen *Ideen*.

Doch sind die herstellenden und praktischen Fertigkeiten für Aristoteles durchaus eigenständige Wissensbereiche und Wissenschaften – anders als für Platon, der hierfür nur Geringschätzung äußerte. Das menschliche *Handeln* wird durch Aristoteles zum Thema der praktischen Philosophie und bekommt eine Schlüsselstellung zwischen der untergeordneten reinen Herstellung von Objekten oder Texten und dem übergeordneten reinen Denken über Zahlen und das Seiende. Die praktische Philosophie mit ihren Teilbereichen der Ethik und der Politik wird von Aristoteles damit in die Welt der Wissenschaft geholt. Grundlegend für die neue Wissenschaft der praktischen Philosophie ist seine dreifache Bestimmung des menschlichen Wesens: Der Mensch ist ein *vernünftiges Wesen*, weil er von Natur aus nach *Wissen* strebt (Metaphysik). Der Mensch ist ein *soziales Wesen*, weil er von Natur aus nach einem Leben in der *Gemeinschaft* strebt (Politik). Und der Mensch ist ein *moralisches Wesen*, weil er von Natur aus nach einem *Gut* strebt (Ethik).

Dabei verweisen diese drei anthropologischen Bestimmungen aufeinander: Das Streben nach einem Gut setzt das Wissen um das gute Ziel des Handelns voraus, gutes Handeln ist wiederum nur in einem sozialen Kontext, also in einer Gemeinschaft möglich, und nur in einer Gemeinschaft entsteht das Wissen darüber, was ein gutes Ziel des Handelns sein kann. Während für Platon alles Handeln auf die kontemplative Erkenntnis ausgerichtet ist, anerkennt Aristoteles die Eigenständigkeit einer praktischen Philosophie, in der das gute Handeln und die Sozialität des Menschen im Mittelpunkt der wissenschaftlichen Untersuchung stehen. Das Ziel der Ethik ist für Aristoteles die Glückseligkeit des Menschen, das Ziel der Politik ist es, den Menschen hierzu die notwendige Umwelt bereitzustellen.

Ethik als Wissenschaft 2

Vor dem Hintergrund der Aristotelischen Theorie lassen sich nun die grundsätzlichen Begrifflichkeiten der praktischen Philosophie und die relevanten Konfliktfelder menschlichen Handelns erläutern. Hierzu werden zunächst drei Ebenen separiert: die Individual-, die Korporations- und die Politikebene. Auf der ersten Ebene, der Individualebene, geht es um die wissenschaftliche Beschäftigung mit dem Handeln von Menschen, ihren Interaktionen als Akteuren des sozialen Handelns. Dies ist die Ebene der *Ethik (êthos)*. Gegenstand der Ethik ist das konkrete Verhalten von Menschen in konkreten Situationen, in denen Konflikte friedlich und gerecht gelöst werden sollen.

Auf der zweiten Ebene, der Korporationsebene, finden sich kleinere Gruppen von Menschen, die in einem gemeinsamen Haus leben oder arbeiten und mit anderen Häusern Waren und Leistungen austauschen. Diese zweite Ebene ist die *Ökonomie (oîkos* = Haus). In der klassischen antiken Gesellschaft ist das Haus zugleich eine Wirtschaftsgemeinschaft, die Handelsbeziehungen zu anderen Häusern unterhält. Der *oîkos* besteht aus einer Familie, der ein freier Athener Bürger vorsteht, seinen Verwandten und seinen Arbeitern, die zumeist Sklaven sind. Die Sklaven sind üblicherweise Kriegsgefangene aus anderen Ländern oder Schuldknechte und verdienen ihren Lebensunterhalt mit körperlicher Arbeit auf den Feldern, als Hausdiener oder Hauslehrer. Sie gelten als Sacheigentum des *oîkos* und sind wie der Landbesitz das Kapital eines Hauses. Oftmals sind die Sklaven der wertvollste Besitz eines Athener Bürgers.

Auf der dritten Ebene findet sich die *Politik*. Der klassische griechische Stadtstaat *(pólis)* besteht geografisch aus dem Stadtkern sowie dem Umland und politisch aus einer Selbstverwaltung durch die Volksversammlung, den Rat und den Magistrat. In der Vollversammlung stimmen die erwachsenen, männlichen und freien Athener Bürger per Mehrheitsbeschluss über die gemeinsamen Angelegenheiten ab; Ämter im Rat und im Magistrat werden per Losverfahren vergeben.

© Springer Fachmedien Wiesbaden GmbH, ein Teil von Springer Nature 2019
J. Rommerskirchen, *Das Gute und das Gerechte*,
https://doi.org/10.1007/978-3-658-22505-6_2

Sklaven sind von der Politik ausgeschlossen und die Athener Frauen gelten zwar als Bürger, dürfen aber in der Volksversammlung nicht abstimmen. Auch die sogenannten Metöken, freie Männer, die in der Polis leben und arbeiten, jedoch keine gebürtigen Athener sind, werden nicht zur Volksversammlung zugelassen. Metöken sind Gastarbeiter, die zumeist als Handwerker wirtschaftliche Freiheit genießen, aber keine politischen Rechte besitzen (vgl. Walzer, 2006, S. 94 ff.). Insgesamt ist also nur ein Bruchteil der in der Polis lebenden Menschen auch an den politischen Prozessen beteiligt.

Für die Athener Bürger sind das individuelle Handeln und das wirtschaftliche Handeln grundsätzlich auf die Gemeinschaft der Polis ausgerichtet. Ethik, Ökonomie und Politik sind eine homogene Einheit, die durch Sozialisation, kollektive Handlungsnormen und Wertvorstellungen miteinander verwoben sind. In diesem Netz der Wertegemeinschaft befindet sich auch Sokrates, als er vor Gericht steht, und die wechselseitigen Bezüge zwischen ethischem Handeln und politischer Identität lassen ihm nur eine Handlungsoption: das Todesurteil zu akzeptieren. Eine Flucht aus dem Gefängnis und Widerstand gegen die Polis sind für den Philosophen Sokrates unethisch und wären nichts anderes als ein Akt der subjektiven Willkür und der Ungerechtigkeit gegen die Gemeinschaft.

Auf diesen drei Handlungsebenen, der Individual-, der Korporations- und der Politikebene, finden sich jeweils unterschiedliche Handlungsorientierungen, mit denen der Akteur seine Überlegungen und sein Handeln an der Gemeinschaft ausrichtet. Das zwischenmenschliche Handeln orientiert sich an der *Moralität*, das korporative Handeln an der *Normativität* und das politische Handeln an der *Rechtmäßigkeit*. Um diese Beziehungen zwischen Handlungsebenen und Handlungsorientierungen nachzuvollziehen, werden zunächst einige der zentralen Begrifflichkeiten der praktischen Philosophie vorgestellt und in ihrer Bedeutung untersucht.

2.1 Ethik und Moral

Der Begriff Ethik *(êthos)* wurde vermutlich erstmals von Sokrates verwendet, um die Bedeutung von bestimmten Handlungen und ihre Attributierungen als *gut* oder als *gerecht* zu untersuchen. Von Aristoteles stammen dann die ersten philosophischen Abhandlungen, die sich speziell mit der Ethik und mit ethischen Themen beschäftigen, was ihn zum Urheber der Ethik als eigenständige Disziplin in der praktischen Philosophie und als eigenständige Wissenschaft macht.

Wenn man sich die Verwendung des Begriffs Ethik bei den antiken Philosophen Sokrates, Platon und Aristoteles ansieht, dann wird schnell deutlich, dass dieser Begriff in mehreren Bedeutungen verwendet wird. In seiner allgemeinsten

Bedeutung bezeichnet der altgriechische Begriff *êthos* den Lebensraum eines Lebewesens. Der Lebensraum der Fische ist das Wasser, der Vögel die Luft und der Rehe der Wald. Die meisten Tiere haben also einen klar umgrenzten Lebensraum, der ihre Instinkte und ihr Verhalten prägt. Der Mensch kennt einen solchen ihn einschränkenden und sein Verhalten prägenden Lebensraum nicht; er ist in der Lage, sich den unterschiedlichsten Lebensräumen anzupassen und seine Umwelt so zu gestalten, dass er in ihr leben kann.

Von den Wüsten bis zum Eismeer ist der Mensch frei in Bezug auf seinen Lebensraum. Da es aber keine grenzenlose Freiheit gibt, muss das Lebewesen Mensch andere Einschränkungen hinnehmen. Etymologisch stammt der Begriff *êthos* von der Bezeichnung der Hirtenwiese ab, also einem Lebensraum, in dem sich Menschen begegnen und ihr Verhalten zueinander regeln sowie aufeinander abstimmen müssen. Auf der Hirtenwiese mit ihrer begrenzten Fläche und ihren begrenzten Ressourcen müssen die hier verkehrenden Menschen möglichst unstrittige und konfliktfreie Verhaltensweisen – ein *êthos* – entwickelt. Denn ohne *êthos* würde nur die Willkür des Stärkeren herrschen. Da die Verteilung von Stärke und Schwäche jedoch rein zufällig ist und jederzeit ein noch Stärkerer um die Ecke kommen kann, wären die sozialen Beziehungen lediglich dem Zufall und der Willkür unterworfen. Erst der *êthos* ermöglicht ein Leben in Sicherheit.

Aus der allgemeinen Bedeutung von *êthos* als Lebensraum lassen sich nun für den Menschen zwei weitere, engere Bestimmungen des Begriffs herleiten. Zum einen bezeichnet *ethos* (ἔθος, mit kurzem e) die gemeinverbindlichen Regeln des Handelns, also die *Gewohnheiten* und die Gebräuche der Menschen an einem Ort. Zum anderen meint der Begriff *êthos* (ἦθος, mit breitem e) die individuelle Entscheidung für eine bestimmte Handlung und zielt damit auf den *Charakter* eines Menschen ab, seine für ihn üblichen Verhaltensweisen und Tugenden sowie die von ihm als *Gut (agathón)* erkannten Ziele.

Beide Begriffe – *ethos* und *êthos* – verweisen aufeinander, da die individuellen Entscheidungen für ein Gut immer auch in einem sozialen Kontext entstehen. Der Charakter und die Tugenden, die Werte und die Ziele, die im gemeinsamen Handeln umgesetzt werden, sind immer auch sozial geprägt und wurden vor dem Hintergrund der Sozialisation eines Menschen in einer Gemeinschaft gewählt (s. Abb. 2). Dies schließt aber keineswegs Konflikte zwischen *êthos* und *ethos* aus: Das individuell Gute muss nicht notwendig mit dem übereinstimmen, was die meisten oder alle anderen für ein Gut halten.

Heute verstehen wir den Begriff der Ethik im Sinne des *êthos*, also der Individualethik mit ihren subjektiven Überlegungen, Entscheidungen und Handlungsweisen. Ethisch gute Handlungen entstehen in diesem Sinn durch einen entsprechenden Charakter; sie berücksichtigen Verhaltensweisen, Tugenden und Handlungsziele, die der Einzelne als gut anerkennt.

Abbildung 2 Ethik und das Gute

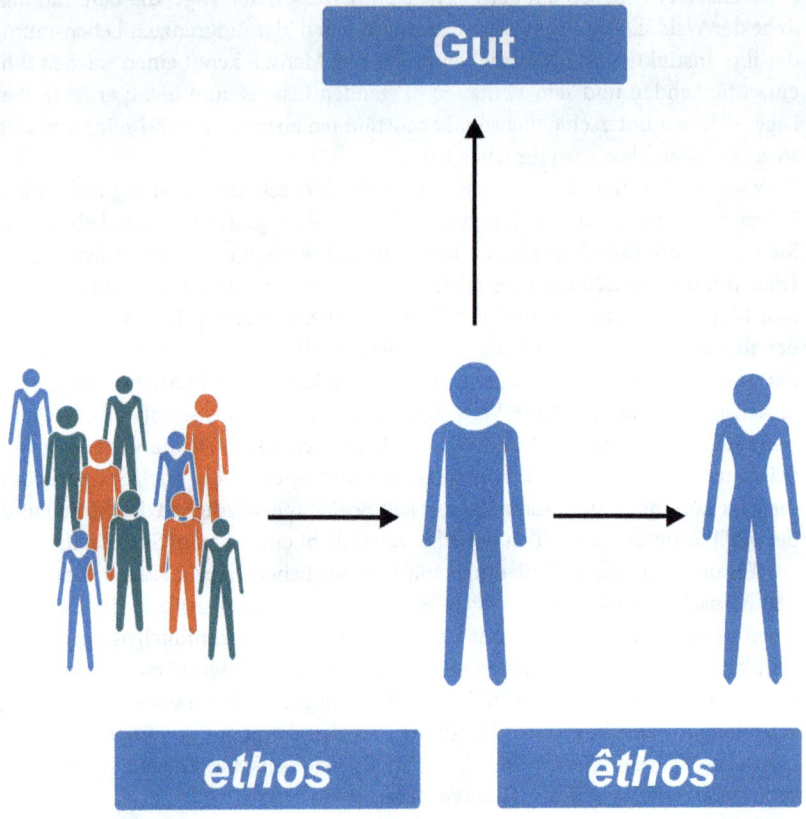

Die Leitfrage der Ethik ist die nach dem *Guten*. Daraus abgeleitete Handlungsfragen der Ethik wären daher: Ist die Handlung (für mich und an sich) gut? Sind die Folgen einer Handlung (für mich und an sich) gut? Ist das angestrebte Ziel (für mich und an sich) gut? Führen diese Handlungen und diese Ziele zu einem guten Leben? In diesen ethischen Fragestellungen lautet der Antagonismus: *gut oder schlecht*. Eine Handlung und ihr Motiv oder ihr Ziel, der Charakter oder die Lebensführung eines Menschen können im ethischen Sinne gut oder schlecht sein.

Moral

Die begriffliche Bestimmung des *ethos* als Gewohnheiten einer Gemeinschaft wurde durch Cicero mit dem lateinischen Begriff *mos* übersetzt, aus dem sich der deutsche Begriff Moral ableitet. Moral meint seither etwas anderes als Ethik. Moral als sozialer *ethos* umfasst die gültigen und allgemein anerkannten Regeln, die Gebote und Verbote, die Normen und Werte einer Gemeinschaft von Menschen. Moralische Handlungen sind folglich definitionsgemäß immer auch sozial erwünschte Verhaltensformen und gelten als legitime Handlungen. Die *Moralität* ist daher zugleich die Handlungsorientierung im zwischenmenschlichen Handeln auf der Individualebene.

Ethik und Moral unterscheiden sich ebenfalls durch verschiedene Leitfragen in Bezug auf eine Handlung. Die Leitfrage der Moral ist die nach dem *Richtigen*. Daraus abgeleitete Handlungsfragen wären nun: Ist es richtig, dies zu tun? Sind die Folgen einer Handlung (für mich und die Gemeinschaft) moralisch richtig und sozial akzeptabel? Ist das Ziel einer Handlung in der Gemeinschaft moralisch anerkannt? Unterstützen diese Handlungen und Ziele die kollektiven Vorstellungen über das moralisch Richtige sowie die Normen und Werte der Gemeinschaft?

Der Antagonismus der Moral lautet daher: *richtig oder falsch*. Hierbei geht es um die Bewertung einer Handlung, ihrer Folgen und Ziele in Bezug auf die Übereinstimmung mit den geltenden, das heißt von einer Gemeinschaft kollektiv anerkannten Grundsätzen der Moral, ihrer Normen und Werte als moralisch richtig oder moralisch falsch.

Derartige moralische Grundsätze sind üblicherweise *Sollens-Sätze:* Du sollst dies tun, jenes sollst du unterlassen. Die Begründung dieser Sollens-Sätze ist normativ, sie formulieren eine Regel, die für jeden handelnden Menschen in der Gemeinschaft verbindlich sein soll. Sie fordern die Einhaltung der moralischen Regeln durch den Handelnden *als* Mitglied einer Gemeinschaft, in der diese Normen und Werte kollektiv gelten. Daher kann man die *Normativität* auch als Handlungsorientierung von Akteuren als Gemeinschaftsmitglieder auf der Korporationsebene verstehen.

Insofern fordert die Moral den Respekt vor den kollektiven Normen und Werten, die jedem Akteur im gemeinsamen Handeln Gleichheit verleihen. Ohne diese moralische Gleichheit wären das Handeln und das Leben überkomplex: Jener darf dieses tun, jene darf dieses nicht fordern und so weiter. Moralische Richtigkeit fordert von Akteuren in der Gemeinschaft den gleichen Respekt vor dem *Sollen:* Du sollst richtig handeln, und du sollst nicht falsch handeln.

Der Respekt vor dem Leben, dem sozialen Miteinander und dem Eigentum anderer Menschen sind klassische Beispiele für moralische Handlungsbestimmungen, die typischerweise in einer Kultur religiös kodifiziert sind. In der sogenannten westlichen Kultur – die aus den drei abrahamitischen Religionsgemeinschaften der Juden, Christen und Muslime entstanden ist – stehen die Zehn Gebote des Alten Testaments *(Dekalog)* exemplarisch für moralisch und religiös verankerte Sollens-Bestimmungen: Du sollst nicht töten, Du sollst nicht lügen, Du sollst nicht stehlen. Diese Sollens-Bestimmungen beschreiben das moralische Verhalten von Menschen in einer Gemeinschaft, die sich einer friedlichen und kooperativen Sozialität verschrieben hat.

Sitten
Von diesen moralischen Sollens-Bestimmungen sind die Sitten als Verhaltenskonventionen zu unterscheiden. Gesellschaftliche Konventionen und Gebräuche sind Verhaltensweisen, die das soziale Miteinander in einer Gemeinschaft erleichtern und angenehm oder nützlich sind. Die Fragestellung lautet hier: Ist es *angemessen*, dies so zu tun? Die Frage appelliert daher an den Respekt vor dem anderen und die Kenntnisse kultureller und sozialer *Kann-Erwartungen*, mit denen die Mitglieder einer Gemeinschaft sich ihrer gegenseitigen Wertschätzung vergewissern. Zumeist beruhen sie auf Traditionen und Gewohnheiten, die sich in einer Gemeinschaft entwickelt haben. Daher werden die Sitten zumeist unter die Moral subsumiert.

Sitten und Konventionen sind folglich Verhaltenserwartungen, die man in bestimmten sozialen Situationen erfüllen kann. Es gilt als höflich oder respektvoll gegenüber den anderen, wenn man sie befolgt. Ihre Einhaltung zeigt dem anderen, dass man die kulturgebundenen Bedeutungen von Handlungen kennt und durch ihre Einhaltung die Situation und den anderen als respektwürdig bewertet. Typische Beispiele hierfür sind bestimmte Begrüßungsrituale oder das Aufhalten einer Türe für Nachfolgende. Die Nicht-Einhaltung von Sitten demonstriert hingegen, dass man unwissend ist, die Sitten ignoriert oder gar den Respekt bewusst verweigert.

Die Sitten sind immer auch kulturell eingebettet und unterscheiden sich; sprichwörtlich gelten in anderen Ländern andere Sitten. So ist es in einigen Ländern üblich, beim Essen Messer und Gabel zu benutzen, in anderen Ländern Essstäbchen. Das pünktliche Erscheinen zu einem vereinbarten Termin wird in einigen Gesellschaften strikter erwartet als in anderen. In einigen Gesellschaften sind eine formale Anrede, Siezen oder Verbeugungen zur Begrüßung üblich, andere Gesellschaft kennen die sprachliche Unterscheidung zwischen Siezen und Duzen nicht mehr (angloamerikanischer Sprachraum) oder verzichten bewusst darauf (skandinavische Länder).

Normen und Werte

Jeder Mensch orientiert sich bei seinen Handlungsüberlegungen an der Gemeinschaft, in der er lebt. Er überlegt sich, wie er welche Ziele erreichen kann, und muss dabei berücksichtigen, welche Handlungen und welche Ziele in der Gemeinschaft anerkannt sind oder abgelehnt werden. Die Soziologen sprechen hierbei von Normen und Werten, die den einzelnen Menschen und die Gemeinschaft, in der er lebt, miteinander verbinden. Die Begriffe Normen und Werte spielen aber seit einigen Jahrzehnten auch in der praktischen Philosophie eine große Rolle und werden in diesem Buch häufig genutzt. Eine kurze Klärung dieser Begriffe ist daher angebracht, nicht zuletzt auch deshalb, weil die Unterscheidung zwischen Normen und Werten nicht immer eindeutig und auch in der Fachliteratur umstritten ist. Diese Unschärfen machen die häufigen gesellschaftlichen Diskurse über die unterschiedlichen Normen, die in den verschiedenen Ländern und Regionen der Welt herrschen, und über den Wertewandel oder gar den Werteverlust in der modernen Welt nicht einfacher.

In der Philosophie und in der Soziologie werden unter Normen (lat.: *norma*) zunächst ganz allgemein die Regeln des sozialen Handelns verstanden. Soziale Normen beschreiben allgemeinverbindliche Handlungsformen in sozialen Situationen und definieren damit die Handlungserwartungen der Gesellschaft an den einzelnen Menschen. Normen werden in der Sozialisation vermittelt, das heißt durch die Eltern, die Lehrer, die Medien sowie die Öffentlichkeit lernen Menschen, wie man sich anderen gegenüber in welcher Situation verhält. Dass man sich beispielsweise in Deutschland bei der Begrüßung die rechte Hand reicht, beim Gespräch oder in der Warteschlange eine Armlänge Abstand zueinander hält und beim Essen die Gabel in der linken Hand hält, sind allgemeine und sozialisierte Normen unserer Kultur: *Wie* man sich begrüßt, *wie* man miteinander spricht und *wie* (und *was*) man isst, beschreibt normative Verhaltensformen in einer Kultur und definiert zugleich eine spezifische Kultur im Unterschied zu anderen Kulturen mit anderen Normen.

Aus dieser kulturellen Zuordnung folgt zudem, dass soziale Normen in einer Gesellschaft einerseits eine funktionale Aufgabe haben, da sie das gemeinsame Handeln erleichtern, andererseits aber auch eine symbolische Aufgabe, in dem sie Zugehörigkeiten markieren. Wer die Normen kennt und internalisiert hat, kann sich problemlos in der Gesellschaft bewegen und ist Teil der Gemeinschaft. Allerdings definieren Normen zugleich auch, was man *nicht* tut und wie man etwas *nicht* macht. Normen schränken folglich die Möglichkeiten des Handelns ein und erlauben die negative Sanktionierung normabweichender, *devianter* Handlungsformen. Wenn Menschen freiwillig in Gemeinschaften leben, erkennen sie aus freiem Willen und durch die Anerkennung der Zugehörigkeit auch deren Normen und die Beschränkungen des Handelns an. In diesem Sinne beschreiben

Normen immer auch soziale *Restriktionen* und damit freie Handlungsräume innerhalb des Möglichen. Mit anderen Worten: Normen ermöglichen die *negative Freiheit* des Menschen in der Gesellschaft (vgl. Taylor, 1992, S. 118 ff.). Soziale Normen sind, folgt man dieser Definition, eng verwandt mit der Moral und dem sozialen *ethos* einer Gemeinschaft.

Werte sind, im Unterschied zu sozialen Normen, akteursspezifisch und nur bedingt verallgemeinerbar. Jeder Mensch entwickelt seine eigenen Wertvorstellungen und seine eigenen Selbstbindungen an die gewählten Werte; diese sind für ihn persönliche *Präferenzen* des Denkens und des Handelns. Freiheit und Gerechtigkeit, Gleichheit und Anerkennung sind solche Werte. Als Präferenzen sind Werte aktuelle oder künftige Ziele der persönlichen Lebensführung und Lebensgestaltung, sie öffnen Denk- und Handlungsräume. Hierbei handelt es sich zunächst um einen höchst subjektiven Prozess der *Selbstbindung* an Wünsche und Lebensziele. Dieser Prozess ist ein Akt der *Autonomie*, in dem ein Mensch seine vernünftige Freiheit nutzt, um sich selbst auf selbstgewählte Werte zu verpflichten. Insofern ist die persönliche Entwicklung von Werten immer auch zentraler Ausdruck der Freiheit, etwas *zu tun*, und somit der *positiven Freiheit* eines Menschen (vgl. Brandom, 2015, S. 55 ff.).

Da es für Menschen in Gesellschaft jedoch keine absolute Freiheit geben kann, entstehen Werte auch in einem sozialen Prozess: Sie entstehen im sozialen Handeln in einer Gemeinschaft und in der Auseinandersetzung mit den Verhaltenserwartungen dieser Gemeinschaft. Einerseits muss sich das Individuum gegen die Gemeinschaft abgrenzen und seine Identität entwickeln, andererseits muss es sich in den normativen Handlungsrahmen integrieren. Das Ergebnis ist eine individuelle Selbstbindung an gesellschaftlich legitimierte Werte. In einer spezifischen Gemeinschaft entstehen so ›passende‹ Werte und die Verwirklichung unpassender Werte wird von dieser Gemeinschaft negativ sanktioniert. In einem dialektischen Wechselspiel zwischen Individuum und Gesellschaft entstehen Werte »in Erfahrungen der Selbstbildung und Selbsttranszendenz« (Joas, 1999, S. 10). Hierbei verweisen soziale Normen und Werte aufeinander und sind zugleich aufeinander angewiesen. Der einzelne Mensch kann seine Werte nur in einem normativen Handlungsrahmen entwickeln, und ohne zumindest ähnliche Wertvorstellungen in einer Gemeinschaft entfalten soziale Normen keine Bindungskräfte für die Mitglieder der Gemeinschaft.

Die in diesem dialektischen Wechselspiel entstehenden Werte ermöglichen Menschen die Be*wertung* von Wünschen, Handlungen oder Dingen der Welt als wertvoll oder wertlos. Menschen bewerten ihr eigenes Denken und Handeln sowie das anderer Menschen. Und auch hier gilt: Wertungen sind mit Kultur verwoben. Wo Menschen bewerten und sich darüber mit anderen austauschen, entstehen Bedeutungen und Kultur. Zudem entsteht hieraus für den einzelnen ein *Gut*, welches er als erstrebens*wertes* Ziel seines Lebens ansieht – womit Werte sich nun als enge Verwandte der Ethik im Sinne des *êthos* erweisen.

2.2 Recht und Gerechtigkeit

Das Recht bezeichnet ein System von Regeln für das soziale Handeln. In einem Rechtsstaat wird das sogenannte *objektive Recht* von den Mitgliedern der Gesellschaft oder ihren politischen Repräsentanten beschlossen und kodifiziert, von der Exekutive durchgesetzt und bei Zuwiderhandlungen von der Judikative mit Sanktionen bestraft. Recht und Gesetze verweisen auf eine straffreie Erlaubnis oder ein strafbares Verbot einer Handlung und sind mit dem Imperativ ›Du musst!‹ verknüpft. Die Wahrung des Lebens und des Eigentums anderer, der Austausch von Waren gegen Geld oder das Halten vor einer roten Ampel sind rechtlich geregelte Verhaltensweisen, deren Nichtbeachtung die Gesellschaft des Rechtsstaates (»Im Namen des Volkes«) bestraft.

Die Gesetze schützen sogenannte *Rechtsgüter*. Rechtsgüter sind Zustände, beispielsweise das Leben und die körperliche Unversehrtheit oder das Eigentum, und Abläufe von Handlungen, beispielsweise die Tauschprozesse von Waren und Leistungen. Was als Rechtsgut gilt, steht nicht in den Gesetzen, sondern wird von der Gesellschaft zum Rechtsgut erhoben. Grundlage dafür sind die Moralvorstellungen, die Werte und Traditionen einer Gemeinschaft von Menschen, die sich verändert und entwickelt. Rechtgüter werden im Rechtsstaat folglich nicht vorgefunden oder beschlossen, sondern »in der jeweiligen Gesellschaft *gemacht*« (Fischer, 2014).

Jene Gesetze, die Rechtgüter schützen, spiegeln insofern immer auch die jeweiligen Vorstellungen über legitimes Handeln wider und verschärfen moralische Regeln über das richtige oder falsche Handeln von Menschen, indem sie es zulassen oder mit strafrechtlichen Normen verbieten. Rechtskonform und *legal* sind all jene sozialen Handlungen, die in Übereinstimmung mit den geltenden Gesetzen vollzogen werden. Eine legale Handlung impliziert das Recht auf ihren Vollzug und es besteht ein *Anspruch* auf eine bestimmte Verhaltensweise, den andere Menschen respektieren müssen – auch dann, wenn diese Handlung deren Verhalten einschränkt. Mit anderen Worten: Jedes *Recht* des Einen impliziert die *Pflicht* aller anderen, diesen legalen Anspruch zu beachten. Beispielsweise impliziert das Recht auf Leben und Eigentum die Pflicht aller anderen, diesen Rechtsanspruch zu respektieren.

Für die soziale Ordnung einer Gemeinschaft gibt es daher einen Rahmen des Rechts, der einerseits von den *Gesetzen* und andererseits von der *Moral* durch Sanktionen begrenzt wird. Moral und Recht sind aber beide auf das Gute bezogen – sie müssen deshalb nicht in jedem Fall übereinstimmen, orientieren sich aber zumindest an einer subjektiven Vorstellung über die kollektive Anerkennung eines moralisch und rechtlich Guten (s. Abb. 3). Zumeist stimmen jedoch die subjektiven Vorstellungen des Guten mit den sozialisierten Ansprüchen der Moral und des Rechts mit den Gesetzen überein, das heißt, aus dem *objektiven Recht*, wie es in Gesetzen niedergeschrieben ist, lassen sich moralkonforme Befugnisse des *subjektiven Rechts* ableiten und als gutes Handeln umsetzen.

Allerdings ist der Dreiklang aus Moral (gr.: *ethos*, lat.: *mos*), Recht (gr.: *díkē*, lat.: *ius*) und Gesetz (gr.: *nómos*, lat.: *lex*) keinesfalls unproblematisch oder gar notwendig kongruent. Die moralischen Vorstellungen über das Richtige verändern sich im Lauf der Zeit und das Recht und die Gesetze müssen darauf reagieren. Typische Beispiele aus Deutschland sind die Einführung des allgemeinen Wahlrechts für Männer und Frauen von 1918, die Aufhebung des strafrechtlichen Verbots von Homosexualität im Jahr 1969, die Straffreiheit von Schwangerschaftsabbrüchen im Jahr 1976 und die Tatsache, dass Ehefrauen auch ohne die Genehmigung ihres Gatten einer beruflichen Tätigkeit erst seit 1977 (!) nachgehen dürfen. Die aktuellen Debatten um die Sterbehilfe für todkranke Menschen zeigen, dass der Konflikt zwischen Recht, Moral und Gesetzen keineswegs beendet ist, sondern ein fortschreitender Prozess der gesellschaftlichen Debatte über die gemeinsamen Normen und Werte bleiben wird.

Die Beziehung zwischen Moral und Recht ist das zentrale Thema der Rechtsethik (vgl. Pfordten, 2005). Sie verweist darauf, dass das Recht zumeist aus der Moral erwächst, das heißt, in den Urgesellschaften waren Recht und Moral deckungsgleich und haben sich erst später in unterschiedliche Bereiche fortentwickelt *(genetisch-kausale Beziehung)*. Die besonderen Problematiken der Gentechnik und des Umgangs mit Embryonen zeigen, dass Recht und Moral jedoch nicht notwendig einen gemeinsamen Ursprung haben und daher neuerer moralischer und rechtlicher Regelungen bedürfen: Technische und soziale Änderungen müssen sowohl auf Seiten der Moralität als auch auf Seiten der Rechtskonformität des Handels und des Sollens umgesetzt werden.

Die Rechtsethik verweist aber auch darauf, dass es zwischen Moral und Recht eine Kohärenz geben muss *(pragmatische Beziehung)*. Wenn moralische und rechtliche Normen in einen Widerspruch geraten, sind die Rechtsnormen und die daraus abgeleiteten Gesetze zumeist nicht haltbar und werden von den Mitgliedern der Gemeinschaft nicht anerkannt. Nur in Einzelfällen können Rechtsnormen auch eine »sittenbildende Kraft« (Pfordten, 2005, S. 213) entwickeln und die moralischen Vorstellungen in einer Gesellschaft verändern *(intentional-generierende Beziehung)*. Beispielsweise war es in den 1970er Jahren noch unüblich, sich beim Autofahren anzuschnallen. Erst nachdem 1984 eine Rechtspflicht (mit Bußgeld) eingeführt wurde, entwickelte sich auch ein moralisches Be-

Recht und Gerechtigkeit 25

Abbildung 3 Ethik, Moral und Recht

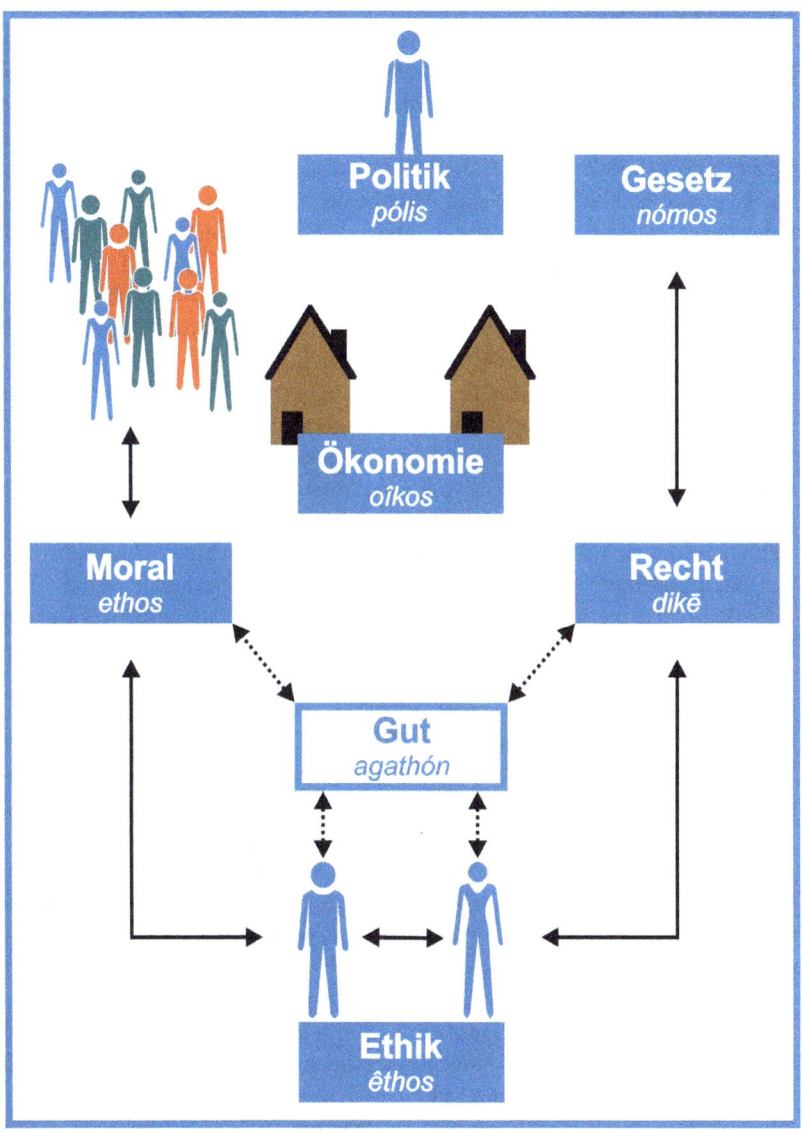

wusstsein für den Schutz des eigenen Lebens und der Gesundheit anderer durch einen Sicherheitsgurt.

Zumeist entwickelt sich aus diametral entgegengesetzten normativen Vorstellungen über die Moral und das Recht eine eskalierende Konfliktsituation. In diesen massiven Konflikten spielen Überlegungen zur Notwehr oder zum sogenannten übergesetzlichen Notstand eine wichtige Rolle. Typische, allerdings auch umstrittene Beispiele hierfür wären die gewaltsame Abwehr eines Angriffs, der eigene gewaltsame Angriff auf einen Bombenleger oder der Arzt, der die Tötung eines ungeborenen Kindes für die Rettung der Mutter akzeptiert. In diesem Fall gibt es einen Konflikt zwischen der Legitimität und der Legalität des Handelns. Gewalt gegen andere oder gar die Tötung sind gesetzlich verboten und damit illegal, können aber in derartigen Notsituationen legitim sein und auch juristisch zum *entschuldigenden Notstand* (§ 35 StGB) führen.

Die Ethik ist für die Moral und das Recht gleichermaßen konstitutiv. Beide, Moral und Recht, reflektieren im besten Fall die ethischen Grundhaltungen und Entscheidungen der Menschen in einer Gemeinschaft und beschreiben die kollektiv anerkannten Vollzüge ethischer Wertvorstellungen. Moral und Recht, legitimes und legales Handeln stützen sich daher auf ethische Überlegungen der Akteure und definieren die Rahmenbedingungen der Sozialität. Umgekehrt prägen die moralischen und rechtlichen Bestimmungen die ethische Sozialisation der Mitglieder einer Gemeinschaft und formen ein anerkennungsfähiges Gut des Handelns.

Gerechtigkeit

Gerechtigkeit *(dikaiosýnē)* wird durch eine soziale Handlung verwirklicht, wenn die Handlung selbst oder das mit ihr verknüpfte Ziel von den Beteiligten als angemessen und passend bewertet wird. Die Handlung unterliegt damit immer einer normativen und intersubjektiven Prüfung, da Gerechtigkeit als Ergebnis einer sozialen Handlung nur im Bezugsrahmen kollektiver Werte anerkannt werden kann. Gerechtigkeit ist zudem mehr als Rechtskonformität, und wer gerecht handelt, obwohl er sich anders verhalten könnte und dürfte, verdient die Anerkennung seiner Mitmenschen als gerecht Handelnder.

Vermutlich wollen die meisten Menschen gerecht handeln. Gerechtigkeit ist klassischerweise eine Tugend oder ein Ziel, das in einer sozialen Gemeinschaft als erstrebenswert gilt. Sobald jedoch unterschiedliche Akteure und deren Handlungen miteinander um das jeweils höhere Maß an Gerechtigkeit ringen, entstehen Konflikte. Aus diesen Konflikten entstehen dann Ungerechtigkeiten, durch die sich einzelne oder ganze Gruppe geschädigt oder benachteiligt fühlen. Ein typischer Konflikt ist jener zwischen dem (individuellen) Recht auf *Freiheit* und dem (kollektiven) Recht auf *Gleichheit*: Ist die Anerkennung der Gleichbehandlung ähnlicher Akteure gerechter als die Anerkennung der Handlungsfreiheit einzelner? Oder: Inwieweit ist die Einschränkung der Freiheit einzelner zugunsten der Gleichheit der Gemeinschaft noch gerecht? Derartige Fragen entstehen beispielsweise, wenn man einige zum Dienst für die Gemeinschaft verpflichtet und in ihrer Freiheit einschränkt (Wehrpflicht statt Berufsarmee) oder die Gleichheit der Bürger zugunsten ihrer Leistungsfähigkeit aufhebt (progressive Besteuerung statt Kopfsteuer). Bei der zuvor erwähnten Einführung der Anschnallpflicht war es beispielsweise lange Zeit umstritten, ob ein liberaler Staat einen mündigen Bürger und erfahrenen Autofahrer in seiner Handlungsfreiheit derart einschränken dürfte. Für einige mag ein höheres Maß an Gleichheit gerecht sein, für andere ein höheres Maß an Freiheit.

In einem nächsten Schritt muss man nach dem *Gerechtigkeitsmaßstab* fragen, den Menschen als Begründung für die Bewertung des gerechten oder des ungerechten Handelns anführen. In dieser Begründung finden sich Vorstellung von Gerechtigkeit in subjektiver und in objektiver Hinsicht. Gerechtigkeit in *objektiver* Hinsicht unterstellt einen überzeitlichen Wertekanon – dieser kann sich beispielsweise auf ein Naturrecht, die tradierte Gültigkeit von religiösen Geboten oder universelle Menschenrechte beziehen – oder einen institutionellen Rahmen mit rechtlichen Normen, der Gerechtigkeitskonflikte lösen soll. Bei der Gerechtigkeit in objektiver Hinsicht handelt es sich folglich um objektivierte Vorstellungen über gerechtes Handeln. Gerechtigkeit in *subjektiver* Hinsicht berücksichtigt hingegen die individuellen Ansprüche und Leistungen eines Akteurs und prüft deren Reziprozität, indem sie die geforderten Ansprüche mit den erbrachten Leistungen abgleicht und bewertet. Die Gerechtigkeit in subjektiver Hinsicht beruft sich auf den klassischen Grundsatz ›Jedem das Seine‹ *(suum cuique)* und fordert eine individuelle, fähigkeiten- und leistungsorientierte Lösung bei Verteilungskonflikten. Hierbei geht es um die subjektive Verteilung von Rechten und Pflichten, von akteursorientierten Berechtigungen und Verpflichtungen in einer sozialen Gemeinschaft.

Ein typisches Beispiel für unterschiedliche Gerechtigkeitsmaßstäbe ist die Verteilungsgerechtigkeit bei der Entlohnung für Arbeit. Das Problem findet sich bereits im Neuen Testament der Bibel, im Gleichnis von den Arbeitern im Weinberg des Herrn (Matthäus 20, 1–16). Ein Gutsbesitzer wirbt am Morgen einige Arbeiter an, verspricht ihnen ein Silberstück als Lohn und schickt sie in seinen Weinberg. Am Mittag und am Abend wirbt er weitere Arbeiter mit dem gleichen Lohnversprechen an. Nach getaner Arbeit erhalten nun alle ein Silberstück. Diejenigen Arbeiter, die den ganzen Tag im Weinberg waren, beschweren sich über die ungerechte Entlohnung: Sie hätten mehr geleistet als jene, die erst am Abend hinzugekommen waren. Doch der Gutsbesitzer rechtfertigt sich damit, dass er jedem den gleichen Lohn versprochen hat und nun jedem für seine Arbeit einen fairen

Tageslohn geben wolle. Das Gleichnis verweist auf die göttliche Gerechtigkeit, der zufolge jeder für seine Arbeit eine Entlohnung verdient, die ihm das Überleben sichert – auch dann, wenn die Letzten die Ersten sein werden und die Ersten die Letzten.

Zeitgemäßer ist ein anderes Beispiel. Nehmen wir an, ein Unternehmer beschäftigt einen männlichen und einen weiblichen Mitarbeiter und zahlt dem Mann einen höheren Lohn. In *subjektiver Hinsicht* wäre dies ungerecht, wenn beide Mitarbeiter die gleiche Arbeit unter den gleichen Voraussetzungen und Bedingungen (Ausbildung, Erfahrung usw.) verrichten. Die Mitarbeiterin würde ungerecht behandelt, da die Lohnunterschiede nicht gerechtfertigt sind und ihr begründeter Anspruch auf gerechte Entlohnung verletzt wäre. In subjektiver Hinsicht könnte der Mitarbeiter den Lohnunterschied jedoch rechtfertigen und als gerecht vertreten, wenn er als Alleinverdiener eine Familie ernähren müsste und die Mitarbeiterin alleinstehend wäre.

In *objektiver Hinsicht* könnte sich der Mitarbeiter zur Rechtfertigung eines Lohnunterschieds auf religiöse Aussagen beziehen (beispielsweise auf Paulus' Brief an die Epheser 5, 22: »Ihr Frauen, ordnet euch euren Männern unter wie dem Herrn. Denn der Mann ist das Haupt der Frau«, oder auf den Koran, Sure 4, 34: »Die Männer stehen über den Frauen«) und diese als (für ihn) objektiv geltende Grundsätze heranziehen. Die Mitarbeiterin könnte wiederum die von Deutschland anerkannte Charta der Vereinten Nationen (Präambel: »Gleichberechtigung von Mann und Frau«) und das deutsche Grundgesetz (Artikel 3.2: »Männer und Frauen sind gleichberechtigt«) zur Forderung nach Lohngleichheit heranziehen.

Halten wir somit fest, dass es unterschiedliche und divergierende Forderungen nach Gerechtigkeit gibt: Gleichheit oder Bedürftigkeit, die Priorität der Moral beziehungsweise der Religion oder die Priorität des normativen Rechts. Alle Forderungen und alle Gerechtigkeitskonzeptionen *können* mögliche Gründe für einen Anspruch sein. Welche subjektiven oder objektiven Gründe für die Rechtfertigung eines Anspruchs auf Gerechtigkeit gelten *sollen,* ist auch eine Frage der *sozialen Gerechtigkeit* und der *politischen Gerechtigkeit* und damit nicht zuletzt eine Frage der Macht: Wer hat die Definitions- und Setzungsmacht und kann also die Durchsetzung seiner Festlegung erzwingen, die eine oder die andere Begründung des Anspruchs auf Gerechtigkeit als *gerechtfertigt* anzuerkennen?

Die Forderungen nach mehr oder einer anderen Gerechtigkeit sind das eine, die empfundene Gerechtigkeit in der Gesellschaft das andere. In Befragungen steht zumeist die Verteilungsgerechtigkeit im Fokus, das heißt die Verteilung wirtschaftlicher Güter, des Einkommens und der Vermögen. Bis in die 1990er Jahre waren die Deutschen mehrheitlich der Meinung, dass diese Güter gerecht verteilt seien. Seitdem sinkt die Zustimmung kontinuierlich und im Jahr 2013 waren nur noch 18 Prozent der Bürger der Meinung, dass die Verteilung des Wohlstands in

Deutschland im Großen und Ganzen gerecht sei, 68 Prozent empfanden sie als ungerecht (Bertelsmann, 2017). Gleichzeitig sind aber die meisten Arbeitnehmer in Deutschland der Meinung, dass ihr eigener Arbeitslohn gerecht sei: 61 % der Arbeitnehmer finden ihren Bruttostundenlohn gerecht, wobei dieser Aussage 63 % der Arbeitnehmer in Westdeutschland und nur knapp die Hälfte der Arbeitsnehmer in Ostdeutschland zustimmen (IW, 2017). Auch hier zeigt sich, dass der Maßstab der Gerechtigkeit in subjektiver und objektiver Hinsicht im gleichen Kontext durchaus unterschiedlich sein kann: Die objektive – genauer gesagt, die objektivierte – Verteilung von Wohlstand wird von den allermeisten Menschen als ungerecht empfunden, die eigene Zuteilung jedoch von den meisten Menschen als gerecht. Faktisch ist es nicht zu erklären, wie die meisten Menschen ungerecht behandelt werden könnten, wenn eine Mehrheit sich selbst zugleich gerecht behandelt fühlt – doch geht es hierbei nicht um Fakten und Statistik, sondern um diffuse Empfindungen.

Daher mag jeder nach Gerechtigkeit streben, sie ist vor dem Hintergrund kollektiver Werte und deren subjektiver Anerkennung jedoch oftmals konfliktbehaftet. Eine kleine Geschichte, die der Wirtschaftsnobelpreisträger Amartya Sen in seinem Buch *Die Idee der Gerechtigkeit* erzählt, verdeutlicht die Konflikte: Drei Kinder – Anne, Bob und Carla – streiten sich um eine Flöte, die jedes von ihnen gerne besitzen würde. Anne ist die Einzige von den dreien, die Flöte spielen kann und das Instrument zur Freude und Unterhaltung der beiden anderen benutzen könnte. Bob ist der ärmste von den dreien, er besitzt kein einziges Spielzeug, anders als seine wohlhabenden Freundinnen. Carla hat wochenlang an der Flöte gearbeitet, sie hat aus einem Stück Holz mit eigenen Händen ein wohlklingendes Instrument gemacht, dass ihr die beiden anderen nun abnehmen wollen (vgl. Sen, 2010, S. 41 f.).

Eine Flöte, drei Kinder und drei konkurrierende Ansprüche auf Gerechtigkeit: Welches Kind soll nun die Flöte erhalten? Welche Entscheidung wäre in diesem Fall eine unparteiische und gerechte Lösung? Je nach ethischer Haltung gibt es gute Gründe, die Flöte an Anne, an Bob oder an Carla weiterzugeben. Die Bewertung einer sozialen Handlung als in subjektiver Hinsicht gerecht stützt sich folglich immer auch auf eine ethische Position und berührt damit die moralischen und rechtlichen Überlegungen, die für die Anerkennung der Gerechtigkeit in objektiver Hinsicht salient sind.

Die Geschichte von Amartya Sen über die drei streitenden Kinder lässt sich leicht auf andere Lebensbereiche und Gerechtigkeitskonflikte übertragen. Bei der Frage nach der gerechten Behandlung von Migranten, der Besteuerung von Bürgern oder der Verteilung von Rohstoffen auf der Welt gibt es unterschiedliche, oftmals konträre Ansprüche mit jeweils gut begründeten Forderungen nach Gerechtigkeit und mehrere Möglichkeiten, eine Entscheidung zu treffen – für oder gegen

Gleichheits-, Freiheits-, Leistungs- oder Befähigungsgrundsätze. Welche Prämisse für eine Entscheidung den höheren Wert hat, ist eine ethische Frage.

Hierbei muss man jedoch die unterschiedlichen Gerechtigkeitsbereiche betrachten. Seit der Antike wird in einer politischen Gemeinschaft die Relation Bürger – Bürger von der Relation Bürger – Staat getrennt. In der ersten Relation Bürger – Bürger spricht Aristoteles von der *ausgleichenden Gerechtigkeit* in den sozialen Handlungen und vertraglichen Beziehungen der Bürger untereinander (vgl. Aristoteles, 1995b, NE, 1131a 1). Die Gerechtigkeit des staatlichen Handelns gegenüber dem Bürger, beispielsweise bei der Verteilung von Gütern oder Ehrungen, bezeichnet er als *austeilende Gerechtigkeit* (vgl. Aristoteles, 1995b, NE, 1130b 28). Mit Thomas von Aquin kam später noch die Gerechtigkeit des bürgerlichen Anspruchs gegenüber dem Staat auf rechtmäßige Behandlung hinzu (Aquin, 1953, S. 33; II-II, qu. 58,5).

In den Gerechtigkeitsrelationen zwischen den verschiedenen Akteuren kann man nun zusammenfassend die unterschiedlichen Bezugsebenen wie folgt aufschlüsseln (vgl. Abb. 4): Erstens kann Gerechtigkeit von einem Akteur im Streben nach Freiheit (A) oder in der Anerkennung von Gleichheit (B) verwirklicht werden. Zweitens kann Gerechtigkeit auf dem gerechten Ausgleich zwischen einzelnen Akteuren (C: *ausgleichende Gerechtigkeit, justitia commutativa*) oder auf dem gerechten Anspruch eines Akteurs gegenüber einer Gruppe beziehungsweise der Gesellschaft beruhen (D: *subjektive Gerechtigkeit*). Drittens kann sich der Anspruch auf Gerechtigkeit auf eine Idee, also ein Naturrecht oder religiöse Gebote, beziehen (E: *objektive Gerechtigkeit*) oder auf den Staat – und hierbei kann man wiederum zwischen der austeilenden Gerechtigkeit (F: *justitia distributiva*) des Staates und dem Anspruch auf Regelgerechtigkeit (G: *justitia legalis*) des Bürgers differenzieren (vgl. Pfordten, 2005, S. 268 f.). Viertens kann man die Frage nach der Gerechtigkeit noch im Hinblick auf die Beziehung zwischen den Gesetzen des Staates und einer idealen Vorstellung von Gerechtigkeit stellen (H: *politische Gerechtigkeit*).

In der Alltagssprache finden sich diese Gerechtigkeitsrelationen in verschiedenen Kontexten: Der Anspruch auf *soziale Gerechtigkeit* bezieht sich üblicherweise auf die Verteilung materieller und immaterieller Ressourcen in einer Gesellschaft, bei der *Lohngerechtigkeit* geht es um die Forderung nach angemessener Bezahlung für eine Arbeitsleistung, bei der *Generationengerechtigkeit* um die Verteilung von Lasten wie Schulden oder Umweltschäden auf zukünftige Generationen und bei der *Chancengleichheit* um die Frage nach der Bevorzugung oder Benachteiligung einzelner Akteure oder Gruppen aufgrund ihres Geschlechts, ihrer Herkunft oder ihrer Fähigkeiten (vgl. Bak, 2014, S. 25 f.). Bei der Beurteilung, was als gerecht gelten soll, kommen jeweils unterschiedliche Prinzipien zum Tragen: Einige fordern die Berücksichtigung individueller oder kollektiver Bedürfnisse (Bedürfnisprin-

Abbildung 4 Formen der Gerechtigkeit

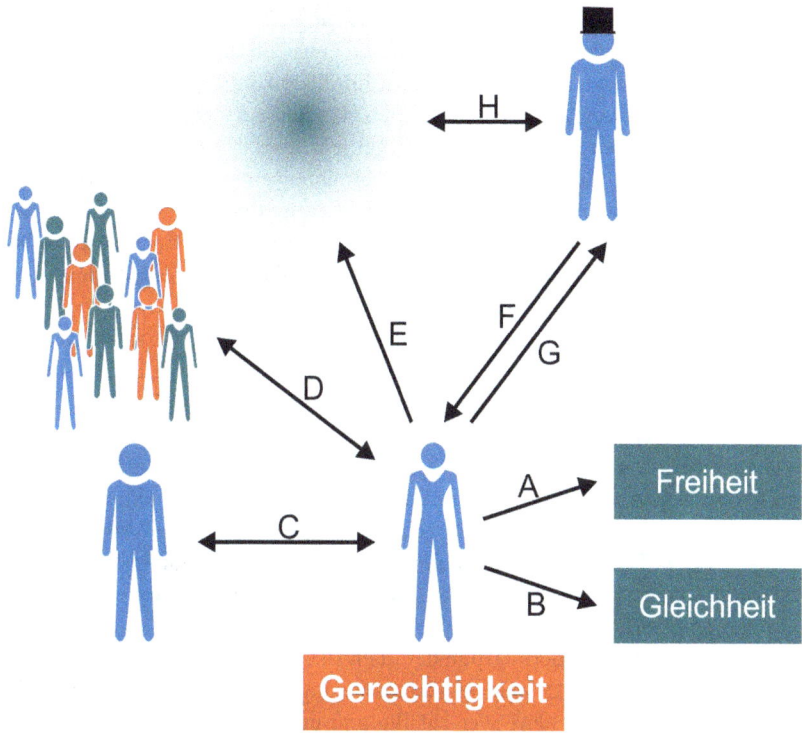

zip), andere die Anerkennung von Leistungen (Leistungsprinzip) und eine dritte Gruppe die Gleichheit der Verteilung (Gleichheitsprinzip). Welche Forderung in welchem Kontext als gerecht gelten soll, ist grundsätzlich umstritten und immer eine Frage der ethischen Position.

2.3 Gut handeln

Zusammenfassend kann man für die Bewertung sozialer Handlungen nun drei Handlungsfelder festhalten: Ethik, Moral und Recht. In Bezug auf die Ethik stellt sich die Frage nach dem guten Handeln beziehungsweise nach dem *Gut,* das durch eine Handlung verwirklicht oder angestrebt wird. In Bezug auf die Moral geht es um die *Legitimität* der Handlung und um die Frage, ob der Akteur durch sein Handeln die sozialen Normen, die gesellschaftlich anerkannten Wertvorstellungen und die kulturspezifischen Sitten berücksichtigt. In Bezug auf das Recht geht es um die *Legalität* des Handelns und um die Frage, ob die Gesetze als positives, kodifiziertes Recht berücksichtigt wurden. Konflikte können zwischen allen drei Orientierungspunkten auftreten. So können Handlungen zwar in Einzelfällen für ethisch gut befunden werden und auch legal sein, aber den moralischen Maßstäben widersprechen. Beispielsweise ist die Abtreibung eines Embryos in den meisten westlichen Ländern für viele Frauen ein wichtiges *mögliches* Gut und innerhalb bestimmter Fristen auch straffrei *möglich*, jedoch moralisch umstritten. Der zuweilen gewaltsame Kampf gegen Abtreibungskliniken in einigen Regionen der USA legt den Konflikt zwischen Ethik, Moral und Recht offen.

Die Gerechtigkeit steht zwischen Ethik, Moral und Recht (s. Abb. 5). Im Idealfall ist das Gute auch gerecht, weil es mit der Moral und dem Recht übereinstimmt. Zuweilen kann das Gute jedoch moralisch legitim, rechtlich aber illegal sein. Und manchmal widersprechen die moralischen und rechtlichen Bestimmungen dem, was als subjektiv gut und gerecht empfunden wird. Klassische Konfliktfelder in diesen Bereichen sind beispielsweise Schwangerschaftsabbrüche, aktive oder passive Sterbehilfe sowie die Bestrafung von Menschen, die grausame Verbrechen begangen haben. Das ethische Empfinden des Einzelnen, die moralischen Grundsätze einer Gemeinschaft und ihr kodifiziertes Recht geraten hierbei oftmals in spannungsvolle Konflikte.

Neben diesen Orientierungspunkten stellt sich innerhalb der Ethik nun noch eine weitere Frage: Unter welchen Voraussetzungen kann eine Handlung überhaupt als ethisch gut gelten? Wer zufällig und unbewusst einem anderen Menschen hilft, kann kaum mit einer Belobigung für sein gutes Handeln rechnen. Nicht immer ist folglich eine Handlung in einem ethischen Sinne gut, auch wenn sie an sich gut ist. Was muss also gegeben sein, damit wir einen Menschen für sein gutes Handeln loben können?

Zunächst muss ein Mensch in Gesellschaft leben. Wer alleine auf einer einsamen Insel lebt, kann tun, was ihm beliebt. Sein bloßes Verhalten ist in einem ethischen Kontext zunächst irrelevant. Auch jedes andere Verhalten wie Atmen, Gehen und Essen ist zunächst nicht relevant. Dies ändert sich erst, wenn das Verhalten gegenüber anderen Lebewesen bedeutsam wird. Auch auf der einsamen Insel ist das Verhalten des Tötens eines Tieres oder der Rodung der Wälder für einige Philosophen bereits ein ethisches Problem. Dies gilt erst recht, wenn das Verhalten gegenüber anderen Menschen ausgeübt wird und diese in irgendeiner Form beeinflusst. Mit Max Weber nennen wir das Verhalten dann eine *soziale Handlung:* »›Soziales Handeln‹ aber soll ein solches Handeln heißen, welches seinem von dem oder den Handelnden gemeinten Sinn nach auf das Verhalten *an-*

Gut handeln

Abbildung 5 Das Gute und die Gerechtigkeit

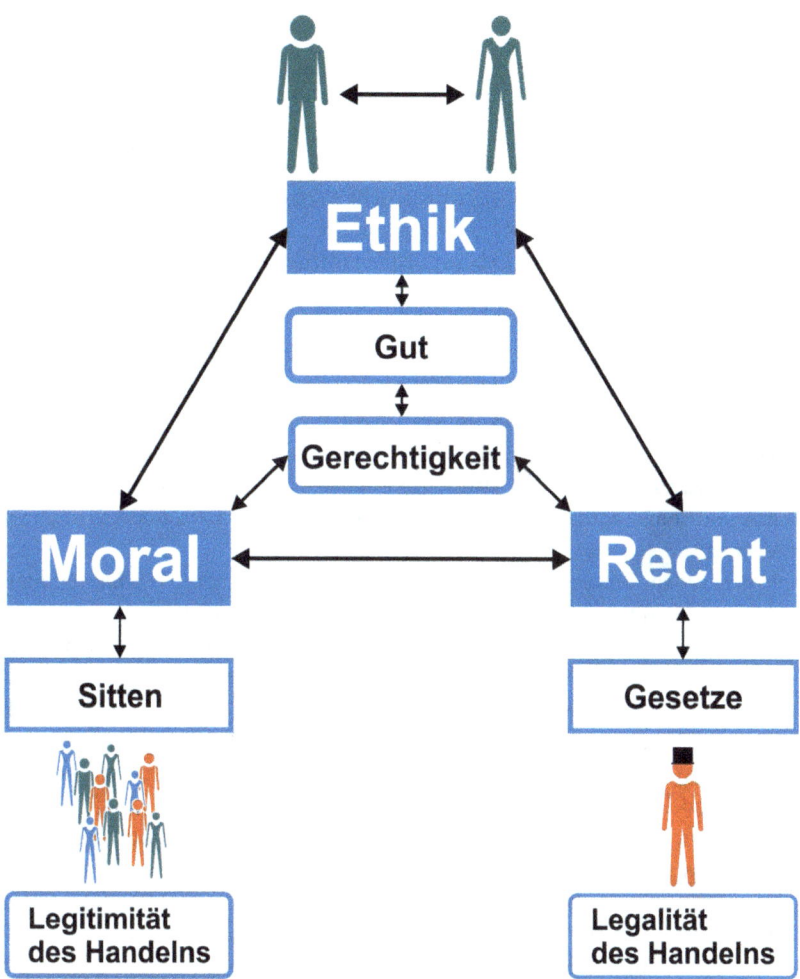

derer bezogen wird und daran in seinem Ablauf orientiert ist« (Weber, 2008, S. 3). Durch ihre volatile Sinngebung sind soziale Handlungen zumeist auch ethisch relevant.

Eine zweite Voraussetzung ist das *Bewusstsein* einer Handlung. Ein Mensch muss wissen, dass er handelt, und sich dessen bewusst sein. Wer beispielsweise schlafwandelt, hat kein solches Bewusstsein und kann auch keine ethische Verantwortung für sein Handeln übernehmen. Üblicherweise bleiben auch Straftaten, die ein Schlafwandler begeht, ohne juristische Konsequenzen: 1987 ermordete der Kanadier Kenneth Parks seine Schwiegermutter im Schlaf, 2009 der Engländer Brian Thomas seine Ehefrau. In beiden Fällen wurden die Täter freigesprochen, da sie ihre Handlungen nicht bewusst durchgeführt hatten und die Akteure folglich weder ethisch noch juristisch schuldig waren.

Konsequenterweise müsste dies auch für Taten unter Alkohol- oder Drogeneinfluss gelten. Beides reduziert die Fähigkeit, eine Handlung bewusst auszuführen. Allerdings setzen der Konsum von Alkohol und Drogen eine bewusste und vermeidbare Handlung bei deren Einnahme voraus. Mögliche ethische und juristische Konsequenzen sind also Folgen der bewussten Entscheidung des Konsums und somit, anders als beim Schlafwandeln, auch ethisch und juristisch zurechenbar.

Neben dem Bewusstsein für die Handlung ist auch deren *Freiwilligkeit* maßgeblich. Wer unter dem Zwang anderer Menschen oder bewusstseinsverändernder Substanzen steht, handelt nicht auf der Grundlage seines freien Willens. Dies gilt natürlich für Handlungen unter Androhung von Gewalt, aber auch für einen Verkehrsunfall, der unwissentlich auf ein eingenommenes Medikament zurückgeführt werden kann. Auch hierbei können wir keine ethische Bewertung ansetzen. Die Freiheit des Willens und des Handelns sind Voraussetzungen für ethisches Handeln.

Um sich frei entscheiden zu können, muss es aber auch mehr als eine *Handlungsoption* geben. Eine freie Entscheidung setzt die Kenntnis von Handlungsalternativen voraus, dies können zumindest die Optionen Handeln oder Nicht-Handeln sein. Wer aber keine Optionen zur Wahl hat, sie nicht kennt oder gar handlungsunfähig ist, kann sich nicht entscheiden und nicht ethisch verantwortlich gemacht werden.

Zusätzlich zu den Handlungsoptionen ist für eine freie Entscheidung auch die Fähigkeit zum *rationalen Denken* notwendig. Nur der Mensch ist in der Lage, seine Handlungsmöglichkeiten mit seinen sozialisierten Wertvorstellungen und den durch die Handlungen angestrebten Zielen rational abzugleichen und auf dieser Basis eine freie und rationale Entscheidung zu treffen. Dieses Kriterium schließt beispielsweise Tiere aus dem Kreis jener Wesen aus, die überhaupt zur Ethik *fähig* sind. Aber auch für Menschen gilt: Eine instinktive Entscheidung – aus dem

Bauch heraus – mag zufällig gut sein, jedoch kann eine daraus folgende Handlung ohne vernünftige Reflexion der Mittel und Ziele nicht als ethische Handlung anerkannt werden.

Für die Bewertung der Mittel und Ziele ist darüber hinaus etwas anderes wichtig – das Wissen über Gut und Böse. Wer nicht weiß, was eine gute Handlung ist, kann weder die Mittel noch die Ziele hierfür auswählen. Das Wissen über gute oder schlechte, richtige oder falsche Handlungen ist jedoch nicht das Resultat einer subjektiven Reflexion, sondern der langjährigen Sozialisation in einer geschichtsträchtigen Kultur mit hierin eingebetteter *Moral*. Die moralischen Grundlagen der Gemeinschaft muss der Akteur zumindest kennen, damit er sich für oder gegen diese entscheiden und eine ethische Überlegung beginnen kann. Die ethische Frage ›Was soll ich tun?‹ setzt das Wissen um das moralisch richtige oder falsche Handeln voraus.

Die bewusste, freie und rationale Reflexion sowie die Berücksichtigung der Moral mögen wichtig sein, wer aber ethisch gut handeln will, muss dies zudem auch argumentativ begründen können. Auf die Nachfrage, warum jemand so gehandelt habe, muss eine ethische *Argumentation* erfolgen, damit die Handlung als gut anerkannt werden kann. Diese Argumente müssen zudem in der intersubjektiven Prüfung bestehen können. Die bloße Behauptung, dass man gut gehandelt habe und nur man selbst wisse, warum diese Handlung gut war, reicht nicht aus – wo wäre dann der Unterschied zwischen einer ethisch guten Handlung einerseits und Willkür oder Wahnsinn andererseits? Aus der Prämisse der Vernunft und der Fähigkeit zum rationalen Denken folgt vielmehr notwendig der Anspruch auf eine begründete Argumentation für eine Handlung.

Sozialität, Bewusstsein, Freiwilligkeit, Optionen, Vernunft, Moral und Gründe sind also wichtige Voraussetzungen für ethisches Handeln (s. Abb. 6). Nur unter diesen Bedingungen können wir in einem ethischen Sinne von einer – wissentlich und willentlich – guten Handlung sprechen. Angesicht dieses Katalogs von Prämissen kann man sich die Frage stellen, ob es überhaupt ethisches Handeln im Alltag gibt. Dies ist aber nicht die Aufgabe der Ethik. Sie kommt zum Einsatz, wenn wir *nicht* wissen, was wir tun sollen. Wer permanent sein alltägliches Handeln im Hinblick auf ethische Vollkommenheit prüft, wird kaum ein glücklicher Mensch sein können – und damit einen ethischen Anspruch an sich selbst verwirken, wie Immanuel Kant es formulierte. Und wer dann noch das Handeln anderer im Alltag permanent kritisch prüft, wird bald die Voraussetzung der Sozialität verlieren und sich alleine verhalten müssen.

Abbildung 6 Voraussetzungen für ethisches Handeln

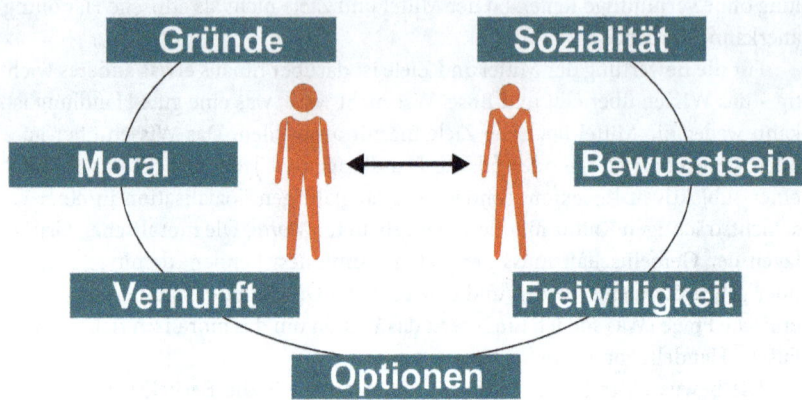

2.4 Ein Dilemma und drei Lösungen

Doch selbst wer all diese Voraussetzungen des ethischen Handelns erfüllt, kann nicht immer gut und gerecht handeln. Es gibt Situationen, in denen man eine Entscheidung treffen *muss,* und *jede* darauf folgende Handlung oder Unterlassung hat negative Aspekte. Solche Dilemma-Situationen sind in der praktischen Philosophie gut geeignet, um in kritischen Entscheidungsfällen die Motive und die Konsequenzen möglicher Handlungen zu prüfen. Ein Klassiker des ethischen Dilemmas ist das sogenannte Trolley-Problem (vgl. Foot, 2003).

Stellen Sie sich vor, dass Sie in einem Bahnwärterhaus stehen. Vor sich sehen Sie den Hebel, mit dem die Weiche vor dem Haus gestellt wird – sie ist so eingestellt, dass der Zug auf dem linken Gleis weiterfährt. Über den Lautsprecher hören Sie nun die Stimme des Lokomotivführers eines herannahenden Zugs, der Ihnen mitteilt, dass seine Bremsen versagen. Beim Blick aus dem Fenster sehen Sie nun, dass auf dem linken Gleis fünf Arbeiter stehen, auf dem rechten Gleis ein einzelner Arbeiter. Der Zug naht und es ist zu spät, um die Arbeiter zu warnen. Wenn der Zug auf dem linken Gleis weiterfährt, werden die fünf Arbeiter getötet. Wenn Sie den Hebel im Bahnwärterhaus umlegen, fährt der Zug auf das rechte Gleis und ein Arbeiter wird getötet. In jedem Fall wird mindestens ein Mensch, vielleicht aber auch fünf Menschen getötet. Soll der Zug nach links fahren und fünf Arbeiter töten oder nach rechts fahren und einen Arbeiter töten? Werden Sie den Hebel betätigen und die Weiche umlenken?

In dieser Situation gibt es keine Entscheidung und keine Handlung, die ausschließlich gut wäre: Entweder wird ein Arbeiter durch eine aktive Handlung sterben oder es werden fünf Arbeiter durch deren Unterlassung sterben. Die meisten Menschen entscheiden sich dafür, den Zug auf das rechte Gleis umlenken und damit fünf Leben zu retten, auch wenn dadurch ein Arbeiter zu Tode kommen wird (vgl. Edmonds, 2013). Für diese Menschen geht es um die *Konsequenzen* ihres Handelns und sie *wägen* das Überleben der fünf gegen den Tod des einen ab. Die wenigsten Menschen entscheiden sich in dieser Situation gegen die Abwägung und für eine *grundsätzliche* Position, der zufolge keine ihrer Handlungen zum Tode eines Menschen führen darf und sie deshalb keine aktive Handlung ausführen.

Nun nehmen wir an, dass die Weiche nicht auf den Hebel reagiert und der Zug weiterhin auf die fünf Arbeiter zurast. Zwischen dem Zug und den Arbeitern sehen Sie aber eine Brücke, die über die Gleise führt. Auf der Brücke steht ein sehr dicker Mann auf einer Falltür (vgl. Thomson, 1976). Sie könnten nun zu dem dicken Mann auf die Brücke laufen und die Falltür öffnen. Der dicke Mann würde auf das Gleis fallen und den Zug bremsen. Die fünf Arbeiter wären dadurch erneut gerettet, allerdings wäre der sehr dicke Mann dann tot. Erneut können Sie also fünf Leben retten, wenn Sie eines opfern.

Öffnen Sie die Falltür und töten Sie dadurch den unschuldigen dicken Mann neben Ihnen? Oder tun Sie nichts und lassen damit zu, dass die fünf Arbeiter sterben werden? In diesem Fall würden die meisten Menschen zumindest zögern, die Falltür zu öffnen und einen Menschen durch die eigene Hand zu töten. Kann es richtig sein, einen unschuldigen Menschen zu opfern? Der dicke Mann würde schließlich durch unser eigenes Handeln sterben und folglich von uns zum Tode verurteilt werden.

Aber wo liegt der Unterschied zum ersten Fallbeispiel? In beiden Fällen wird das Leben eines Menschen geopfert, um andere Leben zu retten – im ersten Fallbeispiel sind die meisten Menschen dazu bereit einen Arbeiter zu töten, im zweiten Fall zögern sie. Der Unterschied zwischen beiden Handlungen ist jedoch, dass die Tötung eines Menschen im ersten Fall *absehbar,* im zweiten Fall *beabsichtigt* ist. Die ethische Frage lautet somit: *Würden* oder *sollten* Sie vielleicht sogar den Hebel betätigen beziehungsweise die Falltür öffnen? Ist das Eingreifen nur die Entscheidung für das geringere Übel oder ist es vielleicht sogar eine ethische Pflicht?

Anhand dieser beiden Fallbeispiele – Hebel und Falltür – kann man zunächst zwei Grundmodelle ethischer Entscheidungen erkennen: Im ersten Fallbeispiel entscheiden sich die meisten Menschen für die Rettung der fünf Arbeiter und opfern den einen. Damit berücksichtigen diese Menschen die Folgen einer Entscheidung beziehungsweise einer Handlung und bevorzugen jene, die weniger schlechte *Konsequenzen* nach sich zieht. Die Überlegung hierbei ist eine *Abwägung*, wie viele Menschenleben durch eine Handlung gerettet oder geopfert werden. Diese Überlegungen sind die Grundlagen einer *konsequentialistischen Ethik*. Beim zweiten Fallbeispiel stellt sich eine andere Frage: Darf man einen Menschen aktiv töten? Kann die Tötung eines Menschen für einen guten Zweck, hier die Rettung mehrerer anderer Menschen, ethisch gut sein? Viele Menschen zweifeln zumindest daran, dass der gute Zweck tatsächlich jedes Mittel, hier die Tötung eines unschuldigen Menschen, rechtfertigt. Die fünf Gleisarbeiter sind Angestellte der Bahngesellschaft und wissen, dass das Risiko eines Unfalls zumindest möglich ist. Dem dicken Mann auf der Brücke war dieses Risiko seines Spaziergangs nicht bewusst. Ganz grundsätzlich geht es in diesem Fallbeispiel aber auch nicht um die Vorbedingungen oder die Konsequenzen, sondern um die Handlung an sich: Kann die *aktive* Tötung eines Lebewesens gut sein? Diese Überlegungen sind die Grundlage einer *deontologischen Ethik,* bei der es um das *Seinsollen (tò déon)* der intrinsischen *Motive* einer Handlung selbst geht und nicht um die daraus resultierenden Konsequenzen.

Dieses zweite Fallbeispiel der Falltür kann man nun zuspitzen. Wenn nicht fünf Arbeiter auf dem Gleis ständen, sondern nur ein einziger – dann wäre die Entscheidung gegen die Tötung des dicken Mannes vermutlich einfacher: Warum sollte man einen unschuldigen Spaziergänger opfern, um einen Gleisarbeiter zu retten? Bei diesen Überlegungen geht es erneut um die Abwägung der Konsequenzen, im Vordergrund steht jedoch die Nützlichkeit *(utility)* der Handlung. Diese Überlegungen sind die Grundlagen einer *utilitaristischen Ethik.*

Wenn auf dem Gleis aber kein Arbeiter, sondern ein guter Freund von uns stände? Würde dies den Tod des dicken Mannes dann für uns akzeptabel machen? Und wenn es kein Freund, sondern ein gefürchteter Diktator oder ein gesuchter Mörder wäre? Sollte man den dicken Mann dann verschonen? Dieses Fallbeispiel kann man mit beliebig vielen Optionen durchspielen: mit einer mehr oder weniger großen Gruppe von Menschen, mit gesunden oder todkranken Menschen, mit jungen oder alten Menschen, mit mehr oder weniger verdienstvollen oder verachtenswerten Menschen, mit Säuglingen und einem Koffer voller befruchteter Eizellen und mit mehr oder weniger beliebten Tieren. Die Entscheidung hängt hierbei von unserem Charakter und unserer Motivation ab. Was würden wir tun, um einen Freund zu retten? Was würden wir tun, um einen Mörder an seinem Tun zu hindern?

Die ethischen Überlegungen beziehen sich bei diesen Optionen auf unsere subjektive Haltung, unseren Charakter und unsere persönlichen Wertvorstellungen bei der Überlegung, welche Mittel und Ziele wir als gut anerkennen. Auch bei diesen Überlegungen geht es um die Konsequenzen unseres Handelns; allerdings steht nun nicht mehr die reine Abwägung von Menschenleben im Vordergrund, sondern unsere persönliche Haltung zu den Zielen *(télos)*, die wir mit einer Handlung anstreben. Diese Überlegungen sind die Grundlagen der *teleologischen Ethik*.

Paradigmen und Teilbereiche

Somit ergeben sich aus den Überlegungen zum Trolley-Dilemma zunächst zwei ethische Grundpositionen: Die eine Position prüft die Konsequenzen der Handlungsoptionen, die andere Position prüft deren intrinsische Motive. Die *konsequentialistische Ethik* orientiert sich an den Zielen und den Folgen, die durch eine Handlung angestrebt werden oder die sie mit sich bringt. Die *deontologische Ethik* orientiert sich an den Motiven, die als ethische Grundsätze oder Maximen eine Handlung gut oder schlecht machen.

Die konsequentialistische Ethik kann man anschließend einerseits in die teleologische Ethik, anderseits die utilitaristische Ethik unterscheiden. Die *teleologische Ethik* fragt nach dem Ziel einer Handlung, die *utilitaristische Ethik* nach ihrem Nutzen. Das Ziel einer Handlung kann zuweilen im Widerspruch zum Nutzen für den Akteur oder andere Beteiligte stehen, umgekehrt kann der hohe Nutzen einer Handlung manchmal nur durch ein schlechtes Ziel maximiert werden. Beim Trolley-Dilemma zeigt sich dieser Konflikt zwischen Nutzen und Ziel bei der Frage, ob man einen Freund opfern würde, um eine Gruppe von fremden Menschen zu retten. Ist das gute Ziel, ein zuverlässiger Freund zu sein, besser als der hohe Nutzen der Rettung der Gruppe?

In der Ethik steht die Frage nach dem Guten im Mittelpunkt. Ist es gut, dass Leben von fünf Menschen zu retten, wenn man hierfür den Tod eines Menschen in Kauf nehmen muss? Oder ist es gut, wenn man seine Prinzipien und die Gebote der Moral, beispielsweise keinen anderen Menschen zu töten, über die rationale Abwägung von Menschenleben stellt? Ist es gerecht, dass unser Freund überlebt? Oder ist es gerecht, den Mörder auf dem rechten Gleis zum Tode zu verurteilen? Kann es sein, dass ein Mensch den Tod verdient und seine Tötung auch gerecht wäre? Das Gute und das Gerechte sind Herausforderungen an unsere ethischen Bewertungen von Handlungen und unsere ethischen Entscheidungen. Sie sollen in diesem Buch genauer untersucht werden.

Für diese Untersuchung werden zunächst die klassischen Paradigmen der Ethik als *Grundlagen* vorgestellt (s. Abb. 7). Hierfür wird die praktische Philosophie des griechischen Philosophen Aristoteles als Begründer der teleologischen Ethik erläutert. Als typische Vertreter der utilitaristischen Ethik werden dann die Theorien von Thomas Hobbes, Adam Smith, Jeremy Bentham und John Stuart Mill präsentiert. Die deontologische Ethik wird anschließend anhand der Pflichtenethik von Immanuel Kant dargelegt.

Auf der Grundlage dieser drei klassischen individualethischen Paradigmen entstanden die meisten nachfolgenden und aktuellen ethischen Theorien. Diese

Abbildung 7 Übersicht der Theorien und ihrer Vertreter

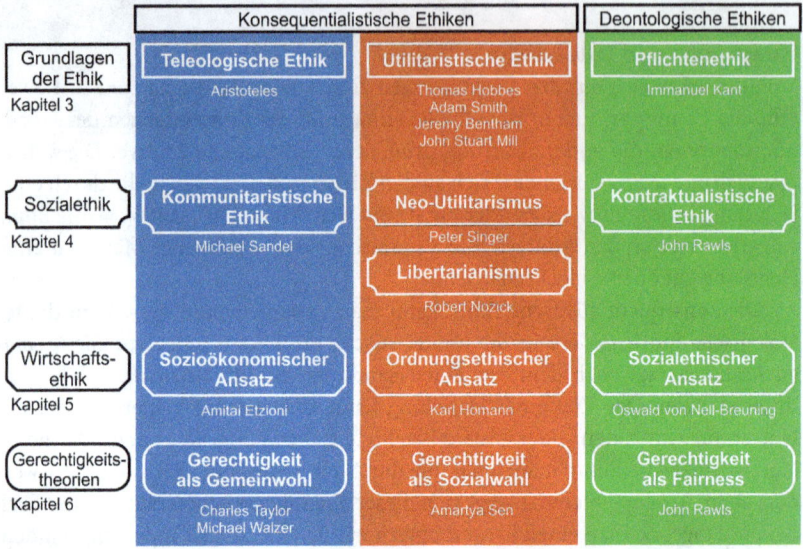

können wiederum in drei Teilbereiche unterteilt werden, die in diesem Buch behandelt werden. Der erste Teilbereich ist die *Sozialethik,* hierbei steht die Frage im Mittelpunkt, wie das gemeinsame soziale Leben und Handeln von Menschen aus einer ethischen Perspektive zu einem guten Leben und zu guten Handlungen führen können. Für den Teilbereich der Sozialethik werden Michael Sandel als Vertreter der kommunitaristischen Ethik, Peter Singer für den Präferenz-Utilitarismus und Robert Nozick für den Libertarianismus sowie John Rawls für die kontraktualistische Ethik vorgestellt.

Der zweite Teilbereich ist die *Wirtschaftsethik.* Hier lautet die zentrale Frage, wie das ökonomische Handeln von Individuen und Organisationen in einer Gemeinschaft ethische Überlegungen und moralische Grundsätze berücksichtigen kann. Exemplarisch werden hierzu der sozioökonomische Ansatz von Amitai Etzioni, der ordnungsethische Ansatz von Karl Homann und der sozialethische Ansatz von Oswald von Nell-Breuning erläutert.

Im dritten Teilbereich geht es um die Frage, was Gerechtigkeit heute bedeutet. Nach wie vor ist umstritten, wie man gerechtes Handeln in einer Gemeinschaft oder auch global umsetzen kann und welchen Möglichkeiten und Begrenzungen die Individuen und die Organisationen unterliegen. In diesem Teilbereich der *Gerechtigkeitstheorien* werden drei Ansätze präsentiert, die wiederum auf den klassischen Paradigmen aufbauen: Die Theorie der Gerechtigkeit als Gemeinwohl von Charles Taylor und Michael Walzer, Gerechtigkeit als Sozialwahl von Amartya Sen und Gerechtigkeit als Fairness von John Rawls.

In allen Kapiteln dieses Buches gilt: Die Beschäftigung mit Theorien der praktischen Philosophie verlangt eine Orientierung an der Praxis, denn diese Theorien dienen der Untersuchung von Handlungen. Daher ist es das Konzept dieses Buches, Theorie und Praxis zu verknüpfen: Handlungsprobleme und Konflikte der Praxis führen zu konkreten Fragen, diese Fragen führen zur Beschäftigung mit Theorien und das Nachdenken über Theorien führt zu Antworten für die Praxis. Einleitend zu jedem Theoriekapitel findet der Leser dieses Buches daher eine praktische Herleitung einer ethischen Fragestellung, die sich auf klassische Dramen, aktuelle Geschehnisse oder wissenschaftliche Experimente bezieht und so an die Theorie heranführt. Mit diesem Konzept der praktischen Herleitung an die Theorien der praktischen Philosophie kann – so hofft der Autor dieses Buches – einem Postulat des griechischen Philosophen Aristoteles entsprochen werden: »Wir philosophieren nämlich nicht, um zu erfahren, was ethische Werthaftigkeit sei, sondern um wertvolle Menschen zu werden« (Aristoteles, 1995b, NE, 1103b 26–30).

Grundlagen der Ethik 3

3.1 Teleologische Ethik

3.1.1 Das Gute und das Ziel des Handelns

Manchmal handeln Menschen spontan und ›aus dem Bauch heraus‹, dann kaufen sie sich ein paar schlecht passende Schuhe, trinken auf einer Feier ein Glas zu viel oder sprechen eine unüberlegte Einladung aus. Üblicherweise aber haben Menschen ein Ziel vor Augen, dann kaufen sie sich ein Buch, um sich auf die Prüfung vorzubereiten, trinken Wasser, um den Durst zu stillen, oder halten ihre Versprechen, um ein verlässlicher Mitmensch zu sein. Ein Ziel zu haben ist wichtig, um aus der Vielzahl möglicher Handlungen die richtige zu wählen. Und die meisten Menschen empfinden so etwas wie Glück, wenn eine von ihnen gewählte Handlung dazu führt, dass sie ihr Ziel schließlich erreichen.

Allerdings kommt es vor, dass unterschiedliche Ziele mit konkurrierenden Handlungen verknüpft sind und eine Entscheidung notwendig ist. Wenn beispielsweise an einem Wochenende die Hochschule oder der Arbeitgeber ein Seminar in Norddeutschland anbietet, das für die weitere Ausbildung oder Karriere eine einmalige Chance ermöglicht – und am selben Wochenende ein sehr guter Freund in Süddeutschland heiratet und dieser Freund sich sehr freuen würde, wenn seine engsten Wegbegleiter an diesem Tag dabei wären. In dieser Situation gibt es nur die Möglichkeit, entweder nach Nord- oder nach Süddeutschland zu fahren, entweder seine eigenen Karriereziele zu verfolgen oder ein guter Freund zu sein. Welche Entscheidung gut ist *und glücklich* macht, *muss der Einzelne für sich klären.*

Einen klassischen Konflikt zwischen divergierenden Handlungen und Zielen schildert der griechische Dichter Sophokles (497–406 v. u. Z.) in seinem Drama Antigone: Ödipus, der König von Theben, stirbt und seine Söhne Eteokles und Polyneikes kämpfen um die Macht. Polyneikes wird verbannt, doch in der Schlacht vor

© Springer Fachmedien Wiesbaden GmbH, ein Teil von Springer Nature 2019
J. Rommerskirchen, *Das Gute und das Gerechte*,
https://doi.org/10.1007/978-3-658-22505-6_3

den Stadttoren töten die beiden Brüder sich gegenseitig. Kreon, der Bruder König Ödipus', übernimmt die Herrschaft in Theben und verfügt, dass Eteokles in Ehren bestattet wird und seine Seele somit ins Totenreich einziehen kann. Dem verbannten Polyneikes versagt Kreon dieses Recht und verbietet dessen Bestattung – der Leichnam von Polyneikes soll vor den Toren der Stadt liegen bleiben, bis die Vögel ihn gefressen haben.

Antigone, die Schwester Polyneikes' und Nichte Kreons, hält das Verbot der Bestattung für ein Unrecht. Nach dem Recht der Götter und den Sitten der Menschen solle jedermann bestattet werden dürfen, um ins Totenreich zu gelangen. Das Gesetz des Königs, welches dies untersagt, stehe im Widerspruch zum göttlichen Recht und könne nicht rechtens sein. Antigone bestattet daher ihren Bruder Polyneikes, wird verhaftet und Kreon vorgeführt. Sie gesteht ihre Tat und rechtfertigt sich damit, dass sie den Willen des Göttervaters Zeus und der Göttin der Gerechtigkeit Dike erfüllt habe. Kreons Verbot habe sie wissentlich missachtet, weil für sie das Recht der Götter über den Gesetzen eines Königs steht:

> Nicht Zeus hat mir dies verkünden lassen
> noch die Mitbewohnerin bei den unteren Göttern, Dike,
> das beide dieses Gesetz unter den Menschen bestimmt haben,
> und ich glaube auch nicht, daß so stark seien deine
> Erlässe, daß die ungeschriebenen und gültigen
> Gesetze der Götter ein Sterblicher übertreten könnte.
> (Sophokles, 1999, V. 450–456)

Doch Kreon verurteilt seine Nichte Antigone zum Tode, er muss als König die Herrschaft über die Ordnung in der Stadt behalten und dazu müssen alle seine Gesetze von allen befolgt werden. Der Chor – als Stimme des Volkes und als moralische Instanz – lobt jedoch die Entscheidung Antigones, sie habe das höhere, selbstgegebene Gesetz befolgt und autonom (auto = selbst, nomos = Gesetz) gehandelt: »Nach eignem Gesetz, wie keine der Fraun/Schreitest du lebend hinab zum Hades« (Sophokles, 1999, V. 821).

Trotz aller Warnung lässt Kreon Antigone lebendig einmauern, und als er dann sein Unrecht selbst erkennt, ist es zu spät: Antigone hat sich erhängt, Kreons Sohn Haimon und seine Ehefrau Eurydike töten sich aus Verzweiflung selbst. König Kreon hat sein Gesetz mit Macht durchgesetzt, doch er hat das Recht der Götter verletzt und wurde für seinen Mangel an Besonnenheit und Einsicht bestraft. Zum Schluss des Dramas verkündet der Chor das Urteil über Kreon:

> Bei weitem ist Besonnenheit das
> höchste Glück; man darf den Bereich der Götter

Teleologische Ethik 45

in keiner Weise entweihen; doch große Worte
von Prahlenden haben, wenn sie unter großen Schlägen gebüßt,
im Alter vernünftiges Besinnen gelehrt.
(Sophokles, 1999, V. 1347–1351)

Dem Konflikt im Urteil des Chors liegt wieder die Frage nach dem Guten zugrunde: Das Gute ist für Kreon die Ordnung der Stadt, für Antigone das göttliche Recht beziehungsweise die Selbstgesetzgebung. Der Dichter Sophokles entwickelt in seinem Drama Antigone den typischen Konflikt zwischen dem von Menschen gemachten Gesetz und einem göttlichen oder natürlichen Recht. Woran muss sich der Mensch halten? Darf er die Gesetze verletzen, um das von ihm als richtig Erkannte zu tun? Um diese Frage ging es vor einigen Jahren auch in einem spektakulären Prozess in Deutschland, und die Meinungen über das gerechte Urteil waren und sind sehr verschieden:

Im September 2002 wird der Jurastudent Magnus Gäfgen unter dem Verdacht festgenommen, den Frankfurter Bankierssohn Jakob von Metzler entführt zu haben. Der elfjährige Junge wurde drei Tage zuvor auf dem Schulweg entführt, das Lösegeld in Höhe von einer Million Euro wurde bezahlt. Dennoch bleibt der Junge verschwunden und Magnus Gäfgen, ein Freund der Familie, plant eine Fernreise. Unter diesen Bedingungen wird er verhaftet und der Entführung beschuldigt.

In der Vernehmung gibt Gäfgen die Entführung zu, weigert sich jedoch, das Versteck des Jungen zu verraten. Der stellvertretende Polizeipräsident Wolfgang Daschner fürchtet um das Leben des Jungen, der nun seit Tagen verschwunden ist und möglicherweise zu verdursten droht, wenn er nicht schnellstens befreit werden kann. In dieser Lage entscheidet sich Daschner, den Beschuldigten Magnus Gäfgen damit zu bedrohen, ihm Schmerzen zuzufügen, falls er das Versteck nicht verrate.

Unter Androhung von Gewalt, also Folter, offenbart Magnus Gäfgen nun das Versteck des Jungen. Er gesteht aber auch, dass er Jakob von Metzler direkt nach der Entführung getötet habe. Gäfgen wird später wegen Mordes zu lebenslanger Haft verurteilt. Wolfgang Daschner, der die Folter eines Beschuldigten angedroht hat, wird zwei Jahre später zu einer Geldstrafe verurteilt. Das Gericht erkennt »massiv mildernde Umstände, die der Anwendung des erhöhten Strafrahmens [...] entgegenstehen und ihn als unangemessen erscheinen lassen« und entscheidet sich für das niedrigste mögliche Strafmaß. Soweit die Fakten. Es war und ist jedoch höchst umstritten, ob die Androhung der Folter gegenüber Magnus Gäfgen oder die Bestrafung von Wolfgang Daschner nun legitim waren. Und welche Handlung, welches Ziel wäre in dieser Situation gerecht gewesen?

Wolfgang Daschner musste sich zwischen zwei Zielen entscheiden: Zum einen konnte er sich an gesetzliche Ordnung halten und das Recht auf Menschenwürde respektieren. Im Grundgesetz der Bundesrepublik Deutschland ist die Menschenwürde in Artikel 1 für alle Menschen garantiert und diese Garantie gilt auch für Menschen, die eine Straftat begangen haben oder dieser lediglich beschuldigt werden – wie Magnus Gäfgen. Zudem gilt auch die Androhung von Folter bereits als schwere Verletzung der Menschenwürde (vgl. Rommerskirchen, 2011, S. 190 f.). Zum anderen konnte Wolfgang Daschner das Recht des Kindes auf Leben und eine schnelle Rettung für höherwertig anerkennen und dafür jedes Mittel einsetzen. Die sogenannte Rettungsfolter war für Daschner ein solches Mittel, um sein Ziel zu erreichen.

Für Wolfgang Daschner war somit die Rettung Jakob von Metzlers ein höheres Gut und ein höherwertiges Ziel als Magnus Gäfgens Recht auf Menschenwürde. Doch war dies eine gerechte Entscheidung? Wie Antigone steht Daschner vor einem Dilemma: Die von ihm als ethisch gut erkannte Handlung steht im Widerspruch zum Gesetz und zur staatlichen Ordnung. Die Gesetze sollen die allgemeine Ordnung der Gemeinschaft bewahren und sollen für alle Mitglieder dieser Gemeinschaft und ihr Handeln verbindlich sein. Dies gilt auch für Antigone und insbesondere für Repräsentanten dieser staatlichen Ordnung wie den stellvertretenden Polizeipräsidenten Wolfgang Daschner. Steht der Respekt vor dem Gesetz daher über dem Guten? Oder darf beziehungsweise muss man das ethisch Gute tun, auch wenn ein allgemeines Gesetz dem widerspricht? Der Konflikt zwischen dem Guten und den Gesetzen war auch für Aristoteles ein zentrales Thema seiner Ethik.

3.1.2 Aristoteles und die Glückseligkeit

Für den griechischen Philosophen Aristoteles (384–322 v. u. Z.) strebt jeder Mensch nach drei Zielen: nach *Wissen,* nach einem *Gut* und nach einem Leben in *Gemeinschaft.* Das erste Ziel steht am Anfang seines theoretischen Hauptwerks, der *Metaphysik:* »Alle Menschen streben von Natur aus nach Wissen« (Aristoteles, 1995a, MP, 980a 21). Das zweite Ziel ist der Ausgangspunkt seiner Ethik, die er insbesondere in der *Nikomachischen Ethik* erläutert: »Jede Kunst und jede Lehre, ebenso jede Handlung und jeder Entschluß scheint irgendein Gut zu erstreben. Darum hat man mit Recht das Gute als dasjenige bezeichnet, wonach alles strebt« (Aristoteles, 1995b, NE, 1094a 1). Das dritte Ziel ist schließlich die Grundlage seines politischen Hauptwerks, der *Politik:* »Hiernach ist denn klar, daß der Staat zu den naturgemäßen Gebilden gehört und daß der Mensch von Natur aus ein politisches Lebewesen ist« (Aristoteles, 1995c, Pol, 1253a 1).

Das Streben nach Wissen *(eidenei),* nach einem Gut *(agathón)* und nach einem Leben in der Gemeinschaft *(koinōnía)* liegen in der Natur *(phýsis)* des Menschen und bestimmen sein soziales Wesen *(zôon politikón).* Diese Wesenseigenschaften sind für Aristoteles bei jedem Menschen – mehr oder weniger ausgeprägt – vorhanden. Die Sehnsucht nach Erkenntnissen und Zugehörigkeit zu einer Gemeinschaft bestimmen sein Denken und sein öffentliches Handeln: Als Mensch in der Interaktion mit anderen Menschen bestimme, so Aristoteles, das Gute alle seine Überlegungen, Handlungen und Ziele. Für den griechischen Philosophen ist dieses Gute daher zugleich das *Ziel (télos)* allen Handelns, also das, wonach jeder strebt. Und das letztendliche Ziel des menschlichen Lebens, das höchste und vollendete Gute, sei die *Glückseligkeit (eudaimonía)*.

Aristoteles geht mit seiner anthropologischen Definition, das heißt der Bestimmung des *Wesens (ousía)* der Menschen *(anthropos)*, davon aus, dass jeder Mensch ein Gut anstrebt, gut leben möchte und schließlich Glückseligkeit erlangen will. Kein Mensch, so glaubt Aristoteles, werde etwas tun, *um* schlecht zu handeln oder *um* unglücklich zu werden. Aufgrund dieser grundlegenden Bestimmungen der Ausrichtung auf ein Gut als *Ziel* des Handelns wird die Aristotelische Ethik auch als *teleologische Ethik* bezeichnet, zuweilen, aufgrund ihrer Ausrichtung auf das Endziel der *Glückseligkeit,* auch als *eudaimonistische Ethik.*

Allerdings weiß Aristoteles auch, dass unterschiedliche Menschen durchaus unterschiedliche Vorstellungen über das Gute und die Glückseligkeit haben. Es geht ihm daher nicht um eine konkrete Empfehlung von Handlungen oder Zielen, auch nicht um gute und schlechte Lebensweisen. Was für einen Menschen ein Gut ist und was ihn glücklich macht, lässt der Philosoph offen, da es vom Wesen des jeweiligen Menschen abhängt.

Das Gute und die Ziele, die Menschen anstreben, können beispielsweise ein Leben in Reichtum oder mit Macht sein, andere streben nach Freundschaft oder Liebe, einige suchen das Glück in der wissenschaftlichen Arbeit, in der Kunst oder in der Meditation. Glück und Glückseligkeit sind für Aristoteles folglich sehr allgemeine und universelle Begriffe, die ein philosophisches Konzept des Angestrebten beschreiben und allen subjektiven oder konkreten Lebensentwürfen übergeordnet bleiben: »Die Einheit des Begriffs Glück ist daher nur formal: Glück ist sowohl ein dominantes, alle anderen Ziele überragendes als auch ein inklusives, die wesentlichen Ziele und Zwecke umfassendes Ziel« (Höffe, 2013, S. 54 f.). Das Gute ist somit eine Art Rahmen, der die jeweiligen Wünsche und Ziele, Handlungen und Lebensweisen der Menschen zusammenhält und ein Gesamtbild ermöglicht.

> Da der Ziele zweifellos viele sind und wir deren manche nur wegen anderer Ziele wollen, so leuchtet ein, daß sie nicht alle Endziele sind, während doch das höchste Gut ein Endziel und etwas Vollendetes sein muss. Wenn es daher nur ein Endziel gibt, so muß dieses das Gesuchte sein, und wenn mehrere, dasjenige unter ihnen, welches im höchsten Sinne Endziel ist. Als Endziel in höherem Sinne gilt uns das seiner selbst wegen Erstrebte gegenüber dem eines anderen wegen Erstrebten und das, was niemals wegen eines anderen gewollt wird, gegenüber dem, was ebenso wohl deswegen wie wegen

seiner selbst gewollt wird, mithin als Endziel schlechthin und als schlechthin vollendet, was allezeit seinetwegen und niemals eines anderen wegen gewollt wird. Eine solche Beschaffenheit scheint aber vor allem die Glückseligkeit zu besitzen. (Aristoteles, 1995b, NE, 1097a 25)

Mit dieser Bestimmung der Glückseligkeit als Endziel des Lebens schlägt Aristoteles eine auch heute noch wichtige Überlegung vor – denn welches Ziel könnte für unser Denken, unser Handeln und unsere Lebensführung wichtiger sein als die Glückseligkeit? Oder anders gesagt: Wer könnte bedauernswerter sein, als ein Mensch, der am Ende seines Lebens feststellt, dass er nicht glückselig geworden ist? Wie bejammernswert wäre ein Mensch, der am Ende seines Lebens sagt, dass er kein Gut angestrebt habe und nicht glücklich geworden sei, ein Mensch, der schlussendlich sagt, dass er kein gutes Leben geführt und keine Glückseligkeit erfahren habe? Auch heute noch würden die meisten Menschen dem griechischen Philosophen Aristoteles vermutlich zustimmen, dass ein solches Leben keinen Wert hat und die Glückseligkeit daher auch heute noch das wahre Endziel des Lebens ist.

Aristoteles untersucht dennoch drei mögliche andere Lebensentwürfe *(bioi)* und verwirft sie anschließend als untauglich für ein gelungenes Leben: Das reine Genussleben könne kein gutes Leben sein, da man sich hierbei zum Sklaven seiner kurzfristigen Bedürfnisse mache. Ein Leben, das der Vermehrung von Reichtum dient, mache ein Mittel wie Geld zum Ziel des Handelns und verkehre damit die eigentliche Ausrichtung des Glücksstrebens. Und schließlich könnten Macht, Ansehen und Reputation kein Ziel des eigenen Handelns sein, da diese nur zur Abhängigkeit von anderen führen.

Damit bleiben noch zwei weitere typische Entwürfe, die für Aristoteles nun als geeignete Lebenswege in Frage kommen: zum einen das Leben der sittlich-politischen Tugenden, zum anderen das der wissenschaftlich-philosophischen Tugenden. Das erste Leben findet sein Glück in der praktischen Tätigkeit *(praxis)* in und mit der Gemeinschaft und erfordert Klugheit *(phrónesis)* im Handeln, das zweite Leben in der theoretischen Tätigkeit *(theoria)* in der Suche nach Wissen und Weisheit *(sophia)*. Der Handwerker, der Arzt und der Politiker streben in ihrer praktischen Arbeit nach einem Gut, das die Klugheit des Handelns erfordert. Der Lehrer und der Philosoph streben nach Weisheit, die sie aber trotz ihres Wissens nicht erreichen können – die Weisheit bleibt den Göttern überlassen, der Mensch kann an ihr nur zeitweise teilhaben (vgl. Bröcker, 1987, S. 289 f.).

Das gute Leben

Neben diesen typischen Lebensentwürfen gibt es für Aristoteles aber eine Vielzahl von anderen individuellen Möglichkeiten, die zur Glückseligkeit führen können. Für ihn zählt vor allem, dass ein Mensch sein eigenes Wesen, das heißt seine Fähigkeiten und Talente, erkennt und sein Leben daran bestmöglich ausrichtet. Ein Schuster führt ein gelungenes Leben, wenn er gute Schuhe herstellt; ein Architekt, wenn er gute Häuser baut; ein Politiker, wenn er die Gemeinschaft gut führt; ein Forscher, wenn er gut forscht. Jeder von ihnen führt ein gutes Leben, wenn er es seinem Wesen gemäß führt und seine spezifischen Fähigkeiten und Talente in seinem Alltagshandeln ausübt. Die Fähigkeiten und Talente, die sich aus dem Wesen eines Menschen herausbilden, bezeichnet Aristoteles als Tugenden *(aretē)*.

[Das] menschliche Gut ist [eine] der Tugend gemäße Tätigkeit der Seele, und gibt es mehrere Tugenden: der besten und vollkommensten Tugend gemäße Tätigkeit. Dazu muß aber noch kommen, daß dies ein volles Leben hindurch dauert; denn wie eine Schwalbe und ein Tag noch keinen Sommer macht, so macht auch ein Tag oder eine kurze Zeit noch niemanden glückselig. (Aristoteles, 1995b, NE, 1098a 16)

Ein gutes Leben besteht für Aristoteles folglich darin, dass ein Mensch sein Wesen und seine Tugenden erkennt, seine Ziele danach bestimmt und sie kontinuierlich, ein Leben lang durch seine Handlungen anstrebt (vgl. Forschner, 1993, S. 11). Ein solches Leben führe zur Glückseligkeit. Lediglich hin und wieder sein Gutes zu verwirklichen und sich ansonsten widerwillig den Erwartungen der Familie, der Gemeinschaft und des Arbeitslebens zu beugen, führe nicht dazu. Das Gute und die Glückseligkeit anzustreben ist für Aristoteles die »tugendgemäße Tätigkeit der Seele« (Aristoteles, 1995b, NE, 1099b 26), die sich in den Handlungen eines Menschen im Alltag und in seiner Biografie zeigen.

Hieraus wird auch die Abgrenzung zwischen der ethischen und der politischen Natur des Menschen deutlich. Einerseits strebt der Mensch nach einem Guten, andererseits nach Zugehörigkeit zur Gemeinschaft – jedoch ist das individuelle Gute nicht zugleich das kollektive Gute. In der Ethik geht es Aristoteles nur um das Gute, das der einzelne Mensch für sich auserwählt und das für ihn – und nur für ihn – ein ›für sich allein genügendes Gutes‹ ist. Die *Autarkie (autárkeia)*, das heißt die sich selbst genügende Wahl eines Guten, ist für Aristoteles ein wesentliches Freiheitselement, da hierbei das jeweilige Wesen des Menschen tätig wird und er sich nicht durch seine Verflechtungen in familiäre, soziale oder politische Bande einschränken sollte. Die *Autarkie* des Guten ist die Grenze zwischen der ethischen und der politischen Natur des Menschen, denn die Glückseligkeit eines Menschen wird nicht von der Gemeinschaft bestimmt – und doch muss man die Autarkie des Guten immer in Verbindung mit der sozialen Natur des Menschen sehen:

> Das vollendet Gute muß sich selbst genügen. Wir verstehen darunter ein Genügen nicht bloß für den Einzelnen, der für sich lebt, sondern auch für seine Eltern, Kinder, Weib, Freunde und Mitbürger überhaupt, da der Mensch von Natur aus für die staatliche Gemeinschaft bestimmt ist. Indessen muß hier eine Grenze gezogen werden. [...] Als sich selbst genügend gilt uns demnach das, was für sich allein das Leben begehrenswert macht und keines weiteren bedarf. Für etwas Derartiges aber halten wir die Glückseligkeit, ja, für das Allerbegehrenswerteste, ohne daß sie mit anderem, was man auch begehrt, von gleicher Art wäre. [...] Also: die Glückseligkeit stellt sich dar als ein Vollendetes und sich selbst Genügendes, da sie das Endziel alles Handelns ist. (Aristoteles, 1995b, NE, 1097b 5)

Das Gute ist daher ein autarkes Glück, es bleibt aber mit der sozialen Natur verbunden. Für Aristoteles und alle anderen antiken Philosophen ist es undenkbar, dass ein Mensch sich von jeder Gemeinschaftlichkeit loslöst und ausschließlich seine rein egoistischen Wünsche und Triebe verfolgt. Ein Mensch ohne Gemeinschaft sei, so Aristoteles, ein Gott oder ein Tier und solch ein Mensch würde im Widerspruch zu seiner Natur leben (vgl. Aristoteles, 1995c, Pol, 1253a 28). Das Wesen eines jeden Menschen und seine Tugenden entstehen in der Gemeinschaft, die Tätigkeiten der Seele bleiben dieser Gemeinschaft verbunden und die Ziele des tugendhaften Handelns berühren immer auch die der Gemeinschaft.

Dieses Tätigsein der Seele als Ausübung der wesensgemäßen Tugenden ist ein zentraler Bestandteil der Aristotelischen Ethik und ein wichtiges Unterscheidungsmerkmal zur Philosophie seines Lehrers Platon. Für Platon waren die Tugenden ein Objekt der Erkenntnis: die *Kardinaltugenden*[5] der Besonnenheit *(sōphrosýnē)*, der Tapferkeit *(andreía)* und der Weisheit *(sophía* oder *phrónēsis)* galt es zu erkennen und mit der Gerechtigkeit *(dikaiosýnē)* zu verbinden. Für Aristoteles sind die Tugenden jedoch weder universelle noch objektive Erkenntnisgegenstände. Sie sind nicht universell, da sie für jeden Menschen eine individuelle, seinem Wesen entsprechende Praxis darstellen. Und sie sind nicht objektiv, da sie nicht von der Vernunft erkannt werden, sondern sich in der Praxis des Handelns und in der Zielverfolgung zeigen. Für Aristoteles werden Tugenden in der Jugend erlernt und sie erweisen sich dabei als wesensgemäß, sie müssen früh eingeübt und regelmäßig ausgeübt werden. Tugendhaft ist nicht

---

5   Der Begriff der Kardinaltugend stammt vom lateinischen Wort *cardo* für die Türangel ab, Kardinaltugenden sind daher der Dreh- und Angelpunkt der Ethik.

der, der weiß, was sie bedeuten, sondern der, der sie besonders gut im Handeln ausführt.

Aristoteles unterscheidet in seiner Tugendlehre zwei Seelenteile, den vernünftigen und den unvernünftigen. Den unvernünftigen Teil der Seele teilt der Mensch mit allen anderen Pflanzen und Lebewesen. Dieser beschäftigt sich mit dem Wachstum, der Ernährung und der Vermehrung, auch die Emotionen und das Begehren finden sich hier. Im vernünftigen Teil der Seele sind die rationalen Tugenden der Klugheit und der Weisheit tätig. Über die Vernunft verfügt nur der Mensch, sie unterscheidet ihn vom Tier und »macht ein Lebewesen zum Menschen« (Forschner, 1993, S. 13). Daher bestimmen die Tugenden der Klugheit und der Weisheit auch die besondere Natur des Menschen, denn nur er besitzt »die Fähigkeit, objektiv gültige Vorstellungen von wahr und falsch, von schön und häßlich, von gerecht und ungerecht zu entwickeln, die den Horizont menschlicher Bedürftnisbefriedigung übersteigen« (Forschner, 1993, S. 13). Die vernünftigen Tugenden nennt Aristoteles die *dianoetischen Tugenden,* sie können in der Erziehung erlernt werden und beziehen sich auf die rationale Erkenntnis.

Zwischen dem unvernünftigen Begehren und den dianoetischen Tugenden stehen die *ethischen Tugenden* des Charakters; zu ihnen gehören Tapferkeit, Besonnenheit, Freigebigkeit, Großzügigkeit, Hochgesinntheit, Wahrhaftigkeit und schließlich die Gerechtigkeit. Es ist die Aufgabe dieser ethischen Tugenden, zwischen dem rein rationalen und dem rein emotionalen Seelenteil zu vermitteln und sicherzustellen, dass die Vernunft das Begehren unter Kontrolle hält. Die ethischen Tugenden müssen die Kinder erlernen und in der Erziehung immer wieder einüben, damit sie später wissen, wie sie tugendhaft handeln können: »So werden wir auch gerecht, indem wir gerecht handeln, besonnen, indem wir besonnen, und tapfer, indem wir tapfer handeln. Ohne solches Handeln aber hat niemand auch nur die leiseste Aussicht, jemals ein sittlich wertvoller Mensch zu werden« (Aristoteles, 1995b, NE, 1103b 7). Auch hier zeigt sich wieder die enge Verbindung von Ethik und Sozialität in der praktischen Philosophie des Aristoteles: die Autarkie des Individuums ist auf die Gemeinschaftlichkeit angewiesen.

Ethik als Praxis
Durch die Einübung der Tugenden und das wiederholte tugendhafte Handeln entwickelt sich nun ein guter *Charakter (êthos).* Es ist dieser Charakter, der eine bestimmte tugendhafte Grundhaltung mit dem Wissen darüber, was wann und wie zu tun ist, verbindet. Hierzu braucht es eine *Gewöhnung (ethos)* an das tugendhafte Handeln, damit sich der Charakter und die Haltung eines Menschen festigen, denn »aus gleichen Einzelhandlungen erwächst schließlich die gefestigte Haltung« (Aristoteles, 1995b, NE, 1103b 22). In der Handlung müssen die Tugen-

den zur Ausführung kommen, indem sich der Handelnde entscheidet, was in der konkreten Situation jeweils eine gute Handlung ist. Hierfür sind neben dem Wesen und dem gefestigten Charakter auch lebensweltliche Erfahrungen *(empeiría)* und die Fähigkeit zur Vernunft *(lógos)* notwendig, aus denen sich die Klugheit *(phrónēsis)* der praktischen Reflexion der Handlungsoptionen bildet.

Diese Klugheit, die »ein Bewußtsein dessen, worauf es im Leben eigentlich ankommt, mit der Fähigkeit verbindet, in konkreten Handlungssituationen beurteilen können, was demgemäß zu tun ist, derart praktische Vernunft und Urteilskraft bildet sich nur durch Lebenserfahrung und Erfahrungsaustausch in einer Traditions-, Argumentations- und Handlungsgemeinschaft« (Forschner, 1993, S. 15). Für den tugendhaften Menschen *(phrónimos)* ist das Gute zu tun insofern eine feste Haltung seines Charakters geworden, die auch seiner Klugheit entspricht. Im besten Fall ist die Handlung daher das Resultat eines Zusammenspiels des Wesens *(phýsis)*, der Klugheit und der Gewöhnung des Menschen (vgl. Aristoteles, 1995c, Pol, 1332a 40).

An dieser Stelle wird deutlich, was Aristoteles unter praktischer Philosophie versteht: Ethik und Politik verknüpfen den (individuellen) Charakter des Handelnden, sein *êthos*, mit den (kollektiven) Normen der Gemeinschaft und dem *ethos*. Aus dieser Verbindung und ihrer Eingewöhnung entstehen die Tugenden des praktischen Handelns und sie sind »das rechte sich Einfügen in den Staat« (Bröcker, 1987, S. 300). Das Individuum und die Gemeinschaft, *êthos* und *ethos*, sowie die personale und die soziale Praxis des Handelns verbinden sich in der praktischen Philosophie des Aristoteles. Und diese praktische Philosophie hat eine Aufgabe: Sie will den Menschen durch die Beschäftigung mit dem Guten und dem guten Handeln die Möglichkeit geben, *wertvolle* Menschen zu sein und zu werden. Ein wertvoller Mensch kennt die Werte, die ihn und seinen Charakter auszeichnen und die er in seinem Handeln verwirklicht.

> Der Teil der Philosophie, mit dem wir es hier zu tun haben, ist nicht wie die anderen rein theoretisch – wir philosophieren nämlich nicht, um zu erfahren, was ethische Werthaftigkeit sei, sondern um wertvolle Menschen zu werden. Sonst wäre dieses Philosophieren ja nutzlos. Daher müssen wir unser Augenmerk auf das Gebiet des Handelns richten, auf die Frage, wie wir die einzelnen Handlungen gestalten sollen, denn diese beeinflussen, wie wir gesagt haben, in entscheidender Weise das Wie der sich herausbildenden ethischen Grundhaltungen. (Aristoteles, 1995b, NE, 1103b 26–30)

Bei diesen Handlungen gibt es für Aristoteles nur wenige, die per se gut oder schlecht wären. Es gibt Situationen, in denen Mut oder Zurückhaltung, Liebe oder Abneigung, Mitleid oder Aufregung angebracht sind und als Handlungen die richtige und gute Wahl sind. Manchmal muss man vernünftig handeln und manchmal leidenschaftlich, und keines von beidem ist immer falsch. Es gibt jedoch unangemessene Extreme des Handelns: Ein Zuviel an Mut, Liebe oder Mitleid ist ebenso unangebracht wie ein Zuwenig an Zurückhaltung, Abneigung oder Aufregung. Das richtige Maß der Selbstbeherrschung *(sōphrosýnē)* zu finden bedürfe, so Aristoteles, des Charakters, der Haltung und der Klugheit. Denn nur mit ihrer Hilfe könne der Handelnde die Mitte *(mesotes)* zwischen Übermaß und Mangel finden und den Weg der Tugend gehen.

> So ist denn die sittliche Tüchtigkeit eine Art von Mitte, insofern sie eben wesenhaft auf das Mittlere abzielt. [...] So ist also sittliche Werthaftigkeit eine feste, auf Entscheidung hingeordnete Haltung; sie liegt in jener Mitte, die die Mitte in bezug auf uns ist, jener Mitte, die durch den richtigen Plan festgelegt ist, d. h. durch jenen, mit dessen Hilfe der Einsichtige die Mitte festlegen würde. Sie ist die Mitte zwischen den beiden falschen Weisen, die durch Übermaß und Unzulänglichkeit charakterisiert sind. (Aristoteles, 1995b, NE, 1106b 27–1107a 5)

In mehreren Analogien versucht Aristoteles diesen Weg der Mitte zu verdeutlichen. Beim Essen und beim Sport gibt es ein Zuviel und ein Zuwenig, das dem Körper und der Gesundheit schadet. In der Schlacht gibt es Feigheit und Übermut, beide schaden dem Kämpfer und den Truppen. Der Schüler muss den richtigen Hochsinn zwischen fehlendem Ehrgeiz und Aufgeblasenheit entwickeln, um lernen zu können und verständig zu werden. Gegenüber den Mitmenschen sind weder Geiz noch Verschwendung angebracht, da sie das soziale Leben und Miteinander erschweren. Der Weg der Tugend führt zur Tapferkeit ohne Feigheit und Übermut, zur Besonnenheit ohne Trägheit und Völlerei sowie zur Großzügigkeit ohne Geiz und Verschwendung.

Wichtig ist Aristoteles aber auch, dass es *die* Mitte nicht gibt. Bei allen Handlungen gibt es nur jene Mitte zwischen den Extremen, die für den jeweiligen Handelnden gilt. Beim Sport gibt es trainierte und untrainierte Sportler, für die das richtige Maß unterschiedlich ist. In der Schlacht ist die angemessene Tapferkeit des gut ausgebildeten Soldaten eine andere als die der eingezogenen Bauern und Arbeiter. Die Mitte des richtigen Handelns liegt für jeden von ihnen woanders.

Das richtige Maß an tugendhaftem Verhalten bestimmt sich folglich in der Ausgewogenheit der gesellschaftlichen Erwartungen an das Handeln mit den individuellen Voraussetzungen. In jeder Situation gibt es eine soziale Norm und den individuellen Charakter – und der Handelnde muss nun seine Mitte zwischen den Extremen finden. Aristoteles weiß sehr wohl, dass dies nicht immer leicht zu erreichen ist. Manchmal müsse man sich mit der zweitbesten Lösung zufrieden geben und manchmal auch das kleinere von zwei Übeln akzeptieren (vgl. Aristoteles, 1995b, NE, 1109b 2).

Besonders kompliziert werde es, so Aristoteles mit Verweis auf die klassische Sage der schönen Helena[6], wenn das Begehren und die Lust unsere Entscheidung beeinflussen; hier können wir »keine unbestechlichen Richter sein« (Aristoteles, 1995b, NE, 1109b 8). Und so ist das rechte Maß für Aristoteles auch kein Punkt in der Mitte einer moralischen Linie. Es ist für ihn eher ein Bereich des guten Handelns, den wir durch Erfahrung und Charakterschulung mit den Jahren einzugrenzen lernen:

> Wer aber das rechte Maß nur um ein kleines verfehlt, sei es durch ein Zuviel oder ein Zuwenig, den trifft kein Tadel, wohl aber den, der es bedeutend verfehlt, weil er nicht unbemerkt bleibt. Von welchem Punkt und Grad an man aber Tadel verdient, läßt sich nicht leicht in Worte fassen, wie das ja überhaupt in der Natur des sinnlich Wahrnehmbaren liegt. Solches aber, was dem Bereich des Handelns angehört, ist singulär und konkret und untersteht deshalb dem Urteil des Sinnes. Soviel jedoch gelte nun als ausgemacht, daß der mittlere Habitus zwar in allen Dingen lobenswert ist, daß man aber hin und wieder nach seiten des Zuviel oder des Zuwenig abweichen muß, um die Mitte und das Rechte leichter zu treffen. (Aristoteles, 1995b, NE, 1109b 18–26)

Nur in wenigen Fällen gibt es für Aristoteles keine Mitte, sondern nur Extreme: Neid, Ehebruch, Diebstahl und Mord sind immer falsch und charakterlos. In allen anderen Fällen ist es insbesondere die Aufgabe der dianoetischen Tugend der Klugheit, zwischen Charakter, Handlungsoptionen und dem guten Ziel die richtige rationale Wahl über die Mittel zu treffen. Als klug gilt daher, wer einen guten Charakter besitzt, sich frei und autark für eine Handlung entscheiden kann und ein ihm gemäßes Ziel gewählt hat. Die kluge Erkenntnis einer guten Handlung verknüpft bei Aristoteles die ethischen mit den dianoetischen Tugenden und ermöglicht das Streben nach einem Gut und nach Glückseligkeit in der Gemeinschaft (s. Abb. 8).

Dieses Streben verwirklicht sich für Aristoteles durch das gute Leben in einer guten Gemeinschaft. Ein gutes Leben ist für ihn ein tätiges Leben und ein Handeln in der Gemeinschaft, in dem sich durch die Ausübung tugendhafter Handlungen die Selbstbeherrschung, die Tapferkeit, die Klugheit und die Gerechtigkeit verbinden und den Menschen zum Ziel seiner Glückseligkeit führen (vgl. Aristoteles, 1995c, Pol, 1323a 14 ff.). Eine wichtige Voraussetzung hierfür ist das

---

6 Helena, die schönste Frau ihrer Zeit, wählt zunächst Menelaos, den König von Sparta, zum Mann. Im Streit versuchen die drei Göttinnen Aphrodite, Athene und Hera den Sterblichen Paris für sich zu gewinnen und bieten ihm Macht (Hera), Weisheit (Athene) und Schönheit (Aphrodite) an – Paris entscheidet sich für die Liebe der schönen Helena (Parisurteil) und entführt sie nach Troja. Der Raub der Helena löst dann den Trojanischen Krieg aus.

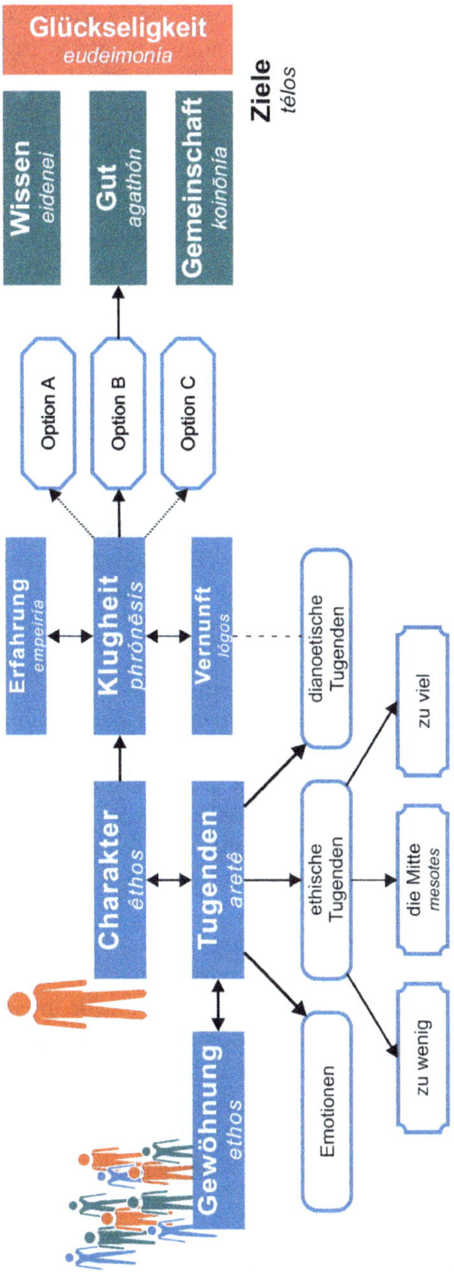

Teleologische Ethik

Abbildung 8 Aristoteles und die Ziele des Handelns

Leben in einer guten Gemeinschaft, die das tugendhafte Handeln ermöglicht und unterstützt. Ein Staat, der selbst lediglich nach Reichtum oder Macht strebt, ist hierfür nicht geeignet. Es muss vielmehr eine *politische Gemeinschaft (politiké koinōnía)* von Menschen sein, die gemeinsam in ihrem Handeln ähnliche Tugenden verwirklichen und nach einer ähnlichen Vorstellung von Glückseligkeit streben: »Der Staat nun aber ist eine Gemeinschaft von Gleichen, und zwar zum Zweck des möglichst besten Lebens« (Aristoteles, 1995c, Pol, 1328a 36). Glückseligkeit ist daher für Aristoteles ein Oberbegriff seiner praktischen Philosophie, da mit ihm die Ethik und die Politik ein gemeinsames Ziel des Handelns erhalten.

Die Formen der Gerechtigkeit

Der Unterschied zwischen Platon und seinem Schüler Aristoteles wird insbesondere bei der Frage nach der Gerechtigkeit deutlich. Für den Lehrer ist die Gerechtigkeit eine Kardinaltugend und sie vereinigt die drei Seelenteile des Vernünftigen, des Mutigen und des Begehrenden sowie die hierzugehörigen Tugenden der Weisheit, der Besonnenheit und der Tapferkeit. Die Voraussetzung für eine ideale gerechte Handlung ist bei Platon folglich die subjektive Erkenntnis des weisen, des tapferen und des gemäßigten Verhaltens. Gerechtigkeit ist in diesem Fall ein harmonisches Seelenverhältnis, wenn die Vernunft die Gefühle und Gelüste im Zaum hält und lenkt.

Für Aristoteles ist die Gerechtigkeit ebenfalls eine Tugend, jedoch eine der ethischen Tugenden, und damit setzt sie das Erlernen und die Eingewöhnung an das gerechte Handeln voraus. Es gibt daher keine formale Definition von Gerechtigkeit, aus der sich für alle möglichen Handlungen und für alle Zeiten eine Anwendung ableiten ließe. Gerechtigkeit ist für Aristoteles zunächst »eine Regelbefolgung im sozialen Miteinander« (Ladwig, 2011, S. 60) und die Institutionen der Gemeinschaft definieren eine gerechte Handlung. Das höchste Ziel der *Polis* ist daher Gerechtigkeit.

Die Tugend der Gerechtigkeit ist bei Aristoteles folglich keine Erkenntnis einer unveränderlichen Idee, sondern eine Haltung, die nicht zuletzt die kluge Erwägung und eine kollektive Verständigung über das jeweils Gerechte in einer Situation reflektiert. Der Tugendhafte weiß, dass eine gerechte Handlung Umsicht und Klugheit erfordert, da sie mal gerecht und ein anderes Mal auch ungerecht sein kann – die Welt ändert sich und mit ihr die Gerechtigkeit. Diese notwendige Reflexion über das Gerechte bezieht sich bei Aristoteles zunächst auf drei unterschiedliche Bereiche des sozialen Lebens: die Verteilung von Gütern, deren Tausch und die Wiedergutmachung.

Im ersten Bereich der Gerechtigkeit geht es um die Güterverteilung und die Frage, wer welche Güter und welchen Anteil erhalten soll. Aristoteles bezeichnet dies als *distributive Gerechtigkeit* und folgt dem klassischen Grundsatz: Jedem das Seine.[7] Bereits bei Platon findet sich dieser Grundsatz der gerechten Verteilung von Gütern wie Geld, Ehre und Ämtern. Da Aristoteles keine gleichmäßige, sondern eine geometrische Verteilung von Gütern aufgrund eines individuellen Anspruchs vorschlägt, kann man auch die Formulierungen ›Jedem nach seinen Bedürfnissen‹ oder ›Jedem nach seinen Leistungen‹ wählen.

Allerdings muss man hierbei die Begriffe Leistung und Anspruch richtig verstehen. In der antiken *Polis* erfolgte die Einziehung von staatlichen Ansprüchen wie Steuern und die Ausschüttung von Leistungen in Form von Vergünstigungen nicht für alle gleich, sondern unter Berücksichtigung der persönlichen Verdienste. Jene mit großen Verdiensten, viel Eigentum und großem Reichtum mussten mehr leisten und höhere Abgaben zahlen, erhielten aber auch einen größeren Anteil an den zu verteilenden Gütern, beispielsweise bei der Besetzung gut dotierter Posten in der Verwaltung.

Zu beachten ist hierbei, dass für Aristoteles Verdienste immer Leistungen für die Gemeinschaft waren. Der Begriff meint keinesfalls das persönliche Einkommen, sondern die Verdienste, die eine Person für seine *Polis*, für die Menschen in der Gemeinschaft, erbringt. Wer sich bei der Verteidigung auf dem Schlachtfeld als besonders klug und mutig erwiesen hatte, wurde von der Heimat so belohnt, wie es ihm gebührte. Er bekam als Dank für seine Verdienste Haus und Grund, ein öffentliches Amt oder ein Salär.

Jedoch sind Leistungen und Ansprüche keinesfalls grundsätzlich positiv. Es gibt Ansprüche auf Lob und Anerkennung, jedoch auch auf Tadel und Strafe. Die distributive Gerechtigkeit ist neutral gegenüber Ansprüchen und ›Jedem das Seine‹ beschreibt auch die geometrische Verteilung von Bestrafungen, die ein Akteur verdient. Wer als Händler die Leichtgläubigkeit seiner Mitbürger ausnutzt und ihnen übertreuerte oder nutzlose Waren andreht, wird von der Gemeinschaft missachtet und mit hohen Abgaben belastet. Wer sich dem Kampf auf dem Schlachtfeld entzieht, verdient den Entzug aller Privilegien.

Die Bereiche der *Tauschgerechtigkeit* und der *Wiedergutmachung* folgen beide der Methode der arithmetischen Proportionalität. Die Verdienste oder Verfehlungen einer Person spielen hierbei keine Rolle, es geht um die gleichmäßige Verteilung. Als gerecht gilt beispielsweise der Tausch eines Apfels gegen eine Birne. Wer drei Birnen für einen Apfel fordert, handelt ungerecht. Die Miete für ein großes

---

7 Als *suum cuique* geht dieser Grundsatz der proportionalen Verteilungsgerechtigkeit auf die Antike zurück und wird in der lateinischen Formulierung von Cicero eingeführt. Die Nationalsozialisten missbrauchten den Spruch und schrieben ›Jedem das Seine‹ im Konzentrationslager Buchenwald auf die Innenseite des Haupttores.

Haus ist gerecht, wenn ein anderer für ein halb so großes Haus auch nur die Hälfte der Miete zahlt. Gleiches wird gleich behandelt.

Ähnliches gilt auch für die Wiedergutmachung: Der Methode der arithmetischen Proportionalität folgend ist es gerecht, für einen zugefügten Schaden eine Wiedergutmachung in Höhe des entstandenen Verlusts zu leisten. Wer einen Apfel stiehlt, muss dessen Wert bezahlen. Wer ein Feld mit Apfelbäumen abbrennt, muss deren Gegenwert begleichen. Es ist aber auch leicht abzusehen, dass dieses Prinzip zu einem alttestamentarischen ›Auge um Auge‹ führt. Wer stiehlt, muss etwas abgeben, und wer mordet, muss mit dem Leben bezahlen. Für Aristoteles war dieser Grundsatz gerecht, wenn jeder gleich behandelt wird und es keine Rolle spielt, wer wen getötet hat. Auch der Senator sollte mit seinem Leben für die Tötung eines Sklaven bezahlen.

Der Unterschied zwischen der geometrischen und der arithmetischen Proportionalität ist die verschiedenartige Berücksichtigung der Akteure. Im Falle der geometrischen Proportionalität wird die konkrete Person mit ihren Verdiensten berücksichtigt, bei der arithmetischen Proportionalität spielt dies keine Rolle. Jeder Bürger erhält einen Apfel für eine Birne und muss für das große Haus die höhere Miete bezahlen, egal ob er ein angesehenes Mitglied der *Polis* ist oder nicht. Wer sich jedoch für die *Polis* in der Politik oder auf dem Schlachtfeld verdient gemacht hat, verdient auch gerechterweise eine bevorzugte Behandlung durch die Gemeinschaft.

Natürliches und positives Recht

In der Frage nach der Gerechtigkeit *(dikaiosýnē)* einer Handlung muss auch die Relation zwischen Bürger und Staat betrachtet werden. Hierbei ist die konkrete Frage, ob das Recht des Staates immer auch gerecht ist. Für Platon können nur jene Gesetze als gerecht gelten, die in Übereinstimmung mit der Idee der Gerechtigkeit stehen – ein Akt der Erkenntnis, den Aristoteles grundsätzlich bezweifelt. Aristoteles anerkennt, dass es einerseits ein *Naturrecht (physei dikaion)* gibt, andererseits ein *positives Recht (politikon dikaion)*. Da die Gesetze *(nomoi)* des Staates von Menschen gemacht werden, *kann* es eine Gerechtigkeitsdifferenz zwischen dem natürlichen Recht und dem positiven Recht geben. Die Gesetze des Staates mögen zwar nicht immer dem Naturrecht entsprechen, aber sie müssen für die Gemeinschaft dennoch verbindlich gelten.

> Das Polisrecht ist teils Natur-, teils Gesetzesrecht. Das Naturrecht hat überall dieselbe Kraft der Geltung und ist unabhängig von Zustimmung oder Nicht-Zustimmung [der Menschen]. Beim Gesetzesrecht ist es ursprünglich ohne Bedeutung, ob die Bestimmungen so oder anders getroffen wurden, wenn es aber festgelegt ist, dann ist es verbindlich. (Aristoteles, 1995b, NE, 1134b 18–22)

Daher ist das natürliche Recht für die Götter immer gleich und unveränderlich, in der menschlichen Gemeinschaft ist aber alles veränderlich. Die Verordnungen, Satzung und Gesetze werden ebenso wie die Staatsformen von Menschen für eine bestimmte Gemeinschaft in einer bestimmten Zeit geschrieben und wandeln sich. Ebenso wie es bei den Staatsformen eine bestmögliche Verfassung geben mag, so mag es auch Gesetze geben, die dem natürlichen Recht entsprechen. Falls dies aber nicht der Fall ist, so ändert sich nichts an der Gültigkeit der Gesetze oder der Staatsform für die Gemeinschaft.

> Und ähnlich ist es bei den nicht naturgegebenen, sondern von Menschen geschaffenen Rechtsverhältnissen: sie sind nicht überall gleich, sind ja auch die Formen des staatlichen Lebens verschieden – und doch ist überall nur *eine* Staatsform von Natur die beste. (Aristoteles, 1995b, NE, 1135a 3–5)

Insofern spricht sich Aristoteles für eine pragmatische Lösung aus. Es gibt ein unveränderliches und göttliches Naturrecht, das für alle Menschen überall und jederzeit gilt. Und es gibt ein von Menschen erdachtes positives Recht, welches in Form von Gesetzen das Zusammenleben in einer Gemeinschaft regelt. Das positive Recht muss jedoch Vorrang haben, nicht zuletzt weil sich die erlernten Tugenden an den geltenden Gesetzen orientieren müssen – das Naturrecht kann aber niemand zweifelsfrei erkennen und dies würde in der Folge zu unterschiedlichen oder sich widersprechenden Tugenden führen. Daraus würde sich nun eine Gefahr für die Gemeinschaft ergeben, da ihr innerer Zusammenhalt auf kollektiven Normen beruht – ohne die Anerkennung der Normen löst sich die Gemeinschaft auf. In einer jeden menschlichen Gemeinschaft müssen die Gesetze des positiven Rechts daher uneingeschränkt gelten.

Die Gesetze *sollten* dem Naturrecht zwar nicht entgegenstehen, sie können das natürliche Recht aber für die jeweilige Gemeinschaft und ihre Lebensumstände anpassen oder auslegen. Einige naturrechtliche Gebote *sollten* für die Menschen und die Herrschenden zudem bindend sein, da jede Veränderung wider die Natur menschlicher Gemeinschaften wäre. Hieraus lässt sich aber kein Verbot ableiten und ein Herrscher, der das Naturrecht ignoriert, wird vermutlich kein guter Regent sein oder gar scheitern – seine Gesetze sind jedoch zunächst geltendes Recht.

Am Beispiel der Antigone macht Aristoteles seine Überzeugung klar: Das Naturrecht gebiete, dass man keinen Menschen tötet und jeden Toten bestattet (vgl. Aristoteles, 1999, RH, 1373b 2 ff.). Dies wären naturrechtlich gerechte Handlungen. Die Herrschenden können jedoch befehlen, dass Menschen getötet werden sollen, beispielsweise Invasoren. In diesem Falle wäre die Tötung tugendhaft und der Befehl legitim, da er die Gemeinschaft schütze. Ein Gesetz, das die Tötung eines Menschen anordnet, stehe somit im Widerspruch zum *allgemeinen* Naturrecht, sei jedoch *in concreto* als positives Recht gerecht, wenn es die Tötung eines Feindes anordnet. Und *in concreto* könne daher auch ein Gesetz, das die Bestattung eines bestimmten Toten verbietet, ebenfalls rechtens sein – auch wenn es naturrechtlich ungerecht sein möge.

Kreons Verdikt war als positives Recht zwar gültig, allerdings, so Aristoteles, bedeute dies nicht, dass Kreon auch *durfte*, was er *konnte*. Es war ihm zwar möglich und erlaubt, das Gesetz nach seinem Willen zu gestalten, da es jedoch im offensichtlichen Widerspruch zum Willen der Götter stand, musste Kreon die Konsequenzen seines Handelns erleiden. Die Bestattung des Polyneikes war jedoch verboten und die Bestrafung der Antigone war deshalb für Aristoteles durchaus *rechtens* – selbst dann, wenn Kreons Handlung ethisch *ungerecht* war.

An dieser Stelle zeigt sich erneut der Unterschied zwischen Platon und Aristoteles. Für Platon war die Tötung seines Lehrers Sokrates ein Unrecht und jeder Widerstand gegen ein solches falsches Gesetz war für ihn legitim. Für Aristoteles ist der Rechtsbruch der Antigone *illegitim* und ihre Verurteilung rechtens, Widerstand wäre nicht erlaubt. So wie die subjektive Erkenntnis der wahren Gerechtigkeit für Platon Priorität hat, so hat die Sicherung der Gemeinschaft, ihrer Normen und Werte für Aristoteles absoluten Vorrang. Die Gesetze sind für ihn die kodifizierte Form der Normen und der Werte der Gemeinschaft als positives Recht; das Naturrecht bleibt den Göttern überlassen.

In der Einleitung zu diesem Kapitel über die Aristotelische praktische Philosophie wurde der sogenannte Fall Daschner geschildert, am Ende stand die Frage: Darf man das Leben eines entführten Kindes retten, indem man den mutmaßlichen Entführer foltert? Ist die Androhung der Folter oder gar deren Ausführung womöglich sogar gerecht, wenn man mit ihr ein oder mehrere Leben retten könnte? Oder allgemein gefragt: Kann Gewalt gut sein?

Für Wolfgang Daschner stellt sich die Frage nach dem Guten unter folgenden Umständen: Er ist als Polizeibeamter verantwortlich für die Ermittlungen gegen den Beschuldigten Magnus Gäfgen und will auch als Privatperson das Leben des Kindes retten. Die Rettung des Kindes und die Überführung des Täters sind für Daschner uneingeschränkt gut, eine tugendhafte Tat und ein mögliches wichtiges Ziel seines Handelns.

Als stellvertretender Polizeipräsident kennt Daschner jedoch nicht nur die geltenden Gesetze zum Folterverbot, deren Einhaltung ist ein wesentlicher Bestandteil seiner Profession. Als Beamter ist Daschner in einem besonderen Maße verpflichtet, die Gesetze zu achten – insbesondere die Würde aller Menschen, seien es Bürger, Mitarbeiter, Beschuldigte oder verurteilte Mörder. Die Menschenwürde und das daraus abgeleitete Folterverbot sind jedoch mehr als eine Tugend, denn hierbei gibt es kein Zuviel oder Zuwenig. Sie stellen eine absolute Grenze des Handelns dar und sind per se prioritäre Ziele, da sie die Menschenwürde als allgemein anerkanntes Naturrecht und das Folterverbot als positives Recht der Gemeinschaft verwirklichen.

Für Aristoteles wäre die Bedrohung des Beschuldigten Magnus Gäfgen daher aus zwei Gründen illegitim: Daschner hat das Wesen seiner Profession, den Schutz der Gesetze, nicht verwirklicht und außerdem die Forderungen des Rechts an sein Handeln ignoriert. Sein Handeln wäre für Aristoteles deshalb weder gut noch gerecht. Wenn Daschner geglaubt hat, dass er durch sein illegitimes Handeln einen beruflichen Erfolg und ein privates Gut erzielen könnte, so hat er sich in den Augen Aristoteles' unberechtigterweise die Urteilsfähigkeit der Götter zu Eigen gemacht und verdient die Bestrafung durch die Gemeinschaft.

3.2 Utilitaristische Ethik

3.2.1 Das Nützliche und das Gute

Beim Onlinehändler Amazon kann man für 49 € jährlich den Prime-Service buchen. Bestellungen werden dann am nächsten Tag geliefert. Die Deutsche Post bietet einen Express-Service an, mit dem Pakete beim Absender abgeholt und am nächsten Tag zugestellt werden. Auch dieser Service hat seinen Preis: Das Paket kostet dann 22 € und die Abholung weitere 5 € – ein besonderer Service, der mit einem Aufpreis bezahlt werden muss. Teurer ist ein besonderer Service bei der Lufthansa, aber für Geld bekommt man dort nicht nur einen bequemen Sitzplatz in der ersten Klasse und Zugang zur exklusiven Lounge, sondern auch einen Personal Assistant, der den Fluggast beim Boarding an der Warteschlange vorbeileitet und nach der Landung das Gepäck bereithält. Ist dies nun ein besonders nützlicher Service, den man für Geld kaufen darf, oder sollte man Menschen, die im gleichen Flugzeug reisen, auch den gleichen und gleichberechtigten Service beim Ein- und Auschecken bieten?

Besonders nützlich sind auch Straßen und Brücken, die die Fahrzeit verkürzen. In Nordengland beispielsweise halbiert die Humber-Brücke die Fahrzeit zwischen den Städten Hull und Lincoln von zwei auf lediglich eine Stunde. Ohne die Nutzung der Brücke müssen Autofahrer einen weiten Umweg nehmen, jedoch ist das Befahren der Humber-Brücke kostenpflichtig. Die staatliche Finanzierung dieses Brückenbaus war in den 1950er Jahre umstritten und so übernahm schließlich ein privates Unternehmen den Bau und den Betrieb der Brücke, wollte seine Investitionen jedoch durch die Maut zurückerhalten – ein durchaus nachvollziehbarer ökonomischer Gedanke. Seit einigen Jahren sind die Investitionen für den Bau jedoch abgeschrieben, doch die Fahrer der 120 000 Fahrzeuge, die die Humber-Brücke jede Woche nutzen, müssen weiterhin die Maut entrichten. Ist die Maut nun noch gerechtfertigt oder sollte die Brücke als öffentliches Gut gratis befahrbar sein?

In den USA gibt es seit einigen Jahren auch auf den Autobahnen einen besonderen Service. Um Staus und Luftverschmutzungen zu reduzieren, führte man dort in den 1980er Jahren in einigen Städten Sonderspuren für Fahrgemeinschaften ein. Mittlerweile kann man diese Sonderspuren auf der Autobahn auch dann buchen, wenn man keine Fahrgemeinschaft ist, sondern man es schlichtweg eilig hat. Für ein paar Dollar kann man dann an den Staus vorbeifahren. Aus einer ökonomischen Perspektive wird auf diese Weise ein Problem der Knappheit durch Geld gelöst, ein begehrtes Gut – die Zeitersparnis – erhält einen Preis, Nachfrage und Angebot werden auf einem freien Markt fair ausgehandelt und nähern sich der für alle Beteiligten ökonomisch optimalen Lösung. Ist dieser Service nun nützlich und auch gerecht oder wird das öffentliche Gut der steuerfinanzierten Autobahn ungerecht aufgeteilt?

Eine derartige Ökonomisierung der Lebensbereiche und insbesondere der sozialen Beziehungen kritisiert auch Michael Sandel seit vielen Jahren grundsätzlich. Seine Kernthese lautet: »Märkte beeinflussen die gesellschaftlichen Normen. Häufig zerfressen oder verdrängen Marktanreize andere, marktfremde Normen« (Sandel, 2012, S. 83). Unter marktfremden Normen *versteht Sandel soziale Umgangsformen und Gepflogenheiten, die Aristoteles als Tugenden bezeichnete. Sandel behauptet, dass in unserer Welt die Frage, ob man für Geld alles kaufen darf, nicht mehr öffentlich diskutiert wird. Anstelle dieser Diskussion von Normen und Werten laute die Frage zumeist: Wie viel kostet es?*

In einem seiner zahlreichen Beispiele in seinem Buch Was man für Geld nicht kaufen kann *schildert Michael Sandel folgenden Fall (vgl. Sandel, 2012, S. 83): Die Kinder in Kindergärten dürfen nicht alleine die Einrichtungen verlassen, sie müssen von den Eltern abgeholt werden. Da aber einige Eltern manchmal zu spät kamen, mussten die Erzieherinnen vor dem Kindergarten warten, bis auch das letzte Kind abgeholt wurde. Da diese zusätzliche Arbeitszeit nicht vom Kindergarten bezahlt wurde, führte dieser eine Strafgebühr ein. Eltern, die ihr Kind verspätet abholten, sollten dafür eine Geldbuße bezahlen. So erhoffte man sich ein pünktliches Erscheinen der Eltern. Tatsächlich führte die Geldbuße aber dazu, dass nun noch mehr Kinder warten mussten, bis sie endlich abgeholt wurden, und die Erzieherinnen noch länger auf ihren Feierabend warten mussten.*

Nach den Gesetzen der Ökonomie ist dies paradox. Eine Geldbuße soll eigentlich ein Fehlverhalten sanktionieren und einschränken. Doch was vorher ein Mangel an Tugend war – die Verspätung –, wurde nun zu einem bezahlten Service. Die Eltern hatten kein schlechtes Gewissen mehr, sondern betrachteten die Geldbuße als Gebühr für eine Leistung der Erzieherinnen. Die Ökonomisierung hatte die gesellschaftlichen Normen verändert und aus der Tugend der Pünktlichkeit eine kostenpflichtige Dienstleistung gemacht. Das schlechte Gewissen der zu spät erscheinenden Eltern wurde gegen ein bezahltes Serviceangebot getauscht – für Michael Sandel eine typische Folge der Ökonomisierung einer ursprünglich marktfernen Norm. Die

Nützlichkeit eines Angebots ist nicht immer auch ein gerechter Service. Die Abwägung zwischen der Nützlichkeit und der Gerechtigkeit von Handlungen ist das zentrale Problem der utilitaristischen Ethik.

3.2.2 Thomas Hobbes und der Nutzen der Ethik

Die Platonische und die Aristotelische Ethik sind faktisch elitäre Ethiken. In der *Polis* sind die Fragen nach dem Guten und der Gerechtigkeit nur für wenige freie Bürger relevant. Die meisten Menschen, die in der *Polis* leben, sind vom Streben nach Glückseligkeit prinzipiell ausgeschlossen: Frauen, Sklaven und die zugereisten Metöken sind nicht frei in ihren Handlungen. Freiheit ist in der antiken *Polis* ein Privileg der Bürger und nur sie diskutieren und bestimmen die Normen und die Gesetze der Gemeinschaft. Schon in der Polis galt der klassische Satz von Karl Marx, dass die herrschenden Gedanken die Gedanken der Herrschenden sind (vgl. Marx, 1969, S. 46). Für Platon und Aristoteles war die Erkenntnis des Guten mit der Freiheit und der Autarkie des Bürgers verknüpft.

Mit der Christianisierung des Römischen Reichs nach Kaiser Konstantin im vierten Jahrhundert verändert sich die Lage. Die Christen sind von einer verfolgten Minderheit zur geistigen und politischen Elite des römischen Weltreichs aufgestiegen und nun gelten ihre Gedanken. Der nordafrikanische Bischof Augustinus (354–430) formuliert die maßgeblichen Grundzüge der christlichen Ethik in seinen *Bekenntnissen* auf der Grundlage der Platonischen Ideenlehre (vgl. Augustinus, 2007). Das Gute und die Gerechtigkeit sind auch für Augustinus ewige und unveränderliche Ideen, die es zu erkennen gilt. Diese Ideen sowie alles wahrhaft Seiende verkörpert nun aber der christliche Gott. Damit verschmelzen bei Augustinus die antike Platonsche Ideenlehre und das christliche Heilsversprechen. Wer das Gute und das Gerechte erkennen will, muss an den Gott der Christen glauben: Glaube, damit du erkennst *(credo, ut intelligas).* Die Wahrheit könne nur derjenige erkennen, dem Gott sie in seiner Allmacht und Gnade mitteile.

Die Offenbarung des göttlichen Wissens über das Gute und das Gerechte erfolgt nun durch das christliche Bodenpersonal. Die Priester teilen es dem einfachen Volk mit, der Papst als Stellvertreter Christi den Königen und Kaisern. Die Vernunft, in der Antike noch die Quelle aller Erkenntnisse und allen Wissens, ist nun die Dienerin des Glaubens und der Theologie *(philosophia ancilla theologiae).* Fast eintausend Jahre bleibt das christliche Supremat über die Erkenntnis der Wahrheit ohne nennenswerten Widerspruch.

Erst im 14. Jahrhundert beginnt ein offener Streit über die Frage, ob Jesus Christus einen Geldbeutel besaß oder in Armut lebte. Der Orden der Dominikaner vertritt die Position, dass der einzelne Mönch zwar in Armut leben solle, die

Heilige Römische Kirche aber nicht. Der Orden der Franziskaner pocht auf das vorbildliche Leben Christi in Armut und fordert dies auch für die Kirche als Gemeinschaft (vgl. Miethke, 1969, S. 365 ff.). Aus diesem theologischen Disput entwickelt sich bald ein wirkungsmächtiger Streit über die Macht des Papstes und seinen alleinigen Anspruch auf die Erkenntnis der Wahrheit, der schließlich in einer Spaltung der christlichen Kirche endet: Am 31. Oktober 1517 schlägt Martin Luther seine 95 Thesen an das Hauptportal der Schlosskirche in Wittenberg.

Die daraufhin einsetzende Reformation führte zur Abspaltung vom römischen Papst und zur Entstehung der protestantischen Konfessionen. Aber auch die Politik emanzipierte sich von der römischen Bevormundung: 1513 verfasste der Florentiner Niccolò Machiavelli (1469–1527) sein Buch *Der Fürst (Il Principe)*, in dem er den weltlichen Machthabern empfiehlt, aufgrund von empirischen Beobachtungen und strategischen Analysen die eigene Position auszubauen und nicht länger auf Gottes Beistand als Belohnung für ein sittliches Leben zu hoffen. Erfolg und Macht seien die Ziele der Politik, nicht das gottesfürchtige Leben.

Die Loslösung der weltlichen Mächte von der römischen Kirche sowie die Spaltung der Glaubensbekenntnisse verändern Europa. Hundert Jahre nach den Veröffentlichungen von Machiavellis *Fürst* und Luthers *95 Thesen* beginnt der Dreißigjährige Krieg (1618–1648), in dem die Vielzahl der ungelösten Konflikte nun eskalieren. Auf dem europäischen Kontinent bekämpfen sich die Anhänger der Katholischen Liga und der Protestantischen Union sowie die kaiserlichen Truppen des Heiligen Römischen Reiches, der habsburgischen Mächte Österreich und Spanien sowie der jungen Nationalstaaten Frankreich, Niederlande, Dänemark und Schweden.

Auf den britischen Inseln flackern ähnliche Machtkämpfe regelmäßig auf, seit König Heinrich VIII. sich im frühen 16. Jahrhundert von der römisch-katholischen Kirche losgesagt und die anglikanische Kirche begründet hatte. Im Englischen Bürgerkrieg (1642–1649) treffen nun Anglikaner auf Papisten, Royalisten auf Parlamentaristen sowie Engländer auf Schotten und Waliser. Nach der Hinrichtung König Karls 1649 auf Beschluss des Parlaments wird England für einige Jahre zur Republik, doch die Glaubenskonflikte sorgen auch unter dem Lord Protector Oliver Cromwell sowie den nachfolgenden Monarchen Karl II. und Jacob II. für andauernde Unruhen. Erst die Glorreiche Revolution und die Thronbesteigung durch Wilhelm II. von Oranien, der die Rechte des Parlaments stärkt, schaffen 1689 wieder (vorläufig) Frieden auf der Insel. Ein Jahrhundert der Kriege, in dem in einigen Regionen Europas nur ein Drittel der Bevölkerung überlebt und das Hunger, Elend und Armut gebracht hat, geht damit zu Ende.

In dieser Zeit entsteht das Werk von Thomas Hobbes (1588–1679). Der Engländer erlebt die Folgen der Religions- und Machtkriege auf dem Kontinent und auf den britischen Inseln und sucht nach einer Lösung, die den Menschen wieder ein Leben in Sicherheit und Frieden ermöglichen würde. Im *Leviathan*, der 1651 erscheint, entwickelt Hobbes diese Lösung: Nur ein absoluter Souverän kann den Frieden garantieren und den Menschen ein Leben in Sicherheit bieten.

Ausgangspunkt seiner Überlegungen ist die Situation der Menschen in seiner Zeit. Bedroht von andauernden Krisen und Konflikten zeige sich die wahre Natur des Menschen: Er ist ein Wolf unter Wölfen, der einsam und voller Furcht alles unternimmt, um sein Leben zu erhalten. In dieser Situation gebe es weder moralische noch rechtliche Regeln, im »Krieg eines jeden gegen jeden« (Hobbes, 1984, S. 96) herrsche nur die »beständige Furcht und Gefahr eines gewaltsamen Todes – das menschliche Leben ist einsam, armselig, ekelhaft, tierisch und kurz« (Hobbes, 1984, S. 96). Doch trotz dieses anarchischen *Naturzustands* sind für Hobbes zwei Sätze gleichermaßen wahr: »Der Mensch ist ein Gott für den Menschen, *und:* Der Mensch ist ein Wolf für den Menschen« (Hobbes, 1994b, S. 241). Auch wenn der Mensch im Krieg gegen seinesgleichen lebe, könne er sich daraus erheben, um Frieden und Ordnung in sein Zusammenleben zu bringen.

Hierzu, so Hobbes' Idee, beschließen die Menschen in einem Gesellschaftsvertrag, einen absoluten Herrscher mit der Sicherung ihres Lebens zu beauftragen. Dieser Leviathan bestimmt über die gemeinsamen religiösen und weltlichen Grundlagen der Gemeinschaft, er ist der uneingeschränkte Souverän über die Moral und die Gesetze. Solange er das Leben der Menschen sichert, kennt seine Macht keine Grenzen. Die Menschen verzichten folglich mit dem Gesellschaftsvertrag auf einen Teil ihrer ursprünglichen Freiheit und erhalten im Gegenzug Frieden und Sicherheit. Die Grundlage der Gemeinschaft ist für Hobbes nicht mehr der göttliche Auftrag an einen König zu herrschen, sondern die bloße Notwendigkeit, den Frieden und das natürliche Recht der Menschen auf Selbsterhaltung zu garantieren. Dieser Notwendigkeit ordnet Hobbes alles andere unter:

> Da es außerdem für den Frieden viel wichtiger ist, den Streitigkeiten zuvorzukommen, als die entstandenen zu schlichten, da aber alle Streitigkeiten unter den Menschen aus ihren verschiedenen Meinungen über das Mein und Dein, das Rechte und Unrechte, das Nützliche und Unnütze, das Gute und Böse, das Sittliche und Unsittliche und ähnliches entstehen, wobei jeder seinem eigenen Urteil folgt, so gehört es zur höchsten Staatsgewalt, für alle Bürger gemeinsame Regeln oder Maße aufzustellen und öffentlich bekannt zu machen, aus denen jeder ersehen kann, was sein und was des andern ist, was recht und was unrecht, was sittlich und was unsittlich, was gut und was schlecht ist, d. h. mit einem Wort, was jeder bei einem gemeinsamen Leben zu tun und zu unterlassen hat. (Hobbes, 1994a, S. 135)

Damit formuliert Thomas Hobbes drei wesentliche Prinzipien der Neuzeit: Erstens besitzen die Menschen das natürliche Recht auf Selbsterhaltung, das sie *als*

Menschen und unabhängig vom Willen Gottes oder eines Herrschers haben. Niemand darf ihnen dieses natürliche Recht nehmen. Zweitens ist die Nützlichkeit das oberste Handlungsprinzip. Jede Handlung, die der Selbsterhaltung dient, ist legitim. Und drittens ist ein Gesellschaftsvertrag die Grundlage der Gemeinschaft. Alle Rechte und Pflichten der Bürger und des Herrschers dienen letztlich der Sicherung des natürlichen Rechts auf Selbsterhaltung und der Nützlichkeit der gemeinsamen Ordnung.

Für Hobbes gibt es daher auch keine Idee des Guten, der Gerechtigkeit oder gar kollektive Tugenden. Jedermann nennt gut, was ihm gefällt, und schlecht, was ihm missfällt: »Deshalb ist *Vergnügen* oder *Lust* die Erscheinung oder Empfindung von Gutem und *Belästigung* oder *Unlust* die Erscheinung oder Empfindung von Bösem« (Hobbes, 1984, S. 42). Gut und Böse sind nur Gefühle der Menschen, und was gerecht und was ungerecht ist, entscheidet letztendlich der souveräne und omnipotente Leviathan. Das Streben nach einem individuellen Guten oder die Idee einer naturrechtlichen Gerechtigkeit sind für Thomas Hobbes obsolet.

3.2.3 Adam Smith und das ethische Gefühl

Ein Jahrhundert nach Thomas Hobbes hat sich die politische und wirtschaftliche Situation auf dem europäischen Kontinent und in England wieder stabilisiert. Mit dem Frieden entsteht eine wirtschaftliche Ordnung, der Merkantilismus, der zumindest einigen Menschen wieder Wohlstand bringt. Der Handel macht die Menschen nun voneinander abhängig und sichert den friedlichen Tausch von Gütern. Für den Schotten Adam Smith (1723–1790) ist es deshalb die Nützlichkeit des friedlichen *Tauschs* von Gütern, der die egoistischen Interessen der Menschen mit dem Gemeinwohl verknüpft und dadurch für Ordnung und Sicherheit sorgt. In seiner *Theorie der ethischen Gefühle* (1759) entwickelt Adam Smith eine moralphilosophische Grundlage dieser Gesellschaftsform, die auf Thomas Hobbes aufbaut.

Auch für Smith ist die eigentliche Grundlage der Ethik nicht die Religion und auch nicht die Vernunft der Menschen, sondern das Gefühl des Angenehmen. Für Smith ist dieses Gefühl, das Empfinden des Angenehmen und eines *Wohlgefallens*, die Basis aller kollektiven Regeln des Umgangs miteinander, der Moral und der Tugenden. Die Religion kann uns zwar versprechen, dass unsere guten Taten eines schönen Tages belohnt werden, und die Vernunft kann uns raten, dieses zu tun und jenes zu unterlassen, sie empfiehlt damit aber nur ein Mittel, um letztlich Lust zu empfinden und Unlust zu vermeiden.

> Lust und Unlust sind die Hauptziele des Begehrens und der Abneigung: diese aber werden nicht durch die Vernunft, sondern durch eine unmittelbare Empfindung und ein

unmittelbares Gefühl unterschieden. Wenn also die Tugend um ihrer selbst willen begehrenswert ist, und wenn das Laster um seiner selbst willen Abneigung hervorruft, so kann es nicht die Vernunft sein, die diese verschiedenen Eigenschaften ursprünglich auseinanderhält, sondern nur eine unmittelbare Empfindung und ein unmittelbares Gefühl. (Smith, 2010, VII, 3.2)

Für Adam Smith ist der Mensch daher nicht ausschließlich vom egoistischen Trieb der Selbsterhaltung motiviert, wie es Thomas Hobbes zuvor oftmals beschrieben hatte, sondern von einer unmittelbaren subjektiven Empfindung, die die Menschen miteinander verbindet. Diese Annahme ist ebenfalls nicht neu, sondern findet sich ja auch schon bei Hobbes und seiner Beschreibung des Menschen, der den anderen ein Wolf und ein Gott sein kann. Smith hebt nun diese positive Seite des menschlichen Wesens, sein Mitgefühl für seine Mitmenschen, deutlich hervor:

Mag man den Menschen für noch so egoistisch halten, es liegen doch offenbar gewisse Prinzipien in seiner Natur, die ihn dazu bestimmen, an dem Schicksal anderer Anteil zu nehmen, und die ihm selbst die Glückseligkeit dieser anderen zum Bedürfnis machen, obgleich er keinen anderen Vorteil daraus zieht, als das Vergnügen, Zeuge davon zu sein. (Smith, 2010, I, 1.1)

Dieses Prinzip des Mitgefühls und der Anteilnahme bezeichnet Smith als *Sympathie* in der eigentlichen Bedeutung des Begriffs als ein Mit-Fühlen *(sympátheia).* Der anteilnehmende Mensch leide, wenn ein anderer leide, und er fühle sich wohl, wenn es anderen wohlergehe. Sympathie und Antipathie seien die entscheidenden Gefühle und deren Empfindung alleine mache eine Handlung gut oder gerecht beziehungsweise böse oder ungerecht. »Großherzigkeit, Edelmut und Gerechtigkeit« verdienten daher »Wohlstand, Macht und Ehre«, jedoch »Betrug, Falschheit, Rohheit und Gewalttätigkeit« (Smith, 2010, III, 5) nur Verachtung und Abscheu.

Für die Bewertung der Handlung als gut oder böse sei jedoch nicht das eigene subjektive Empfinden von Lust oder Unlust ausschlaggebend, sondern zum einen das innere Pflichtgefühl, zum anderen die Betrachtung der Handlung aus der Perspektive eines sogenannten unparteiischen Beobachters *(impartial spectator).* Das Pflichtgefühl bezeichnet Smith als »Achtung vor jenen allgemeinen Regeln« (Smith, 2010, III, 4), die die Handlungen der Menschen in der Gesellschaft in Richtung Anstand und Sittlichkeit lenken. Zusätzlich setzt Adam Smith auf die Erkenntnis des moralisch Richtigen, indem sich der Akteur vorstellt, wie andere Menschen sein Handeln bewerten würden.

Um jedoch diese Genugtuung zu erlangen, müssen wir zu unparteiischen Zuschauern unseres eigenen Charakters und Verhaltens werden. Wir müssen uns bemühen, sie mit den Augen anderer Leute zu betrachten, das heißt, so, wie andere Leute sie wahrscheinlich betrachten würden. Wenn sie, in diesem Lichte gesehen, uns noch so erscheinen, wie wir es wünschen, dann sind wir glücklich und zufrieden. (Smith, 2010, III, 2)

Mit dieser Abstraktion des Gefühls von Lust und Unlust will Smith vermeiden, dass der Egoismus des Menschen die Ethik zum bloßen Hedonismus verfälscht, es folglich nur um ein kurzfristiges sinnliches Glücksgefühl gehen würde. Das Hineinversetzen in einen unparteiischen Beobachter soll die Kriterien von Lust und Unlust vielmehr universalisieren und die moralische Bewertung einer Handlung im Hinblick auf das Gemeinwohl ermöglichen. Eine gute Handlung führe dazu, dass der Akteur sie mit Wohlgefallen sieht, da er seine Handlung aus der idealen tugendhaften Perspektive des unparteiischen Beobachters als moralisch gut bewertet und die Handlung das Wohlergehen der Gemeinschaft fördert.

Für die Förderung des kollektiven Wohlergehens ist für Smith aber nicht alleine die Sympathie zuständig. Er sieht auch das Wirken einer *unsichtbaren Hand* (*invisible hand*), die das menschliche Handeln lenkt und die egoistischen Triebe zugunsten des Gemeinwohls umwandelt. Adam Smith sieht im Wohlstand zwar »etwas Großes und Schönes und Edles«, welches »den Fleiß der Menschen erweckt und in beständiger Bewegung erhält« (Smith, 2010, IV, 1), er glaubt aber auch an das Mitgefühl jener Wohlhabenden, die ihren Reichtum den Arbeitern verdanken und sie daran teilhaben lassen:

[Die Reichen] verzehren wenig mehr als die Armen; trotz ihrer natürlichen Selbstsucht und Raubgier und obwohl sie nur ihre eigene Bequemlichkeit im Auge haben, obwohl der einzige Zweck, welchen sie durch die Arbeit all der Tausende, die sie beschäftigen, erreichen wollen, die Befriedigung ihrer eigenen eitlen und unersättlichen Begierden ist, trotzdem teilen sie doch mit den Armen den Ertrag aller Verbesserungen, die sie in ihrer Landwirtschaft einführen. Von einer unsichtbaren Hand werden sie dahin geführt, beinahe die gleiche Verteilung der zum Leben notwendigen Güter zu verwirklichen, die zustandegekommen wäre, wenn die Erde zu gleichen Teilen unter alle ihre Bewohner verteilt worden wäre; und so fördern sie, ohne es zu beabsichtigen, ja ohne es zu wissen, das Interesse der Gesellschaft und gewähren die Mittel zur Vermehrung der Gattung. Als die Vorsehung die Erde unter eine geringe Zahl von Herren und Besitzern verteilte, da hat sie diejenigen, die sie scheinbar bei ihrer Teilung übergangen hat, doch nicht vergessen und nicht ganz verlassen. (Smith, 2010, IV, 1)

Eine Gesellschaft von Sklavenhaltern ohne Mitgefühl lehnt Smith ab. Der Arzt und Sozialtheoretiker Bernard de Mandeville (1670–1733) postulierte eine solche Gesellschaft in seiner *Bienenfabel* (1714). Mandeville forderte darin die maximale

Ausnutzung der Arbeiter zur Steigerung des nationalen Wohlstands. Für Mandeville galt: Wenn jeder an sich denkt, dann ist an alle gedacht. Diese Position kritisiert Smith eindeutig und heftig als »ganz und gar verderblich« und »fast in jeder Hinsicht irrtümlich« (Smith, 2010, VII, 2.4).

Umstritten ist jedoch bis heute, inwieweit diese Gesellschaftsform für Smith lediglich ›*fast* in jeder Hinsicht irrtümlich‹ ist. Für Adam Smith sind das Gefühl von Lust und Unlust beziehungsweise die Sympathie und Antipathie die eigentlichen Bewertungskriterien der Nützlichkeit einer Handlung für die Gemeinschaft und ihrer Funktion für das Gemeinwohl. Daher präzisiert er die Bedeutung einer ›guten Handlung‹ anhand von vier Quellen der Empfindung:

> Wir sympathisieren erstens mit den Beweggründen des Handelnden; wir nehmen zweitens teil an der Dankbarkeit derjenigen, die die wohltätigen Folgen seiner Handlung empfangen; wir beobachten drittens, dass sein Verhalten den allgemeinen Regeln angemessen ist, nach welchen jene beiden Formen der Sympathie sich gewöhnlich richten, und wenn wir schließlich solche Handlungen als Teile eines ganzen Systems von Verhaltensweisen betrachten, welche die Tendenz hat, die Glückseligkeit des Individuums oder der Gesellschaft zu fördern, dann scheinen sie uns aus dieser Nützlichkeit eine Schönheit zu gewinnen, die derjenigen nicht unähnlich ist, die wir einer gut konstruierten Maschine zuschreiben. (Smith, 2010, VII, 3.3)

Adam Smith bezeichnet damit vier verschiedene Variablen, die eine Handlung im ethischen Sinne gut machen können: die *Motivation* des Akteurs, die *Folgen* der Handlung, die Übereinstimmung der Motivation und der Folgen mit den moralischen *Grundsätzen* der Gemeinschaft und schließlich die Verbesserung der *Glückseligkeit* sowohl des Akteurs als auch der Gemeinschaft. Wenn alle diese Variablen aus der Perspektive des unparteiischen Beobachters als gut bewertet werden können, dann ist die Handlung für Smith im ethischen Sinne gut. Und ›gut‹ bedeutet *nützlich* für die Gemeinschaft – gute Handlungen sind also der Schmierstoff, der die ›Maschine der Gemeinschaft‹ funktionieren lässt und das Gemeinwohl fördert.

Sympathie und Nützlichkeit

Die Analogie zu einer Maschine verdeutlicht möglicherweise Adam Smiths eigentliche Intention. Der Vorwurf lautet, dass es Smith nicht um die Glückseligkeit eines Menschen im Sinne Aristoteles' gehe, das heißt nicht darum, dass ein Mensch durch gute Handlungen ein gutes Leben führe und damit sein Wesen verwirkliche. Für Smith stehe vielmehr das reibungslose Funktionieren der merkantilistischen Tauschprozesse im Vordergrund, damit das Gemeinwohl im Sinne des Wohlstands befördert werde. In dieser Lesart ist Ethik für Smith letztendlich lediglich eine nützliche Unterstützung ökonomischer Prozesse. Für Charles Taylor wird die Ordnung der Gemeinschaft, die bei Aristoteles auf der Anerkennung von Tugenden basiert, bei Adam Smith mithilfe der unsichtbaren Hand zur »Ordnung der wechselseitigen Bereicherung« (Taylor, 2012, S. 315).

Demnach sei der soziale Frieden für Adam Smith, ein Jahrhundert nach Hobbes, das Resultat eines freien Marktes. Ihren Zusammenhalt verdanke die Gesellschaft nicht mehr dem Schwert des Souveräns, sondern der Nützlichkeit des Tauschs und der wechselseitigen Abhängigkeit der Handelspartner. Frieden durch Wohlstand laute für Smith die Lösung der sozialen Probleme und der Krieg aller gegen alle werde vom Tauschhandel aller mit allen abgelöst. Den Gesellschaftsvertrag ersetzten Kaufverträge.

Diese kritische Lesart des Moralphilosophen Adam Smith wird zumeist damit begründet, dass eine inhaltliche Bestimmung der Tugenden, die Smith für notwendig und nützlich erachtet, in seinen Schriften nicht zu finden ist. Smith verweist diesbezüglich lediglich auf die moralische Kontrollinstanz des unparteiischen Beobachters. Auch Smith erkennt, dass eine funktionierende Marktwirtschaft durchaus handlungslimitierende Tugenden benötigt, beispielsweise das moralische Selbstverständnis eines ehrbaren Kaufmanns, wie es zu seiner Zeit üblich war. Smith selbst bemängelt dieses Manko: »Die Grundsätze, auf welche sich diese Regeln gründen sollten, machen den Gegenstand einer besonderen Wissenschaft aus, die von allen Wissenschaften weitaus die wichtigste ist, die bisher jedoch vielleicht am wenigsten gepflegt wurde, nämlich der Wissenschaft vom Naturrecht« (Smith, 2010, VI,2). Allerdings wird die Ausarbeitung dieser Wissenschaft dann von Adam Smith nicht weiter verfolgt und er bleibt seiner Moralphilosophie ein Fundament schuldig.

Für die andere Lesart ist dies jedoch kein Manko, sondern schlichtweg eine Fehlinterpretation. Dieser zustimmenden Lesart zufolge benennt Adam Smith diese moralischen Grundsätze der Gemeinschaft durchaus, und Sympathie, Gerechtigkeit und Gemeinsinn füllen die inhaltliche Bestimmung der Tugenden mehr als ausreichend aus. Für Amartya Sen ist die Moralphilosophie von Adam Smith daher keinesfalls eine Ethik des Egoismus, sondern lediglich eine realistische Beschreibung menschlichen Handelns:

> Smith wird oft unterstellt, dass der Mensch ein *homo oeconomicus* sei und ausschließlich Eigeninteresse verfolge. Das ist ein Missverständnis; in Wahrheit stellte Smith ausführlich dar, wo die Grenzen dieser Annahme liegen. Er wies darauf hin, dass ›Selbstliebe‹ – so nannte er das Motiv für ein auf Eigennutz beschränktes Verhalten – nur einer von vielen möglichen Beweggründen sei. [...] Smith äußerte sich ausführlich über die Notwendigkeit eines nicht-eigennützigen Verhaltens und behauptete weiter, dass ›Klugheit‹ zwar die ›für den Einzelnen hilfreichste aller Tugenden‹ sei, wir aber

anerkennen müssten, dass ›Menschlichkeit, Gerechtigkeit, Großmut und Gemeinsinn die für andere nützlichsten Eigenschaften‹ seien. (Sen, 2010, S. 213)

Diese Unterschiedlichkeit der Lesarten und Interpretationen, die sich aus Adam Smiths *Theorie der ethischen Gefühle* ergibt, bleibt problematisch. Im ersten Teil seines Buches stehen die Sympathie und das neutrale Urteil des unparteiischen Beobachters im Zentrum der Handlungsanalyse, im zweiten Teil rücken jedoch die Nützlichkeit der Handlung und das Gemeinwohl im Sinne des Wohlstands in den Fokus. Die Interpretation bleibt daher ambivalent. Auf der einen Seite versuchen Ökonomen wie Amartya Sen den Engländer als Moralphilosophen mit einer globalen Gerechtigkeitsvorstellung zu rehabilitieren (vgl. Sen, 2010, S. 211 ff.). Auf der anderen Seite stehen Sozialphilosophen wie Charles Taylor und weisen auf die Ökonomisierung der Moral hin, wenn die Gemeinschaft als Maschine gesehen wird, die am Laufen gehalten werden muss (vgl. Taylor, 2012, S. 304 ff.).

Ein möglicher Erklärungsansatz ist die Entstehungsgeschichte des Buches. Die *Theorie der ethischen Gefühle* entstand im Rahmen einer Vorlesung, die Adam Smith in den 1750er Jahren an der Universität Glasgow gehalten hatte. Die Vorlesung bestand aus vier Teilen: Theologie, Ethik, Rechtswissenschaft und Volkswirtschaft. Im letzten Teil ging es um die Zweckmäßigkeit von staatlichen Maßnahmen für den Wohlstand einer Nation, hieraus entstand 1776 sein bekanntestes Werk *Der Wohlstand der Nationen* (Smith, 1999). Aus dem Ethikteil seiner Vorlesung entstand dann die *Theorie der ethischen Gefühle* als thematisches Bindeglied zwischen der Theologie sowie der Rechts- und Volkswirtschaftslehre. Diese Entstehungsgeschichte mag erklären, warum in den ersten Teilen seiner Moralphilosophie die theologischen Bezüge markanter sind als in den letzten Kapiteln. Unklar bleibt zudem, ob Smith seine Moraltheorie als normative Ethik entwerfen wollte oder ob diese als rein deskriptive Analyse unterschiedlicher Teilbereiche des sozialen Handelns geplant war.[8]

3.2.4 Gefangene und Organe

Das Kriterium der Bewertung der Nützlichkeit von Handlungen durch einen unparteiischen Beobachter, wie ihn Adam Smith vorschlägt, mildert den Egoismus des Hobbesschen Menschen mit seiner Wolfsnatur. Allerdings bringen die fehlenden moralischen Grundsätze und das Vertrauen auf die Sympathie der Menschen unterein-

---

[8] Walther Eckstein sieht in seiner Einleitung zur Meiner-Ausgabe der *Theorie der ethischen Gefühle* die Untersuchung der Prinzipien einer Handlung als deskriptive Aufgabe an (vgl. S. XVII f.).

ander auch Probleme bei der konkreten Anwendung der Moralphilosophie Smiths mit sich. Ein aktuelles Beispiel, bei dem die Frage der Sympathie möglicherweise zu einem Dilemma führt, soll dies zeigen.

China ist, nach den USA, das Land mit den meisten Organtransplantationen, mehr als 10 000 Organe werden hier jährlich transplantiert (vgl. Keller, 2013). Ein Großteil der Empfänger stammt aus dem Westen und zahlreiche Pharmafirmen wie Pfizer, Novartis und Roche erforschen ihre Transplantationsmedikamente in Zusammenarbeit mit chinesischen Kliniken. Gleichzeitig gibt es dort weniger als 200 gemeldete Organspender und keine medizinische Logistik für die Organentnahme von Unfallopfern.

Ein mögliche Erklärung für den boomenden Organmarkt ist folgende: In China werden jedes Jahr schätzungsweise 4 000 Menschen durch Kopfschuss oder eine tödliche Injektion hingerichtet (vgl. Keller, 2013). Vielen der Hingerichteten werden anschließend die transplantierbaren Organe entnommen und diese an kranke Menschen weitergegeben. Vermutlich stammen 60 % der in China transplantierten Nieren, Lebern, Herzen und Lungen von hingerichteten Gefangenen. Der Vorwurf lautet, dass Tötungen gezielt und auf Bestellung für westliche zahlungskräftige Patienten erfolgen.

Für die Gefangenen gibt es anscheinend die unfreiwillige Alternative eines Lebens in einem chinesischen Gefängnis als Zwangsarbeiter oder des Todes als Organspender. Für die Patienten gibt es die Optionen, entweder für ein chinesisches Organ zu zahlen oder jahrelang, vielleicht vergeblich, auf eine Transplantation zu warten. Der unparteiische Beobachter müsste sich nun entscheiden, ob sein Mitgefühl für die Gefangenen oder für die Patienten ausschlaggebend ist. Bei einer Bewertung der Folgen für die Gemeinschaft im Sinne der ökonomischen Nützlichkeit wäre die Frage für Smith, ob das Leben der Gefangenen mehr wert sein kann als das Leben der Patienten. Durch die Auswahl von jüngeren, gut ausgebildeten Patienten aus wohlhabenden Ländern wäre die Tötung von chinesischen Gefangenen für Adam Smith vielleicht moralisch richtig gewesen. Sein Kollege Jeremy Bentham spitzt dieses Dilemma zu und fragt: Ist dies überhaupt ein moralisches Problem? Es geht doch eigentlich um den bloßen Nutzen für die Gesellschaft, der durch die Tötung beziehungsweise die Rettung von Menschen erhöht werden kann.

3.2.5 Jeremy Bentham und das Glück der größten Zahl

Der englische Jurist und Philosoph Jeremy Bentham (1748–1832) gilt als der eigentliche Begründer des Utilitarismus. Mit seiner Schrift *An Introduction to the Principles of Moral and Legislation* formulierte Bentham die Grundlagen des klassischen Utilitarismus. Die Schrift erschien erstmals 1789, im Jahr der Französischen Revolution, und gut einhundert Jahre nach dem Tod Thomas Hobbes'. In vielen seiner Forderungen war Bentham radikal und mit seinen Positionen seiner Zeit weit voraus, und er scheute sich auch nicht davor, dem englischen Adel und der Kirche zu widersprechen.

Bis heute gilt Jeremy Bentham als wichtiger Vorkämpfer der Demokratie, des Liberalismus und des Rechtsstaats, in seinen politischen Schriften setzt er sich für das Frauenwahlrecht, die Pressefreiheit, die Legalisierung von Homosexualität und Tierrechte ein. Andererseits kritisiert der Engländer mit scharfen Worten die französische Menschenrechtserklärung und verteidigt die Folter von Beschuldigten. Jede Formulierung eines vorstaatlichen Naturrechts (Hobbes) oder gar eines überindividuellen Menschenrechts (Locke), das allem menschlichen Wollen und Handeln übergeordnet sei und beispielsweise Folter ganz generell verbietet, verhöhnt Bentham als »Unsinn auf Stelzen« (*nonsense upon stilts*; vgl. Bentham, 2013, S. 28). Für ihn sind solche Rechte bloße Hirngespinste und es gibt keine Rechtfertigung, mit solchen Ideen staatliche Gesetze zu legitimieren. Wie auch Hobbes, so vertritt Bentham einen *positiven* Rechtsbegriff, dass heißt, alle Gesetze in einer Gemeinschaft entstehen ausschließlich durch den Willen der Menschen und weder religiöse Moralvorschriften noch sogenannte Menschenrechte dürfen das positive Recht einschränken oder erzwingen.

Für Bentham steht nur der einzelne freie Mensch im Mittelpunkt aller ethischen und politischen Überlegungen. Diese Freiheit einschränkende religiöse oder andere weltanschauliche Ansichten will Bentham aus Handlungsüberlegungen tilgen, da diese der Unparteilichkeit und Gleichheit der Interessen zuwiderlaufen. In seinen ethischen Schriften betont er vielmehr die grundsätzliche Moralfähigkeit eines jeden Menschen. Für Bentham ist jeder Mensch »ohne groß nachzudenken« (Bentham, 1992, S. 60) in der Lage, sein eigenes Handeln und das seiner Mitmenschen auf dessen Nützlichkeit *(utility)* zu prüfen und zu bewerten.

Auf der Grundlage dieser moralischen Gleichheit aller Menschen stellt Bentham fest, dass alle Menschen nach Glück streben, das heißt, dass alle Menschen gleichermaßen bestrebt sind, durch ihr Handeln Freude zu vermehren und Leid zu vermeiden. Das höchste Ziel der Menschen, das *summum bonum* ihres Handelns, sei das Glück. Daher sei für die Bewertung einer Handlung ausschließlich ihre Nützlichkeit im Hinblick auf die Maximierung von Freude und die Vermeidung von Leid entscheidend. Jede Handlung führe entweder zu Freude *(pleasure)*, maximiere dadurch das Glück und sei deshalb richtig, oder sie führe zu Leid *(pain)*, vergrößere das Unglück und sei deshalb falsch.

> Die Natur hat die Menschheit unter die Herrschaft zweier souveräner Gebieter – Leid und Freude – gestellt. Es ist an ihnen allein aufzuzeigen, was wir tun sollen, wie auch zu bestimmen, was wir tun werden. Sowohl der Maßstab für Richtig und Falsch als auch

die Kette der Ursachen und Wirkungen sind an ihrem Thron festgemacht (Bentham, 1992, S. 55).

Nützlich und deshalb richtig sei folglich jede Handlung, die es vermöge, in diesem Sinne einen »Gewinn, Vorteil, Gutes oder Glück hervorzubringen« (Bentham, 1992, S. 56). Für Bentham sind es daher immer sowohl die Folgen als auch die Ziele einer Handlung, die es zu bewerten gilt. Wie für Aristoteles' Tugendethik gilt auch für den Utilitarismus Benthams, dass es sich um eine Folgen abwägende und damit um eine konsequentialistische Ethik handelt. Allerdings sind das Wesen und der sozialisierte Charakter eines Menschen sowie seine Orientierung an gemeinschaftlichen Tugenden für den Engländer vernachlässigbar, da sie das unbedingte Streben aller Menschen nach Glück reduzieren und viele von ihnen vor überkomplexe Entscheidungsprobleme stellen würde. Einzig die zu erwartenden Folgen, Konsequenzen und Auswirkungen einer konkreten Handlung sollen mit Blick auf die Maximierung des Nutzens geprüft werden und diese Handlung als richtig empfehlen oder als falsch ablehnen.

Für Bentham steht daher nur die jeweils subjektive Freude im Fokus, ein objektiver Maßstab ist nicht denkbar. Jedoch ist ihm bewusst, dass die subjektive Freude nicht nur die kurzfristige sinnliche Lust sein kann. Ein solcher Hedonismus, also ein rein egoistisches Glück, ist nicht seine Vorstellung des *summum bonum*. Für Bentham sind die Folgen einer Handlung immer auch auf ihre Konsequenzen für alle Beteiligten zu prüfen und er glaubt, dass eine nützliche Handlung, die das Glück zumindest der meisten von den Folgen betroffenen Menschen vermehrt, dann auch das Glück des Akteurs befördert. Die berühmte *unsichtbare Hand* von Adam Smith wirkt auch in Benthams Utilitarismus, allerdings beruft er sich nicht explizit darauf.

Bei der Prüfung der Konsequenzen einer Handlung müssen somit sowohl die Auswirkungen auf das eigene Glück als auch auf das Glück der Gemeinschaft bewertet werden. In der Summe führt die Maximierung des individuellen Glücks auch zur Erhöhung des kollektiven Glücks: Beides ist für Bentham gleichrangig und führt zum größtmöglichen Glück der größten Zahl *(Greatest Happiness Principle)*. Durch die reine Addition der Gratifikationswerte wie der Größe, der Dauer und der Intensität der Lust und des Leids, den eine konkrete Handlung für den Akteur und die Gemeinschaft verursacht, erhofft sich Bentham eine bessere Bilanz des zu erwartenden Wohlbefindens. Ein derartiges *Gratifikationskalkül* führt für Bentham zu einer positiven Veränderung der Gesamtbilanz des Glücks aller Menschen in der Gemeinschaft und damit zum *summum bonum*.

Ein solches Kalkül würde dabei helfen, so Bentham, strittige soziale Fragen und persönliche moralische Dilemmata aufzulösen. Nehmen wir an, ein Student stellt sich die Frage, ob er in den Semesterferien einen bezahlten Job nehmen oder eine Reise in ein fernes Land antreten sollte. Die Intensität des Glücksgefühls ist auf der Reise sehr wahrscheinlich größer als beim Studentenjob. Im ersten Fall erlebt er vielleicht jeden Tag neue Dinge, lernt neue Regionen der Welt und neue Menschen kennen. Beim Job erledigt er seine Aufgaben, diese werden bald zur Routine und vielleicht auch langweilig. Die Dauer des Glücks spricht hingegen eher für den Job, da er das verdiente Geld auch noch nach den Semesterferien für Bücher im Studium, Abendessen mit Freunden oder Wochenendausflüge ausgeben kann. Diese Dinge könnte er sich vielleicht nicht leisten, wenn er auf Reisen geht. Dann überwiegt das Leid, all diese Dinge nicht bezahlen zu können. Die Größe des Glücks hängt nicht zuletzt davon ab, welche Folgen aus seiner Entscheidung entstehen. Wenn der Student auf der Reise mit seinem Geld die touristischen Anbieter finanziert, seine Mitreisenden glücklich macht und von den geknüpften sozialen Kontakten in und nach seinem Studium profitiert, spricht vieles für die Reise. Andererseits schafft der Studentenjob möglicherweise die finanzielle Grundlage für ein sorgenfreies und erfolgreiches Studium, er kann sich beim Unternehmen, in dem er gearbeitet hat, nach seinem Abschluss bewerben und macht dort womöglich Karriere. Seine erfolgreiche Arbeit macht auch seinen Arbeitgeber erfolgreicher, viele weitere Menschen können eingestellt werden, verdienen dort Geld und unterstützen die Gemeinschaft mit ihren Steuerzahlungen. Der Job führt dann zu einem größeren Glück einer größeren Anzahl von Menschen als die Reise.

Jeremy Bentham ist der Meinung, dass man mit derartigen Kalkulationen alle Fragen des Lebens beantworten kann: Soll ich eine Ausbildung machen oder ein Studium aufnehmen? Soll ich mir ein neues Auto anschaffen oder eine eigene Wohnung anzahlen? Soll ich alleine leben oder eine Familie gründen? Für derartige Fragen schlägt Bentham vor, die Größe, die Dauer und die Intensität des Glücks beider Optionen zu prüfen und zu vergleichen. Darüber hinaus schlägt er vor, auch die Wahrscheinlichkeit des Eintretens von Freude und Schmerzen und deren zeitliche Nähe sowie die Reinheit des Glücks zu berechnen. Auch die Möglichkeit, dass aus einer erlangten Freude weitere Freuden oder auch neues Leid entstehen können, will Bentham als Kriterium der Fruchtbarkeit einbeziehen. Und schließlich muss die Verbreitung von Lust und Leid in einer Gemeinschaft kalkuliert werden, wenn eine Handlung konkrete Folgen für eine Gruppe von Menschen hat. Das hedonistische Kalkül hat somit sieben Variablen: die akteursbezogene Intensität, die Dauer, die Wahrscheinlichkeit des Eintritts, die zeitliche Nähe, die Reinheit und die Fruchtbarkeit sowie die kollektive Verbreitung von Freude und Leid. In einem arithmetischen Kalkül sollen diese Variablen jeweils mit positiven Punkten (Freude) oder negativen Punkten (Leid) bewertet werden und in der Summe eine Handlung als moralisch (positives Ergebnis) oder verwerflich (negatives Ergebnis) beurteilen.

Glück und Nutzen

Bentham geht sogar noch einen Schritt weiter, wenn er fragt, wer bei der Bewertung einer Handlung mit einbezogen werden müsse und welche Lebewesen von Handlungen und Folgen betroffen seien. Für ihn sind dies alle empfindungsfähigen Wesen, also nicht nur Menschen, sondern auch einige Tiere. Er wirft den Juristen der alten Schule daher vor, dass sie Tiere als bloße Sachen deklassiert hätten, ohne ihr Glück in eine notwendige Kalkulation einzubeziehen (vgl. Bentham, 2007, S. 310).

Für Bentham geht es in dieser Frage jedoch *nicht* darum, dass Tiere nicht verspeist oder nicht getötet werden dürften. Für ihn ist es aus utilitaristischer Sicht verständlich, dass Menschen durch den Genuss von Tierfleisch mehr Freude empfinden können als Tiere durch ihr schlichtes Weiterleben. Und Tiere schmerzfrei und schnell zu töten ist für Bentham ebenso besser als sie einem qualvollen Tod in der grausamen Natur zu überlassen. Für Bentham gibt es keinen utilitaristischen Grund, Tiere nicht zu nutzen. *Jede* Zuschreibung eines Rechts auf Leben, einerlei ob es sich dabei um Tiere oder Menschen handelt, ist für ihn Unsinn auf Stelzen.

Für Bentham lautet die entscheidende Frage hierbei, ob Menschen Tiere quälen dürfen beziehungsweise ob Menschen ihre Freude grundsätzlich über das Leid der Tiere stellen dürfen. Für Bentham ist diese grundsätzliche Annahme inakzeptabel, da es aus seiner utilitaristischen Sicht ausschließlich um die Fähigkeit der Empfindung von Freude oder Leid geht. Diese Fähigkeit sei bei vielen Tieren ebenso gut ausgebildet wie bei Menschen und daher sollten Tiere wie Menschen als ethische Akteure gelten und sie sollten gleichberechtigt bei der Bewertung von Handlungen und deren Folgen beachtet werden. Leidenschaftlich fordert Jeremy Bentham die Achtung der Rechte von Tieren als empfindungsfähigen Wesen und wirft allen Menschen, die diese Glücksempfindungen missachten, eine Form von Rassismus vor, der grundlos die eigene Gattung bevorzugt.

> Der Tag *mag* kommen, an dem der Rest der belebten Schöpfung die Rechte erlangen wird, die man ihm nur durch die Hand der Tyrannei vorenthalten konnte. Die Franzosen haben schon entdeckt, dass die Schwärze der Haut kein Grund dafür ist, dass ein menschliches Wesen hilflos der Laune eines Peinigers ausgeliefert sein sollte. Eines Tages wird man vielleicht anerkennen, dass die Anzahl der Beine, die Behaarung der Haut oder die Endung des Kreuzbeins ebenso unzureichende Gründe dafür sind, ein empfindungsfähiges Wesen diesem Schicksal zu überlassen. Was sonst sollte die unüberschreitbare Grenze darstellen? Ist es die Fähigkeit der Vernunft oder vielleicht die Fähigkeit der Rede? Aber ein ausgewachsenes Pferd oder ein ausgewachsener Hund sind zweifelsohne rationalere und mitteilungsfähigere Tiere als ein Säugling im Alter von einem Tag, einer Woche oder sogar einem Monat. Doch selbst wenn es an-

ders wäre, was würde das nützen? Die Frage ist nicht: Können sie *verständig denken?* noch: Können sie *sprechen?* sondern: Können sie *leiden?* (Bentham, 2007, S. 310; eigene Übersetzung)

Das kollektive Glück
Allerdings sieht Bentham auch, dass bei der subjektiven Bewertung der Nützlichkeit einer Handlung eine Differenz zwischen dem individuellen und dem kollektiven Gratifikationskalkül auftreten kann. Einzelne Handlungen können zwar das Wohlergehen vieler positiv verändern, jedoch für den Einzelnen zunächst Leid bedeuten. Einem anderen Menschen in Not zu helfen, kann als beispielhafte Handlung für andere das Gesamtglück verbessern, aber nur, wenn der Helfer seine egoistischen Interessen hierbei zurückstellt. Um den Ertrinkenden aus dem Wasser zu ziehen, muss der Helfer in Kauf nehmen, dass er Zeit verliert, möglicherweise nass wird oder gar selbst dabei stirbt.

Egoismus und Utilitarismus gehen folglich nicht immer Hand in Hand. In diesen Situationen sieht Bentham eine aktive Rolle des Staates. Zuweilen müsse der Staat eingreifen und den einzelnen Egoisten an die Nützlichkeit seiner Handlungen im Sinne der Förderung des Glücks der größten Zahl erinnern. Egoisten, die nur die Gratifikationen für ihr eigenes Wohlergeben im Auge hätten, müsse der Staat durch Sanktionen und Strafen wieder in die utilitaristische Gemeinschaft zurückzwingen.

Hierbei sieht Bentham als Rechtspositivist auch die Folter als legitime moralische Sanktionsmöglichkeit. Wer von einer Straftat weiß, die ein Freund begangen hat, kann natürlich den Wert der Freundschaft gegen den Schaden, der durch die Straftat entsteht, für sich abwägen. Das Ergebnis dieses Gratifikationskalküls könnte dann lauten, dass die individuelle Freude an der Freundschaft das durch die Straftat entstandene Leid aufwiegt. Der Staat könnte jedoch kalkulieren, dass das Verschweigen einer Straftat das kollektive Glück derart mindert, dass das kurzfristige Leid einer einzelnen Person, das durch die Folter entsteht, minderwertig ist. In diesem Falle wäre nach Bentham eine Folter für die Glücksmaximierung der größten Zahl legitim.

Der klassische Utilitarismus, wie er von Bentham entworfen wurde, baut somit auf drei wesentlichen Voraussetzungen auf. Erstens zählt nur die *individuelle Bewertung* von Freude und Leid, das Gratifikationskalkül von Akteuren und ihren Handlungen. Überindividuelle Instanzen wie eine gesellschaftliche Moral oder vermeintlich universelle Menschenrechte sind für Bentham weder begründbar, noch relevant. Zweitens entscheidet nur das Prinzip der *einfachen Aggregation* darüber, ob eine Handlung gut oder schlecht ist. Jede Handlung wird als Freude oder als Leid gleichwertig angesehen und in die Summenberechnung aufgenommen; der Besuch eines Theaterstücks ist keinesfalls an sich besser als der eines Fußballspiels. Und drittens sind die *konkreten Folgen* einer Handlung für das Glück der größten Zahl maßgeblich, das heißt, dass nur die Summe der individuellen Erwartungen von Freude und Leid als Gratifikationen einer Handlung ausschlaggebend für deren utilitaristische Bewertung sind.

Das Prinzip des Glücks der größten Zahl war für Jeremy Bentham auch persönlich und über seine eigene Lebenszeit hinaus der wichtigste Maßstab. Und deshalb verfügte er testamentarisch, dass man seinen Leichnam konserviere, einbalsamiere und im Londoner University College ausstelle (UCL, 2014). So wollte er den nachfolgenden Generationen als Vorbild und Quelle der Inspiration nützlich sein. Bei Versammlungen der Studenten sollte man seiner – angesichts seiner *Autoikone*, wie Bentham seinen Korpus nannte – als Begründer des utilitaristischen Moral- und Gesetzgebungssystems gedenken. Bei den Treffen der International Bentham Society im Londoner University College soll seine konservierte Leiche angeblich in den Konferenzraum gefahren werden. Im Protokoll werde dann vermerkt, dass Bentham »anwesend, aber nicht an der Abstimmung beteiligt« *(present but not voting)* sei. Bei Patt-Situation gebe jedoch seine Stimme den Ausschlag für den jeweiligen Antrag *(votes for the motion)*.

Zumindest einem guten Zweck kam sein Leichnam aber doch nachweislich noch zugute: Bei der Einbalsamierung gab es ein Problem mit dem Kopf Benthams. Daher wurde ein Wachskopf auf den Leichnam gesetzt und der echte Kopf zwischen seine Füße gestellt. Im Jahr 1975 stahlen einige Studenten des benachbarten King's College jedoch den echten Kopf aus der Ausstellung und wollten diesen erst gegen Zahlung einer wohltätigen Spende zurückgeben. Die Forderung der Studenten lautete zwar 100 Pfund, das University College bot jedoch nur 10 Pfund. Der Kopf wurde dennoch zurückgegeben und das Lösegeld gespendet.

Darf man Strafgefangene töten, um ihre Organe an Patienten zu verkaufen, so lautete die Eingangsfrage des Kapitels über Jeremy Bentham. Die Antwort ist eindeutig und grausam: Für Bentham würde das Glück der größten Zahl durch die Ermordung von Strafgefangenen erhöht, die Hinrichtungen und die Organtransplantationen wären für ihn ethisch gute Handlungen. Auf der Waage liegen einerseits ein Leben nahezu ohne Freude und Hoffnung in einem Gefängnis, andererseits die Rettung des Lebens, der Lebensfreude und der Produktivität von mindestens einem anderen Menschen.

Aus der Perspektive des unparteiischen Beobachters gibt nur dieses Gratifikationskalkül den Ausschlag und macht die Tötung eines Menschen in diesem Fall zum summum bonum. Dass die Gefangenen ein Recht an sich auf Leben hätten, wäre für Bentham Unsinn auf Stelzen. Benthams Utilitarismus kennt nur die einfache Aggregation der konkreten Folgen einer Handlung für das Glück der größten Zahl, und diese Aggregation befürwortet unmissverständlich eine derartige Praxis. Ohne den Bezug auf geltende Menschenrechte oder gemeinsame Tugenden gibt es für Bentham kein ethisches Argument für die Rettung der Strafgefangenen, ihre Tötung ist gut und gerecht. An diesem Beispiel zeigt der klassische Utilitarismus die Grausamkeit seiner einfachen Logik und die Notwendigkeit von Regeln wie Menschenrechten, Tugenden oder Geboten, die das ethische Handeln von Menschen limitieren und es nicht der bloßen Nützlichkeit opfern.

3.2.6 Politik und Terror

Die von Jeremy Bentham vorgeschlagene summarische Akkumulation von Freude und Leid, die durch eine Handlung und deren Folgen entstehen, bringt in der Praxis einige Probleme mit sich. Eines der schwerwiegendsten Probleme ist sicherlich die Abwägung möglicher Handlungskonsequenzen gegen den sicheren Tod von Menschen.

Am 5. September 1977 wurde der Präsident der Bundesvereinigung der Deutschen Arbeitgeberverbände (BDA), Hanns-Martin Schleyer, von Mitgliedern der terroristischen Rote-Armee-Fraktion (RAF) in Köln-Braunsfeld entführt. Die RAF forderte die Freilassung von elf ihrer inhaftierten Mitglieder, die Bundesregierung wollte dem Austausch aber keinesfalls zustimmen. Der damalige Bundeskanzler Helmut Schmidt wollte sich nicht von Terroristen erpressen lassen und möglicherweise ein Beispiel für weitere Erpressungsversuche geben. Mehrere Wochen lang blieben die Verhandlungen ohne Ergebnis und die Suche nach dem Entführten Schleyer erfolglos.

Am 5. Oktober 1977 wurde eine Passagiermaschine der Fluggesellschaft Lufthansa auf ihrem Weg von Palma de Mallorca nach Frankfurt am Main entführt. Die vier Entführer gaben sich als Mitglieder einer palästinensischen Terrorgruppe zu erkennen und zwangen den Flugkapitän, die Maschine zunächst nach Rom zu fliegen. Dort verkündeten sie ihre Forderungen: Die Freilassung der inhaftierten RAF-Terroristen sowie von zwei Gesinnungsgenossen aus türkischer Haft und 15 Millionen US-Dollar. Nach mehreren Zwischenstopps und der Hinrichtung des Flugkapitäns endete der Irrflug schließlich in der somalischen Hauptstadt Mogadischu. Es gab nun kein Land mehr, das der Maschine eine Landeerlaubnis erteilen wollte.

Am 18. Oktober 1977 um 1.30 Uhr MEZ sollte das Ultimatum der Terroristen ablaufen. Entweder wären die Bedingungen dann erfüllt oder man wollte das Flugzeug mitsamt den Passagieren und der verbleibenden Besatzung sprengen. Wenige Stunden vor Ablauf des Ultimatums erreichte ein deutsches Einsatzkommando den Flughafen von Mogadischu und wartete auf den Befehl, das Flugzeug zu stürmen. Bundeskanzler Helmut Schmidt stand nun vor der Entscheidung, ob er den Forde-

rungen der Entführer Hanns-Martin Schleyers und der Lufthansa-Maschine nachgeben sollte und damit das Leben des BDA-Präsidenten, der Passagiere sowie der Besatzung möglicherweise zu retten oder ob er die Erstürmung des Flugzeugs befehlen sollte. In diesem Fall wäre Schleyer sicherlich zum Tode verurteilt, Passagiere und Besatzung zumindest in Lebensgefahr.

Helmut Schmidt schilderte die Entscheidungssituation später folgendermaßen: entweder die Chance auf Rettung vieler Menschen im Flugzeug nutzen und einen Mann sterben lassen oder den Terroristen nachgeben und damit möglicherweise viele Menschenleben in Zukunft durch Entführungen oder Erpressungen gefährden. Der Bundeskanzler entschied sich für den Einsatz des Sonderkommandos.

Kurz nach Mitternacht des 18. Oktobers wurde das Flugzeug gestürmt. Alle Passagiere konnten lebend gerettet werden. Drei der vier Entführer starben bei der Erstürmung. Wenige Stunden später wurden die RAF-Terroristen Jan-Carl Raspe, Gudrun Ensslin und Andreas Baader tot in ihren Zellen aufgefunden, am darauffolgenden Tag fand man die Leiche von Hanns-Martin Schleyer im französischen Elsass. Die Ereignisse dieser Wochen wurden später als Deutscher Herbst bezeichnet und gelten bis heute als Beispiel für einen nicht auflösbaren Konflikt in nicht-kooperativen Verhandlungen zwischen Politikern und Terroristen.

Bundeskanzler Helmut Schmidt entschied sich im sogenannten Deutschen Herbst 1977 für die mögliche Rettung der Passagiere, wohlwissend, dass er Hanns-Martin Schleyer damit zum Tode verurteilen würde. Schmidt musste in dieser Situation abwägen: Sollte er der Erpressung durch die Terroristen nachgeben und damit weiteren Entführern ein Muster vorlegen oder sollte er dem Einsatzkommando den Befehl zur Stürmung geben und damit das Leben von Schleyer und eventuell auch das der Passagiere sowie der Flugzeugbesatzung riskieren? In der Abwägung der Folgen beider Alternativen entschied sich Helmut Schmidt für die Erstürmung des entführten Flugzeugs. Die möglichen Folgen eines nachgiebigen Handelns als Regierungschef waren für den Bundeskanzler schwerwiegender als die aktuelle Gefährdung von Menschenleben. In diesem Fall konnten durch die Abwägung der Folgen einer Entscheidung zahlreiche Menschenleben gerettet werden.

Doch darf man Menschenleben gegeneinander abwägen und urteilen, wer leben darf und wer sterben muss? Der Mord an einem grausamen Diktator zählt zu den populärsten Argumenten für das moralische Recht auf Tötung eines Menschen – auch hierbei soll das Leid vieler durch die Tötung eines Menschen verhindert werden. Für den englischen Autor Stephen Fry ist diese Frage der Ausgangspunkt seines Romans Geschichte machen *(Fry, 2013): Dem Physikprofessor Zuckermann ist es gelungen, mit einer Zeitmaschine Gegenstände durch die Zeit reisen zu lassen. Sein Student Michael Young ist von dieser Maschine fasziniert. Zuckermann und Young beschließen, mit der Zeitmaschine ein Unfruchtbarkeit auslösendes Medikament durch die Zeit zu schicken und damit den Brunnen vor dem Wohnhaus der Fa-*

milie Schicklgruber, Hitlers späterer Mutter, in Braunau am Inn zu verseuchen. Ihr Sohn Adolf wird deshalb nie geboren.

Als Michael Young am Morgen nach dem Experiment einen Freund nach Hitler und den Nazis fragt, kennt dieser zwar Adolf Hitler nicht, aber viele andere Nazigrößen wie Goebbels und Himmler. Young stellt fest, dass ein gewisser Rudolf Gloder nun Anführer der Nazis ist. Vor dem Experiment mit dem vergifteten Brunnen war Gloder ein Soldat im Ersten Weltkrieg, der durch eine Wette mit Hitler umkam. Nun, da Hitler nicht mehr da ist, überlebt Gloder den Krieg und wird zum Chefdenker der NSDAP.

Anders als Hitler bekämpft Gloder die Juden nicht öffentlich, sondern lässt sie von dem Arzt Leo Zuckermann, dem Vater des Zeitmaschinenerfinders Professor Zuckermann, mit einem unfruchtbar machenden Wasser aus Braunau am Inn heimlich sterilisieren. Der jüdische Physiker Einstein, der nichts von Gloders Plänen weiß, hilft den Nazis dabei, die Atombombe zu entwickeln. Damit gelingt es Gloder, Stalin zu töten und zunächst die Sowjetunion, dann alle Länder Europas zur Kapitulation zu zwingen. Die Nazis übernehmen die Macht in Europa und führen einen kalten Krieg mit den USA. Dort, in den USA, kommt es durch die ständige Bedrohung durch die Nazis zu inneren Konflikten. Alles, was nicht ur-amerikanisch ist, Schwule und Schwarze, werden verfolgt und in Ghettos deportiert. Die Bürgerrechte sind zur Farce verkommen.

Der Roman von Stephen Fry macht deutlich, auf welcher Grundlage Utilitaristen über die Konsequenzen ihrer Handlungen entscheiden: Eine für Menschen prima facie einfache Entscheidungsfrage (»Darf man Hitler töten?«) führt zu völlig ungeahnten und katastrophalen Folgen und verkehrt so den vermeintlichen Nutzen in sein Gegenteil. Der Konsequentialismus muss mit der Ungewissheit über die tatsächlichen Folgen und den Kreis der Betroffenen umgehen – ein gutes Ende mag dann vielleicht auch nur dem Glück geschuldet sein, ein schlechtes Ende dem Zufall. Doch ist es für eine ethische Theorie hinreichend, wenn das Resultat einer Handlung unabhängig von der Entscheidung eintritt und dem Glück oder dem Zufall verdankt ist? Dieses Grundproblem utilitaristischer Theorien wollte John Stuart Mill durch moralische Regeln entschärfen.

3.2.7 John Stuart Mill und das bessere Glück

John Stuart Mill (1806–1873) gilt bis heute als einer der bekanntesten Vertreter des Utilitarismus; er setzt die utilitaristische Tradition seiner Vorgänger fort und verschafft ihr zahlreiche neue Anhänger. Dies ist zum einen seinem eingängigen Schreibstil zu verdanken, zum anderen seiner aktiven Arbeit als Politiker im englischen Parlament. Seine beiden Hauptwerke *Über die Freiheit* (*On Liberty*, 1859) und *Der Utilitarismus* (*Utilitarianism*, 1861) sind gut verständliche Einführungen in die wesentlichen Gedanken seiner liberalen Philosophie und die eigenständigen Impulse, mit denen Mill den Utilitarismus in Theorie und Praxis modifiziert.

Die Modifikation besteht im Wesentlichen aus einer Abschwächung des konsequenten Utilitarismus seines Vorgängers Jeremy Bentham, der das Prinzip der Nützlichkeit einer Handlung für den Akteur und die Gemeinschaft über alle anderen ethischen Überlegungen stellte und hierbei auch vor grausamen Auswirkungen – wie der Folter oder Tötung von Menschen – nicht zurückschreckte. Für John Stuart Mill ist die reine Orientierung am Gratifikationskalkül für eine ethische Theorie nicht hinreichend, er will mithilfe zusätzlicher Kriterien eine utilitaristische Ethik entwickeln, die die moralischen Empfindungen der Menschen berücksichtigt.

Die Impulse für diese Modifikation finden ihren Ursprung möglicherweise in Mills Biografie. James Mill, sein Vater, war ein enger Freund von Jeremy Bentham und erzog seinen Sohn unter strenger Beachtung des Prinzips der Nützlichkeit. Im Alter von drei Jahren beginnt John Stuart Mill Sprachen zu erlernen, mit zehn Jahren liest und spricht er fließend Latein, mit 14 Jahren nimmt er sein Studium in Montpellier auf und mit knapp 18 Jahren tritt er seine erste Stelle bei der East India Company an, wo er schnell Karriere macht. Doch trotz seiner umfassenden Ausbildung und seiner beruflichen Erfolge erkrankt Mill an Depressionen und beginnt die reine Orientierung allen Handelns am rationalen Nutzen in Zweifel zu ziehen – und die Lehren seines Vaters und Benthams zu überdenken.

Als John Stuart Mill sich einige Jahre später in die Frauenrechtlerin Harriet Taylor verliebt und diese, nach dem Tod ihres ersten Mannes, 1851 heiratet, wird sie maßgeblichen Einfluss auf seine Gedanken haben. Die linksintellektuelle Taylor engagiert sich für die Rechte von Arbeitern und Frauen und führt Mill auf den Weg der Verbindung liberaler politischer Ansichten und utilitaristischer Philosophie. Nach dem Tod seiner Frau setzt sich Mill ab 1865 als gewählter Politiker für die Gleichbehandlung und Gleichberechtigung von Arbeitern und Frauen ein. Mit seiner liberalen Position kämpft er für soziale Reformen in Unternehmen, ein Scheidungsrecht und die Einführung des Wahlrechts für Frauen in England, das er 1866 durchsetzen kann. Bei der Bewertung der Folgen von Handlungen soll für Mill die ›gesamte fühlende Natur‹ (*sentient creation*) einbezogen werden – er vertritt hierbei, wie schon Bentham, die Ansicht, dass auch empfindungsfähige Tiere einen moralischen Anspruch auf Freude und Schutz vor Leid haben. Dies macht John Stuart Mill zu einem wirkungsmächtigen Begründer des Tierschutzes aus utilitaristischen Gründen.

Mit seiner praktischen Philosophie bleibt John Stuart Mill grundsätzlich ein traditioneller Utilitarist, der die zentralen Gedanken seiner Vorgänger jedoch konsequent zusammenführt und eben dadurch eine Neupositionierung entwickelt. Das Prinzip des Nutzens, für Bentham das einzige Kriterium der Handlungsbewertung, tritt bei Mill zunächst in den Hintergrund: Der Nutzen mag so groß sein, wie er will, die *Sicherheit (security)* des Menschen in der Gemeinschaft ist für ihn der unbestreitbare erste Grundsatz aller ethischen Überlegungen. Damit übernimmt er den zentralen Gedanken Thomas Hobbes', dass der *Selbsterhalt* des Individuums allen moralischen und rechtlichen Ausgestaltungen des sozialen Lebens vorausgeht.

> Das Interesse, um das es geht, ist das Interesse an Sicherheit, in jedermanns Augen das wesentlichste unter allen Interessen. Von nahezu allen anderen irdischen Gütern lässt sich sagen, dass der eine sie braucht, der andere nicht. [...] Aber auf Sicherheit kann ein Mensch unmöglich verzichten. Von ihr hängt es ab, ob wir vor Unglück bewahrt bleiben und ob wir den Wert eines Guts über den flüchtigen Augenblick hinaus zu retten vermögen; denn wenn wir jedem hilflos ausgeliefert wären, der auch nur einen Moment lang stärker ist als wir, könnte allein die augenblickliche Befriedigung einen Wert für uns haben. (Mill, 2006, S. 161 f.)

Ein zweites starkes Argument gegen das reine Gratifikationskalkül übernimmt Mill von Adam Smith mit dessen anthropologischer These des Mitgefühls, das Menschen füreinander empfinden und das sie bei ihren ethischen Überlegungen lenkt. Für John Stuart Mill ist die *Sympathie (sympathy)* neben der *Vernunft (intelligence)* das, was den Menschen als ethisches Wesen auszeichnet. Und diese Sympathie – wie bei Smith in der Bedeutung von Mitgefühl – befähige den Menschen erst zur Empfindung von Freude und Leid, wenn diese über die individuelle und egoistische Erfahrung hinausgehe und ihn als mitfühlendes Wesen mit anderen empfindungsfähigen Menschen und Tieren verbinde.

> Die Menschen unterscheiden sich von den Tieren in dieser Hinsicht nur in zweierlei: einmal darin, dass sie zur Sympathie nicht nur mit ihren Nachkommen, oder, wie einige der edleren Tiere, mit einem höheren und ihnen gut gesinnten Lebewesen fähig sind, sondern mit allen Menschen und sogar allen fühlenden Wesen; und weiterhin darin, dass ihr Verstand höher ausgebildet ist und allen ihren Gefühlen (den egoistischen und den altruistischen) einen breiteren Wirkungskreis eröffnet. (Mill, 2006, S. 153 f.)

Erst im nächsten Schritt, nach Sicherheit, Vernunft und Sympathie, geht es John Stuart Mill um den Nutzen einer Handlung beziehungsweise um das Glück des Akteurs. Bei der Bewertung einer Handlung übernimmt Mill zwar den utilitaristischen Kerngedanken, dass allein das Maß an Glück oder Unglück relevant ist, doch will er die schlichte Gleichwertigkeit aller Empfindungen nicht mehr akzeptieren.

Für Jeremy Bentham war jede Handlung, die Freude versprach, jeder anderen Handlung, die Leid in Aussicht stellte, vorzuziehen. Entscheidend war nur die Aggregation des Glücks aller Betroffenen, das sogenannte Greatest Happiness Principle. Hierbei spielt es auch keine Rolle, ob diese Freude aus einem schlichten Kinderspiel entsteht oder aus der Lektüre von Shakespeares Macbeth: ›*the quantity of pleasure being equal, pushpin is as good as poetry*‹. Diese Form des schlichten Utilitarismus, der auf der reinen Freude an einer Handlung basiert, wird als hedonistischer Utilitarismus oder *Handlungsutilitarismus* bezeichnet.

Für John Stuart Mill sind jedoch die »Freuden des Verstandes, der Empfindung und Vorstellungskraft sowie des sittlichen Gefühls« allesamt *an sich* wertvoller und deshalb höher zu bewerten als die Freuden »der bloßen Sinnlichkeit« (Mill, 2006, S. 27). Er will nicht nur die *Quantität* der Freuden in einer Gesamtbilanz addieren, sondern in Bezug auf ihre spezifisch menschliche *Qualität* auch die Art der Freude und des Glücks. In deutlicher Kritik an seinem Vorgänger postuliert John Stuart Mill: »Es ist besser, ein unzufriedener Mensch zu sein als ein zufrieden gestelltes Schwein; besser ein unzufriedener Sokrates als ein zufriedener Narr« (Mill, 2006, S. 33). Für Mill ist es unbezweifelbar, dass ein gebildeter und intelligenter Mensch nach anderen und besseren Freuden strebt als ein Dummkopf und Narr. Und diese höheren Freuden verleihen dem Menschen und seiner Gemeinschaft eine Würde, die dem Dorf der Narren nicht zukommt.

Die qualitative Einstufung von Freude und Glück will Mill aber nicht den kirchlichen oder säkularen Autoritäten überlassen, sondern einem offenen Diskurs. Ausgehend von der praktischen Erfahrung mit einer Handlung und ihren Auswirkungen will Mill die Qualität des Glücks für die größtmögliche Zahl ermitteln. An Stelle der reinen Addition von Lust und Leid setzt Mill auf ein empirisches Bewertungsverfahren durch diskursive Abwägung aller Vor- und Nachteile einer Handlung:

> Von zwei Freuden ist diejenige wünschenswert, die von allen oder nahezu allen, die beide erfahren haben – ungeachtet des Gefühls, eine von beiden aus moralischen Gründen vorziehen zu müssen –, entschieden bevorzugt wird. Wird die eine von zwei Freuden von denen, die beide kennen und beurteilen können, so weit über die andere gestellt, dass sie sie auch dann noch vorziehen, wenn sie wissen, dass sie größere Unzufriedenheit verursacht, und sie gegen noch so viele andere Freuden, die sie erfahren könnten, nicht eintauschen möchten, sind wir berechtigt, jener Freude eine höhere Qualität zuzuschreiben […]. (Mill, 2006, S. 29)

Teilnehmer dieser Diskussion und der qualitativen Bewertung von Freude sind für Mill folglich alle Menschen, die beide Seiten – das höhere und das niedere Glück – kennen. Der Narr kennt nur eine Seite und kann die Qualität der Freude daher nicht bewerten. Bildung und Ausbildung sind die Voraussetzung hierfür und der intelligente Mensch muss den Narren zu seiner Freude und zum wahren Glück führen, so wie der Sehende den Blinden zum Ziel führt.

Es geht Mill aber keinesfalls darum, dass nun einige wenige das Glück der Gemeinschaft definieren und eine Elitenethik formulieren. Mill will keine Philosophenherrscher an die Macht bringen. Als überzeugter Utilitarist sieht er wie Bentham das Glück der größten Zahl als das wichtigste Ziel aller Handlungen an. Allerdings ist das Glück als *summum bonum* der Gemeinschaft keine beliebige kurzfristige Freude, sondern das Ergebnis einer Abwägung, bei der neben der Freude und den Folgen auch die Qualität der Handlung in die Waagschale gehört. Und hierfür muss der abwägende Akteur notwendig die Qualität bewerten können.

Nach dem Prinzip des größten Glücks ist, wie oben erwähnt, der letzte Zweck, bezüglich dessen und um dessentwillen alles andere wünschenswert ist (sei dies unser eigenes Wohl oder das Wohl anderer), ein Leben, das so weit wie möglich frei von Unlust und in quantitativer wie in qualitativer Hinsicht so reich wie möglich an Lust ist; wobei der Maßstab, an dem Qualität gemessen und mit der Quantität verglichen wird, die Bevorzugung derer ist, die ihrem Erfahrungshorizont nach – einschließlich Selbsterfahrung und Selbstbeobachtung – über die besten Vergleichsmöglichkeiten verfügen. (Mill, 2006, S. 39)

Bei diesem Bewertungsverfahren der Qualität von Freude und Glück sieht Mill aber sehr wohl die Gefahr einer nicht enden wollenden Diskussion darüber, wie hoch oder niedrig nun Teilbereiche oder Konsequenzen einer Handlung für die jeweiligen direkt oder indirekt Betroffenen sein mögen. Um dieser Gefahr aus dem Weg zu gehen, schlägt er basale Handlungsregeln und -vorschriften vor, die die Nutzenbewertung verallgemeinern sollen. Die Regeln und Vorschriften sollen dazu dienen, der Gemeinschaft einen allgemeinverbindlichen Qualitätsmaßstab der Bewertung von Glück zu liefern.

Indem [die Lust] nach utilitaristischer Auffassung der Endzweck des menschlichen Handelns ist, ist es notwendigerweise auch die Norm der Moral. Diese kann also definiert werden als die Gesamtheit der Handlungsregeln und Handlungsvorschriften, durch deren Befolgung ein Leben der angegebenen Art für die gesamte Menschheit im größtmöglichen Umfang erreichbar ist; und nicht nur für sie, sondern, soweit es die Umstände erlauben, für die gesamte fühlende Natur. (Mill, 2006, S. 39)

Diese Ermittlung der Gesamtheit der Handlungsregeln *(rules)* und Handlungsvorschriften *(precepts)* führt zu einer Modifikation des Utilitarismus, indem

Abbildung 9 Handlungs- und Regelutilitarismus

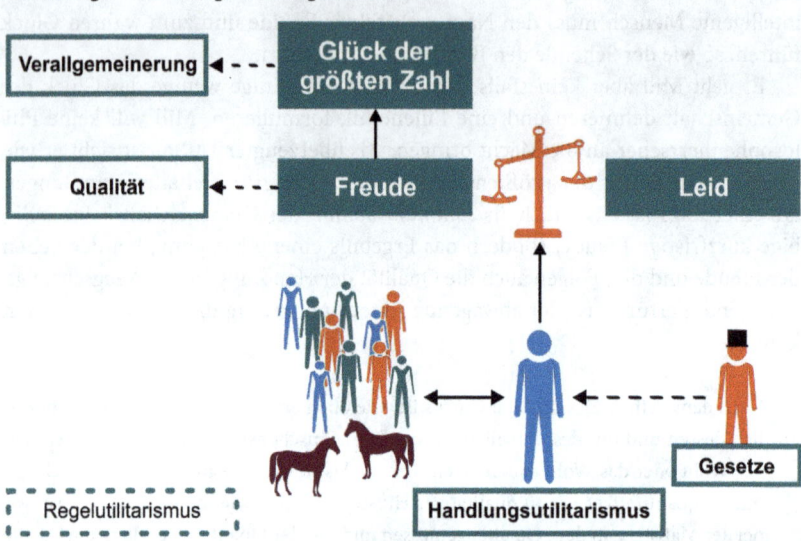

eine zweite Stufe bei der Bewertung von Handlungsoptionen eingeführt wird (s. Abb. 9). Auf der ersten Stufe wird die Qualität der jeweiligen Handlungen bewertet, auf der zweiten Stufe werden die möglichen Handlungen verallgemeinert und deren Beitrag für die Vermehrung des kollektiven Wohlergehens geprüft (Was wäre, wenn jeder so handelte?). Dieses zweistufige utilitaristische Verfahren wird als *Regelutilitarismus* bezeichnet (vgl. Brandt, 1992, S. 188).

Es ist bis heute umstritten, ob John Stuart Mill tatsächlich die reine Handlung oder doch moralische Regeln als Ausgangspunkt der utilitaristischen Abwägung ansetzt. Es gibt jedoch gute Gründe, der Interpretation von James O. Urmson zu folgen und Mill als Regelutilitaristen zu lesen (vgl. Urmson, 1992). Mill beschreibt in seinem zweiten Hauptwerk *On Liberty* einige solcher Regeln, die »man im allgemeinen Interesse nicht erlauben darf, nämlich Betrug, Verrat oder Gewalt« (Mill, 2009, S. 269). Mit diesen Regeln will Mill allgemeine Prinzipien der Beurteilung konkreter Einzelfälle überordnen und in einem ersten Schritt müsse geprüft werden, ob der Einzelfall prinzipiell als Handlung zulässig ist oder nicht; erst danach folge die utilitaristische Abwägung des Nutzens der Handlung.

Das utilitaristische Paradigma kann man nun mit *drei Prämissen* zusammenfassen, die sowohl für Jeremy Bentham als auch für John Stuart Mill gelten. Die erste Prämisse ist die nutzenorientierte *Werttheorie*, die von der Anerkennung eines Guten für ein Individuum ausgeht. Mit anderen Worten: »Intrinsisch gut ist *individuelles* Wohlergehen, das Wohlergehen von konkreten Individuen« (Nida-Rümelin, 2005, S. 8). Die zweite Prämisse ist das Prinzip der *Aggregation* von Glück, die Summe der individuellen Wohlergehen. Weder überindividuelle Rechte noch Verteilungsformen von Glück oder die Gewichtung von Empfindungen des Wohlergehens sind relevant. Für Mill gilt diese zweite Prämisse mit der Einschränkung, dass die Bewertung der Qualität einer Handlung und ihre Verallgemeinerbarkeit dem Gratifikationskalkül vorgeschaltet sind. Und die dritte Prämisse ist die Ausrichtung auf die konkreten *Folgen* einer Handlung für alle Beteiligten. Im Vergleich von Optionen ist diejenige Handlung richtig, deren Folgen für das individuelle und das kollektive Wohlergehen die bestmöglichen Auswirkungen hat.

Die Regeln der Abwägung

Es gibt jedoch einen wesentlichen Unterschied zwischen Bentham und Mill. Bentham geht von einem hedonistischen Menschenbild aus; einem Menschen, der nur sein subjektives Glück als Maßstab ansetzt und eine ausschließlich subjektive Bewertung bei der Abwägung von Optionen zur Erhöhung des Glücks der größten Zahl kennt. Mill schlägt vor, diesen Hedonismus durch Verallgemeinerungen auf eine gesamtgesellschaftliche Ebene zu verlagern und in Form von Handlungsregeln das Prinzip der Aggregation von spontanen Emotionen zu lösen. Im Kern dienen die Handlungsregeln, wie Mill sie vorschlägt, folglich der Vermeidung der zufälligen Bewertung der Handlungen und ihrer Folgen. Für die Abwägung von Optionen sieht Mill daher zwei Kriterien für eine ethische Prüfung als ausschlaggebend an: Zum einen, ob eine Handlung üblicherweise gute Folgen *hat*, zum anderen, ob sie in einer generalisierten Form gute Folgen *haben könnte*.

In der Einleitung zu diesem Kapitel über John Stuart Mill wurde festgestellt, dass der klassische Utilitarismus eine ethische Entscheidung an die Prognosen über die Folgen knüpft und damit immer auch vom Zufall getrieben wird. Diese Abhängigkeit von zufällig guten oder schlechten Folgen will Mill eindämmen, indem er die Entscheidung zumindest in einem ersten Schritt an eine ethische Prüfung bindet, die vom weiteren Verlauf der konkreten Handlungen losgelöst ist. Die Prinzipien der Nützlichkeit und des größten Glücks der größten Zahl platziert Mill somit in einem erfahrungsunabhängigen Feld der Handlungsentscheidung, womit er jedoch die rein empirischen Bewertungen verlässt und in einen Widerspruch zum klassischen Utilitarismus à la Bentham gerät.

So ist etwa das Halten eines Versprechens ein typisches Problem der utilitaristischen Abwägung. Für Handlungsutilitaristen wie Jeremy Bentham ist ein Versprechen nur dann einzuhalten, wenn der Gesamtnutzen der konkreten Handlung die Nachteile aufwiegt. Wer sich ein Buch ausleiht und die Rückgabe verspricht, darf nach Bentham durchaus abwägen, ob die Freuden, die dadurch entstehen, dass man das Buch schlichtweg behält, die Schmerzen, die durch die Rückgabe entstehen würden, überwiegen. Für einen Regelutilitaristen wäre das Brechen eines Versprechens jedoch in einer generalisierten Form ein Verrat und daher von vornherein nicht zulässig als Gegenstand der Abwägung mit anderen Glücks- oder Unglücksempfindungen. In der Interpretation von Urmson wäre der Entscheidungsprozess nach John Stuart Mill somit folgender:

A. Eine einzelne Handlung ist als richtig gerechtfertigt, wenn man zeigen kann, daß sie mit einer moralischen Regel übereinstimmt. Sie erweist sich als falsch, wenn man zeigen kann, daß sie eine moralische Regel verletzt.

B. Eine moralische Regel erweist sich als korrekt, wenn man zeigen kann, daß die Anerkennung dieser Regel das letzte Ziel befördert.

C. Moralische Regeln können nur im Hinblick auf Angelegenheiten gerechtfertigt werden, in denen das allgemeine Wohlergehen mehr als geringfügig betroffen ist.

D. Dort, wo keine moralische Regel anwendbar ist, stellt sich die Frage der Richtigkeit oder Falschheit nicht, doch kann der Wert der Handlungen auf andere Weise beurteilt werden. (Urmson, 1992, S. 126 f.)

Bei der Bewertung einer konkreten Handlung bleiben auch für John Stuart Mill die Beförderung des allgemeinen Glücks beziehungsweise die Vermeidung von Unglück das letzte Ziel und das *summum bonum* seines Utilitarismus. Abweichend von den Ansichten seines Lehrers Jeremy Bentham ist der Gegenstand der Bewertung jedoch nicht nur die konkrete Handlung, sondern immer auch ihre Übereinstimmung mit einer moralischen Regel. Eine solche Regel ist eine Verallgemeinerung des Verbotes von Betrug, Verrat oder Gewalt und führt zum Ausschluss aller darunterfallenden Handlungen. Durch diese Verallgemeinerung will Mill verhindern, dass jede einzelne Handlung immer wieder neu geprüft wird und ausschließlich durch die konkreten Folgen des Einzelfalls bewertet wird. Dies führt zu einer unterschiedlichen Bewertung von Handlungen, je nachdem, ob sie aus handlungs- oder regelutilitaristischer Perspektive geprüft werden. Hierzu drei Beispiele:

Im ersten Beispiel nehmen wir an, dass ein Student ein Lehrbuch aus der Bibliothek der Hochschule entliehen hat. Als die Bibliothek ihn Wochen später zur Rückgabe auffordert, behauptet der Student, dass er das Buch vor einigen Tagen dem Bibliothekar zurückgegeben hätte. Dem Studenten kann der Besitz des Buches möglicherweise ein erfolgreiches Studium erlauben, da er nun weniger jobben muss – das Buch muss er sich ja nicht mehr kaufen – und sich besser auf die Klausuren vorbereiten kann.

Bentham würde in diesem Fall wahrscheinlich die Lüge des Studenten als richtig bewerten. Durch seinen Studienabschluss kann der junge Mann einen guten Beruf anstreben und der Gemeinschaft durch seine qualifizierte Arbeit sowie seine höheren Steuerabgaben dienlich sein. Die Handlung des Studenten könnte das Glück der Gemeinschaft auf den ersten Blick erhöhen. Ein misslungenes Studium würde eventuell seine Chancen auf dem Arbeitsmarkt reduzieren und ihn von staatlichen Sozialleistungen abhängig gemachen.

Möglicherweise hätte der Diebstahl aber auch dazu geführt, dass der Student diese Aneignung fremden Eigentums nun regelmäßig durchführt und er schließlich wegen Diebstahls im Gefängnis landet. Und möglichweise wäre der Bibliothekar, der sich an die Ausgabe einer Quittung nicht mehr erinnern kann, von der Hochschule entlassen worden und er und seine Familie müssten nun von Sozialleistungen leben. In diesem Fall wäre die Gesamtbilanz negativ. Angesicht dieser Möglichkeit hätte für John Stuart Mill die Handlungsregel, dass Betrug als Prämisse einer Handlung zu ihrem Ausschluss führt, Vorrang vor den möglichen positiven Folgen und der Nützlichkeit der Handlung. Der Student hätte in diesem Fall das Buch zurückgeben müssen.

Ein zweites Beispiel: Mitten in der Nacht steht eine junge Frau an einer Kreuzung mit ihrem Auto vor einer roten Ampel. Die Straßen, die zur Kreuzung führen, sind weithin einsehbar. Kein Mensch und kein anderes Auto sind zu sehen. Als Handlungsutilitaristin würde die Frau nun weiterfahren. Sie gefährdet niemanden und ist früher zu Hause, sie kann früher ins Bett und am nächsten Tag ausgeruhter zur Arbeit fahren. Als Regelutilitaristin weiß sie jedoch, dass das grundsätzliche Beachten von Gesetzen und Verkehrsregeln für das Glück der größten Zahl besser ist als die situative und subjektive Abwägung. Möglicherweise übersieht sie einen schnell heranfahrenden Handlungsutilitaristen, der die Beachtung der Geschwindigkeitsbeschränkung angesichts seiner drohenden Müdigkeit für vernachlässigbar hält. Angesichts der möglichen Folgen wäre die Regelbefolgung nicht nur die sicherere Option, sondern auch die moralisch bessere, da sie in Übereinstimmung mit der Handlungsregel steht – auch wenn der subjektive Nutzen der Nichtbeachtung der Ampel größer sein könnte.

Ein drittes und letztes Beispiel: In einer demokratischen und utilitaristischen Gesellschaft droht eine wirtschaftliche Rezession. Die Politiker dieses Landes beraten nun, welche politische Handlung den größten Nutzen für die größte Zahl bringen würde. Die Politiker beschließen, dass ab sofort alle Bürger des nördlichen Teils des Landes, in dem eine Minderheit von 30 Prozent lebt, versklavt werden. Diese Minderheit muss nun in den Unternehmen des ganzen Landes für einen minimalen Lohn arbeiten. Sobald sich der gesellschaftliche Wohlstand durch eine Epoche der Sklaverei wieder erholt hätte, würden die Menschen wieder in die Freiheit entlassen. Für die Handlungsutilitaristen wäre diese Lösung ohne weitere Einschränkungen praktikabel, da die Sklaverei den Nutzen der größten Zahl erhöhen würde. Für die Regelutilitaristen wäre die Anwendung von Gewalt gegen einen Teil der Gesellschaft vermutlich prinzipiell unzulässig und sie würden eine politisch legitimierte Sklaverei verbieten.

Gerechtigkeit
Das Problem der Gerechtigkeit steht in der Antike im Spannungsfeld zwischen Naturrecht und positivem Recht. Während für Platon das positive Recht und die Gesetze nur dann legitim sind, wenn sie dem idealen Naturrecht entsprechen, fordert Aristoteles die Einhaltung der Gesetze, auch wenn diese nicht mit dem natürlichen Recht übereinstimmen. Die Gerechtigkeit möge anderes fordern, allerdings sei das natürliche Recht den Menschen nicht zweifelsfrei einsichtig und von daher bleibe nur die Anerkennung des positiven Rechts. Wahre Gerechtigkeit würden nur die Götter, nicht aber die Menschen kennen.

Der Utilitarismus löst dieses Spannungsfeld auf. Für Thomas Hobbes, Adam Smith, Jeremy Bentham und John Stuart Mill gibt es kein natürliches Recht, und jede Forderung nach einer Gerechtigkeit, die nicht in Übereinstimmung mit den Gesetzen der Gemeinschaft steht, ist – in den berühmten Worten von Bentham – lediglich ›Unsinn auf Stelzen‹. Was den Utilitaristen als gut und gerecht gilt, ist auch nützlich für das Glück der größten Zahl. Die argumentative Stärke des Utilitarismus ist daher »die Unparteilichkeit des moralischen Standpunktes« (Nida-Rümelin, 2005, S. 8) bei der Verfolgung eines Guten, die nur *Interessen* als legitime Begründung einer Handlung zulässt.

Bei Thomas Hobbes wurde die Gerechtigkeit den Göttern entrissen und der Allmacht des Leviathans übergeben. Durch die Zustimmung zum Gesellschaftsvertrag endet der Krieg aller gegen alle und von nun an gilt ohne Einschränkung: »*Abgeschlossene Verträge sind zu halten.* Ohne dieses Gesetz sind Verträge unwirksam und nur leere Worte, und wenn das Recht aller auf alles bleibt, befinden wir uns immer noch im Kriegszustand« (Hobbes, 1984, S. 110). Unrecht und Ungerechtigkeit liegen für Hobbes im Feld des vertragslosen Handelns verborgen, welches der Leviathan nicht schützen kann. Daher definiert Hobbes Gerechtigkeit *ex negativo* als Einhaltung der Gesetze und des positiven Rechts, die die Menschen und der Souverän beschließen.

> Und in diesem natürlichen Gesetz liegen Quelle und Ursprung der *Gerechtigkeit*. Denn wo kein Vertrag vorausging, wurde auch kein Recht übertragen, und jedermann hat ein Recht auf alles; folglich kann keine Handlung ungerecht sein. Wurde aber ein Vertrag abgeschlossen, so ist es ungerecht, ihn zu brechen, und die Definition der *Ungerech-*

tigkeit lautet nicht anders als ›die Nichterfüllung eines Vertrages‹. Und alles, was nicht ungerecht ist, ist *gerecht*. (Hobbes, 1984, S. 110)

Da die Macht des Souveräns nur durch das vertraglich vereinbarte Recht der Bürger auf Selbsterhalt eingeschränkt wird, bleibt alles andere dem positiven Recht überlassen. Für Hobbes ist es die Aufgabe des Souveräns, alle Lebensbereiche auf den Erhalt und den Wohlstand der Gemeinschaft auszurichten und die hierzu notwendigen und nützlichen Gesetze zu erlassen. Alle Gesetze, die für dieses Ziel und die hierzu notwendigen Mittel beschlossen werden müssen, sind für ihn *per definitionem* auch gerecht.

> Zur Obliegenheit des Souveräns gehört es gute Gesetze zu erlassen. Aber was ist ein gutes Gesetz? Unter einem guten Gesetz verstehe ich nicht ein gerechtes Gesetz, denn kein Gesetz kann ungerecht sein. Das Gesetz wird von der souveränen Gewalt erlassen, und alles, was von dieser Gewalt getan wird, geschieht mit Vollmacht eines jeden, der zum Volke gehört, und wird von ihm als eigene Handlung anerkannt. (Hobbes, 1984, S. 264)

Ganz ähnlich ist auch Adam Smiths Argumentation. Zwar gilt ihm der Souverän nicht mehr als uneingeschränkter Herrscher, doch ist dies ein Thema der politischen Philosophie. Seine Konzeption von Gerechtigkeit deckt sich weitgehend mit der von Thomas Hobbes, da auch er das positive Recht mit seinen Zwangsmaßnahmen als Leitlinien des gerechten Handelns betrachtet. Auch für Smith gilt deshalb: »Die Verletzung der Gerechtigkeit ist das Unrecht« (Smith, 2010, II,2). Verdienstvoll im Sinne der sozialen Anerkennung sind zwar Handlungen aus Sympathie und Wohltätigkeit, nicht aber aus einem subjektiven Verständnis von Gerechtigkeit. Die Gerechtigkeit dient auch bei Smith der Nützlichkeit für die Aufrechterhaltung der Gemeinschaft und jedes positive Recht gilt als gerecht, wenn es diese Aufgabe erfüllt.

> Manchmal ergibt sich uns auch die Notwendigkeit, daß wir, um zu zeigen, wie richtig es ist, die allgemeinen Regeln der Gerechtigkeit zu beobachten, diesen unseren Standpunkt damit verteidigen müssen, daß wir Erwägungen über die Nützlichkeit solcher Regeln für die Erhaltung der Gesellschaft anstellen. (Smith, 2010, II,2)

Genaueres sagt Smith über das – nicht immer unkomplizierte – Verhältnis zwischen Gerechtigkeit und Nützlichkeit leider nicht, und so bleiben die disparaten Interpretationen seines Werks größtenteils Mutmaßungen. Umso ausführlicher beschäftigt sich John Stuart Mill mit dieser Frage und er gesteht ein, dass die Bewertung einer Handlung als gerecht oftmals einem Gefühl entspringe und der Ursprung dieser Empfindung nicht unbedingt die Kenntnis der Gesetze sei, sondern ein natürliches Gerechtigkeitsgefühl. Wie bei den anderen Instinkten und Gefühlen, zu denen Menschen fähig seien, sollte jedoch auch das Gerechtigkeitsgefühl von der Vernunft angeleitet werden. Daher sei es das Beste, wenn die Gesetze die Gerechtigkeit bestimmen und »es gerecht ist, die gesetzlich verbürgten Rechte einer Person zu achten, und ungerecht, sie zu missachten« (Mill, 2006, S. 131).

Allerdings gibt es für Mill das moralische Gefühl von Gerechtigkeit und für einen Maßstab der Bewertung einer Handlung, der außerhalb der Gesetze liegt. Es gibt das Gefühl, dass ein Gesetz ein schlechtes Gesetz ist und es gerecht sei, sich nicht an dieses Gesetz zu halten, da es dem »moralischen Recht« (Mill, 2006, S. 133) widerspricht. Dieses Gefühl und seine Geltungskraft führt Mill in deutlicher Anlehnung an Adam Smith auf »die erweiterte Sympathie« *(enlarged sympathy)* und das »wohlverstandene Eigeninteresse« *(intelligent self-interest)* zurück, welche den Menschen mit seinen Nächsten, aber auch mit der »Gesamtheit aller Menschen« *(all persons)* verbinden mögen.

> Und das Gerechtigkeitsgefühl scheint mir dasselbe zu sein wie das Bedürfnis der Tiere, eine Verletzung oder Schädigung, die sie selbst oder die ihnen Nahestehenden erlitten haben, zu vergelten, ausgedehnt – kraft des menschlichen Begriffs eines wohlverstandenen Eigeninteresses – auf die Gesamtheit aller Menschen. Aus diesen letzten Komponenten bezieht das Gerechtigkeitsgefühl seinen moralischen Gehalt, aus der ersteren seine eigentümlich eindrucksvolle Selbstbehauptungskraft. (Mill, 2006, S. 149)

Und doch müsse dieses Gerechtigkeitsgefühl in sozialen Handlungen begrenzt werden, da es nun einmal bei unterschiedlichen Menschen und in unterschiedlichen Gemeinschaften zu gänzlich verschiedenen Ansichten darüber kommen könne, was als gerecht gelten soll. Wenn »der Geist durch bloße Selbstversenkung zu erkennen vermag«, was gerecht ist, so bleibe unerklärlich, »warum dieses innere Orakel so vieldeutig ist und warum so viele Dinge das eine Mal gerecht, das andere Mal ungerecht erscheinen, je nach dem Blickwinkel, unter dem sie betrachtet werden« (Mill, 2006, S. 163 f.).

Angesicht der Meinungsunterschiede über die Gerechtigkeit einer konkreten Handlung schlägt Mill daher vor, sie als allgemeine Übereinstimmung mit dem positiven und dem moralischen Recht zu betrachten. Eine soziale Handlung sei somit gerecht, wenn sie mit den Gesetzen und der Moral übereinstimme. Damit ist die Gerechtigkeit für Mill als allgemeines und überindividuelles Konzept wiederum in der utilitaristischen Tradition der eigentlichen Nützlichkeit *(utility)* und des Glücks der größten Zahl *(Greatest Happiness Principle)* unterstellt.

> Dies ist das oberste allgemeine Prinzip der sozialen oder austeilenden Gerechtigkeit, auf das hin alle gesellschaftlichen Institutionen und die Bemühungen aller aufrechten

Bürger im höchstmöglichen Maße ausgerichtet werden sollten. Aber diese große moralische Pflicht [...] ergibt sich unmittelbar aus dem obersten Prinzip der Moral: Sie ist ein Teil der Bedeutung des Nützlichkeitsprinzips oder des Prinzips des größten Glücks. (Mill, 2006, S. 185)

Gerecht ist folglich für John Stuart Mill eine Handlung, die der Moral und dem Recht entspricht und dadurch den Nutzen und das Glück befördert. Eine Handlung, die nicht nützlich ist, kann im Umkehrschluss auch nicht gerecht genannt werden. Aber jede Handlung, die über die reine Nützlichkeit hinausgeht und verdienstvoll ist, nennt Mill – wie auch Smith – eine Form der *Wohltätigkeit (beneficence)*, nicht aber der geforderten Gerechtigkeit. Wer die Armen großmütig unterstützt, verdient die Anerkennung der Gesellschaft. Der *Gerechtigkeit* wäre nach Mill jedoch schon genüge getan, wenn man seine Steuern zahlt, mit denen die festgelegten Sozialleistungen finanziert werden.

Gerechtigkeit bedeutet nicht nur, zu tun, was recht wäre, und nicht zu tun, was unrecht wäre, sondern zu tun, was jemand uns gegenüber als sein moralisches Recht geltend machen kann. Niemand hat einen Rechtsanspruch auf unsere Großmut und unsere Wohltätigkeit, da wir nicht moralisch verpflichtet sind, diese Tugenden jedem Individuum gegenüber zu üben. [...] Wo ein Rechtsanspruch besteht, haben wir es mit einem Fall von Gerechtigkeit, nicht von Wohltätigkeit zu tun. (Mill, 2006, S. 149 f.)

Am Beispiel der Lohngerechtigkeit diskutiert Mill das Problem der möglichen Diskrepanz zwischen seiner Gerechtigkeitsvorstellung und der empfundenen Gerechtigkeit. Das Recht auf Eigentum und eine Entlohnung, die in einem fairen Markt zustande kommt, ist für ihn eine gerechte Handlungsregel, die sich auf Moral und Recht stützen kann und daher der Nützlichkeit entspricht: »So sagt man etwa, dass jemand ein Recht darauf hat, das Einkommen zu beziehen, das er im fairen beruflichen Wettbewerb erzielen kann; denn die Gesellschaft sollte es nicht zulassen, dass ihn ein anderer daran hindert, so viel zu verdienen, wie er verdienen kann« (Mill, 2006, S. 161). Andere Grundsätze, die die Nützlichkeit und das freie Spiel der Kräfte in einer freien Marktwirtschaft einschränken, erachtet Mill nicht als legitim.

Damit formuliert John Stuart Mill nicht nur die wesentlichen Grundlagen des Utilitarismus als ethische Theorie, sondern auch die des ökonomischen Handelns, und schafft eine enge Verbindung zwischen dem Utilitarismus, der freien Marktwirtschaft und einer liberalen Politik. Eine Verbindung, die das gute und das gerechte Handeln auf die Nützlichkeit für die größte Zahl bezieht und dadurch bis heute das ethische Fundament zahlreicher ökonomischer und politischer Theorien, aber auch ihrer praktischen Umsetzung ist.

Kommen wir nun zurück zur Eingangsfrage, ob man Menschenleben gegeneinander abwägen darf. John Stuart Mill hätte Helmut Schmidts Entscheidung im Deutschen Herbst wahrscheinlich unterstützt. In der Abwägung einiger Leben gegen viele, verschärft durch die möglichen negativen Folgen der terroristischen Erpressung, hätte wohl auch Mill zur Erstürmung des Flugzeugs geraten. Bei der möglichen Verhinderung der Geburt von Adolf Hitler und einer Änderung der Zeitgeschichte wäre Mill die Entscheidung sicherlich schwerer gefallen. Mill fordert die Priorität von Handlungsregeln wie dem Tötungsverbot mit der Absicht, zufällige Folgen zu vermeiden. So grausam es sein mag, selbst wenn Mill die Zeitgeschichte des 20. Jahrhundert gekannt hätte, würde er vom Einsatz der Zeitmaschine vermutlich abraten. Die Regeln stehen vor der Abwägung – auch dann, wenn die Folgen barbarisch sein mögen.

Was John Stuart Mill unter Nützlichkeit und Wohltätigkeit versteht, kann man auch anhand der aktuellen Diskussion um Kinderarbeit aufzeigen; auch hierbei geht es – 150 Jahre nach seinem Tod – um die Frage, ob das Glück der größten Zahl tatsächlich Gerechtigkeit befördert: Kinderarbeit empfinden die meisten Menschen in Deutschland als gravierende Ungerechtigkeit. Seit 25 Jahren schützt eine weltweit anerkannte Kinderrechtskonvention der Vereinten Nationen Minderjährige vor Ausbeutung und sichert ihnen das Recht auf Bildung und Ausbildung zu. Die Internationale Arbeitsorganisation (ILO) verbietet regelmäßige Erwerbsarbeit von Kindern unter 15 Jahren.

Dennoch arbeiten nach Angaben von UNICEF fast 200 Millionen Kinder zwischen fünf und 14 Jahren in der Landwirtschaft, in Werkstätten und Steinbrüchen, als Straßenverkäufer und Dienstmädchen. Die ILO vermeldet, dass weltweit 115 Millionen Kinder dabei einer Tätigkeit nachgehen, die die Organisation als ausbeuterisch klassifiziert: Die Kinder bekommen wenig oder keinen Lohn und schaden ihrer Gesundheit nachhaltig. Daher versuchen Organisationen wie Xertifix derartige Kinderarbeit zu verhindern, und Gütesiegel wie Goodweave zertifizieren Teppiche, die ohne Kinderarbeit hergestellt wurden. Kinderarbeit galt viele Jahre als eine Form von Ungerechtigkeit, die es zu bekämpfen gilt: Wer Kinder zur Arbeit schickt und nicht in die Schule, sorgt dafür, dass auch die nächste Generation ungebildet bleibt und schlecht bezahlte, unqualifizierte Arbeit verrichten wird.

Doch diese Ansicht hat sich in letzter Zeit gewandelt. Einige Menschenrechtsorganisationen wie Terre des Hommes sprechen sich mittlerweile gegen ein pauschales Verbot von Kinderarbeit aus, da dieses lediglich die illegale Beschäftigung der Kinder ohne rechtlichen Schutz befördere (vgl. Haupt, 2014a). Zudem dürfe man die Optionen der Kinder nicht vergessen: »Wenn nur die Wahl zwischen Arbeit und Hunger besteht, kann Arbeit die bessere Option sein« (FAZ, 2014).

Auch einige Wissenschaftler in Deutschland fordern heute ein angemessenes Verständnis für die Situation von Familien in armen Ländern, die sich nicht ohne

Kinderarbeit oder Tätigkeiten unter ausbeuterischen Bedingungen verbessern lasse. Daher befürwortet Manfred Liebel, Kinderrechtsforscher an der Freien Universität Berlin, die Legalisierung von Kinderarbeit in Entwicklungsländern (vgl. FAZ, 2014). Und Erich Weede, der viele Jahre als Soziologe an der Universität Bonn gelehrt hat, sagt: »*Diese Fabriken bieten nach westlichen Vorstellungen menschenunwürdige Arbeitsbedingungen. Aber die Menschen gehen dorthin, weil ihre Alternativen noch schlechter sind. Letztlich nützt es ihnen, wenn ihr Land ein exportorientiertes Wachstumsmodell hat*« *(zitiert nach Haupt, 2014b).*

Einige Entwicklungsländer wollen Kinderarbeit daher legalisieren, auch wenn ein solches Gesetz internationalen Vorschriften widerspricht (Oehrlein, 2014). In Bolivien, einem der ärmsten Länder Südamerikas, arbeiten 28 % der Kinder zwischen 5 und 17 Jahren, viele von ihnen unter gefährlichen Bedingungen (vgl. FAZ, 2014). Doch Ende 2013 demonstrierten dort hunderte Kinder vor dem Parlament für ihr ›*Recht auf Arbeit*‹ *und mehr als 10 000 minderjährige Arbeiter haben sich in einer eigenen Gewerkschaft namens Unatsbo organisiert. Auch Boliviens Präsident Evo Morales, der als Kind selbst arbeiten musste, setzt sich für eine Lockerung des Verbots ein. Arme Familien seien auf die Arbeit ihrer Kinder angewiesen und diese fördere das soziale Bewusstsein der Kinder:* »*Das ist keine Ausbeutung, sondern eine Aufopferung, das gehört zum Leben selbst*« *(zitiert nach FAZ, 2014).*

Für die zuvor genannten Menschenrechtler, Wissenschaftler und Politiker kann Kinderarbeit folglich gerecht sein – ihre Vorstellungen von Gerechtigkeit folgen der Definition von John Stuart Mill und dessen Überlegungen zur Nützlichkeit. Im Sinne des Utilitarismus wäre ein Verbot von Kinderarbeit als praktische Wohltätigkeit gleichwohl möglich, wenn die ökonomischen Rahmenbedingungen dies zuließen. Da ein solches Verbot in den armen Ländern der Welt jedoch den Wohlstand und die wirtschaftliche Entwicklung behindert, ist es aus utilitaristischer Sicht falsch, Kinderarbeit generell zu verbieten. Eine Konzeption von Gerechtigkeit, die sich auf universelle Menschenrechte stützt und infolge ihrer geforderten Geltung auch Kinder vor Ausbeutung bewahrt, ist für die klassischen Utilitaristen nicht tragbar. Deren Gerechtigkeitsvorstellungen sind, wie das Beispiel der Kinderarbeit zeigt, in der aktuellen Argumentation von einigen Menschenrechtlern, Wissenschaftlern und Politikern weiterhin präsent und nicht pauschal zu widerlegen.

3.3 Deontologische Ethik

3.3.1 Die Schlangenwindungen der Glückseligkeitslehren

Ein Diktator unterdrückt ein ganzes Volk, misshandelt die Schwachen und erzwingt den unbedingten Gehorsam. Jeder Widerstand wird hart bestraft. Ein Mann, der zuvor als Rousseauscher Wilder glücklich in den Wäldern lebte, wird durch die drohende Gewalt zum Kämpfer für die Freiheit. Der Revolutionär tötet die Usurpatoren und befreit seine Mitbürger. Dies ist die Geschichte von Wilhelm Tell, *erdacht von Friedrich Schiller zu Beginn des 19. Jahrhunderts. Die Moral der Geschichte lautet: Für das hehre Ziel eines Lebens in Freiheit und Würde sind alle Mittel erlaubt und kein Preis ist hierfür zu hoch.*

Schillers Verständnis von persönlicher und politischer Freiheit wurde in Europa zum Final der Aufklärung. Später folgten die Romantik und die weltweiten sozialistischen Bewegungen der Idee, dass es Ausdruck des Wesens und der Würde des Menschen sei, sich jeder Unterdrückung zu widersetzen und dem Ruf der Freiheit unbedingt zu folgen. Allerdings kann die Frage, ob jemand ein Freiheitskämpfer oder ein Verbrecher ist, oftmals nur im Rückblick beantwortet werden. Für die Habsburger war Wilhelm Tell ein gemeiner Mörder, für die Schweizer ein mutiger Held.

Für die gute Sache zu kämpfen, ist ehrenwert. Doch in der Geschichte zeigte sich nur zu oft, dass der Kampf für die Freiheit in Unterdrückung und Terror endet. Der Englische Bürgerkrieg und die Herrschaft Cromwells, die Französische Revolution und der Jakobinische Furor, die russische Oktoberrevolution und der Stalinistische Totalitarismus sind klassische Beispiele. Auch in vielen Ländern Südamerikas führten die Freiheitskämpfer in den letzten Jahrzehnten einen langen und verzweifelten Guerillakampf gegen die Besatzungsmächte und endeten als Banditen. Die Entführung von Bürgern aus der Mittelschicht und die Erpressung von Lösegeld war und ist in Brasilien, Kolumbien und insbesondere in Venezuela trauriger Alltag. Dort, aber auch im Nahen Osten und in Asien, kommt es immer wieder zu Entführungen von Mitbürgern und ausländischen Mitarbeitern von Unternehmen und Organisationen. Oftmals bleiben die Entführten dann wochen- oder monatelang in der Gewalt der Geiselnehmer, bevor es zu konkreten Verhandlungen kommt. Jedes Jahr werden weltweit mehr als 30 000 Menschen entführt, der jährliche Umsatz mit Lösegeld beträgt über 300 Millionen US-Dollar.

Natürlich ist es in solchen Situationen aus humanitären Gründen nachvollziehbar, wenn man Lösegeld bezahlt, um ein Familienmitglied oder einen Angestellten so schnell wie möglich frei zu bekommen. Versicherungsgesellschaften haben zu diesem Zweck passende Kidnap & Ransom-Verträge entwickelt; die Versicherer übernehmen dann die Lösegeldzahlung sowie die Verhandlungen und die Übergabe des Geldes. Aus ethischen Gründen ist dies aber sehr umstritten, da jede Geldzahlung den

Entführungsmarkt vergrößert und professionalisiert. Ein reibungsloser Austausch der Geiseln gegen Geld schafft dann wieder attraktive Anreize für weitere skrupellose Banditen und weitere Entführungen. Das Karussell des Schreckens dreht sich weiter. Sollten nun beispielsweise Unternehmen, die in Risikogebieten aktiv sind, für ihre dortigen Mitarbeiter eine solche Versicherung abschließen? Aus handlungsutilitaristischer Sicht ist dieses Dilemma nicht aufzulösen, da man einerseits ohne Versicherungsschutz das Leid der Entführten und ihrer Angehörigen vergrößert und sie unkalkulierbaren Lebensgefahren aussetzt. Andererseits vergrößert man durch eine Kidnap & Ransom-Versicherung das Risiko entführt zu werden und schafft damit neues Leid.

Dieser Spirale der Gewalt entkommt man nur durch drastische Gegenmaßnahmen, und je höher das Risiko, desto stärker muss die Abschreckung sein. Die Entführung von Flugzeugen ist hochriskant: Oftmals geht es um Hunderte Menschenleben und weltweite mediale Aufmerksamkeit, die die Verhandlungen erschweren (vgl. Kap. 3.2.6). Manchmal geht es aber auch um reinen Terror, wie im Fall der vier entführten Flugzeuge, die am 11. September 2011 in den Vereinigten Staaten von Amerika in zivilen und militärischen Gebäuden zum Absturz gebracht wurden beziehungsweise werden sollten. Um derartige Gefahren zu verhindern, sollen mögliche Terroristen durch Sicherheitskontrollen am Boden sowie bewaffnete Polizisten im Flugzeug abgeschreckt werden. Falls alle Sicherheitsmaßnahmen jedoch versagen und ein Flugzeug als Waffe eingesetzt wird, erlauben viele Länder, auch Frankreich und Polen, dessen präventiven Abschuss als Ultima Ratio der Staatsräson.

In Deutschland war und ist dieses Mittel der Abschreckung sehr umstritten und dieser Streit entzündete sich im Januar 2003: Ein bewaffneter Mann kaperte ein Sportflugzeug, kreiste damit über dem Bankenviertel von Frankfurt am Main und drohte, das Flugzeug in das Hochhaus der Europäischen Zentralbank zu lenken, wenn ihm nicht ein Telefonat in die Vereinigten Staaten von Amerika ermöglicht würde. Ein Polizeihubschrauber und zwei Düsenjäger der Luftwaffe umkreisten daraufhin den Motorsegler, die Polizei löste Großalarm aus und die Frankfurter Innenstadt wurde geräumt. Eine halbe Stunde nach der Kaperung war klar, dass es sich bei dem Entführer um einen verwirrten Einzeltäter handelte. Nachdem seine Forderung erfüllt wurde, landete er auf dem Rhein-Main-Flughafen und ließ sich ohne Widerstand festnehmen.

Die Politik nahm dieses Ereignis zum Anlass, das Luftsicherheitsgesetz zu reformieren. Der deutsche Gesetzgeber wollte in derartigen Bedrohungssituationen der Luftwaffe die Möglichkeit einräumen, ein Zivilflugzeug abzuschießen. Mit diesem Gesetz sollte die Tötung von Menschen – Terroristen und Zivilisten – zur Abwehr einer drohenden Katastrophe legalisiert werden. Bereits im Januar 2005 wurde das überarbeitete Luftsicherheitsgesetz verabschiedet; es erlaubte als äußerste Maßnahme eine »unmittelbare Einwirkung mit Waffengewalt« gegen ein Flugzeug,

»wenn nach den Umständen davon auszugehen ist, dass das Luftfahrzeug gegen das Leben von Menschen eingesetzt werden soll und [die Abschusserlaubnis] das einzige Mittel zur Abwehr dieser gegenwärtigen Gefahr ist« (vgl. § 14 Abs. 3 LuftSiG).

Wenige Monate danach beschäftigte sich das Bundesverfassungsgericht mit dem neuen Gesetz und erklärte es im Februar 2006 für verfassungswidrig. Die Begründung des Urteils stützt sich im Wesentlichen auf drei Argumente: Zum einen dürfe der deutsche Gesetzgeber die Bundeswehr nicht mit einem bewaffneten Einsatz im Inland beauftragen, zum zweiten verstoße der Abschussbefehl gegen das Grundrecht auf Leben nach Art. 2 des Grundgesetzes und drittens stehe das Gesetz im klaren Widerspruch zur Garantie der Menschenwürde nach Art. 1 des Grundgesetzes. Die normative Forderung, dass die Würde eines jeden Menschen im Geltungsbereich des Grundgesetzes absolut und uneingeschränkt gelten soll, erstreckt sich auch auf die Passagiere eines entführten Flugzeugs. Deren Recht auf Leben gegen die möglichen Folgen einer Flugzeugentführung abzuwägen, war für die Verfassungsrichter nicht zulässig. In ihrer Urteilsbegründung heißt es:

> Die einem solchen Einsatz ausgesetzten Passagiere und Besatzungsmitglieder befinden sich in einer für sie ausweglosen Lage. Sie können ihre Lebensumstände nicht mehr unabhängig von anderen selbstbestimmt beeinflussen. Dies macht sie zum Objekt nicht nur der Täter. Auch der Staat [...] behandelt sie als bloße Objekte seiner Rettungsaktion zum Schutze anderer. Eine solche Behandlung missachtet die Betroffenen als Subjekte mit Würde und unveräußerlichen Rechten. Sie werden dadurch, dass ihre Tötung als Mittel zur Rettung anderer benutzt wird, verdinglicht und zugleich entrechtlicht; indem über ihr Leben von Staats wegen einseitig verfügt wird, wird den als Opfern selbst schutzbedürftigen Flugzeuginsassen der Wert abgesprochen, der dem Menschen um seiner selbst willen zukommt. (Luftsicherheit, 2006)

Mit dem Verfassungsurteil wurde die öffentliche Diskussion jedoch keinesfalls beendet. Der Jurist und Schriftsteller Ferdinand von Schirach inszenierte die Fragestellung gar als Theaterstück. In seinem Schauspiel Terror geht es um eine fiktive Gerichtsverhandlung, in der ein Militärpilot sich für den Abschuss eines entführten Flugzeugs mit 164 Passagieren an Bord verantworten muss. Das Flugzeug hatte zuvor Kurs auf ein vollbesetztes Fußballstadion genommen, und als es nur noch 15 Kilometer davon entfernt war, entschloss sich der Militärpilot zum Abschuss der Maschine. Die Staatsanwaltschaft plädiert nun auf schuldig, die Verteidigung beruft sich auf den übergesetzlichen Notstand und fordert den Freispruch. Die Zuschauer des Theaterstücks sollen anschließend als Schöffen abstimmen. In den fast 1 500 Aufführungen der letzten Jahre stimmte eine Mehrheit der Zuschauer von 60 Prozent für den Freispruch (vgl. Schirach, 2017) und damit gegen das Urteil der Verfassungsrichter.

Ein handlungsorientierter Utilitarist müsste hierbei prima facie *für den Freispruch votieren. In der Abwägung des möglichen Leids der vielen Menschen im Fußballstadion gegen das Leid der Menschen an Bord der Passagiermaschine könnte zunächst zur Präferenz des Abschusses führen. Allerdings müsste der Utilitarist auch berücksichtigen, dass die Passagiere möglicherweise die Entführer doch noch in letzter Minute überwältigen und alle schadlos retten könnten. Möglicherweise stürzt das angeschossene Flugzeug aber auch in ein Krankenhaus und eine Schule, wobei unter Umständen noch mehr Menschen schwer verletzt oder getötet würden. Angesichts der Kontingenz der Folgen ist das utilitaristische Ziel, das größtmögliche Glück der größtmöglichen Zahl zu maximieren, erneut kaum zu berechnen.*

Der Dichter Schiller hätte vermutlich ebenfalls für den Freispruch gestimmt. In seinem Spätwerk Wilhelm Tell *ist der Hauptfigur jedes Mittel recht und kein Preis zu hoch, um die Freiheit zu erringen. Auch der Abschluss einer Kidnap & Ransom-Versicherung wäre für ihn möglicherweise ein probates Mittel für die Sicherung der Freiheit. Friedrich Schiller, der Dichter der Aufklärung, stellt sich damit in seinem letzten Drama gegen den Philosophen der Aufklärung, Immanuel Kant. Zwar bewunderte Schiller den Königsberger Philosophen, in seinem Tell heroisiert er jedoch eine ethische Position, die Kant rundweg abgelehnt hätte. Für Immanuel Kant führen solche Überlegungen nur in die unberechenbaren Schlangenwindungen der Glückseligkeitslehren. Kant will die ethische Frage nach einer guten Handlung aber kategorisch beantworten.*

3.3.2 Immanuel Kant und die praktische Vernunft

Der deutsche Philosoph Immanuel Kant (1724-1804) gilt als *der* Philosoph der Aufklärung. In seiner berühmten Schrift zur *Beantwortung der Frage: Was ist Aufklärung?* (1784) schreibt er:

Aufklärung ist der Ausgang des Menschen aus seiner selbst verschuldeten Unmündigkeit. Unmündigkeit ist das Unvermögen, sich seines Verstandes ohne Anleitung eines anderen zu bedienen. Selbstverschuldet ist diese Unmündigkeit, wenn die Ursache derselben nicht am Mangel des Verstandes, sondern der Entschließung und des Muthes liegt, sich seiner ohne Leitung eines anderen zu bedienen. Sapere aude! Habe Muth, dich deines eigenen Verstandes zu bedienen! ist also der Wahlspruch der Aufklärung. (Kant, 1990b, BFA, S. A 481)[9]

---

9 Die Zitate aus Schriften von Immanuel Kant werden nachfolgend mit einem Werkkürzel und der Seitenangabe der Originalausgabe (A = erste Auflage, B = zweite Auflage) angegeben.

In seinem Gesamtwerk versucht Kant vier weitere Fragen der Menschheit endgültig zu beantworten: Was kann ich wissen? Was soll ich tun? Was darf ich hoffen? Was ist der Mensch? Während seine Religionsphilosophie (Was darf ich hoffen?) und seine Anthropologie (Was ist der Mensch?) deutlich in ihrer Zeit verwurzelt und heute nicht mehr hilfreich sind, bleiben seine drei großen Kritiken – *Kritik der reinen Vernunft*, *Kritik der praktischen Vernunft* und *Kritik der Urteilskraft* – weiterhin Meilensteine der philosophischen Schaffenskraft und liefern nach wie vor wichtige Gedanken zur Untersuchung der Grenzen unserer Erkenntnis und unseres Handelns.

Kants Gedanken und Werke sind »anstrengend« und »einschüchternd« (Sandel, 2013, S. 146), und doch sind sie für jeden denkenden und fragenden Menschen der Himalaya der Philosophie, der aus dem Nebel der Theorien herausragt. Dieses Gebirge kann man nicht mit Sandalen besteigen, es braucht eine gute Ausrüstung, eine gute Karte und vielleicht auch einen guten Führer. Ein kleines Stück des Weges soll hier beschritten werden, um einige grundsätzliche Gedanken der praktischen Philosophie Kants zu verstehen – Gedanken, die die europäische Kultur- und Rechtsgeschichte bis heute prägen.

Die wichtigsten Werke Kants entstehen in der Dekade um die Zeit der französischen Revolution: Die *Grundlegung zur Metaphysik der Sitten* (1785), die überarbeitete zweite Auflage der *Kritik der reinen Vernunft* (1788), die *Kritik der praktischen Vernunft* (1788) und die *Kritik der Urteilskraft* (1790) sowie *Über den Gemeinspruch* (1793) und *Zum ewigen Frieden* (1795) sind die Ergebnisse dieses produktiven Jahrzehnts und einer strikt geregelten Lebensführung. Jeden Morgen um fünf vor fünf Uhr weckte ihn sein Diener Lampe mit dem Ruf: »Herr Professor, es ist Zeit!«, bis Mittag arbeitete er im Hörsaal oder am Schreibtisch, danach empfing er Freunde und Gäste zum Mittagessen, das er mit der Formel: »Nun, meine Herren« eröffnete und um 17 Uhr mit einem Spaziergang beendete, wonach er bis zur Dämmerung wieder am Schreibtisch saß (vgl. Quincey, 1984).

Angeblich konnten die Einwohner von Königsberg ihre Uhren nach den Gewohnheiten des Philosophen stellen, der seine Geburtsstadt zeit seines Lebens nur für kurze Ausflüge in die Umgebung verließ. Doch war Königsberg damals keinesfalls nur ein Dorf zwischen Ost und West. Mit 60 000 Einwohnern war es eine der größten preußischen Städte, größer als Köln und München, und eine geschäftige Metropole, in der sich die Handelswege kreuzten und sich die Händler aus aller Welt begegneten. Und so erfuhr Immanuel Kant die Neuigkeiten aus aller Welt beim Mittagessen, ohne seine Stadt für längere Zeit zu verlassen. Kants Werke entstehen auf dem Höhepunkt der Aufklärung und weisen doch weit über ihre Epoche hinaus.

Vernunft, Freiheit und Würde

Der Philosoph Kant bewundert den Menschen für seine Befähigung zur Vernunft. Dieses Ideal des vernünftigen Menschen beschwört Shakespeares Hamlet in dem berühmten Ausruf: »Was für ein Werk ist doch ein Mann! wie edel an Verstand! wie unbegrenzt an Fähigkeiten! an Gestalt und Bewegung wie feingefügt und bewundernswert! an Taten wie gleich einem Engel! an Ahnung wie gleich einem Gott!« (Shakespeare, 1995, S. 406). Auch für Kant besitzt der Mensch ein Höchstmaß an Würde im Denken und Handeln.

Jedoch ist der Mensch für Immanuel Kant ein Doppelwesen, dessen Natur gespalten ist in die natürlichen Neigungen und die sittliche Vernunft. Der Mensch lebe im andauernden Zwiespalt, ob er seinen Gefühlen und Trieben folgen oder der vernünftigen Überlegung gehorchen solle und diesen Antagonismus seiner Natur trage er im Zustand der »ungeselligen Geselligkeit« aus, in den ihn »die Neigung, sich zu vergesellschaften« (Kant, 1990 f, IGA, S. A 392) führe.

Jedoch sei der Mensch auch frei in seinen Entscheidungen und seinem Wollen. Er könne jenes Hamletsche Wesen sein, aber auch das Gegenteil. Kant weiß sehr wohl, dass der freie Mensch keineswegs immer edelmütig ist, denn »aus so krummem Holze, woraus der Mensch gemacht ist, kann nichts ganz Gerades gezimmert werden« (Kant, 1990 f, IGA, S. A 397). Und so bewundert er den Menschen für seine Vernunft und seine Würde, aber weiß eben auch um dessen »Faulheit und Feigheit« (Kant, 1990b, BFA, S. A 481). Kant ist sich der Tatsache bewusst, dass unter der dünnen Schicht der aufgeklärten Vernunft und der Zivilisation nur Haut, Nerven und Blut liegen.

Insbesondere in seinen frühen, vorkritischen Schriften lässt auch der Königsberger selbst noch den aufgeklärten Geist vermissen. Für den Junggesellen Kant haben Frauen in erster Linie eine dekorative Funktion in der Welt, sie sind für das Schöne und das Empfinden zuständig, der Mann hingegen für das Edle und das Vernünftige:

> Daraus muß folgen, daß die Zwecke der Natur darauf gehen, den Mann durch die Geschlechterneigung noch mehr zu *veredlen* und das Frauenzimmer durch eben dieselbe noch mehr zu *verschönern*. Ein Frauenzimmer ist darüber wenig verlegen, daß sie gewisse hohe Einsichten nicht besitzt, daß sie furchtsam und zu wichtigen Geschäften nicht auferlegt ist etc. etc., sie ist schön und nimmt ein und das ist genug. (Kant, 1990e, GSE, S. A 77)

In seiner Frühschrift *Beobachtungen über das Gefühl des Schönen und Erhabenen* von 1764 lässt sich Kant dann auch ausführlich über die Nationalcharaktere in dieser Hinsicht aus. Während die Italiener und Franzosen dem Gefühl des Schönen zugeneigt seien, könnten die Deutschen, die Engländer und die Spanier das Erhabene empfinden (Kant, 1990e, GSE, S. A 81). Die Völker Afrikas seien weder des einen noch des anderen Gefühls fähig: »Die Negers von Afrika haben von der Natur kein Gefühl, welches über das Läppische stiege. [...] Die Schwarzen sind sehr eitel, aber auf Negerart, und so plauderhaft, daß sie mit Prügeln müssen auseinander gejagt werden« (Kant, 1990e, GSE, S. A 102 f.). Diese Form der antiken Ontotopografie, der Verbindung eines Wesens mit der Herkunft eines Menschen, formuliert Kant jedoch derart explizit nur in dieser Frühschrift und auch nur in Bezug auf das Gefühl des Schönen und Erhabenen. In seinem Spätwerk zeigt sich der Königsberger deutlich gemäßigter in seinen Ansichten über den »Charakter des Volkes« (Kant, 1990a, ApH, S. B 295). Die ›Frauenzimmer‹ kommen aber in seinem gesamten Werk nicht gut davon.

Wesentlich für das Verständnis der Kantischen Position sind jedoch nicht solche Missgriffe, sondern sein eigentlicher universeller Anspruch. Seine Philosophie sollte für jeden Menschen, an jedem Ort und zu jeder Zeit gelten. In seiner theoretischen und praktischen Philosophie geht es vor allem um eine *universelle* Bestimmung des Menschen und seiner Vernunft, seiner Freiheit und seiner Würde. Diese Begriffe sind für seine gesamte Philosophie der zentrale Ausgangspunkt aller Überlegungen. Immanuel Kant ist zutiefst davon überzeugt, dass der Mensch ein vernünftiges und freies Wesen mit einer ihm zukommenden Würde ist oder zumindest sein kann (Kant, 1990h, KrV, S. S. B XXIX). Nichts und niemand dürfe ihm dies streitig machen, nicht einmal er selbst. Wer seine Vernunft nicht gebrauche, seine Freiheit begrenze oder seine Würde verliere, begehe ein unverzeihliches Verbrechen gegen sich selbst als Mensch.

Ein zweiter wichtiger Ausgangspunkt seiner praktischen Philosophie ist ein grundlegender Zweifel an jeder konsequentialistischen Ethik. Kant bestreitet rundweg, dass es einem Menschen möglich sein könnte, die Folgen seines Handelns zu bewerten. Handlungen und deren Folgen seien viel zu komplex, als dass ein Mensch sie für sich und alle davon Betroffenen ausrechnen und bilanzieren könnte. Auch die Bewertung einer Handlung als gut oder schlecht aufgrund individueller Empfindungen und Gefühle ist für Kant kein Ausdruck menschlicher Freiheit, sondern im Gegenteil Unfreiheit.

Kants Freiheitsbegriff bezieht sich auf seine Anthropologie. Der Mensch ist als vernünftiges Wesen in der Lage, seine sinnlichen Bedürfnisse zu prüfen und ihnen zu widerstehen, wenn es vernünftige und rationale Gründe dafür gibt. Tiere besäßen weder Vernunft noch Freiheit, daher folge ihr Handeln lediglich ihren Begierden und Instinkten. Diese zwängen sie dazu, nach Lust zu streben und Leid zu vermeiden. Tiere kennten keine vernünftigen Gründe, für oder gegen die sie sich frei entscheiden könnten. Diese Freiheit, der Stimme der Vernunft zu gehorchen, habe nur der Mensch.

Kant postuliert deshalb, dass nur der Mensch als vernünftiges Wesen die *Möglichkeit* besitzt, über sein Handeln frei zu bestimmen. Diese Freiheit sei es, die ihn als »Doppelwesen [...], das in sich den Antagonismus zwischen natürlichen Neigungen und vernünftiger Sittlichkeit austragen muss« (Geier, 2012, S. 262), auszeichnet und ihm seine Würde als Mensch verleiht. Wer seinen Gefühlen, Bedürfnissen oder einer bloßen gesellschaftlichen Konvention folge, sei unfrei. Freiheit meint für Kant Selbstbestimmung über eine Entscheidung, sich zwischen Vernunft und Emotionen frei entscheiden zu *wollen*: »der Wille ist ein Vermögen, nur dasjenige zu wählen, was die Vernunft unabhängig von der Neigung als praktisch nothwendig, d. i. als gut, erkennt« (Kant, 1990d, GMS, S. BA 36).

Der kategorische Imperativ

Diese Selbstgesetzgebung oder Autonomie gegenüber allen äußeren und inneren Zwängen ist für Kant ein Ausdruck der Freiheit, nur seinem eigenen Willen zu folgen und sich seine Gesetze ausschließlich selbst zu geben. Wer seinen Trieben gehorche oder überlieferten moralischen Verboten, werde fremdbestimmt – ein Zustand, den Kant als *Heteronomie* bezeichnet. Die Bedeutung der Autonomie fasst Kant in seinem bekannten *kategorischen Imperativ* zusammen: »Handle nur nach derjenigen Maxime, durch die du zugleich wollen kannst, dass sie ein allgemeines Gesetz werde« (Kant, 1990d, GMS, S. BA 52).

Das Subjekt prüft die Maxime, die seine konkrete Handlung in einer verallgemeinerten Form beschreibt, und macht diese zum Gesetz seines Handelns. In einer anderen Formulierung des kategorischen Imperativs beschreibt Kant daher auch den freien Willen des Menschen als das allgemeine Gesetz des Handelns: »keine Handlung nach einer anderen Maxime zu tun, als so [...] daß der *Wille* durch seine Maxime sich selbst zugleich als allgemein gesetzgebend betrachten könne« (Kant, 1990d, GMS, S. BA 76).

Greifen wir zur Verdeutlichung des kategorischen Imperativs noch einmal das Beispiel des Studenten auf, der in der Bibliothek überlegt, ob er das dringend benötigte Buch ausleihen und anschließend behalten soll. Die Folgen seiner Handlung kann er nicht abschätzen; er weiß nicht, ob das Stehlen von Dingen künftig zu seiner Gewohnheit wird oder ob er die Familie des Bibliothekars ins Elend stürzen wird. Er kann auch nicht wissen, ob ein anderer Student eben dieses Buch in ein paar Tagen nicht noch dringender benötigen und vielleicht in Zukunft auch noch besser einsetzen wird. All dies kann er nicht wissen. Er kann aber die konkrete Handlung zu einer Maxime umformulieren und behaupten: »Wenn ich einen Gegenstand, der mir nicht gehört, dringend benötige, so darf ich mir nehmen und behalten«. Oder in der verallgemeinerten Form: »Wenn jemand einen fremden Gegenstand besitzen möchte, darf er ihn sich aneignen«. Es dürfte einsichtig sein, dass ein Zusammenleben von Menschen unter dieser Maxime nicht wünschenswert oder nicht möglich ist, da es zu einer Welt ohne Eigentum und ohne Recht – und damit ohne Gerechtigkeit – führen würde. Die Prüfung der Handlung als Maxime kann also nur zur Entscheidung führen, das Buch nicht zu behalten und es der Bibliothek zurückzugeben.

Kant führt diese Prüfung ins Extrem. In einem bekannten Beispiel fordert er, dass man selbst dann die Wahrheit sagen müsse, wenn ein Mörder uns nach dem Aufenthaltsort eines Freundes frage, der sich in unserem Haus versteckt hat. In seinem Text *Über ein vermeintliches Recht aus Menschenliebe zu lügen* begründet Kant die Pflicht zur Wahrhaftigkeit mit einem Argument gegen jede Ethik, die mit den Folgen spekuliert. Es sei ja möglich, dass der Freund das Haus bereits unbemerkt verlassen habe und der Mörder, den wir zuvor angelogen hätten, nun im Weggehen auf unseren Freund treffe und ihn töte. In diesem Fall wären wir durch unsere Lüge »mit Recht als Urheber des Todes« (Kant, 1990k, VRM, S. A 307) unseres Freundes verantwortlich. Wären wir bei der Wahrheit geblieben, so hätte der Mörder unser Haus durchsucht und unseren Freund nicht gefunden. Da die Folgen einer Handlung oder einer Äußerung niemals vorhersehbar seien, führe jede Lüge zur Übernahme der Verantwortung für eine unbekannte Zukunft. Nur wer bei der Wahrheit bleibe, könne sich dieser unmöglichen Verantwortung entziehen:

> Wer also lügt, so gutmütig er dabei auch gesinnt sein mag, muß die Folgen davon, selbst vor dem bürgerlichen Gerichtshofe, verantworten und dafür büßen: so unvorhergesehen sie auch immer sein mögen; weil Wahrhaftigkeit eine Pflicht ist, die als die Basis aller auf Vertrag zu gründenden Pflichten angesehn werden muß, deren Gesetz, wenn man ihr auch nur die geringste Ausnahme einräumt, schwankend und unnütz gemacht wird. Es ist also ein heiliges, unbedingt gebietendes, durch keine Konvenienzen einzuschränkendes Vernunftgebot; in allen Erklärungen *wahrhaft* (ehrlich) zu sein. (Kant, 1990k, VRM, S. A 307)

Es war vor allem dieser Text, der Kant den Vorwurf einbrachte, eine unbarmherzige und lebensferne Ethik entworfen zu haben. Sicherlich bezieht Kant in dieser Frage eine unnachgiebige Position auf der Grundlage seiner Prinzipien, und eine Ausnahme für einen extremen Fall zu suchen, wäre nicht seine Art gewesen. Allerdings muss man seine Antwort richtig verstehen. Michael Sandel weist darauf hin, dass Kant eine Lüge in keinem Fall gebilligt hätte, vielleicht aber eine wahre, wenn auch irreführende Antwort wie: »Vor einer Stunde habe ich mit ihm telefoniert, da war er im Büro« (vgl. Sandel, 2013, S. 183). Entscheidend ist hierbei, dass keine *unwahre* Antwort gegeben wurde und die Antwort keine Auswirkungen auf die Folgen beziehungsweise das nachfolgende Handeln des Mörders haben. Beides wäre für Kant ein klarer Verstoß gegen seine ethischen Prinzipien.

Der gute Wille

Kants Kritik an allen anderen ethischen Theorien und Moralsystemen richtet sich immer wieder gegen die Einbeziehung der Erfahrung oder der Folgen einer Handlung. Eine ethische Entscheidung darf für ihn nicht von Zufällen, Traditionen oder göttlichen Offenbarungen abhängig sein, da diese auf Vermutungen, Annahmen und veränderlichen gesellschaftlichen Zusammensetzungen beruhen und damit die Autonomie des handelnden Menschen verletzen. Eine Handlung könne *nur* dann gut sein, wenn sie nur dem vernünftigen und freien Willen des Menschen entspringe und damit unabhängig von jeder subjektiven und zeitgebundenen Erfahrung sei. Das Prinzip einer Ethik müsse also vor jeder Erfahrung – *a priori* – feststehen, um für jeden Menschen und in jeder Gesellschaft, unabhängig von kulturellen und historischen Gegebenheiten, gültig sein zu können.

Dieses Prinzip a priori ist für Kant der *gute Wille:* »Es ist überall nichts in der Welt, [...] was ohne Einschränkung für gut könnte gehalten werden, als allein ein *guter Wille*« (Kant, 1990d, GMS, S. BA 1). Der gute Wille alleine zählt für ihn, nicht die Folgen einer Handlung. Eine Handlung sei nur dann moralisch gut, wenn ein Mensch sich kraft seines vernünftigen und freien Willens dazu entschlossen habe, dem kategorischen Imperativ zu folgen. Nur diese *Selbstverpflichtung,* das Gute zu wollen, könne die Grundlage einer moralisch und sittlich guten Handlung sein. Und auch wenn die Folgen der Handlung viele Menschen ins Unglück stürzen würden – wenn der Grund für diese Handlung ein guter Wille war, so »würde er wie ein Juwel doch für sich selbst glänzen, als etwas, das seinen vollen Wert in sich selbst hat« (Kant, 1990d, GMS, S. BA 3).

Unter *Pflicht* versteht Kant daher die Selbstverpflichtung aus Freiheit, wohingegen die *Neigung* das ist, was den Menschen in die Heteronomie zwingt – in die Abhängigkeit von Gefühlen und Bedürfnissen oder in die Hoffnung auf zufällige Konsequenzen einer Handlung. Der Gegensatz von Pflicht und Neigung ist in Bezug auf die Sittlichkeit einer Handlung nichts anderes als der Gegensatz von Autonomie und Heteronomie in Bezug auf die Freiheit des Menschen. Das Gute zu wollen und zu tun, ist für Kant deshalb Ausdruck der Freiheit und der Selbstbestimmung des Menschen – wenn die Handlung *ausschließlich* dem guten Willen folgt.[10]

---

10 Eines der besten filmischen Beispiele der Kantischen praktischen Philosophie ist der Westernklassiker *High Noon* (1952, Regie Fred Zinnemann), in dem sich der Held (Gary Cooper) entscheiden muss, ob er als ehemaliger Sheriff seine Stadt gegen die Angreifer verteidigt (Pflicht) oder mit seiner jungen Frau (Grace Kelly) flieht (Neigung). Während alle anderen Menschen in seiner Stadt alle möglichen heteronomen Gründe anführen, um ihn nicht zu unterstützen, folgt nur der Held dem guten Willen.

An diese Ausschließlichkeit des guten Willens legt Kant strenge Maßstäbe an. In einem seiner Beispiele erzählt er die Geschichte eines Kaufmanns, der seine Produkte an jeden Kunden zum gleichen Preis verkauft. Niemand, auch kein kleines Kind, wird übervorteilt, indem er ihm einen höheren Preis nennt. Die Frage ist nun, ob der Kaufmann damit auch schon moralisch gut handelt? Es könnte doch sein, dass unser Kaufmann alle Kunden gleich behandelt, *weil* er fürchtet, dass es sich bei seinen Kunden und Kollegen schnell herumspricht, wenn er jemanden übervorteilt.

In diesem Fall würde Kant sagen, dass der Kaufmann aus dem falschen Motiv heraus handelt: Er handelt richtig, *weil* er als guter und verlässlicher Kaufmann gelten will. Eine solche Begründung für eine an sich richtige Handlung hat die Form eines Bedingungssatzes (»Wenn Du als ehrlicher Kaufmann gelten willst, dann darfst Du niemanden übervorteilen«) und gilt zwar allgemein und für jeden, aber eben nur bedingt und nicht notwendigerweise. Derartige Imperative, die nur unter einer bestimmten Bedingung gelten, nennt Kant hypothetische Imperative: »Der hypothetische Imperativ sagt also nur, dass die Handlung zu irgendeiner *möglichen* oder *wirklichen* Absicht gut sei« (Kant, 1990d, GMS, S. BA 40). Der hypothetische Imperativ formuliert somit eine Bedingung, unter der seine allgemeine Forderung gültig ist.

Die praktischen Grundsätze des Willens unterteilt Immanuel Kant folgendermaßen: Maximen bezeichnet er als subjektiv gültige Handlungsregeln, diese lauten in einer allgemeinen Form: »*Ich* will immer so handeln« und gelten folglich nur für den Akteur selbst. Imperative sind dagegen allgemeingültige Handlungsregeln der Form: »So sollst Du handeln« und lassen sich des Weiteren differenzieren in *hypothetische Imperative,* die nur unter Bedingungen gelten: »So sollst du handeln, *wenn*…«, und die *kategorischen Imperative,* die allgemein und notwendig gelten: »So sollst du *immer* handeln.« Der kategorische Imperativ »würde der sein, welcher eine Handlung als für sich selbst, ohne Beziehung auf einen andern Zweck, als objektiv-notwendig vorstellte« (Kant, 1990d, GMS, S. BA 39). Hierbei zählt für Kant also nur *das Prinzip* des Willens, ohne jede Einschränkung und für jeden Menschen, der eine vernünftige, freie und autonome Entscheidung für eine Handlung trifft.

So aufgeschlüsselt, wird auch der Unterschied zur sogenannten Goldenen Regel deutlich. Diese Goldene Regel lautet »Behandle andere so, wie du von ihnen behandelt werden willst« oder in einer negativen Formulierung »Was Du nicht willst, das man Dir tu, das füg auch keinem andern zu.«. Als Handlungsregel ist sie aber immer nur subjektiv begründet und stellt die Sittlichkeit einer Handlung in das Belieben eines Akteurs. Als Imperativ kommt die Goldene Regel damit nicht in Betracht, allenfalls als Maxime eines Handelns, und ist auch dann problematisch: Ein Masochist mag für sich eine bestimmte Behandlung wünschenswert finden, die aber keinesfalls zu verallgemeinern ist. Die Goldene Regel ist daher kein uneingeschränkter und universeller Imperativ, sie fordert lediglich eine beliebige subjektive Maxime.

Denn der kategorische Imperativ ist im Gegensatz dazu vernünftig. Für Kant ist der freie Gebrauch der Vernunft die Voraussetzung zum hypothetischen Denken, zur Vorstellung einer Welt unter einem allgemeinen Gesetz. Während die goldene Regel eine akteursabhängige Neigung ausdrückt, ist der kategorische Imperativ vernünftig, weil er die Hypothese prüft, ob dieser Wunsch als ein allgemeines Gesetz für jeden Menschen, an jedem Ort und zu jeder Zeit gelten *kann*. Die Frage, ob autonome Menschen unter einem solchen allgemeinen Gesetz zusammenleben wollen und können, ist bei Kant die vernünftige Prüfung eines hypothetischen Gedankenspiels.

Der Mensch als Zweck

An jedes Handeln und an das Verhalten gegenüber anderen Menschen stellt Kant hingegen eine besonders strenge Anforderung, die jede Beliebigkeit ausschließt. In einer weiteren Formulierung des kategorischen Imperativs fordert er, dass jeder Handelnde sich und jeden anderen Menschen immer nur als Zweck betrachte: »*Handle so, daß du die Menschheit sowohl in deiner Person, als in der Person eines jeden andern, jederzeit zugleich als Zweck, niemals bloß als Mittel brauchest*« (Kant, 1990d, GMS, S. BA 66). Der Zweck, den Kant hierbei vor Augen hat, ist das Menschsein als vernünftiges Wesen: »Der Mensch, und überhaupt jedes vernünftige Wesen, *existiert* als Zweck an sich selbst, *nicht bloß als Mittel* zum beliebigen Gebrauche für diesen oder jenen Willen« (Kant, 1990d, GMS, S. BA 64).

Diese Formulierung des kategorischen Imperativs führt zu einigen praktischen Konsequenzen, die Kant in seinen Beispielen verdeutlicht. Erstens ist Selbstmord für Kant immer ausgeschlossen, da der Mensch sich selbst dadurch als Mittel betrachten würde, um einer Notlage aus dem Weg zu gehen. Auch eine schwere Krankheit darf nicht zur Selbsttötung führen, da sich der Mensch und sein Leben damit zu einem Mittel der »Erhaltung eines erträglichen Zustands bis zum Ende des Lebens« (Kant, 1990d, GMS, S. BA 67) instrumentalisieren würde.

Zweitens darf niemand einen anderen Menschen körperlich oder geistig schädigen. Wer diese Schädigung einsetze, um sie als Mittel zur Erlangung beispielsweise eines Geständnisses zu benutzen, behandele den anderen eben nicht als den eigentlichen Zweck seines Tuns: »Also kann ich über den Menschen in meiner Person *nichts* disponieren, ihn zu verstümmeln, zu verderben, oder zu töten« (Kant, 1990d, GMS, S. BA 67). Jede Form der Folter, mit welchem Ziel auch immer, oder der Gefahrenabwehr durch die Tötung von Unschuldigen, ist damit unvereinbar. Kein höheres Gut, wie es beispielsweise Wolfgang Daschner für sich in Anspruch nahm (vgl. Kapitel 3.1), kann die Folter legitimieren und einen Beschuldigten zum Mittel der Wahrheitsfindung machen. Was Kant aber nicht ausschließt, sind die Tötung eines Angreifers oder die Amputation eines Beins zum Erhalt des eigenen Lebens – alles andere würde dann wiederum dazu führen, dass der Mensch sich selbst zum Mittel herabsetzt, also sein eigenes Leben zum Mittel der Geltung des absoluten Tötungsverbots anderer Menschen oder seiner eigenen Person macht.

Drittens ist eine Lüge immer ausgeschlossen, da diese den Belogenen instrumentalisiert. Nehmen wir an, dass wir jemandem ein Versprechen gegeben haben, beispielsweise ein geliehenes Buch zurückzugeben. Wenn wir dieses Versprechen aber gar nicht einhalten wollten, dann wäre der andere nur ein Mittel unseres Handelns, um an das Buch zu gelangen. Dem könnte der andere aber nicht zustimmen wollen: »Denn der, den ich durch ein solches Versprechen zu meinen Absichten brauchen will, kann unmöglich in meine Art, gegen ihn zu verfahren, einstimmen und also selbst den Zweck dieser Handlung enthalten« (Kant, 1990d, GMS, S. BA 68).

Viertens begrenzt der kategorische Imperativ in dieser Form das allgemeine Hilfsgebot gegenüber anderen Menschen. Natürlich bestehe eine allgemeine Pflicht, anderen Menschen in der Not zu helfen. Aus dieser allgemeinen Pflicht folge aber nicht, dass man alles tun müsse, um jedem Menschen zu helfen. Sich selbst als Zweck zu betrachten impliziere auch eine Pflicht dazu, selbst ein glückliches Leben zu führen. Dies wäre aber nicht möglich, wenn man sein eigenes Leben nur – als Mittel – dazu verwendet, um anderen zu helfen: »in Betreff der verdienstlichen Pflicht gegen andere, ist der Naturzweck, den alle Menschen haben, ihre eigene Glückseligkeit« (Kant, 1990d, GMS, S. BA 69). Man dürfe daher anderen Menschen keine *mögliche* Hilfe verwehren, müsse aber auch nicht *alles* tun, um jedem zu helfen.

Der Begriff der Pflicht führt folglich zurück zum guten Willen. Wenn die Erreichung eines Ziels kein Grund für eine moralisch gute Handlung sein kann, wie es die teleologische Tradition gesehen hat, was bleibt dann? Was qualifiziert dann eine Handlung als moralisch gut? Wenn der Kaufmann aus unserem vorherigen Beispiel niemanden übervorteilt, weil er ansonsten fürchtet, seine Kundschaft zu verprellen, so handelt er laut Kant lediglich *pflichtgemäß*. Eine Handlung, die nur einer Pflicht gemäß sei, wäre aber noch keine moralische Handlung. Moralisch gut sei die Handlung des Kaufmanns erst dann, wenn er sie ausschließlich *aus Pflicht* zur Beachtung des kategorischen Imperativs ausführe.

Klugheitsüberlegungen oder auch eine persönliche Bindung zu seinen Kunden machen die Handlung nur pflichtgemäß. Erst wenn der gute Wille aus Pflicht zur Befolgung des kategorischen Imperativs die Handlung bestimmt, ist sie für Kant eine moralisch gute Handlung. Für Immanuel Kant ist eine solche Handlung moralisch gut, da sie weder pflichtgemäß noch aus einer Neigung oder einer

Abbildung 10 Kant und das Handeln zwischen Pflicht und Neigung

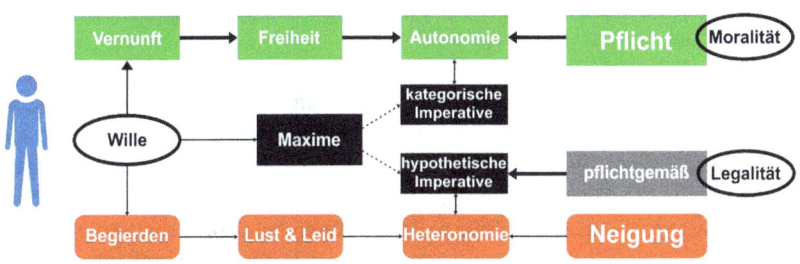

Absicht erfolgt, sondern nur aus Achtung vor dem moralischen Gesetz des kategorischen Imperativs. Nur der gute Wille aus Pflicht verleiht dem Menschen die Würde, als vernünftiges und freies Wesen moralisch gut zu handeln (s. Abb. 10).

Es sind folglich für Kant allein der gute Wille und die Selbstverpflichtung, das Gute zu wollen, was einer Handlung ihren moralischen Wert verleiht. Dieser Grundsatz des bedingungs- und neigungslosen »Du sollst!« kennzeichnet Kants Ethik als *deontologische Ethik*. Der Begriff Deontologie stammt aus dem Griechischen *(tò déon)* und kann mit ›das Gesollte‹ oder ›die Pflicht‹ übersetzt werden. Eine deontologische Ethik zielt folglich auf eine intrinsische moralische Verpflichtung ab, auf das reine *Sollen* als Motiv des Wollens. Das deontologische *Seinsollen* einer Handlung aus purer Pflicht blickt im Fluss der Zeit weder stromaufwärts noch stromabwärts, der gute Wille schert sich weder um die Vergangenheit noch um die Zukunft.

Die zuvor besprochenen ethischen Theorien von Aristoteles und den Utilitaristen wie Jeremy Bentham und John Stuart Mill zielen auf die Herbeiführung guter Ziele durch eine Handlung ab. Durch den Blick auf die Folgen einer Handlung werden diese Theorien auch als *konsequentialistische Ethik* bezeichnet und stehen damit im Gegensatz zu Kants deontologischer Ethik, für die nur das Sollen als Quelle des guten Willens in Betracht kommt.

Ethik und Recht

Für das Recht einer Gemeinschaft ist die Nichtbeachtung der Folgen einer Handlung eine komplizierte Forderung. Zwar können sich das eigentliche Recht und insbesondere die daraus abgeleiteten Gesetze nur auf tatsächlich erfolgte Taten eines Akteurs beziehen und diese gegebenenfalls mit Sanktionen oder Strafen belegen. In den allermeisten Fällen ist dies auch unproblematisch, da ein Mensch nur für tatsächlich erfolgte Straftaten verurteilt werden soll. In Einzelfällen geht

es jedoch um die Abwehr einer drohenden Gefahr und hierbei sollen mögliche schädliche Konsequenzen verhindert werden – wie beispielsweise im Fall der Notwehr und der Abwehr eines Angriffs.
Als typische Beispiele hierzu dienen der Abschuss eines entführten Passagierflugzeugs (vgl. Kap. 3.3.1) oder die präventive Tötung von potentiellen Attentätern und Terroristen. Für Kant wären derartige Dilemmata äußerst problematisch, da jede Handlung zur Vermeidung künftigen Leids auf kontingente Konsequenzen setzt und alle Beteiligten instrumentalisiert. Sowohl die Täter als auch die Opfer würden nicht mehr als vernünftige und freie Wesen betrachtet, sondern nur noch als Mittel zur Erreichung eines erhofften Ziels. Wer dies wolle, so Kant, verachte andere Menschen, mache sie zum Objekt seiner Kalkulationen und spreche ihnen damit jede Würde ab – und verliere auch selbst jeden Anspruch darauf, aus ethischen Gründen zu handeln und als Wesen mit Würde zu gelten.

> *Ein jeder Mensch hat rechtmäßigen Anspruch auf Achtung von seinen Nebenmenschen, und wechselseitig ist er dazu auch gegen jeden anderen verbunden. Die Menschheit selbst ist eine Würde; denn der Mensch kann von keinem Menschen (weder von anderen noch so gar von sich selbst) bloß als Mittel, sondern muß jederzeit zugleich als Zweck gebraucht werden und darin besteht eben seine Würde (die Persönlichkeit), dadurch er sich über alle andere Weltwesen, die nicht Menschen sind, und doch gebraucht werden können, mithin über alle Sachen erhebt. Gleichwie er also sich selbst für keinen Preis weggeben kann (welches der Pflicht der Selbstschätzung widerstreiten würde), so kann er auch nicht der eben so notwendigen Selbstschätzung anderer, als Menschen, entgegen handeln, d. i. er ist verbunden, die Würde der Menschheit an jedem anderen Menschen praktisch anzuerkennen, mithin ruht auf ihm eine Pflicht, die sich auf die jedem anderen Menschen notwendig zu erzeigende Achtung bezieht. (Kant, 1990i, MS, S. A 139 f.)*

Für Kant werden die Würde des Menschen sowie seine unverletzbaren und unveräußerlichen Rechte als Mensch durch die Moralphilosophie begründet. Als vernünftiges und freies Wesen ist der Mensch zur Selbstgesetzgebung befähigt und sein Wille kann ihm zur Pflicht werden. Auf eben diese Fähigkeiten stützen sich die Würde des Menschen und sein Anspruch auf Menschenrechte, die den anderen moralfähigen Wesen eine Pflicht sind oder zumindest aber pflichtgemäß zu respektieren sind.

Auch die Freiheit und die Gleichheit aller Menschen stützen sich auf die universelle Würde, die Kant dem moralfähigen Wesen Mensch zuspricht. Allerdings muss man die philosophischen Konzepte, die hinter den ethischen Begriffen Freiheit und Gleichheit stehen, von rechtlich-politischen Konzepten unterscheiden. Denn auch wenn der Philosoph Immanuel Kant mit »immer neuer und zunehmender Bewunderung und Ehrfurcht« (Kant, 1990g, KpV, S. A 288) auf die Moralität des Menschen blickte, so wusste er doch sehr gut, dass dieser Mensch immer auch ein unmoralisches, egoistisches und triebhaftes Tier bleiben würde – denn »aus so krummem Holze, woraus der Mensch gemacht ist, kann nichts ganz Gerades gezimmert werden« (Kant, 1990f, IGA, S. A 397).

Die wichtigste Aufgabe der Gemeinschaft und des Staates ist es laut Kant daher, die Freiheit und die Rechtsgleichheit des Menschen zusammenzubringen (vgl. Rommerskirchen, 2017, S. 72 f.). Absolute Freiheit sei das Recht auf alles und damit reine Willkür, die Rechtsgleichheit werde dadurch zum Recht des Stärkeren. Die äußere Freiheit – im Sinne einer rechtlich-politischen Konzeption – versteht Kant jedoch nicht als Willkür, sondern als Handlungsfreiheit, die sich mit der Handlungsfreiheit eines jeden anderen in der Gemeinschaft konfliktfrei und ohne Zwang denken lässt. Kants klassische Definition des Rechts lautet daher: »Das Recht ist also der Inbegriff der Bedingungen, unter denen die Willkür des einen mit der Willkür des anderen nach einem allgemeinen Gesetz der Freiheit zusammen vereinigt werden kann« (Kant, 1990i, MS, S. B 33).

Jede Behinderung in der Ausübung der äußeren Freiheit ist folglich ein Unrecht, niemand, auch nicht der Staat, darf einen Menschen hierbei zu einer Handlung oder deren Unterlassung zwingen. Lediglich die Gesetze der Gemeinschaft können diese Freiheit wechselseitig einschränken: »Eine jede Handlung ist *recht*, die oder nach deren Maxime die Freiheit der Willkür eines jeden mit jedermanns Freiheit nach einem allgemeinen Gesetze zusammen bestehen kann« (Kant, 1990i, MS, S. B 33). Freiheit im ethischen und im rechtlichen Kontext ist für Kant die Selbstverpflichtung des Menschen, sich unter das moralische Gesetz beziehungsweise unter das staatliche Gesetz zu stellen. Das Recht steht hierbei als vermittelnde Instanz zwischen der autonomen Moralität und den kollektiven Gesetzen: »*Recht* ist die Einschränkung der Freiheit eines jeden auf die Bedingung ihrer Zusammenstimmung mit der Freiheit von jedermann, in so fern dies nach einem allgemeinen Gesetze möglich ist; und das *öffentliche Recht* ist der Inbegriff der *äußeren Gesetze*, welche eine solche durchgängige Zusammenstimmung möglich machen« (Kant, 1990j, ÜdG, S. A 234). Gleichheit als Rechtsgleichheit entstehe erst mit der Übereinstimmung von Moral, Recht und Gesetz.

Jede menschliche Gemeinschaft müsse daher die moralische Freiheit des Menschen mit der äußeren Freiheit und der Rechtsgleichheit aller anderen Menschen zusammenbringen. Für Immanuel Kant lautet die Lösung für dieses Problem: Gesellschaftsvertrag. Ein gemeinsamer und fiktiver Vertrag *(pactum sociale),* als rein hypothetische Annahme, würde es der Gemeinschaft erlauben, jeden Bürger unter das Recht und die Gesetze zu stellen, ohne jedoch seine moralische Freiheit zu verletzen, da er dem Vertrag und dem Recht freiwillig zugestimmt hätte, um die Willkür des Einzelnen zu begrenzen. Der Staat und seine Gesetze stünden dann nicht im Widerspruch zur Freiheit und Vernunft des autonomen Menschen:

Da nun jede Einschränkung der Freiheit durch die Willkür eines anderen Zwang heißt: so folgt, daß die bürgerliche Verfassung ein Verhältnis *freier* Menschen ist, die (unbeschadet ihrer Freiheit im Ganzen ihrer Verbindung mit anderen) doch unter Zwangsgesetzen stehen: weil die Vernunft selbst es so will, und zwar die reine a priori gesetzgebende Vernunft, die auf keinen empirischen Zweck (dergleichen alle unter dem allgemeinen Namen Glückseligkeit begriffen werden) Rücksicht nimmt. (Kant, 1990j, ÜdG, S. A 234)

Das freie und vernünftige Zusammenspiel von Moralität und Recht sei allerdings keine Notwendigkeit, denn in der Gemeinschaft müssten sich auch die wenigen moralischen Menschen notfalls gegen eine Übermacht egoistischer Schurken behaupten können. Das notwendige Primat des Rechts erzwingt bei Kant die Souveränität der Gesetze über das äußere Handeln. In einer berühmten Formulierung betont Kant, dass im Rechtsstaat ein friedliches und freies Zusammenleben letztlich durch Gesetze mit Zwangsbefugnissen und nicht durch moralische Normen zu sichern sei:

Das Problem der Staatserrichtung ist, so hart wie es auch klingt, selbst für ein Volk von Teufeln (wenn sie nur Verstand haben), auflösbar und lautet so: ›Eine Menge von vernünftigen Wesen, die insgesamt allgemeine Gesetze für ihre Erhaltung verlangen, deren jedes aber in Geheim sich davon auszunehmen geneigt ist, so zu ordnen und ihre Verfassung einzurichten, daß, obgleich sie in ihren Privatgesinnungen einander entgegen streben, diese einander doch so aufhalten, daß in ihrem öffentlichen Verhalten der Erfolg eben derselbe ist, als ob sie keine solche böse Gesinnung hätten‹. Ein solches Problem muß auflöslich sein. (Kant, 1990l, ZeF, S. B 61)

Kant behauptet keineswegs, dass ein friedliches und soziales Miteinander nur dann möglich ist, wenn sich alle Menschen an die moralischen und normativen Gebote einer utopischen Welt halten oder gar ihre Handlungen nach dem strengen Maßstab des kategorischen Imperativs ausrichten. Der Mensch, und hier ist durchaus eine Nähe zu Thomas Hobbes erkennbar, ist für Kant »ein Tier, das, wenn es unter andern« seiner Gattung lebt, einen Herrn nötig hat« (Kant, 1990f, IGA, S. A 396). Im Unterschied zu Hobbes fordert Kant aber keinen omnipotenten Herrscher, sondern lediglich eine *formale* Bestimmung des Zusammenlebens in Form eines fiktiven Gesellschaftsvertrages, durch den die Freiheit des Einzelnen unter dem allgemeinen Gesetz möglich wird. Ein soziales Miteinander in einer Rechtsgemeinschaft soll auch einem *Volk von Teufeln* und radikalen Egoisten – wenn sie denn nur Verstand haben – möglich sein. Weder ein Staat der Engel noch ein Volk von Teufeln sind für Kant ein Grund, an der Fähigkeit des vernünftigen Menschen zur Freiheit, zur Moralität und zur Würde zu zweifeln.

Gerechtigkeit

Das Recht und der Staat mit seinen Gesetzen dienen insofern der Gemeinschaft, um das willkürliche Handeln der Egoisten einzuhegen und die Moralität des vernünftigen und freien Menschen in seinem äußeren Handeln zu ermöglichen. Hierbei begrenzt Kant jedoch den Wirkungsbereich des Staates auf ein Minimum und legt damit den Grundstein für eine liberale politische Theorie (vgl. Beyme, 2013, S. 86 ff.). Keinesfalls darf der Staat den Bürger zwingen, eine bestimmte Vorstellung von Glück zu übernehmen und seine Ansprüche auf staatliche Wohlfahrt oder auf eine bestimmte Form von sozialer Rechtmäßigkeit zu lenken.

Die Freiheit, nur die eigenen Vorstellungen von Glückseligkeit anzustreben, dürfe der liberale Rechtsstaat nicht begrenzen und er dürfe auch keine ihm genehmen Vorstellungen hierüber unterstützen. Eine solche »väterliche Regierung«, die ihre Bürger nicht als freie und vernünftige Menschen behandelt, sondern »als unmündige Kinder, die nicht unterscheiden können, was ihnen wahrhaft nützlich oder schädlich ist, sich bloß passiv zu verhalten genötigt sind, um, wie sie glücklich sein sollen, bloß von dem Urteile des Staatsoberhaupts, und, daß dieser es auch wolle, bloß von seiner Gütigkeit zu erwarten: ist der größte denkbare *Despotismus*« (Kant, 1990j, ÜdG, S. A 236). Eine staatliche Förderung von Ehe und Familie, steuerfinanzierte Berufsausbildungen und anerkannte Glaubensgemeinschaften wären dem Königsberger Philosophen ein Grauen gewesen. Ein solcher paternalistischer Staat wäre für Kant das Gegenmodell zu seinem liberalen Entwurf.

Mit diesem Vorwurf gegen den despotischen Glücksstaat wendet sich Immanuel Kant explizit gegen alle konsequentialistischen Theorien, die die Glückseligkeit des Einzelnen, der größten Zahl oder der Gemeinschaft als Ziel ihrer Rechtstheorien einfordern. Kant lehnt diese Theorien aus der grundsätzlichen Überlegung heraus ab, dass die Glückseligkeit als Ziel einer Handlung immer zur Abwägung der Folgen führen muss. Ohne diese Abwägung ist die Frage, welche Handlung mehr oder weniger Glück und Freude mit sich bringt, nicht zu erörtern. Die möglichen Folgen einer Handlung sind für Kant jedoch prinzipiell keine zulässige Begründung für eine moralische Entscheidung.

Daher kann auch die Frage nach der Gerechtigkeit einer Handlung nicht aufgrund der Entscheidung über deren empirische Folgen entschieden werden. Auch hierbei gilt das Primat des Rechts, da die Gerechtigkeit in sozialen Handlungen zu prüfen ist und damit der Ausübung der äußeren Freiheit untersteht. Für Kant mag das Naturrecht sowohl die Tauschgerechtigkeit *(iustitia commutativa)* der Bürger untereinander als auch die Verteilungsgerechtigkeit *(iustitia distributiva)* in der Beziehung Staat und Bürger berühren und a priori der Vernunft erkennbar sein – dies ändere jedoch nichts an der notwendigen Souveränität des positiven Rechts für alle sozialen Handlungen: »Die Frage ist also hier nicht bloß, was ist an sich recht, wie nämlich hierüber ein jeder Mensch für sich zu urteilen habe, sondern, was ist vor einem Gerichtshofe recht, d. i. was ist Rechtens?« (Kant, 1990i, MS, S. AB 140).

Im klassischen Streitfall ›Kreon gegen Antigone‹ würde Kant daher eindeutig für den König plädieren und Antigones Tod fordern. Die Gesetze waren klar, sie haben die Bestattung Polyneikes' verboten, und falls Kreon nun wider seine Gesetze entscheiden würde, so hätte er Antigone zum Mittel der Anerkennung eines höheren Rechts gemacht. Einen Menschen als Mittel und nicht als Zweck zu missbrauchen, selbst für ein höheres Ziel, wäre für Kant jedoch ein klarer Verstoß gegen dessen Würde. In diesem Sinne würde Kant auch eine entschiedene Position gegen Wolfgang Daschner einnehmen, der den Beschuldigten Magnus Gäfgen durch die Androhung der Folter instrumentalisieren wollte, um das Leben eines Kindes zu retten. Für Kant hätte Wolfgang Daschner seine Menschenwürde bereits durch die Androhung der Folter verloren.

Jegliche Abwägung der Folgen für die Hoffnung auf Glückseligkeit bleibt für Kant ausgeschlossen, so grausam dieses kategorische Verbot im Einzelfall auch sein mag. Die Gerechtigkeit müsse ohne Blick auf die Konsequenzen und nur auf ihre Übereinstimmung mit den Maximen des Handelns geprüft werden. Jede Straftat, die im Widerspruch zu den Gesetzen steht, wird sich durch Prüfung der Maxime der Handlung jedoch als unmoralisch und unrechtmäßig erweisen und ist daher weder legitim noch legal. Kant warnt daher eindringlich vor jeder Abwägung eines natürlichen Rechts gegen die Gesetze des Staates, denn dadurch würden sowohl die Gerechtigkeit als auch die Würde der Menschen untergehen:

> Das Strafgesetz ist ein kategorischer Imperativ, und, wehe dem! welcher die Schlangenwindungen der Glückseligkeitslehre durchkriecht, um etwas aufzufinden, was durch den Vorteil, den es verspricht, ihn von der Strafe [...] entbinde, nach dem pharisäischen Wahlspruch: ›es ist besser, daß ein Mensch sterbe, als daß das ganze Volk verderbe‹; denn, wenn die Gerechtigkeit untergeht, so hat es keinen Wert mehr, daß Menschen auf Erden leben. (Kant, 1990i, MS, S. B 226)

Die Abwägung empirischer Konsequenzen einer Handlung entwertet für Kant zudem den Begriff der Gerechtigkeit. Das Recht müsse die formale Bestimmung der Gerechtigkeit sein, da sie, sobald sie von den unsicheren Folgen einer Entscheidung abhängig gemacht wird, ihrerseits zum bloßen Mittel der Handlungen gemacht werde. Damit wäre die Gerechtigkeit aber nicht mehr vom Recht bestimmt und »die Gerechtigkeit hört auf, eine zu sein, wenn sie sich für irgend einen Preis weggibt« (Kant, 1990i, MS, S. B 227). Gerechtigkeit muss für Immanuel Kant das Ziel aller Handlungen bleiben und dafür ist ihre Rechtmäßigkeit eine notwendige Voraussetzung.

Die Entführungen von Personen und Flugzeugen sind extreme ethische Probleme, doch die damit verknüpften Dilemmata machen die Grundposition von Immanuel Kant deutlich. Für ihn ist es die reine Vernunft a priori, *die unserem Willen gebietet, dass kein Mensch zum Objekt der Willkür eines anderen Menschen gemacht werden darf – auch dann nicht, wenn man für andere Menschen einen Vorteil erhofft. Denn die Maxime des Handelns wäre in diesem Fall, dass die subjektiven Überlegungen über die Vermeidung eines Übels und die Umsetzung eines größeren Wohls die Grundlage des Handelns sein sollten. Das allgemeine Gesetz würde dann lauten, dass jeder Mensch alles tun soll, was ihm möglich ist, um seine subjektiven Vorstellungen vom Glück und vom guten Leben umzusetzen. Dieses allgemeine Gesetz würde aber die Freiheit eines jeden anderen in das Belieben des Subjekts stellen und seiner Willkür keine Grenzen setzen. Ein solches allgemeines Gesetz wäre keinesfalls vernünftig, da es die Autonomie des Menschen zu Grunde richten und in der Konsequenz die Menschenwürde zunichtemachen würde. Die Würde des Menschen wäre dann sinnentleert.*

Aus diesem Grunde wäre Kant vermutlich entschieden gegen den Abschluss von Kidnap & Ransom-Versicherungen und gegen den Abschuss von entführten Flugzeugen. Sein Problem wäre aber nicht die individuelle Notwehr, die Tötung im Affekt oder von Aggressoren im Krieg, sondern die kalkulierte Abwägung kontingenter Vor- und Nachteile – denn genau dieses Kalkül macht Menschen zum Objekt des Handelns. Und somit wäre ein staatliches Luftsicherheitsgesetz, dass einem Militärpiloten das Recht gibt, andere Menschen zur Abwehr einer Bedrohung oder zur Abschreckung künftiger Bedrohungen zu töten, für Kant aus formalen Gründen kein gerechtes Gesetz. Ein von Menschen gemachtes Gesetz muss als allgemeines und vernünftiges Gesetz bestehen können, denn Strafe setzt Schuld *voraus – und wer vernünftig handelt, lädt keine Schuld auf sich.*

Der Moralphilosoph Immanuel Kant hätte somit (vermutlich) als Verfassungsrichter ein solches Gesetz abgelehnt. Die vorangegangene Diskussion macht deutlich, wie sehr unsere Moralvorstellungen und unsere Rechtskonzepte von den Gedanken Kants geprägt sind. Die deutsche Verfassung und die Rechtsprechung der obersten Gerichte in Deutschland entsprechen in allen wesentlichen Grundsätzen und Entscheidungen – vom Verbot der Folter bis zum Verbot der Tötung entführter Flugzeugpassagiere – der Kantischen Moralphilosophie. Diese Kantische Tradition prägt das deutsche Grundgesetz und bereits die ersten drei Artikel des Grundgesetzes sind nichts weniger als eine modernisierte Synopsis der Kantischen Rechtsphilosophie: die Würde des Menschen und seine universellen Menschenrechte (Art. 1), die Freiheit der Person (Art. 2) und die Gleichheit aller Menschen vor dem Gesetz (Art. 3).

Sozialethik 4

Im Mittelpunkt der klassischen Individualethik steht die Frage: Was soll *ich* tun? Die Sozialethik verlagert den Fokus dieser Fragestellung auf die soziale Interaktion. Ihr geht es um die Untersuchung der Normen und der Prinzipien des menschlichen Zusammenlebens, wobei sie den Menschen als freies und soziales Wesen, als Individuum und als Mitglied einer Gemeinschaft betrachtet. Während beispielsweise Thomas Hobbes' Individualethik die Gemeinschaft als notwendig für die Sicherung des Überlebens beschreibt, geht die Sozialethik von einer freiwilligen Zugehörigkeit aus. Dieser bewusste und freie Akt der Zugehörigkeit zu einer menschlichen Gemeinschaft impliziert jedoch die Übernahme von Verantwortung gegenüber den Mitmenschen und die Akzeptanz von bindenden Normen.

Damit bewegen sich die ethischen Handlungsüberlegungen des Individuums als Gemeinschaftswesen zwischen den antagonistischen Polen der maximalen individuellen Freiheit und der maximalen kollektiven Gleichheit, zwischen der egoistischen Durchsetzung der Willkür und der Unterordnung unter die normativen Erwartungen der Gemeinschaft. Um das Spannungsfeld zwischen Individuum und Gemeinschaft, Freiheit und Gleichheit zu untersuchen, konzentriert sich die Sozialethik zumeist auf die Ausgestaltung kollektiver Institutionen. Konstituierende Bereiche sind beispielsweise die normativen Grundlagen der sozialen Ordnung, des Rechts und der Ökonomie.

Neben diesen grundsätzlichen institutionellen Bereichen beschäftigt sich die Sozialethik auch mit wichtigen konkreten Teilbereichen wie der Begrenzung staatlicher Macht, der Verteilung von Gütern und den Rechten von Tieren. In all diesen Bereichen geht es den Sozialethikern um die Untersuchung allgemeiner und spezifischer Fragestellungen über das gute und das gerechte Handeln von Individuen in einer Gemeinschaft, um die Verteilung von Rechten und Pflichten und die Möglichkeiten und Grenzen der Interaktion.

Die grundlegende Untersuchung des Wechselspiels zwischen Individuum und Gemeinschaft macht die Sozialethik zudem anschlussfähig für die politische Theorie, die Soziologie, die Wirtschaftswissenschaften und die Sozialpsychologie. In den nachfolgenden Vorstellungen der sozialethischen Theorien von John Rawls, Peter Singer, Robert Nozick und Michael Sandel sollen diese gemeinsamen Schnittpunkte der praktischen Philosophie und den benachbarten Wissenschaften deutlich gemacht werden.

4.1 Kontraktualistische Ethik

4.1.1 Gerechtigkeit als Spiel

Alle Menschen streben nach Gerechtigkeit. Das Bedürfnis, die Welt und die eigene Gesellschaft als gerecht zu empfinden, unterstützt Menschen bei der Wahrnehmung, Bewertung und Erinnerung von Ereignissen und Handlungen. Die psychologische Forschung bestätigt, dass Menschen das soziale Handeln anderer Menschen unter der Prämisse der Gerechtigkeit als stabil, berechenbar und wohlwollend erleben (vgl. Christandl, 2013, S. 488). Sie bewerten aber auch den Geschmack von fair gehandelten Lebensmitteln, sogenannten Fair-Trade Produkten, als besser im Vergleich zu herkömmlichen Lebensmitteln (vgl. Lotz, Christandl, & Fetchenhauer, 2013) und erleben die letzte weltweite Finanzkrise, die 2007 als US-Immobilienkrise begann, als Ungerechtigkeit, die einige wenige Menschen verschuldet haben und die viele Unbeteiligte geschädigt hat (vgl. Christandl, Oberlechner & Pitters, 2013). Gerechtigkeit ist für Menschen ein wichtiges Kriterium für das eigene Handeln und für die Bewertung der Handlungen anderer Menschen.

Einen experimentellen Beweis für diese These liefert das sogenannte Ultimatumspiel (vgl. Sigmund, Fehr & Nowak, 2002): Zwei Personen, die sich nicht kennen, sollen einen Geldbetrag von 100 Euro teilen. Nennen wir die Personen Anne und Bob. Anne darf ein Teilungsangebot machen, Bob darf das Angebot annehmen oder ablehnen. Falls Bob annimmt, wird das Geld entsprechend geteilt; falls er aber ablehnt, erhalten weder Anne noch Bob einen Cent.

Wären Anne und Bob ausschließlich rationale Wesen, so wäre ein Angebot von 10 Prozent ausreichend. Für Bob wären 10 Prozent oder 10 Euro schließlich mehr als gar nichts und es wäre nicht rational, wenn Bob ein solches Angebot ablehnen würde. Anne könnte also davon ausgehen, dass Bob als rational kalkulierender Mensch jedem Angebot zustimmen würde, das ihm überhaupt einen Nutzen brächte. Jedes Angebot sollte daher für Bob aus rationalen Gründen akzeptabel sein, seien es 10 Cent oder 10 Euro.

Und doch widerlegt das Ultimatumspiel diese Einschätzung: Zwei von drei Spielern (Anne) machen ihrem Gegenüber (Bob) ein Angebot, dass zwischen vierzig und fünfzig Prozent liegt. Sie vermuten, dass ihr Gegenüber dem Angebot nur dann zustimmen wird, wenn es nicht nur rational plausibel, sondern auch fair ist: »Wir sind keineswegs nur am eigenen Einkommen interessiert, sondern vergleichen uns mit dem Mitspieler und verlangen ein faires Ergebnis« (Sigmund, Fehr & Nowak, 2002, S. 54). *Es geht Bob vermutlich nicht nur um das Geld, die Höhe von Annes Angebot ist auch eine Frage des Respekts und der Anerkennung. Für Bob geht es nicht zuletzt um Fairness, und der Prozentsatz, den Anne vorschlägt, belegt vor allem das Ausmaß an Fairness, das diese ihm entgegenbringt.*

Und diese Vermutung eines Fairness-Gebots ist zutreffend: Tatsächlich lehnen die meisten Menschen ein Angebot ab, dass unter dreißig Prozent liegt (vgl. Nowak, Page & Sigmund, 2000). Anne muss folglich ihr Angebot so austarieren, dass es sowohl ihr eigenes Interesse an einem möglichst großen Anteil berücksichtigt als auch Bobs Interesse an einer fairen Verteilung der Güter. Sobald Bob sich übervorteilt fühlt, die Verteilung somit als unfair und damit als ungerecht empfindet, muss Anne mit einer Ablehnung rechnen und beide gehen leer aus. Mit anderen Worten: Bob verzichtet eher auf einen monetären Vorteil als auf eine faire und gerechte Behandlung.

In Experimenten auf der ganzen Welt, bei denen das Ultimatumspiel in vielen Variationen getestet wurde, konnte dieses Ergebnis bestätigt werden. Menschen ist ihre Anerkennung durch einen fairen Umgang miteinander wichtig, sie erwarten von anderen eine gerechte Behandlung und sind auch bereit, in sozialen Beziehungen selbst gerecht zu handeln. In der Evolution war es vermutlich für menschliche Gruppen vorteilhaft, untereinander fair zu spielen und dadurch kooperatives Handeln zu erleichtern. Dies ist zumindest eine plausible Erklärung für die »statistisch erkennbare Vorliebe für Gleichheit« (Ladwig, 2011, S. 123).

Diese Präferenz der Gleichheit begrenzt das rationale egoistische Streben nach Nutzenmaximierung und versucht einen Ausgleich zwischen den Interessen des Individuums und denen der Gemeinschaft herzustellen. Diese Haltung zur Gerechtigkeit ist weltweit ähnlich, jedoch in großen und komplexen Gesellschaften tendenziell stärker ausgeprägt als in kleineren Gemeinschaften (vgl. Henrich, 2010). Mit der Größe und der Komplexität der Gemeinschaft scheint das Bewusstsein der Akteure für die Notwendigkeit von kooperativem Verhalten – auch zulasten egoistischer Interessen – somit zuzunehmen.

In Bezug auf die Frage nach einer gerechten Gesellschaft kann man diese Studien durch ein Modell deutlich machen, indem man sich fragt, in welcher von drei unterschiedlichen Gesellschaften mit unterschiedlichen Verteilungsordnungen von Gütern man selber leben möchte (vgl. Ladwig, 2011, S. 139). Angenommen, es gibt drei Länder zur Auswahl, in denen die Einkommen und Vermögen unterschiedlich verteilt sind. Insgesamt ist der Wohlstand in Land A sehr gering (12), in Land B sehr groß (40) und in Land C relativ groß (34). Die meisten Menschen würden nun vermutlich gerne im wohlhabenden Land B leben und arbeiten, die wenigsten Menschen in Land A.

Nehmen wir weiter an, dass auch die Verteilung des Wohlstands innerhalb der Bevölkerung in diesen drei Ländern sehr unterschiedlich (s. Abb. 11) ist. Im ersten Land A sind die Unterschiede gering. Das untere Drittel der Gesellschaft besitzt kaum weniger als das mittlere Drittel, das obere Drittel nur wenig mehr als das mittlere Drittel. Im Land B verfügt das obere Drittel über einen deutlich größeren Anteil an Einkommen und Vermögen als das mittlere Drittel und dieses über einen lediglich relativ kleinen größeren Anteil als das untere Drittel. Insgesamt sind die Güter in Land B somit sehr ungleich verteilt. Im Land C ist die Verteilung relativ gleichmäßig, jedoch bedeutsam unterschiedlich: Das mittlere Drittel besitzt etwa doppelt so viele Güter wie das untere Drittel und die Hälfte des oberen Drittels. Mit Bernd Ladwig kann man das Land A auch das idealtypische Kuba, das Land B die idealtypischen USA und das Land C das idealtypische Schweden nennen (vgl. Ladwig, 2011, S. 139).

Abbildung 11 Wohlstandsverteilung in drei fiktiven Ländern

	Land A	Land B	Land C
oberes Drittel	5	30	20
mittleres Drittel	4	8	10
unteres Drittel	3	2	4
Gesamt-Wohlstand	**12**	**40**	**34**

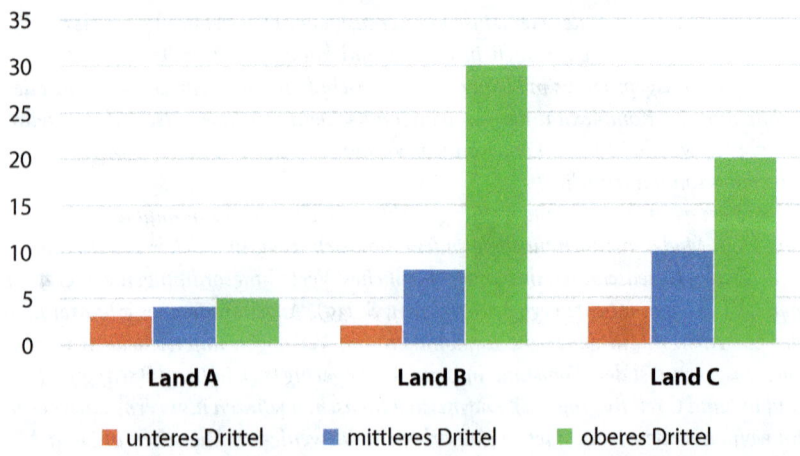

In welchem Land würde man nun gerne leben, wenn man die freie Wahl hätte? Dies hängt bei den meisten Menschen von ihren persönlichen Eigenschaften ab, beispielsweise von ihrer Ausbildung und ihren beruflichen Fähigkeiten, von ihrer familiären Situation, Geschlecht und Hautfarbe. Unabhängig von ihrer persönlichen Situation wäre für viele Menschen nun jedoch Land C attraktiv, da es eine relativ gleichmäßige Verteilung des Wohlstands in der Gesellschaft bietet, die von vielen Menschen als gerecht bewertet wird. Dieses Streben nach Gerechtigkeit und der Wunsch nach fairer Behandlung ist eine Eigenschaft, die die allermeisten Menschen miteinander teilen – wie das Ultimatumspiel gezeigt hat. Für den Sozialphilosophen John Rawls sind dieses Streben und dieser Wunsch die zentralen anthropologischen Thesen seiner praktischen Philosophie.

4.1.2 John Rawls und die Theorie der Gerechtigkeit

Der US-amerikanische Philosoph John Rawls (1921–2002) legte 1971 mit seinem Hauptwerk *Eine Theorie der Gerechtigkeit* eine wichtige Weiterentwicklung der Kantischen Moralphilosophie vor. Fast zweihundert Jahre wurden die Gedanken Immanuel Kants durch die nachfolgenden Moralphilosophen lediglich interpretiert und konkretisiert, sie blieben aber ein unverrückbarer Fels in der Brandung neuer Theorien. Insbesondere die anglo-amerikanischen Neufassungen utilitaristischer Theorien prallten an der Kantischen Forderung nach dem reinen Gebrauch der Vernunft a priori bei ethischen Überlegungen ab.

Ein wichtiger Grund für diese prinzipielle Unvereinbarkeit Kantischer und utilitaristischer Thesen ist der Konflikt zwischen Motiven und Folgen einer Handlung. Für alle Utilitaristen ist das Glück der größten Zahl das Ziel allen Handelns, daher gelten der größte Nutzen beziehungsweise die größtmögliche Freude als *summum bonum* in der Gemeinschaft. Gut und richtig ist, was hierfür nützlich ist – und daher ist das Gute auch das Gerechte und umgekehrt. Für Kant sind hingegen die Vernunft, die Freiheit und die Autonomie des Individuums die wesentlichen Voraussetzungen für ethische Handlungen. Diese handlungsmotivierenden Voraussetzungen dürfen weder der Nützlichkeit noch dem Glück der größten Zahl geopfert werden und sie sind unvereinbar mit individuellen Glücksvorstellungen und kollektiven Wohlstandswünschen. Die Strenge der Kantischen Moralphilosophie und ihre rigorose Ablehnung der Berücksichtigung von Handlungskonsequenzen isolierten sie jedoch zunehmend von den sich insbesondere in Großbritannien und Nordamerika weiter entwickelnden utilitaristischen Theorien.

In den 1960er Jahren wird die Kantische Moralphilosophie zudem von massiven gesellschaftlichen Veränderungen auf die Probe gestellt. Neue Lebensformen, kulturelle Durchmischungen und technischer Fortschritt erfordern eine ethische Theorie, die Antworten auf neue soziale Fragen und empirische Probleme anbietet. Nach den beiden Weltkriegen und unter dem Eindruck der medialen Berichterstattung aus dem Vietnamkrieg, nach der Erfindung und dem Einsatz der Atombombe, nach der Zulassung der Pille zur Empfängnisverhütung und zunehmenden Alltagserfahrungen mit anderen Kulturen und Religionen durch Reisen und Zuwanderung verändern sich die Gesellschaften. Die Frage an die praktische Philosophie ist nun, ob es trotz dieser tiefgreifenden sozialen, kulturellen und technischen Veränderungen eine gemeinsame Grundlage der Gemeinschaft und des sozialen Handelns geben kann.

John Rawls will diese Frage Anfang der 1970er Jahre mit einer Weiterentwicklung der praktischen Philosophie Immanuel Kants beantworten. Für Rawls ist die gemeinsame Grundlage jeder Gemeinschaft das universelle Streben nach *Gerechtigkeit*. Er ist davon überzeugt, dass jede menschliche Gemeinschaft und alle Mitglieder dieser Gemeinschaften Gerechtigkeit verwirklichen wollen. Denn erst durch das Streben nach Gerechtigkeit im Zusammenleben könnten auch Freiheit, Gleichheit und andere Rechte umgesetzt werden. Diese Grundsätze übernimmt Rawls weitgehend von Kant: Für den deutschen Aufklärer sind Freiheit, Gleichheit und Selbstständigkeit die Prinzipien des gerechten Rechtsstaates, der durch einen fiktiven ursprünglichen Vertrag zwischen seinen Bürgern zustande gekommen ist (vgl. Rommerskirchen, 2017, S. 72 f.).

Das wesentliche Element, durch das Rawls die Kantische praktische Philosophie weiterentwickelt, ist die Ausgestaltung dieses Vertragsgedankens. Kant konkretisierte diese für die Gemeinschaft grundlegende Idee nicht, er übernahm sie von Thomas Hobbes, John Locke und insbesondere von Jean-Jacques Rousseau ohne weitere Erklärungen. Der Gesellschaftsvertrag war für Kant lediglich ein fiktiver »ursprünglicher Kontrakt« (Kant, 1990j, ÜdG, S. A 249). Rawls dagegen will durch den Vertrag die Gerechtigkeit als *Prämisse* für individuelle Freiheit in einer Gemeinschaft etablieren. Seine Überlegung lautet: Wie kann man eine gerechte Gesellschaftsordnung in einem Vertrag beschließen, der allen Vertragspartnern ein größtmögliches Maß an Freiheit zusichert? Hierzu definiert er zunächst die *Gerechtigkeit der sozialen Ordnung* als universellen Ausgangspunkt jeder menschlichen Gemeinschaft und ihrer vertraglichen Grundlage:

> Die Gerechtigkeit ist die erste Tugend sozialer Institutionen, so wie die Wahrheit bei Gedankensystemen. Eine noch so elegante und mit sparsamen Mitteln arbeitende Theorie muß fallengelassen werden, wenn sie nicht wahr ist; ebenso müssen noch so gut funktionierende und wohlabgestimmte Gesetze und Institutionen abgeändert oder abgeschafft werden, wenn sie ungerecht sind. Jeder Mensch besitzt eine aus der Gerechtigkeit entspringende Unverletzlichkeit, die auch im Namen des Wohls der ganzen Ge-

sellschaft nicht aufgehoben werden kann. Daher läßt es die Gerechtigkeit nicht zu, daß der Verlust der Freiheit bei einigen durch ein größeres Wohl für andere wettgemacht wird. (Rawls, 1979, S. 19)

Rawls geht wie Kant davon aus, dass der Gesellschaftsvertrag die Freiheit der Vertragspartner und späteren Bürger möglich wenig einschränken sollte, um ihre Autonomie als moralische Wesen zu sichern. Der Amerikaner sieht aber das Problem, dass die Menschen in jeder real existierenden Gesellschaft bei der Formulierung eines Vertrags von ihrer individuellen Situation, ihrem sozialen Status, ihrer Herkunft und ihren Zielen beeinflusst werden könnten – insbesondere, wenn es um die Sicherung ihrer eigenen Freiheitsrechte geht. Die soziale Ordnung wäre dann nur das Ergebnis der egoistischen Macht einer zufälligen Mehrheit. Für Kant waren der soziale Status und die individuellen Talente zwar lediglich heteronome Gründe für die Ausgestaltung des Vertrags, die jedoch – so bemerkt Rawls – möglicherweise eben doch die Entscheidung der Vertragspartner für eine konkrete Gesellschaftsordnung beeinflussen könnten und vermutlich auch würden.

Damit verweist Rawls auf ein Problem der Kantischen Ethik, auf das der Utilitarist Henry Sidgwick (1838–1900) schon hingewiesen hatte. Sidgwick bemerkte, dass Kant nicht klar formuliert habe, warum ein Schurke mit seinen moralisch fragwürdigen Zielen nicht ebenso seine Freiheit und seine Autonomie im Handeln ausdrücken würde wie ein Heiliger die seine. Eine Vertragsgemeinschaft, in der jedoch die Schurken in der Mehrheit wären, könnte die Minderheit der Heiligen bedenkenlos unterdrücken und deren Freiheit nach Belieben einschränken. Gegen dieses utilitaristische Argument wendet Rawls ein, dass ein Mensch, der nur nach dem kategorischen Imperativ handele, seine eigene subjektive Natur und seine eigenen Ziele bei der Formulierung einer Maxime außer Acht lassen müsse. Eine Maxime, die lediglich subjektive Wünsche verallgemeinert, wäre für Kant allenfalls als hypothetischer Imperativ möglich gewesen.

Jedoch ist Kants Vertragstheorie an dieser Stelle nicht explizit genug, da er die Entstehungsbedingungen und die formalen Anforderungen an den ursprünglichen Kontrakt nicht behandelt und dadurch offen lässt, wie das Gute und das Gerechte in seine Gesellschaftstheorie eingebettet werden können. Rawls fehlt bei Kant eine Beschreibung der Umstände, unter denen dieser Vertrag zwischen freien und gleichen vernünftigen Wesen zu Stande kommen kann (vgl. Rawls, 1979, S. 283 f.). Mit anderen Worten: Rawls will Kants Vertragstheorie so explizit ausarbeiten, dass die Schurken nicht mehr die Heiligen unterdrücken können. Es geht Rawls jedoch dabei um eine formale Einschränkung, nicht um ein schlichtes Verbot von Schurken.

Unerheblich ist hierbei, dass der Gesellschaftsvertrag ein fiktiver Vertrag ist. Weder Kant noch Rawls glauben, dass ein realer Vertrag am Anfang einer Gesellschaft stehen muss. Der Urzustand einer Gesellschaft ist für beide Philosophen ein gedankliches Konstrukt, das die gemeinsamen Grundlagen und Bedingungen der Gemeinschaftlichkeit beschreibt. So wie eine reale Verfassung an jedem beliebigen Zeitpunkt erstellt und verändert werden kann, wenn die Bürger es fordern, so ist der Gesellschaftsvertrag die Formulierung von Annahmen über einen fiktiven Anfangspunkt. Und für diesen Anfang, den Urzustand, müssen die Umstände offen gelegt werden, unter denen die späteren Vertragspartner als freie und gleiche vernünftige Wesen miteinander verhandeln und beschließen.

In diesem Urzustand, so vermutet Rawls, werde es jedoch zu Unstimmigkeiten kommen. So verschieden, wie die Menschen nun mal seien, werde die konkrete Verabschiedung eines Vertrags für alle nur als Kompromiss möglich sein, der immer wieder auf Widerstände treffen werde. Auch im Urzustand seien manche Menschen arm, andere reich, manche gehörten einer sozialen oder religiösen Mehrheit an, andere einer Minderheit. Ein Gesellschaftsvertrag, der unter solchen Umständen entstehe, werde vermutlich keine für alle Menschen gerechte Ordnung vorschlagen, in der die unterschiedlichen Interessen und Talente aller Vertragspartner berücksichtigt würden.

Der Schleier des Nichtwissens

Die Weiterentwicklung der Kantischen Theorie durch Rawls besteht in dem Gedankenexperiment eines speziellen Urzustands. In diesem Rawlsschen Urzustand sind alle Menschen frei und gleich und der Gesellschaftsvertrag ist eine hypothetische Vereinbarung in diesem Zustand völliger Freiheit und Gleichheit. Rawls stellt sich hierzu eine fiktive kontrafaktische Situation vor, in der die Menschen über den Gesellschaftsvertrag und damit über die Grundlagen ihrer Gemeinschaft beraten, ohne zu wissen, wer sie sein werden: Niemand weiß, ob er Mann oder Frau, arm oder reich, jung oder alt, gesund oder krank sein wird. Jeder steht in diesem Gedankenexperiment an einem absoluten Nullpunkt, ohne Geschichte und ohne soziale Strukturen. In dieser Situation, in der niemand weiß, wer er in der künftigen Gesellschaft sein wird, stehen alle vor einem ›Schleier des Nichtwissens‹ *(veil of ignorance):*

> Der Gedanke des Urzustands soll ja zu einem fairen Verfahren führen, demgemäß eine Übereinkunft über Grundsätze nur zu gerechten Grundsätzen führen kann. Dabei soll der Begriff der reinen Verfahrensgerechtigkeit als eine Grundlage der Theorie genommen werden. Irgendwie muß man die Wirkung von Zufälligkeiten beseitigen, die die Menschen in ungleiche Situationen bringen und zu dem Versuch verführen, gesellschaftliche und natürliche Umstände zu ihrem Vorteil auszunutzen. Zu diesem Zweck setze ich voraus, daß sich die Parteien hinter einem Schleier des Nichtwissens befinden. [...] Vor allem kennt niemand seinen Platz in der Gesellschaft, seine Klasse oder

seinen Status; ebensowenig seine natürlichen Gaben, seine Intelligenz, Körperkraft usw. (Rawls, 1979, S. 159 f.)

Mit Hilfe dieses Gedankenexperiments will Rawls herausfinden, welche Grundsätze diese Menschen nun für ihre zukünftige Gemeinschaft formulieren und als Gesellschaftsvertrag beschließen würden, wenn sie ihre Identität nicht kennen. Jeder müsste damit rechnen, beispielsweise ein talentierter, gebildeter und wohlhabender Mensch zu sein oder als Bettler auf der Straße zu stehen. Vor dem Schleier des Nichtwissens wisse daher niemand um seine individuelle Lage in der Gesellschaft, jedoch kennten die Menschen die wichtigsten sozialen, politischen und ökonomischen Zusammenhänge, die für die Formulierung kollektiver Grundsätze relevant sind. Und vor allem wüssten die Menschen gleichermaßen, was Gerechtigkeit bedeutet, und wollten die Grundsätze der Gerechtigkeit auch in ihrer Gesellschaft umsetzen. Diese Einschränkung ist notwendig, denn anderenfalls wäre es auch möglich, dass einige von ihnen ›pokern‹ – sie könnten beispielsweise festlegen, dass alle Menschen mit blonden Haaren in dieser Gesellschaft die Machtpositionen besetzen und darauf hoffen, zu dieser Gruppe zu gehören. Das Streben nach Gerechtigkeit ist für Rawls somit eine anthropologische Prämisse des Kontrakts.

Aus diesem Grund schließt Rawls auch alle utilitaristischen Überlegungen aus. Jede Form der reinen Aggregation von Freude und Leid könnte dazu führen, dass eine Minderheit durch den Beschluss irgendeiner Mehrheit prinzipiell benachteiligt wird. In der Summe würde die Versklavung einer Minderheit zum Wohle einer Mehrheit möglicherweise zu einer positiven Gesamtbilanz führen. In der Bewertung eines reinen Handlungsutilitarismus gäbe es in diesem Fall keinerlei Korrektiv: »Hinter dem Schleier des Nichtwissens müssten alle befürchten, einer unterdrückten Minderheit anzugehören. Und keiner würde riskieren wollen, den Christen abzugeben, der zum Vergnügen der Massen den Löwen vorgeworfen wird« (Sandel, 2013, S. 194). Die Prämisse der Gerechtigkeit für alle ist für Rawls daher uneingeschränkt ›die erste soziale Tugend sozialer Institutionen‹ und nicht aufhebbar.

Wenn die vernünftigen Menschen daher *vor* dem Schleier des Nichtwissens gemeinsam beschließen müssten, welche Ordnungsprinzipien in ihrer künftigen Gemeinschaft gelten sollen, müssten sie sich in die Lage derjenigen versetzen, die in der Zukunft – *hinter* dem Schleier des Nichtwissens – am schlechtesten gestellt sein könnten. Nur jene Prinzipien, die diesen Test der *Fairness* bestehen, können nach Rawls gerecht genannt werden und als oberste Prinzipien einer gerechten Gesellschaft bestehen. In dieser Konstellation seien deshalb keine Kenntnisse von individuellen Zuständen zugelassen, sondern nur allgemeine Grundsätze:

Wird die Kenntnis von Einzelumständen zugelassen, so ist das Ergebnis durch Zufälligkeiten verzerrt. Wie schon bemerkt, ist ›Jedem nach seiner Machtstellung‹ kein Gerechtigkeitsgrundsatz. Sollen sich aus dem Urzustand gerechte Vereinbarungen ergeben, so müssen sich die Vertragspartner in fairen Situationen befinden und als moralische Subjekte gleich behandelt werden. Die Willkür in der Welt muß in Form der ursprünglichen Vertragssituation zurechtgerückt werden. (Rawls, 1979, S. 206)

Die allgemeinen Grundsätze, die den Menschen vor dem Schleier des Nichtwissens bekannt seien, beträfen somit allgemeine Vorstellungen über Gerechtigkeit sowie relevante soziale, politische und ökonomische Zusammenhänge. Rawls will damit eine allgemeine und gleichberechtigte Diskussion für die Grundsätze ermöglichen und zugleich ausschließen, dass nur universell gebildete Menschen und wissenschaftliche Experten den Gesellschaftsvertrag schreiben:

> Es scheint also vernünftig, zu sagen, unter sonst gleichen Umständen sei eine Gerechtigkeitsvorstellung einer anderen vorzuziehen, wenn sie sich auf wesentlich einfachere allgemeine Tatsachen stützt, und wenn diese Entscheidung für sie keine komplizierten Berechnungen im Licht einer großen Menge theoretisch definierter Möglichkeiten erfordert. Es ist wünschenswert, daß die Gründe für eine öffentliche Gerechtigkeitsvorstellung jedermann, sofern es die Umstände gestatten, einsichtig seien. (Rawls, 1979, S. 165 f.)

Unter diesen Bestimmungen einer allgemeinen, öffentlichen und vernünftigen Diskussion der normativen Grundsätze sowie ihrer diskursiven Konstruktion entwickelt Rawls eine Formulierung der fundamentalen Prinzipien einer gerechten Gesellschaft. Alle nachfolgenden Gesetze müssten mit diesen fundamentalen Prinzipien übereinstimmen und dürften keine widersprechenden Rechtsgrundsätze aufstellen. Rawls vermutet, dass vor dem Schleier des Nichtwissens eine Art Präambel entstehen werde, in der ein rechtlich-politisches Gerechtigkeitsprinzip an erster Stelle stehe, gefolgt von einem sozioökonomischen Gerechtigkeitsprinzip. Diese Präambel sei der normative Kern des Gesellschaftsvertrags und laute:

> a) Jede Person hat den gleichen unabdingbaren Anspruch auf ein völlig adäquates System gleicher Grundfreiheiten, das mit demselben System von Freiheiten für alle vereinbar ist. b) Soziale und ökonomische Ungleichheiten müssen zwei Bedingungen erfüllen: erstens müssen sie mit Ämtern und Positionen verbunden sein, die unter Bedingungen fairer Chancengleichheit allen offenstehen; und zweitens müssen sie den am wenigsten begünstigten Angehörigen der Gesellschaft den größten Vorteil bringen (Differenzprinzip). (Rawls, 2006, S. 78)

Gerechtigkeit als Fairness definiert John Rawls somit durch die beiden Grundsätze der Freiheit und der Chancengleichheit. Der erste Grundsatz legt einen gleichen und gleichberechtigten Anspruch aller Menschen auf Grundfreiheiten fest. Dieser klassische liberale Vorrang der Freiheit gewährt jedem Menschen die gleichen Grundrechte auf Gedanken-, Gewissens- und Religionsfreiheit. Der liberale Staat müsse diese individuelle Freiheit respektieren und das Individuum vor möglichen Benachteiligungen schützen. Damit ist ein Transformationsprozess der Gerechtigkeit abgeschlossen: Das universelle Streben nach Gerechtigkeit im Urzustand wird durch die gemeinsamen Überlegungen über die Grundlagen des Gesellschaftsvertrags vor dem Schleier des Nichtwissens in das Primat der Fairness als Grundlage gerechter Institutionen transformiert (s. Abb. 12). So wird bei John Rawls aus der anthropologischen These des Strebens nach Gerechtigkeit ex ante das kollektive Gebot der Fairness ex post.

Der Vorrang der Freiheit setzt wiederum drei anthropologische beziehungsweise soziale Annahmen voraus: Erstens glauben Rawls und seine liberalen Wegbegleiter, dass individuelle Grundfreiheiten die Voraussetzung für ein Leben in Selbstachtung sind (vgl. Ladwig, 2011, S. 137). In den Worten Kants: Jede Fremdbestimmung eines vernünftigen Wesens steht in einem Widerspruch zum moralischen Recht auf Autonomie. Zweitens setzen sie voraus, dass Menschen als vernünftige und moralische Wesen nach einem Gut streben, und drittens, dass sie bei diesem Streben nach einem Gut immer auch Gerechtigkeit im Sinne der Fairness und sozialer Kooperation umsetzen wollen.

Der zweite Grundsatz der Chancengleichheit verbindet die Vermeidung sozialer und ökonomischer Ungleichheit mit der Berücksichtigung der Fairness bei der Besetzung von Positionen in der Gesellschaft. Diese Positionen können sozialer, politischer oder wirtschaftlicher Art sein und betreffen deren Allokation

Abbildung 12 Rawls und der Schleier des Nichtwissens

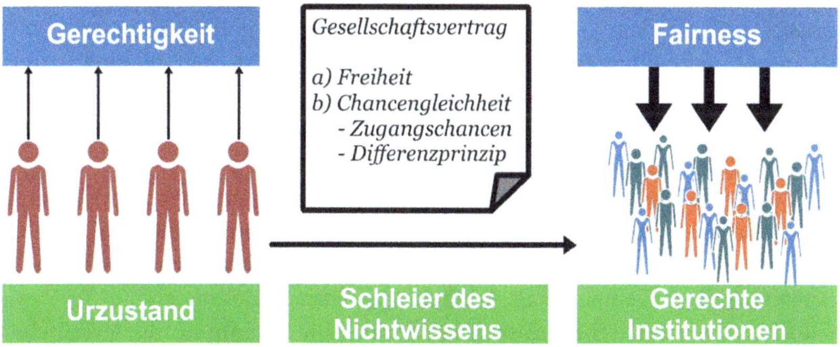

und Distribution, also die Ansammlung und Verteilung von Talenten, Bildung und Gesundheit oder von Macht, Vermögen und Einkommen. Rawls spricht sich nicht gegen eine mögliche ungleiche Verteilung von Gütern aus und fordert auch keine absolute Gleichheit der Menschen. Eine faire Chancengleichheit ist für Rawls jedoch mit der Beseitigung formaler Hindernisse verknüpft, beispielsweise gesetzlicher Einschränkungen des Zugangs zu Berufen aufgrund der Herkunft oder des Geschlechts, und der Vermeidung informeller Hindernisse, beispielsweise Benachteiligungen durch Stereotype oder soziale und familiäre Einschränkungen. Eine individuelle Förderung, die derartigen möglichen Benachteiligungen entgegenwirkt, ist für Rawls nicht ausgeschlossen, jedoch grundsätzlich an personale Eigenschaften wie Talente und Anstrengungen gebunden (vgl. Ladwig, 2011, S. 138). Kollektive Benachteiligungen dürfen individuelle Defizite nicht aufheben.

Beim Grundsatz der Chancengleichheit knüpft Rawls die – nicht erwünschte, aber auch nicht ausgeschlossene – Ungleichheit der Menschen und die ungleiche Verteilung von Gütern somit an zwei Bedingungen: Erstens müsse es einen freien und fairen Zugang zu allen gesellschaftlichen Positionen geben und zweitens müssten die am schlechtesten gestellten und benachteiligten Mitglieder der Gemeinschaft bei jeder sozialen, politischen oder ökonomischen Umverteilung durch das Differenzprinzip berücksichtigt werden und diese Umverteilung müsse sich positiv auf ihre soziale Position auswirken.

Die beiden Rawlsschen Grundsätze der Freiheit und der Chancengleichheit sind zudem hierarchisch aufgebaut, der erste Grundsatz der Freiheit hat Vorrang vor dem zweiten Grundsatz der Chancengleichheit. Innerhalb des Grundsatzes der Chancengleichheit ist der freie und faire Zugang zu gesellschaftlichen Positionen dem Differenzprinzip übergeordnet. Der Vorrang der Freiheit stellt somit die Sicherung der Grundfreiheiten über die Verteilung wirtschaftlicher Güter und alle Ansprüche hierauf. Das Differenzprinzip wird auch als *Maximin-Regel* bezeichnet, weil es die Position und die Wohlfahrt der Benachteiligten stärken soll: Die minimal Beteiligten sollen maximale Unterstützung erfahren. Es soll jedoch nicht zwangsläufig zu einer Gleichverteilung von Vermögen und Einkommen führen, da ansonsten Leistungsanreize zum Schaden der Volkswirtschaft untergraben und die Benachteiligten weiter geschwächt würden.

Gerechtigkeit als Fairness

Mit seinem Vorschlag, durch einen apriorischen Gesellschaftsvertrag die Grundstruktur einer späteren Gemeinschaft auszuformulieren und somit grundsätzliche Ansprüche auf Gerechtigkeit festzulegen, verbindet Rawls die Strukturen und die Prinzipien einer Gemeinschaft. Freiheit und Chancengleichheit sind für Rawls jedoch keine moralischen Ansprüche, die das Individuum an die Gesellschaft richten kann, sondern berechtigte Forderungen, die sich aus der Struktur der Gerechtigkeitstheorie als *Fairness* ergeben. Daher ist die Forderung nach Chancengleichheit keinesfalls ein moralischer Appell an eine gleichförmige Verteilung aufgrund der Barmherzigkeit, sondern eine Forderung der Fairness zur rechtmäßigen Umsetzung von Freiheit und zur Förderung kollektiver Vorteile.

Die Theorie der Gerechtigkeit als Fairneß sieht die Gesellschaft als ein Unternehmen der Zusammenarbeit zum gegenseitigen Vorteil. Die Grundstruktur ist ein öffentliches Regelsystem zur Festlegung von Handlungsformen, durch die die Menschen gemeinsam eine größere Menge von Gütern erzeugen, wobei jeder einen anerkannten Anspruch auf einen Anteil an diesen hat. Was jemand tut, hängt davon ab, wozu ihn die öffentlichen Regeln berechtigen, und das wiederum hängt davon ab, was er tut. Die Verteilung ergibt sich aus der Erfüllung der Ansprüche, die sich danach bestimmen, was die Menschen im Lichte dieser berechtigten Erwartungen unternehmen. (Rawls, 1979, S. 105 f.)

Rawls betrachtet Fairness folglich als freie Nutzung von Chancen durch Tätigkeiten in der und für die Gemeinschaft. Die Freiheit, in mehr oder weniger erfolgreicher Weise tätig zu sein, hänge von der individuellen Befähigung ab und ermögliche dem Individuum, seine Fähigkeiten in einer freien Gesellschaft einzusetzen. Rawls formuliert damit deutlicher als Kant den Anspruch an eine gerechte soziale Ordnung, von zufälligen natürlichen Unterschieden absehen zu müssen. Das Geschlecht, die Herkunft sowie Begabungen, Fähigkeiten und Intelligenz seien willkürliche Verteilungen, aus denen sich keinesfalls ein Anspruch auf Bevorzugung oder Benachteiligung ableiten lasse. Solche *natürlichen Ansprüche* bestreitet Rawls vehement, vielmehr seien individuelle Talente – positive wie auch negative – als *gemeinschaftliches Guthaben (common asset)* zu betrachten, da sie sich immer auch positiv oder negativ auf die Gemeinschaft auswirken könnten:

Das Unterschiedsprinzip bedeutet faktisch, daß man die Verteilung der natürlichen Gaben in gewisser Hinsicht als Gemeinschaftssache betrachtet und in jedem Falle die größeren sozialen und wirtschaftlichen Vorteile aufteilt, die durch die Komplementaritäten dieser Verteilung ermöglicht werden. Wer von der Natur begünstigt ist, sei es, wer es wolle, der darf sich der Früchte nur so weit erfreuen, wie dies auch die Lage der Benachteiligten verbessert. Die von der Natur Bevorzugten dürfen keine Vorteile haben, bloß weil sie begabter sind, sondern nur zur Deckung der Kosten ihrer Ausbildung und zu solcher Verwendung ihrer Gaben, daß auch den weniger Begünstigten geholfen wird. Niemand hat seine besseren natürlichen Fähigkeiten oder einen besseren Startplatz in der Gesellschaft verdient. Doch das ist natürlich kein Grund, diese Unterschiede zu übersehen oder gar zu beseitigen. Vielmehr lässt sich die Grundstruktur so gestalten, daß diese Unterschiede auch den am wenigsten Begünstigten zugute kommen. (Rawls, 1979, S. 122 f.)

Beispielsweise wäre eine progressive Besteuerung, die den Reichen mehr abverlangt als den Armen, durchaus im Sinne des Differenzprinzips, wenn die Armen von den Steuergeldern mindestens genauso profitieren wie die Reichen. Falls die Steuergelder aber etwa zur Subventionierung von Luxusautos eingesetzt würden, die sich die Armen nicht leisten können, würde das zu Ungerechtigkeit führen und dem Differenzprinzip widersprechen. Eine staatliche Unterstützung von Bildungseinrichtungen oder Krankenversicherungen, von denen alle Mitglieder der Gemeinschaft profitieren, wäre hingegen eine Verwendung der ungleichmäßig eingezogenen Steuergelder im Sinne des Differenzprinzips.

Dass die Ärztin und der Manager ein höheres Gehalt beziehen als die Reinigungsfrau und der Arbeitslose ist deshalb durchaus kompatibel mit Rawls Gerechtigkeitstheorie. *Falls* alle die gleichen Möglichkeiten gehabt hätten, würden die durch die langjährige Ausbildung entwickelten Fähigkeiten, ihre berufliche Umsetzung und die höheren Steuerabgaben der Ärztin und des Managers auch den schlechter gestellten Menschen einen Vorteil verschaffen. Die Reinigungsfrau und der Arbeitslose würden davon profitieren, weil die Ärztin und der Manager Arbeitsplätze schaffen und sichern, durch Steuerabgaben die Infrastruktur verbessern und durch Sozialabgaben die Sozialkassen füllen. Insofern sind diese Gehaltsunterschiede für Rawls akzeptabel, wenn auch die weniger Begünstigten in einer Gesellschaft in dieser Form profitieren. Eine bloße Umverteilung mit dem Ziel der Gleichheit wäre nicht im Sinne Rawls'.

Als komplexes Problem erweist sich jedoch die Einführung einer sogenannten ›Frauenquote‹ in Unternehmen, wie sie in vielen Ländern seit einigen Jahren diskutiert wird, wenn man die Theorie von Rawls hierbei anwenden will. Die Forderung, dass jede zweite Führungsposition in einem Unternehmen oder einer Partei von Frauen besetzt werden soll, würde zunächst gegen die Chancengleichheit der Männer verstoßen. Gerecht wäre eine solche Frauenquote nur, wenn Frauen in einer Gesellschaft weniger Freiheitsrechte zustehen würden als Männern beziehungsweise die Frauen zu einer benachteiligten Gruppe in der Gesellschaft gehörten. In der Bundesrepublik Deutschland würde wahrscheinlich kaum jemand behaupten, dass Frauen weniger Freiheitsrechte besitzen als Männer.

Dass Frauen oftmals beim Einkommen benachteiligt sind, ist hier kein Einwand. Tatsächlich bekommen Frauen in Deutschland statistisch gut ein Fünftel weniger Lohn als Männer. Der Grund für diese Lohndifferenz ist aber keine Benachteiligung der Frauen, sondern ihre Berufswahl: Frauen arbeiten besonders häufig in Teilzeitstellen und in Dienstleistungsberufen, beides wird schlechter bezahlt als beispielsweise eine Vollzeitstelle im verarbeitenden Gewerbe (vgl. Bauer,

Gigerenzer & Krämer, 2014). Die Differenz ist somit nicht das Ergebnis einer sexistischen Diskriminierung, sondern der freien Berufswahl in einer Marktwirtschaft.

Ein anderes Argument ist die Behauptung, dass Frauen in ihrer Karriere benachteiligt sind, weil sie in einer wichtigen Lebens- und Karrierephase möglicherweise Kinder zur Welt bringen und aufziehen. Im Geiste des Rawlsschen Differenzprinzips wäre dann aber nicht die Frauenquote, die die Männer benachteiligt, eine gerechte Lösung, sondern eine soziale und politische Unterstützung bei der Betreuung der Kinder durch Dritte. Dadurch würde die biologische Benachteiligung durch die Gemeinschaft ausgeglichen und Chancengleichheit hergestellt. Frauen, die ihre Kinder dennoch lieber selber aufziehen möchten, würden dann freiwillig auf ihre mögliche Chancengleichheit verzichten – was aber keinesfalls eine Ungerechtigkeit im Sinne mangelnder Fairness mit sich bringen würde.

Ein Beispiel für eine missverstandene Chancengleichheit ist die Besetzung einer Professur an der Berliner Humboldt-Universität. Dort sollte eine Professur für ›Reine Mathematik‹ neu besetzt werden und in der Stellenausschreibung wurden »Bewerber und Bewerberinnen« um die Einreichung ihrer Unterlagen gebeten; auf das »Ziel der Förderung der Chancengleichheit von Frauen« (Horstkotte, 2014) wurde hingewiesen. Dieses Ziel hat gute Gründe: Im Jahr 2012 gab es in Deutschland jeweils eine Million männliche und eine Million weibliche Studierende, bei den Absolventen lagen die Männer nur knapp vor den Frauen: Bei den Bachelorabschlüssen waren es 92 784 Männer und 90 385 Frauen, bei den Masterabschlüssen 31 824 Männer und 26 736 Frauen und bei den Promotionen 14 628 Männer und 12 179 Frauen (vgl. destatis, 2014, S. 10). Doch nur jeder fünfte Hochschullehrende ist weiblich.

Die Humboldt-Universität erhielt insgesamt 44 Bewerbungen von qualifizierten Männern und Frauen aus dem In- und Ausland, allerdings war nur ein Drittel der Bewerbungen von Frauen eingereicht worden. Die Auswahlkommission tagte und erstellte wie üblich eine Berufungsliste: Auf dem ersten Platz stand für die Kommission schließlich ein männlicher Bewerber, auf dem zweiten ein weiblicher. Daher entschied sich die Universität, die Ausschreibung zurückzuziehen. Die Professur bleibt vermutlich unbesetzt, bis sich eine Frau als beste Kandidatin findet oder die Männer aufgeben. Eine derartige verdeckte »hochschulamtliche Männerdiskriminierung« mag »radikalfeministischen Rachegelüsten« (Horstkotte, 2014) entgegenkommen, wäre aber für John Rawls keine faire Chancengleichheit.

Das Gute und das Rechte
In den klassischen ethischen Theorien spielt das Glück der Menschen eine zentrale Rolle. Für Aristoteles war die Glückseligkeit das Ziel eines selbstbestimmten Lebens in der Gemeinschaft, für Jeremy Bentham war ›das Glück der größten Zahl‹ das Resultat eines Leid reduzierenden Handelns vieler. Für die Teleologen und die Utilitaristen steht das Glück als Verwirklichung des jeweilig Guten daher im Zentrum ihrer ethischen Theorien. Bei Kant ist das Glück als subjektives Gefühl jedoch kein Bewertungskriterium ethischer Handlungen; für ihn ist es die universelle Pflicht gemäß dem moralischen Gesetz, das den sittlichen Wert der Handlung und damit die Würde eines vernünftigen Menschen bestimmt. Das Glück und die Glückseligkeit sind für Kant mit Neigungen verbunden und daher in einer ethischen Theorie irrelevant, sie stehen im Widerspruch zu seinem Freiheitsbegriff und können »unmittelbar niemals Pflicht, noch weniger ein Prinzip aller Pflicht« sein (Kant, 1990g, KpV, S. A 167).

John Rawls versucht nun in seiner Vertragstheorie das Glück als ein *Gut* zu rehabilitieren, indem er es nicht – wie Kant – mit Neigungen, sondern – wie Aristoteles – mit dem vernünftigen Streben nach einer selbstbestimmten Lebensführung verknüpft. Glücklich sei, so Rawls, wer seine subjektiven Pläne und Ziele anstreben und umsetzen könne und sich dabei auf günstige Umstände oder Bedingungen stützen dürfe, die ihm dies ermöglichen (Rawls, 1979, S. 595). Diese Bedingungen umfassten die günstigen sozialen, politischen und ökonomischen Umstände, die den Menschen die Freiheit und die Chance gäben, ihre Lebensziele selbstbestimmt zu entwickeln und diese als ein erstrebenswertes Gut anzuerkennen. Der gesellschaftliche Rahmen definiert für Rawls insofern die allgemeinen Grenzen, innerhalb derer Lebensziele möglich sind.

Das Gute sei hingegen für jeden Menschen etwas anderes und die jeweiligen subjektiven Vorstellungen darüber, welche Ziele und welche Lebensführung der Einzelne aus einer Vielzahl an Möglichkeiten auswählt, sei von drei Variablen abhängig: Jeder vernünftige Mensch entwickle individuelle Wünsche und Bedürfnisse, er besitze und befördere individuelle Talente und Möglichkeiten und er werde bei seinen Handlungen – Rawls nennt dies den Aristotelischen Grundsatz – von der Gesellschaft mehr oder weniger gefördert oder behindert. Die Motivation zu einer bestimmten Lebensführung ist daher auch für Rawls untrennbar mit gesellschaftlichen Vorstellungen über das Gemeinwohl verknüpft (Rawls, 1979, S. 463). Mit anderen Worten: Nicht jede Lebensweise, jede Ausbildung oder jedes Berufsziel wird von der Gesellschaft gleichermaßen anerkannt und unterstützt – und nur eine gemeinwohlförderliche Lebensführung wird positiv sanktioniert – daher die Benennung als ›Aristotelischen Grundsatz‹.

Der Vertragsformulierung im Urzustand kommt daher für Rawls die Aufgabe zu, jene günstigen Umstände zu schaffen, unter denen die Menschen in der Gesellschaft ihre Pläne und Ziele gestalten und umsetzen können. Der Freiheit, als rechtlich-politisches Gerechtigkeitsprinzip seiner Vertragskonzeption, kommt hierbei eine fundamentale Aufgabe zu, sie ermöglicht eine selbstbestimmte Lebensführung und damit die Glückseligkeit des Einzelnen. An dieser Stelle seiner Argumentation gelingt es John Rawls, den Kantischen Freiheitsbegriff mit der Aristotelischen Idee des Strebens nach Glückseligkeit innerhalb einer kontraktualistischen Theorie zu verbinden.

Die wohlgeordnete Gesellschaft

Jedoch muss sich auch John Rawls mit dem Problem auseinandersetzen, wie die maximale Freiheit des Einzelnen mit einem sozialen Leben und gemeinschaftlichen Zielen vereinbart werden können. In einer freiheitlichen Gesellschaft wähle jeder seine persönlichen Ziele und seine individuelle Lebensweise: »Das menschliche Wohl ist heterogen, weil die Ziele des einzelnen heterogen sind« (Rawls, 1979, S. 601). Allerdings müssten die individuellen und somit möglicherweise auch egoistischen Ziele der Akteure mit einem gemeinschaftlichen sozialen Leben verbunden werden – anderenfalls gäbe es beispielsweise für die Trittbrettfahrer keinen Grund, ihren Anteil zu leisten und ungerechterweise von der Gesellschaft zu profitieren.

Um dies zu vermeiden, setzt Rawls erneut die anthropologische Prämisse des Strebens nach Gerechtigkeit voraus. Bereits im Urzustand war Gerechtigkeit die Vorbedingung aller Überlegungen hinsichtlich des Gesellschaftsvertrags. Nun, im Gesellschaftszustand, seien das Streben nach und das Wissen um die Gerechtigkeit erneut beziehungsweise weiterhin die notwendige, unumgängliche Grundlage für die Bestimmung des Akteurs als Mitglied der Gemeinschaft. Rawls muss daher – sowohl vor als auch hinter dem Schleier des Nichtwissens – eine »moralische Persönlichkeit« des sozialen Akteurs voraussetzen und dieser »hat eine Vorstellung vom Guten und einen Gerechtigkeitssinn. Erstere verwirklicht sich in einem vernünftigen Lebensplan, letzterer in dem maßgebenden Wunsch, nach Grundsätzen des Rechten zu handeln« (Rawls, 1979, S. 608).

Dieser intrinsische Wunsch der moralischen Persönlichkeit, dem Gerechtigkeitssinn zu folgen, ermögliche das soziale Handeln der Akteure, indem diese ihre Pläne und Ziele daran ausrichten würden, das Gemeinwohl einer gerechten, fairen Gesellschaft zu unterstützen. Für Rawls ist dieser Wunsch nicht nur die Voraussetzung des sozialen Lebens, sondern zugleich die hinreichende Bedingung für Glückseligkeit. Glück ist daher eine Folgewirkung gerechter Handlungen, von Lebensplänen und Zielen:

> Doch Heilige und Helden sowie Menschen, deren Absichten sich im Rahmen des Rechten und der Gerechtigkeit halten, sind nun tatsächlich glücklich, wenn ihre Pläne Er-

folg haben. Sie streben nicht nach dem Glück, können aber trotzdem glücklich sein, wenn sie der Gerechtigkeit und dem Wohl anderer dienen oder die guten Eigenschaften erlangen, nach denen sie streben. (Rawls, 1979, S. 597)

Alle Pläne und Ziele unterständen daher der vorhergehenden Prüfung, inwieweit sie als gerecht gelten können. Für Rawls gibt es keine konkrete Vorstellung von Glück oder eine bestimmte Lebensweise, die zur Glückseligkeit führt, jedoch die formale Forderung, dass alle Mitglieder der Gemeinschaft ihre heterogenen Ziele unter der Prämisse des Strebens nach Gerechtigkeit auswählen. Der Vorrang der Gerechtigkeit bei der freien Auswahl von Lebensplänen und des subjektiv Guten ist der Kern der *liberalen Gesellschaftskonzeption* von John Rawls.

Der Hauptgedanke ist, daß der Vorrang des Rechten der Wahl einer Vorstellung vom Guten wohlbestimmte Einschränkungen auferlegt. Die Gerechtigkeitsgrundsätze und ihre gesellschaftliche Verwirklichung bestimmen die Grenzen, innerhalb derer sich unsere Überlegungen zu halten haben. Die wesentliche Einheit der Persönlichkeit ist bereits durch die Vorstellung vom Rechten gegeben. Und in einer wohlgeordneten Gesellschaft ist sie für alle die gleiche; jedermanns Vorstellung vom Guten in Form eines vernünftigen Plans ist Teil des umfassenden Planes, der für die Gesellschaft als soziale Gemeinschaft sozialer Gemeinschaften maßgebend ist. (Rawls, 1979, S. 611)

Für Rawls und seine *wohlgeordnete Gesellschaft* gilt folglich der prinzipielle *Vorrang des Rechten vor dem Guten,* das heißt, die Akteure sind frei in der Auswahl von Lebensplänen und Handlungszielen als ein Gut, solange sie sich dabei in den Grenzen der Gerechtigkeitsgrundsätze bewegen. Probleme, die sich aus Zielkonflikten zwischen den gerechten Ansprüchen unterschiedlicher Akteure oder gesellschaftlicher Gruppen ergeben, hofft Rawls durch einen empirischen Auswahlprozess lösen zu können. Die »öffentliche Gerechtigkeitsvorstellung« ist sodann das Ergebnis von Erfahrungen mit Konfliktlösungen divergierender Gerechtigkeitsvorstellungen, die »von unzähligen Menschen entwickelt und ausprobiert worden sind, manchmal generationenlang« (Rawls, 1979, S. 611).

Mit John Rawls' Diktum vom Vorrang des Rechten vor dem Guten ist auch seine Kritik an allen konsequentialistischen Gerechtigkeitstheorien verbunden. Diesen wirft er vor, die Gerechtigkeit aus den subjektiven Vorstellungen über das Gute abzuleiten, somit einen Vorrang des Guten vor dem Rechten zu postulieren. Die divergierenden Interessen der Menschen würden dann aber zu unterschiedlichen Vorstellungen darüber führen, was als gerecht anzusehen sei; die »Unbestimmtheit der Vorstellungen vom Guten« reduziere die Gerechtigkeit auf »eine reine Geschmackssache« (Rawls, 1979, S. 606). Insbesondere den Utilitaristen hält Rawls vor, das Problem der Gerechtigkeit bloßen Nützlichkeitsüberlegungen zu unterwerfen und ›das Glück der größten Zahl‹ zum Maßstab gerechter Handlungen zu verkehren. Rawls betont damit seine deontologische Position in der Gerechtigkeitsfrage und weist auf den Fehlschluss moralischer Theorien, die die Gerechtigkeit vom Ziel aus bestimmen, hin: »Man sollte daher die in den teleologischen Theorien bestehende Beziehung zwischen dem Rechten und dem Guten umkehren und das Rechte als das Primäre ansehen. Dann ergibt sich die Theorie der Moral, indem man in umgekehrter Richtung vorgeht« (Rawls, 1979, S. 607). Gerechtigkeit ist für Rawls sowohl im Urzustand als auch in der Gesellschaft das zentrale deontologische Element seiner Moraltheorie.

Aus der Verknüpfung der deontologischen Argumentation mit der kontraktualistischen Theorie ergibt sich nun aber ein Problem im Umgang mit Trittbrettfahrern. Für Kant waren die Motive der äußeren Handlungen moralisch nicht relevant, solange sie zumindest rechtmäßig waren. Auch ›ein Volk von Teufeln‹ konnte ein soziales Leben führen. Beim Problem der Trittbrettfahrer bleibt Rawls jedoch unklar und schlägt mehrere Lösungen vor.

Die *pragmatische Lösung* lautet, dass der Trittbrettfahrer seine Täuschungen und Heucheleien angesichts der öffentlichen Gerechtigkeitsvorstellung mit »psychologischen Kosten« bezahlen müsse: »Er muß immer aufpassen, daß er nicht aus der Rolle fällt, und verliert dadurch an Spontaneität und Natürlichkeit« (Rawls, 1979, S. 618). Rawls setzt mit diesem Argument darauf, dass der Trittbrettfahrer sein anstrengendes Rollenspiel aufgibt und seinen Frieden in der Gemeinschaft der Gerechten findet.

Die *juristische Lösung* lautet, dass Menschen, denen es an Gerechtigkeitssinn mangele, von der Gesellschaft bestraft werden müssten. Da dieser Mangel jedoch der Rawlsschen Grundannahme des natürlichen Strebens nach Gerechtigkeit widerspricht und der Trittbrettfahrer durch sein egoistisches Handeln sich selbst als Gemeinschaftsmitglied schaden würde, geht Rawls nicht näher hierauf ein: »Nun sind wir leider noch nicht in der Lage, die richtige Antwort auf diese Zweifelsfrage zu geben, da sie eine Theorie der Strafe voraussetzt, und über diesen Teil der Gerechtigkeitstheorie habe ich sehr wenig gesagt« (Rawls, 1979, S. 624).

Die deutlichsten Worte zum Trittbrettfahrerproblem findet Rawls in einer *idealistischen Lösung,* die auf den kontrafaktischen Urzustand verweist. Wer sich den allgemeinen und vernünftigen Gerechtigkeitsgrundsätzen der wohlgeordneten Gesellschaft entziehe, dürfe in ihr auch keinen Platz finden: »Wir befassen uns nicht mit Leuten, die diese Grundsätze in Frage stellen. Vielmehr setzen wir bei jedem voraus, daß er sie als die beste Wahl vom Standpunkt des Urzustands aus betrachtet« (Rawls, 1979, S. 618).

Mit dieser konsequenten Absage an die Gemeinschaftsfähigkeit eines jeden, dem es an Gerechtigkeitssinn fehlt, erinnert John Rawls an seinen kontraktualistischen Vorgänger Jean-Jacques Rousseau. Auch für Rousseau musste der Bürger, der sich dem Gemeinwillen entzieht, zur Freiheit gezwungen werden – jede abweichende Meinung sei nur der Beweis dafür, dass er sich getäuscht habe und irrtümlich gegen seinen guten Willen habe handeln wollen. Damit wird bei Rousseau jedoch die Freiheit des Individuums der Diktatur der Mehrheit unterstellt und die liberale Gesellschaft zum totalitären Regime (vgl. Rommerskirchen, 2017, S. 68 f.). Oder in den Worten John Rawls': Der Vorrang des Rechten vor dem Guten führt möglicherweise zur Unterwerfung der Freiheit der Person unter die öffentliche Gerechtigkeitsvorstellung. Dieser Gefahr kann auch John Rawls mit seiner *Theorie der Gerechtigkeit* als Fairness nicht endgültig entgehen.

4.2 Neo-Utilitarismus

4.2.1 Das Recht der Tiere

Gerechtigkeit gegenüber anderen Menschen ist eine wichtige ethische Forderung innerhalb einer Gemeinschaft. Für John Rawls haben nur Menschen als Vertragspartner einen Anspruch auf Fairness. Viele Tiere leben zwar ebenfalls in einer Gemeinschaft mit Menschen, da sie aber mangels Vernunft für Rawls keine Vertragspartner sein können, gebe es für Tiere auch keinen Anspruch auf Gerechtigkeit. Doch ist dies gerecht?

Im 21. Jahrhundert ist der respektvolle Umgang mit Tieren ein populäres Thema, doch es hängt immer noch vom Wesen der Tiere ab, ob wir sie füttern (Hunde, Katzen) oder futtern (Schweine, Rinder). Im Jahr 2012 gab es in Deutschland mehr als 33 Millionen Haustiere und für die Versorgung ihrer 12,3 Millionen Katzen, 7,4 Millionen Hunde und 7,6 Millionen Kleinsäuger mit Futter und Pflegeprodukten geben die Deutschen jährlich 3,8 Milliarden Euro aus (vgl. Werner, 2014). Gleichzeitig dienen jedes Jahr fast 630 Millionen Geflügeltiere, 63 Millionen Puten und Enten, 58 Millionen Schweine und 3,3 Millionen Rinder in der sogenannten Intensivtierhaltung – die eigentlich eine weniger als minimale Lebenserhaltung ist – der Weiterverwendung als Nahrungsmittel. Dann werden sie in Tiertransporten tagelang auf engstem Raum und ohne Wasser durch Europa gefahren: 4 Milliarden Geflügeltiere und 360 Millionen Schweine, Rinder und Schafe fahren so jährlich in Europa ihrem Tod entgegen. Den 3 Millionen Tieren in Deutschland und mehr als 100 Millionen weltweit, die jährlich in Tierversuchen eingesetzt werden, bleibt dies erspart – nicht jedoch ein qualvoller Tod durch ›Verträglichkeitstests‹ mit Arznei- oder Putzmitteln oder gar ein ›Leben‹ mit geöffneter Bauchhöhle oder ohne Schädeldecke.

Mit Verweis auf das spezifisch andere Wesen dieser Lebewesen legitimieren Menschen ihr Handeln. Für Wirbeltiere wie Affen und Hunde gibt es zumindest ein geltendes Tierschutzgesetz, dass sie in Maßen vor Schmerzen und Qualen schützt. Wir-

bellose Tiere wie Tintenfische oder Würmer sind rechtlich völlig ungeschützt. Doch die allgemeine ethische Frage lautet zunächst: Darf man andere Lebewesen töten? Diese einfache Frage grundsätzlich zu verneinen, ist nicht realistisch, denn das Töten einiger Lebewesen ist unvermeidlich: Wer beim Spaziergang keine Ameise und bei der Autofahrt keine Mücke töten will, kann nicht am normalen Leben teilnehmen. Derartige einfache Lebensformen beiläufig und zufällig zu töten wird deshalb nur wenige Menschen in einen ernsthaften Gewissenskonflikt treiben.

Wenn wir zustimmen, dass es im Alltag einige Lebewesen gibt, deren Tötung durch uns unvermeidlich ist, stellt sich die Frage der Grenzziehung: Welche Lebewesen sollte man töten und welche darf man möglicherweise töten? Welche Lebewesen sollte man nicht töten und welche darf man keinesfalls töten? Derartige Fragen erzwingen eine Differenzierung von Lebewesen und zielen auf eine Kategorisierung ihres Wesens ab. Im Kapitel über Aristoteles wurden die Probleme einer derartigen Ontologie bereits angesprochen, sie ist im Zusammenhang mit der Frage nach dem artspezifischen Recht auf Leben jedoch unvermeidlich.

Nicht alle Lebewesen haben ein uneingeschränktes Recht auf Leben. So sollten wir jene Lebewesen, die uns und unser eigenes Überleben gefährden, vermutlich töten dürfen. Das Raubtier, das uns fressen will, und das Insekt, das eine lebensgefährliche Krankheit überträgt, sollten wir töten dürfen, um unser eigenes Leben zu erhalten. In diesem Fall wäre die Tötung eine Art Notwehr. Ameisen und Mücken sollten wir vielleicht nicht vorsätzlich oder grausam töten, aber eine Tötung prinzipiell auszuschließen ist nicht mit einer normalen Lebensführung zu vereinbaren.

Bei Säugetieren sind sich die meisten Menschen darin einig, dass diese zumindest nicht willkürlich getötet werden sollten. Bei diesen uns Menschen wesensverwandten Lebewesen reglementieren wir die Tötung durch juristische Vorschriften und Institutionen. Wer Pferde oder Ziegen grausam behandelt, verletzt oder gar tötet, muss mit einer Strafe rechnen. Sobald das Säugetier jedoch der Ernährung von Menschen dient, ist seine Tötung in einem organisierten und professionalisierten Umfeld erlaubt. Einige Säugetiere wie Hunde und Katzen sind zumindest in der westlichen Welt hiervor geschützt, sie genießen den Status eines Haustieres und manchmal sogar eines Familienmitglieds – inklusive liebevoller Pflege und zuweilen sogar einer Krankenversicherung. Hier zeigt sich unvermindert die Definitionsmacht des Menschen über das Wesen von Lebewesen und seine Eigenschaften.

Komplizierter ist die Frage, ob man Tiere quälen darf. Der Mediziner Albrecht von Haller (1708–1777) gilt als Begründer der experimentellen Physiologie und unternahm zahlreiche Tierversuche. Hierbei spritzte er beispielsweise einer Katze Schwefelsäure ins Kniegelenk und wartete darauf, dass das Tier vor Schmerzen fast wahnsinnig wurde. Auch diesem grausamen Experiment des Universalgelehrten aus dem 18. Jahrhundert verdankt die Medizin die Erforschung der Blut- und Nervengefäße im menschlichen Körper, wodurch das Leben tausender Menschen gerettet *wurde. Für viele Forscher sind derartige Experimente ein wichtiges Argument für Tierversuche, auch dann, wenn diese für die Tiere schmerzhaft sind.*

Aber vielleicht gibt es ja einen moralischen Fortschritt, denn heute würden Menschen viele Dinge nicht tun, die für vorhergehende Generationen noch angemessen waren. Heute finden schmerzhafte Tierversuche an Wirbeltieren nur nach einem aufwändigen Genehmigungsverfahren mit ethischer Rechtfertigung und unter Narkose statt. In diesem Verfahren, das von einer Ethikkommission nach Maßgabe des Tierschutzgesetzes geführt wird, soll zwischen dem prospektiven medizinischen Nutzen und dem Leid des Tieres abgewogen werden. Laut Tierschutzgesetz muss es vernünftige Gründe für den Versuch geben und er muss ethisch vertretbar sein. Tierversuche für Kosmetika sind seit 2013 in der Europäischen Union komplett verboten, derartige Kosmetikprodukte dürfen nicht mehr verkauft oder in die EU importiert werden.

Allerdings müssen auch heute noch die meisten Stoffe, mit denen Menschen in Kontakt kommen können, in Tierversuchen auf ihre Verträglichkeit getestet werden. Jedes neue Medikament, aber auch viele Putzmittel und einige Pflegeprodukte mit neuen Inhaltsstoffen, werden vor dem Verkauf an Tieren ausprobiert. Allerdings ist damit nur ein Teil des Problems angesprochen, da viele der Versuchstiere nach den Experimenten getötet und ›entsorgt‹ werden – die Tiere also systematisch ›verbraucht‹ werden.

Welche Experimente für welche Ergebnisse sinnvoll und moralisch zulässig sind, ist eine komplexe Frage. Zumeist stützen sich die Befürworter von Tierversuchen auf die Abwägung von Freude und Leid. Ihr Argument lautet, dass man den Antrag eines Forschers kaum verbieten könne, wenn er die Heilung von Krebs verspricht, dafür aber eine Maus mit einem tödlichen Virus infizieren muss und ihr ein grausamer Tod bevorsteht. Der Tod einer Maus kann das Leid und das Überleben von Millionen Menschen keinesfalls aus moralischen Gründen aufheben. In dieser klassischen utilitaristischen Abwägung von Freude und Leid sind Tierversuche moralisch geboten.

Und wenn es nicht nur eine Maus wäre, sondern einhundert Katzen oder fünfhundert Schimpansen? Und wenn es nicht um die Heilung von Krebs geht, sondern lediglich um eine neue Kopfschmerztablette? Viele Kritiker von Tierexperimenten bezweifeln den utilitaristischen Ansatz bei der Entscheidung über die Zulassung von Forschungen. Für sie geht es nicht um die Abwägung von Leiden, sondern um die ontologische Frage nach dem Wesen der Tiere oder um die deontologische Frage nach ihrer Würde.

Die deontologische Position kann sich zumindest nicht auf ihren Begründer Immanuel Kant stützen. Für den durchaus tierliebenden Kant sind nur Vernunftwesen moralisch relevant und nur der Mensch kann autonome und somit moralische Handlungen ausüben. Objekte wie Tische und Stühle seien keine moralischen Sub-

jekte, sie hätten keine Rechte und es gebe auch keinerlei Pflichten ihnen gegenüber. Tiere sind für Kant ebenfalls keine moralischen Subjekte und verfügen über keine Würde, da es ihnen an Freiheit und an Vernunft mangelt. Es gebe ihnen gegenüber aber Pflichten. Der Mensch solle Tiere nicht roh und grausam behandeln, da er dadurch sein eigenes moralisches Gefühl gegenüber anderen Lebewesen verletze und sein Mitgefühl abstumpfen könnte. In Bezug auf Tiere fordert Kant also einen schützenden Umgang mit ihnen, mehr aber auch nicht. Tiere haben für Kant weder eine Würde noch Rechte.

Bei der Frage nach dem Wesen der Tiere und ihrem ontologischen Status als moralische Lebewesen stellt sich die Frage nach ihrem Bewusstsein. Auch wenn einige Säugetiere sich als Subjekt in einem Spiegel erkennen, ein ausgeprägtes Sozialleben in ihrer Gemeinschaft pflegen und beispielsweise Delfine sich mit einem individuellen Namen ansprechen (vgl. King & Janik, 2013), so lässt sich daraus nicht notwendig auf ein moralisches Bewusstsein schließen. Ein Bewusstsein der Moralität setzt ein Wissen über ethische Normen und eine Reflexion der Gründe für oder gegen eine Handlung voraus. Handlungen, die losgelöst von Instinkten und aufgrund ethischer Überlegungen der Selbstbeschränkungen stattfinden, wurden jedoch bislang bei Tieren nicht nachgewiesen. Insofern kann man einem Tier auch keinen ontologischen Status als ethisches Wesen mit den korrespondierenden Rechten und Pflichten zuweisen.

Der Philosoph Arthur Schopenhauer (1788–1860) stellt das Mitleid des Menschen in den Mittelpunkt seiner Argumentation. Für ihn ist Mitleid gegenüber Menschen und Tieren ein wesentlicher Aspekt bei ethischen Überlegungen. Sein moralischer Imperativ lautet: »Verletze niemanden, vielmehr hilf allen, soweit du kannst« (Schopenhauer, 2006, S. 177). Dieser Grundsatz gilt nach Schopenhauer auch für Tiere: »Mitleid mit den Tieren hängt mit der Güte des Charakters so genau zusammen, daß man zuversichtlich behaupten darf, wer gegen Tiere grausam ist, könne kein guter Mensch sein« (Schopenhauer, 2006, S. 128). Wie bereits Kant argumentiert auch Schopenhauer, dass Tiere den Schutz von Menschen verdienen, weil mitleidfähige Menschen hierzu als ethische Lebewesen in der Lage sind. Er fordert jedoch auch, Tiere und deren Rechte mit Menschen gleichzustellen, um die Barbarei des menschlichen Umgangs mit Tieren zu beenden:

> Die vermeintliche Rechtlosigkeit der Tiere, der Wahn, dass unser Handeln gegen sie ohne moralische Bedeutung sei, dass es gegen Tiere keine Pflichten gäbe, ist geradezu eine empörende Rohheit und Barbarei. Erst wenn jene einfache und über alle Zweifel erhabene Wahrheit, dass die Tiere in der Hauptsache und im Wesentlichen ganz dasselbe sind wie wir, ins Volk gedrungen sein wird, werden die Tiere nicht mehr als rechtlose Wesen dastehen. Es ist an der Zeit, dass das ewige Wesen, welches in uns, auch in allen anderen Tieren lebt, als solches erkannt, geschont und geachtet wird. (Schopenhauer, 2006, S. 35)

Die Frage nach dem moralisch angemessenen Umgang mit Tieren läuft somit auf zwei Positionen hinaus: einerseits den Tierschutz, andererseits die Tierrechte. Während die Tierrechtler für Tiere eigenständige moralische Rechte anerkennen, vertritt die Position der Tierschützer eine gemäßigte Argumentation für den besonderen Schutz von Tieren, der sich aus der spezifischen Fähigkeit des Menschen zur praktischen Vernunft ableiten lässt. Die Tierrechtler fordern, Tiere als moralische Subjekte mit einem eigenständigen Rechtsanspruch zu behandeln, der auch juristisch einklagbar sein soll.

Die Tierschützer hingegen betrachten Tiere als moralische Objekte. Für sie sind Tiere, ebenso wie kleine Kinder oder Komapatienten, nicht in der Lage, eine durch die praktische Vernunft geleitete Reflexion ihrer Handlungen zu entwickeln. Daher könnten sie auch keine moralische oder juristische Verantwortung für ihre Handlungen übernehmen und stünden unter dem Schutz des Menschen – der dann aber auch darüber bestimme, welche Tiere auf welche Art leben und sterben.

Der Philosoph Peter Singer hat sich mit dieser Definitionsmacht des Menschen über das Glück und das Leid anderer Lebewesen beschäftigt und in seinen Büchern eine umstrittene Position entwickelt.

4.2.2 Peter Singer und der Präferenz-Utilitarismus

Ein Interview mit Peter Singer (*1946), das im Juli 2011 im Feuilleton der Frankfurter Allgemeinen Zeitung erschien (vgl. Gern, 2011), beginnt mit der ungewöhnlichen Fragestellung: Sind Sie der gefährlichste Mann der Welt? Diese provokante Frage wird verständlich, wenn man sich einige der Thesen des australischen Moralphilosophen ansieht: Er verteidigt die Tötung von behinderten Kindern und Menschen im Wachkoma, würde den Abschuss entführter Zivilflugzeuge erlauben und Menschen anstelle von Tieren in Medikamententests einsetzen. In den Vereinigten Staaten und in Deutschland treffen diese Thesen zuweilen auf offenen Widerstand und Proteste. Bei genauer Betrachtung sind Singers Positionen zur Abtreibung und zur Sterbehilfe sowie zu Tierrechten lediglich klare und konsequente Formulierungen utilitaristischer Überlegungen.

Peter Singer behauptet, dass man jede moralische Überzeugung äußern dürfe, wenn man diese argumentativ verteidigen und mit *Gründen* rechtfertigen könne (vgl. Singer, 2013, S. 35). Ein solcher Grund für eine moralische Überzeugung könne jedoch nicht das persönliche und egoistische Interesse einer Person sein, dieser müsse immer auch die Interessen der anderen Beteiligten mit einbeziehen. Singer verweist auf die Goldene Regel, die in allen Regionen und Religionen der Welt als Grundlage moralischer Überlegungen gelte, sowie andere moralphilosophische Theorien; sie alle haben eines gemeinsam: Sie formulieren moralische

Positionen von einem *universellen Standpunkt* aus. Egoistische oder partikuläre Interessen erheben für Singer jedoch keine moralischen Ansprüche, erst die Perspektive eines unparteiischen Betrachters ermögliche geeignete Gründe.

Indem ich akzeptiere, dass moralische Urteile von einem universellen Standpunkt aus getroffen werden müssen, akzeptiere ich, dass meine eigenen Bedürfnisse, Wünsche und Interessen nicht einfach deshalb, weil sie meine Präferenzen sind, mehr zählen als die Interessen von irgendjemand anderem. (Singer, 2013, S. 39)

Mit seiner Hervorhebung von Präferenzen als Grundlage ethischer Entscheidungen – wie beispielsweise der individuellen Freiheit oder des größtmöglichen Nutzens – grenzt sich Singer gegenüber der hedonistischen Auslegung des Utilitarismus ab. Er kritisiert an den klassischen lustorientierten Theorien, wie sie beispielsweise Bentham vertrat, dass sie nicht-universelle Begründungen hinnehmen, indem sie subjektive Bewertungen der Leiden und des Schmerzes vorschlagen. Für Singer sind jedoch ausschließlich *universelle Präferenzen* als Begründung für eine moralische Handlung hinreichend.

Also muss ich nun anstelle meiner eigenen Präferenzen die all der anderen berücksichtigen, die von meiner Entscheidung betroffen sind. Wenn es nicht irgendwelche weiteren relevanten Gesichtspunkte gibt, wird mich das dazu bringen, sämtliche vorhandenen Präferenzen abzuwägen und jenen Handlungsverlauf zu wählen, von dem es am wahrscheinlichsten ist, dass er die Präferenzen der Betroffenen weitestgehend befriedigt. Also weist die Ethik [...] in Richtung des Handlungsverlaufs, der per saldo für alle Betroffenen die besten Konsequenzen hat. (Singer, 2013, S. 40)

Gleichheit als Präferenz

Bis zu diesem Punkt lassen sich einige Gemeinsamkeiten mit den Theorien seiner utilitaristischen Vorgänger Adam Smith und John Stuart Mill erkennen. Der entscheidende Punkt, an dem Singer über seine Vorgänger hinausgeht, ist jedoch die Präferenz der *Gleichheit*. Andere mögliche utilitaristische Präferenzen, wie die Freiheit des Individuums oder die Akkumulation von Nutzen als *summum bonum*, lehnt er ab. Für Peter Singer ist die grundsätzliche Gleichheit aller Menschen der wesentliche Fortschritt im Bereich der Moralität. Während in Bezug auf die meisten Fragen der Lebensführung, beispielsweise der Abtreibung, der Homosexualität oder des Freitods, die ethischen Positionen und Begründungen in vielen Ländern nach wie vor heftig umstritten seien, seien alle Formen des Sexismus und des Rassismus heute zumindest in den westlichen Ländern nicht mehr zustimmungsfähig: »Das Prinzip der Gleichheit aller Menschen ist heute Bestandteil der herrschenden politischen und moralischen Orthodoxie« (Singer, 2013, S. 45). Für

Singer ist Gleichheit folglich keine Tatsache, denn natürlich unterscheidet sich jeder Mensch von jedem anderen Menschen und niemand ist faktisch gleich; aber der Anspruch auf Gleichheit sei »ein grundlegendes moralisches Prinzip« (Singer, 2013, S. 51), das der Auswahl von weiteren Präferenzen wie der Freiheit oder der Nutzenmaximierung vorausgehe.

Mit dem Prinzip der Gleichheit will sich Peter Singer auch von John Rawls und dessen Vertragstheorie abgrenzen, der er vorwirft, Fragen und Probleme der Ethik lediglich als ein Geschäft zum gegenseitigen Vorteil zu betrachten. Einen ursprünglichen Vertrag, wie ihn Rawls vorschlägt, übersetzt Singer mit: »Schlag mich nicht, und ich werde dich nicht schlagen« (Singer, 2013, S. 48). Allerdings, so kritisiert Singer, gelte diese Übereinkunft nur für jene Vertragspartner, die auch zugestimmt hätten und über eine bestimmte Eigenschaft verfügten, die Rawls als *Gerechtigkeitssinn* bezeichne. Singer behauptet, dass dieser Sinn für Gerechtigkeit für Rawls Theorie notwendig sei, da der Rawlssche Vertrag ansonsten keine Vorteile zu bieten habe. Somit müssten die Zustimmenden für Rawls das Ziel des gemeinsamen Vertrags, eine gerechte Gesellschaft zu begründen, als *moralische Persönlichkeit* für sinnvoll erachten.

John Rawls schreibt diese moralische Persönlichkeit den allermeisten Menschen als anthropologische Hypothese zu, wenn auch nicht jedem in gleichem Maße. Für Rawls genügt jedoch die Zugehörigkeit zu einem ›Bereich‹ des Gerechtigkeitssinns, das heißt, auch wenn Menschen über einen wenig ausgeprägten Sinn für Gerechtigkeit verfügten, so würde dies dennoch ausreichend sein, um den Sinn von Gerechtigkeit zu erkennen und daher dem Vertrag zuzustimmen. Peter Singers Kritik an dieser Konzeption lautet nun, dass zum einen nicht klar ersichtlich sei, welches Minimum an Gerechtigkeitssinn notwendig wäre, zum anderen, was mit Personen geschehe, die keine moralische Persönlichkeit besitzen, also beispielsweise Kleinkinder und manche geistig schwerbehinderte Menschen. John Rawls anerkennt, dass diese Menschen zumindest *potentiell* moralische Personen sein können – ein ad-hoc Behelf, den Singer aber nicht als starkes Argument gelten lässt: »[Ich] bezweifle, dass es irgendeine moralisch signifikante Eigenschaft gibt, die alle Menschen im gleichen Maße besitzen« (Singer, 2013, S. 50). Auch Rawls selber räumt ein, dass dieses Problem ein schwacher Punkt in seiner Theorie der Gerechtigkeit ist.

Peter Singer setzt dagegen eine andere Hypothese: Für ihn ist die Präferenz der Gleichheit als *Prinzip der gleichen Interessensabwägung* für moralische Entscheidungen der einzig gangbare Weg zu einer praktischen Ethik. Als Utilitarist erkennt er beispielsweise das Interesse an der Linderung von Schmerz als grundsätzliches Argument an, welches bei der unparteiischen Abwägung von Interessen in Betracht kommt. Andere Kriterien und Interessen wie Geschlecht, Rasse oder Intelligenz gehören für Singer nicht in die Waagschale. Ein Beispiel macht dies klar: Nach einem Unfall haben zwei Menschen Schmerzen (vgl. Singer, 2013, S. 55 f.). Bei der Behandlung habe nun derjenige Vorrang, der die größeren Schmerzen hat. Entscheidend ist das Maß des Schmerzes, nicht das Geschlecht oder die Rasse. Falls zwei Menschen gleich viel Schmerzen empfinden würden, könne es sein, dass die eine Person, beispielsweise eine Ärztin, Vorrang habe, weil sie dann weitere Menschen behandeln könne. Hier wären dann die Folgen der Handlung entscheidend.

Die unbedingte Präferenz der Gleichheit der Interessensabwägung führt Peter Singer nun zu seinen umstrittenen Thesen. Für ihn zählen nur die reinen Interessen, beispielsweise »Schmerzen zu vermeiden, die Grundbedürfnisse nach Nahrung und Obdach zu befriedigen, liebevolle persönliche Beziehungen zu genießen, frei zu sein, um eigene Pläne ungestört zu verwirklichen, und vieles andere« (Singer, 2013, S. 65). Aus diesem Grund ist die Tötung eines neugeborenen Kindes für ihn ebenso legitim wie ein Schwangerschaftsabbruch. Entscheidend sei nur, ob das Kind durch eine Krankheit oder Behinderung Schmerzen erleiden würde oder lebenslang unfrei wäre, seine Interessen und Pläne zu verwirklichen. Einen moralischen Anspruch eines behinderten Kindes auf Leben *an sich*, unabhängig von Interessen, lässt Singer nicht zu. Der Vorwurf, dass es aus religiösen oder anderen moralischen Gründen nicht zulässig sein *darf*, ein Kind nach der Geburt zu töten, läuft für Singer auf ein generelles Verbot von Schwangerschaftsabbrüchen hinaus: »Ich habe diesen Vorwurf gelten lassen, und zwar in dem Sinne, dass das Unrecht *an sich*, den Fötus in einem späteren Entwicklungsstadium zu töten, nicht sonderlich verschieden ist von dem Unrecht *an sich*, das Neugeborene zu töten« (Singer, 2013, S. 278). Für Singer zählt einzig die Abwägung der Interessen der Eltern und des Kindes, sei dieses Kind nun ein Fötus oder ein Neugeborenes.

Die Präferenz der Gleichheit der Interessensabwägung führt Singer auch beim Problem der Behandlung von Tieren zu provokanten Thesen. Keine Form der Bevorzugung von Menschen ist für Singer begründbar. Wer die Interessen von Menschen über die von Tieren stelle, begehe den Fehler eines Gattungsrassismus oder *Speziesismus* – er stelle eine Gattung über eine andere und ebenso gut könne er dann eine Hautfarbe, eine Nationalität oder ein Geschlecht bevorzugen. Die Gleichheit der Interessensabwägung akzeptiere jedoch nur gattungsunabhängige Interessen wie die Empfindungsfähigkeit von Freude und Schmerzen. Hierbei ist es aus seiner utilitaristischen Sicht völlig unerheblich, ob es sich um männliche, dunkelhäutige oder behinderte Menschen handelt:

> Es ist auch das Argument vorgebracht worden, dass schwer geistig behinderte Menschen, obwohl sie vielleicht keine höheren Fähigkeiten besitzen als Tiere, dennoch zu uns gehören, und daher haben wir ihnen gegenüber Verpflichtungen, die wir denen gegenüber, die nicht zu uns gehören, nicht haben. Dieses Argument provoziert die Fra-

ge nach unserem Selbstverständnis. Sind wir im wesentlichen Mitglieder der Spezies Homo sapiens, oder sind wir im wesentlichen selbstbewusste Wesen oder vielleicht empfindungsfähige Lebewesen? Ich selbst neige zu der Ansicht, dass ein intelligentes Wesen von einem anderen Stern, mit dem ich kommunizieren und Gefühle austauschen kann, mehr mit mir gemeinsam hat als ein Mitglied meiner eigenen Spezies, das so schwer behindert ist, dass es überhaupt keine bewussten Erfahrungen zu haben vermag, auch dann nicht, wenn es mir äußerlich stärker ähneln würde. (Singer, 2013, S. 132 f.)

Um dieses Argument zuzuspitzen, fragt Singer danach, wer aus welchen Gründen als *Person* gelte und aus welchen Gründen eine Person ein Recht auf Leben und Unversehrtheit haben sollte. Und Personen sind für ihn Lebewesen, die über Vernunft und ein Bewusstsein ihrer selbst verfügen, die somit sich selbst »als distinkte Entitäten mit einer Vergangenheit und Zukunft« (Singer, 2013, S. 175) erleben. Aus dieser Definition folgt die Begründung eines Rechts auf Leben aus der Perspektive des Präferenz-Utilitarismus: Distinkte Entitäten entwickelten aus ihrem Selbstbewusstsein in Zeit und Raum immer Wünsche für die eigene Zukunft. Wünsche seien immer mit Rechten verknüpft, da diese Wünsche mit der Hoffnung auf ihre Erfüllung und der Empfindung von Freude verbunden seien. Wer die Wünsche eines anderen zunichte mache, schränke dessen Freiheit ein und bereite ihm Schmerzen. Daher sei der Respekt vor den Wünschen anderer eine moralische *Pflicht* und jede Person habe ein *Recht* auf Erfüllung ihrer Wünsche in der Zukunft und folglich ein Recht auf Leben (vgl. Singer, 2013, S. 154).

Diese Argumentation führt im Umkehrschluss jedoch zu der These, dass alle Lebewesen, die keine Wünsche haben, auch keine Personen mit einem Recht auf Leben sind: Föten, neugeborene Kinder, schwer geistig behinderte Menschen und Komapatienten können zu dieser Gruppe gehören und sind für Singer keine Personen. Hingegen haben Forschungen mit Menschenaffen gezeigt, dass sie alle von Peter Singer formulierten Kriterien distinkter Lebewesen erfüllen und daher als Personen angesehen werden sollten. In der jüngeren Vergangenheit hat sich zudem gezeigt, dass einige Tierarten wie Delfine, Schweine und Raben ebenfalls ein Verhalten an den Tag legen, das ihre Anerkennung als Person im Sinne Singers erlauben würde. Peter Singer kommt daher zu dem provokanten Resümee, dass Personen unabhängig von ihrer Spezies ein höheres Recht auf Leben und Unversehrtheit haben als andere Lebewesen: »So scheint es, dass die Tötung eines Schimpansen – alle übrigen Umstände als gleich vorausgesetzt – schlimmer ist als die Tötung eines menschlichen Wesens, welches aufgrund einer schweren geistigen Behinderung keine Person ist und nie sein kann« (Singer, 2013, S. 186).

Bei Tests zur Verträglichkeit von Arzneimitteln würde Peter Singer als Präferenz-Utilitarist daher fragen, welche Nicht-Personen den größten Nutzen brächten, das heißt, welche Erkenntnisse sich aus der Forschung bestmöglich übertragen ließen. Bei Arzneimitteln für Menschen sollten die Forscher, so wäre die Schlussfolgerung, diese Tests folglich an *Nicht-Personen* wie schwer geistig Behinderten oder Komapatienten durchführen und nicht an *Personen* wie Schimpansen. Angesichts dieser provokanten und konsequenten Anwendung utilitaristischer Grundsätze auf aktuelle ethische Probleme mag die Frage an Peter Singer, ob er der gefährlichste Mann der Welt sei, nun verständlicher geworden sein. Der Philosoph Singer versteht sich selbst jedoch keinesfalls als Provokateur, sondern lediglich als konsequenter Utilitarist, der die klassischen Argumente auf aktuelle Fragestellung anwendet.

Peter Singer tritt jedoch keineswegs für Tierrechte ein und er fordert auch keine Gleichbehandlung aufgrund einer Art Rechtsgleichheit von Menschen und Tieren. Für den Utilitaristen Singer gibt es keinerlei Wesensrechte und er kennt auch keine moralischen Verbote, die sich aus dem Wesen eines Lebewesens ableiten ließen. Für ihn sind alle empfindungsfähigen Lebewesen gleich und bei einer Abwägung zählen nur die aggregierten Freude- und Leidwerte. Falls im Trolley-Dilemma auf dem linken Gleis ein Mensch stünde und auf dem rechten Gleis ein Hund, so würde Singer nach der Freude und dem Leid der Angehörigen des Menschen und des Hundes fragen, die durch den Tod des einen oder anderen entstehen würden. Überleben dürfe dann, wessen Tod das größere Leid verursachen würde.

Einige andere Moralphilosophen vertreten jedoch durchaus die These, dass Tieren als gleichberechtigten Wesen auch gleiche Rechte zukommen sollten (vgl. Schmitz, 2014). Sie erkennen keinen Unterschied zwischen dem Leid eines Menschen und dem eines Tieres und fordern daher die Einführung von einklagbaren Tierrechten, die beispielsweise von einem menschlichen Vertreter dann auch juristisch eingefordert werden könnten. Bei der Entscheidung zwischen Mensch und Hund im Trolley-Dilemma würden sie wahrscheinlich eine Münze werfen.

Andere Tierrechtler sehen durchaus die Notwendigkeit einer lebensweltlichen Differenzierung. Sie unterscheiden zwischen domestizierten Tieren, die mit uns zusammenleben, und Wildtieren (vgl. Donaldson & Kymlicka, 2013). Die Wildtiere sollten unter größtmöglicher Souveränität leben und wir sollten ihren Lebensraum wie einen anderen Staat betrachten. Den domestizierten Tieren stünden jedoch gleiche Rechte zu und sie würden zu Staatsbürgern, deren Interessen beispielsweise bei der Planung von Straßen und öffentlichen Plätzen berücksichtigt werden müssten. Die Zwischenbereichstiere, wie Spatzen, Mäuse und Ratten, erhielten zwar keine Staatsbürgerschaft, dürften aber keinesfalls versklavt oder getötet werden.

Der Ansatz der Tierrechte ist jedoch mit einer kaum zu übersehenden Vielfalt von Problemen verknüpft. Rechte sind mit Pflichten unauflösbar verbunden, dies gilt für moralische ebenso wie für juristische Rechte und Pflichten. Das Recht des einen ist die Pflicht der anderen. Wenn Menschen nun die Rechte von domestizierten Tieren vollumfänglich achten würden, müssten dies auch die Tiere in moralischer und juristischer Hinsicht tun. Und welches Strafmaß sollte dann für eine Katze gelten, die eine Maus getötet hat? Dürften wir den Haushund aus moralischen Gründen zu einer vegetarischen Ernährung zwingen, auch wenn er dies aus physiologischen Gründen nicht lange überleben würde? Dürfte ein Huhn auswandern, also zum Wildtier werden, wenn sein sicherer Tod in der Wildnis offensichtlich ist oder müssten Menschen den Mitbürger Huhn vor dem Selbstmord bewahren? Welche moralischen und juristischen Sanktionen wären bei der versehentlichen Tötung einer Ameise beim Spaziergang sinnvoll und welche beim vorsätzlichen Massenmord an Mücken, wenn man an einem Sommerabend mit dem Auto fährt? Hätten die Läuse im Haar und die Würmer im Bauch ein Recht auf Leben? So absurd und konstruiert diese Fragen erscheinen mögen, so sind sie doch die logische Folge von Tierrechten.

Die Forderung universeller Rechte auf Leben und Unversehrtheit für alle Lebewesen, wie sie einige Tierrechtler fordern, ist mit dem Utilitarismus auch gar nicht vereinbar, kennt er doch keine Handlungsverbote aus moralischen Gründen. Die meisten Utilitaristen wie Jeremy Bentham, John Stuart Mill und Peter Singer fordern zwar die Gleichbehandlung von Tieren, da sie wie Menschen über die Empfindungen von Freude und Leid verfügen. Allerdings würde keiner der genannten Philosophen Tieren derartige Wesensrechte zusprechen (›Unsinn auf Stelzen‹) und keiner von ihnen würde qualvolle Arzneimitteltests an einem Dutzend Tieren verbieten, wenn dadurch tausende Menschen ein schmerzfreies oder längeres Leben führen könnten. Es geht auch hierbei nur um die Gesamtsumme des Glücks aller Lebewesen.

Problematisch ist aus dieser Sicht aber nach wie vor, ob das Glück der Maus, des Hundes und des Menschen gleich viel wiegt? Dieses Problem führt zu komplizierten, vielleicht auch unlösbaren Annahmen über Freude und Leid, Glück und Unglück einzelner Lebewesen und ihrer Vergleichbarkeit mit anderen und führt den Utilitarismus wiederum auf das Feld einer subjektiven Beliebigkeit.

4.2.3 Aschenputtel unter Kannibalen

Der freie und faire Tausch war bereits für Adam Smith die wesentliche Grundlage einer friedlichen und gerechten Gesellschaft: Soziale Beziehungen innerhalb einer Gemeinschaft und über die Grenzen eines Landes hinweg, seien zu jedermanns Vorteil, wenn sie auf den Prinzipien des rationalen nutzenmaximierenden Handelns beruhten und Gefühle wie Liebe und Hass, Bevorzugungen und Neid vermieden. In dieser Weltsicht beschreibt das ›Humankapital‹, in Deutschland das ›Unwort des Jahres 2004‹, das Wissen, die Fähigkeiten und die Talente eines Menschen sowie seinen Beitrag für das Wachstum einer Volkswirtschaft. Auch die Beziehungen zwischen

Männern und Frauen können als marktwirtschaftlicher Prozess der Angebots- und Nachfragesteuerung, der Effizienzsteigerung durch Arbeitsteilung und der Allokation von Einkommen zur Generierung von Mehrwert und gemeinsamen Produkten wie Haushaltsarbeit, Zuneigung und Kindern betrachtet werden (vgl. Becker, 1993).

Diesem ökonomischen Grundsatz folgend, schlug eine junge Frau auf einer US-amerikanischen Dating-Plattform einen Tausch vor. Sie schrieb: »Ich bin 25, sehr schön und habe Stil. Ich möchte einen Mann heiraten, der eine halbe Million Dollar im Jahr oder mehr verdient« (zitiert nach Hagelüken, 2014). Sozialer Aufstieg durch Heirat und der vermeintliche Tausch von Schönheit gegen Geld sind bei weitem keine neuen Phänomene. Aber Aschenputtel will im 21. Jahrhundert nicht mehr warten, bis der Prinz sie zufällig findet.

Allerdings haben auch die Prinzen dazugelehrt, und so beantwortete ein Bankmanager das Angebot der jungen Schönen. Als professioneller Investor mit einem Jahreseinkommen über dem geforderten Wert habe er das Angebot analysiert und sei zu folgendem Ergebnis gekommen: Eine Heirat auf der Grundlage eines Tauschs von Schönheit gegen Geld sei eine schlechte Investition, denn ihre Schönheit werde vergehen, sein Einkommen jedoch wachsen. Betrachte man den vorgeschlagenen Tausch daher aus einer ökonomischen Perspektive, so werde der Wert der Dame also sinken und seiner hingegen steigen. Die Dame sei folglich ein Gut, das konstant an Wert verlieren werde, beziehungsweise ein Abschreibungsobjekt, das man an der Börse schnellstmöglich verkaufen oder verleasen würde. Als Banker hatte er aber noch einen Rat für die Dame: »Wer mehr als 500 000 im Jahr verdient, ist kein Idiot. Wir würden mit Ihnen ausgehen, aber Sie nicht heiraten« (zitiert nach Kunze, 2014). Die Dame solle daher besser in Bildung investieren und selber eine halbe Million verdienen.

Ein Tausch ganz anderer Art ist die Organspende. Hierbei muss zunächst zwischen der sogenannten Lebendspende und der Leichenspende unterschieden werden. In Deutschland regelt das Transplantationsgesetz die Spende von Organen und bei allen Spenden post mortem gilt die Zustimmungsregelung, das heißt, jeder potentielle Spender muss durch einen Organspenderausweis seine Zustimmung schriftlich dokumentieren. In den meisten europäischen Ländern gilt die Widerspruchsregelung, hierbei muss eine Person schriftlich festlegen, dass sie keine Organe spenden will – anderenfalls gilt diese Person zunächst als möglicher Organspender. Bedingt durch die Zustimmungsregelung und die geringe Akzeptanz der Organspende liegt in Deutschland die Zahl der potentiellen Organempfänger weit über der Zahl der Spender.

Für Lebendspenden sind die Voraussetzungen in Deutschland relativ strikt: Der Spender muss volljährig, als Spender geeignet und über die Risiken des Eingriffs aufgeklärt worden sein. Zudem darf es keine über den Eingriff hinausgehende Gefahr oder schwere Beeinträchtigung der Gesundheit des Spenders geben. Der Kreis der Empfänger ist in Deutschland darüber hinaus auf Verwandte, Lebenspartner oder *eng verbundene Personen beschränkt. Die Nierenspende ist die häufigste Form der Lebendspende, die Operation gilt als nicht riskant und die Gesundheit des Spenders wird kaum beeinträchtigt. Da die Niere paarweise vorhanden ist, führt die Spende einer Niere nicht zu größeren Einschränkungen.*

Aus ethischer Sicht spricht daher zunächst nichts gegen die freiwillige Lebendspende einer Niere. Aus ökonomischer Sicht übertreffen die Kosten einer lebenslangen Dialyse und der reduzierten Lebenserwartung die Kosten einer Nierentransplantation bei weitem (vgl. Matas & Schnitzler, 2004), die nicht quantifizierbare erhöhte Lebensqualität des Empfängers nicht eingerechnet. Dennoch ist der Verkauf einer Niere in Deutschland verboten. Aus ökonomischer Sicht wird durch das Verbot eines kommerziellen Handels mit Nieren eine wertvolle Ressource vernichtet.

Sollte man daher einen professionellen Organhandel mit Nieren zulassen? Warum sollte man freien, vernünftigen Menschen den Tausch einer Niere gegen Geld verbieten, wenn aus ethischer und ökonomischer Sicht scheinbar nichts dagegen spricht? Der US-amerikanische Philosoph Michael Sandel prüft diese Möglichkeit mit zwei Szenarien: Im ersten Szenario wird ein Mensch, beispielsweise ein armer Bauer aus einem Entwicklungsland, gefragt, ob er seine Niere verkaufen würde – der Käufer ist jedoch kein Dialysepatient, sondern ein exzentrischer Künstler, der aus der erworbenen Niere eine »spleenige Wohnzimmerdekoration« (Sandel, 2013, S. 101) für begüterte Kunden anfertigen will.

Im zweiten Szenario wird der Bauer erneut gefragt, ob er nun auch seine zweite Niere verkaufen würde. Der Empfänger mag diesmal ein erkrankter Patient sein und der Bauer mag das Geld für die Ausbildung seiner Kinder dringend benötigen, allerdings wird der Verkäufer die Operation nicht überleben (vgl. Sandel, 2013, S. 102). Von den beiden Nieren muss mindestens eine erhalten bleiben, die Operation bedeutet also seinen Tod – er würde jedoch seinem Kind eine gute Ausbildung ermöglichen. Auch wenn diese Geschichte sehr konstruiert erscheint, Michael Sandel verweist auf den Fall eines Strafgefangenen, der seiner Tochter die zweite Niere spenden wollte; die Spende wurde aber vom Ethikrat der Klinik abgelehnt (vgl. Sandel, 2013, S. 102).

Ist der Tausch einer Niere gegen Geld in diesen beiden Szenarien unethisch, weil kein Leben durch den Handel gerettet beziehungsweise ein Mensch getötet würde? Muss man den Handel mit Organen daher doch reglementieren und das Recht eines freien, vernünftigen Menschen auf seine Organe und sein Leben einschränken?

In Diskussionen über die Sterbehilfe geht es ebenfalls um diese Einschränkung der Verfügungsgewalt eines Menschen über sein Leben, und die ethische Begründung für diese Einschränkungen der persönlichen Freiheit ist nicht immer und für jeden plausibel. Ein besonders spektakulärer Fall aus Deutschland zeigt die Problematik der freien Verfügung über das eigene Leben und deren mögliche Grenzen.

Im März 2001 trafen sich der Bankangestellte Armin Meiwes und Bernd Jürgen Brandes, ein leitender Angestellter der Siemens AG, zu einem Gespräch in Meiwes'

Bauernhaus. Bei diesem Gespräch willigte Brandes ein, sich von Meiwes töten und verzehren zu lassen. Das Gespräch kam zustande, da Meiwes zuvor auf einer Internetseite Menschen suchte, die hierzu bereit wären. Die Anzeige lautete: »18- bis 30-jähriger Mann zum Schlachten gesucht« (faz.net, 2004). 204 Menschen hatten sich daraufhin gemeldet, 13 hätten gerne mitgemacht und mit vier von ihnen kam es zu einem Gespräch. Nur Brandes willigte beim Kaffee tatsächlich ein.

Nach dem Gespräch erhielt Brandes Schlaftabletten und Alkohol gegen die Schmerzen, wurde von Meiwes durch einen Messerstich getötet und zerstückelt. Die Leichenteile legte Meiwes in seine Gefriertruhe und verspeiste etwa 40 Pfund, die er teilweise »in Olivenöl mit Knoblauch zubereitet« (Sandel, 2013, S. 105) hatte, bevor man ›den Kannibalen von Rotenburg‹ im Dezember 2002 festnahm. Armin Meiwes gestand die Tat und übergab den Ermittlern die Videobänder, auf denen er die Tötung und die Zerstückelung aufgezeichnet hatte.

Da es in Deutschland kein Gesetz gibt, dass Kannibalismus verbietet, plädierte die Verteidigung auf ›Tötung auf Verlangen‹. Für die Beihilfe zum Suizid hätte man Meiwes damit zu maximal fünf Jahren Haft verurteilen können. Nach einer ersten Verurteilung wegen ›Totschlags‹ zu achteinhalb Jahren Haft wurde Meiwes dann im Mai 2006 zu einer lebenslangen Freiheitsstrafe wegen ›Mordes und Störung der Totenruhe‹ verurteilt. Der Bundesgerichtshof bestätigte das Urteil und Meiwes kann frühestens nach 15 Jahren im Frühling 2021 entlassen werden (vgl. Meiwes, 2005). Armin Meiwes soll mittlerweile zum Vegetarier geworden sein – »mit der Begründung, Massentierhaltung sei unmenschlich« (Sandel, 2013, S. 105).

Aus der Perspektive eines konsequenten Utilitarismus stellt sich nun die Frage, warum man den Tauschhandel mit Schönheit, lebenswichtigen Organen oder dem eigenen Körper verbieten sollte, wenn freie und vernünftige Menschen dies miteinander vereinbaren und zumindest einer der Tauschpartner durch den Handel glücklich würde? Wenn die Wahrung der Freiheit des Individuums und die Summe des Glücks die einzigen relevanten Kriterien für die ethische Beurteilung einer Handlung sind, dann gibt es keinen Grund, freie Handelsportale für Aschenputtel, Organspender, Selbstmörder oder Kannibalen zu verbieten. Einige Libertarianer fordern im Prinzip nichts weniger als diese absolute Freiheit.

4.2.4 Robert Nozick und der Libertarianismus

Der US-amerikanische Philosoph *Robert Nozick* (1938–2002) legte 1974 mit seinem Buch *Anarchie, Staat, Utopia* eine Antwort auf John Rawls' *Theorie der Gerechtigkeit* vor. Nozick warf Rawls vor, mit seiner Forderung nach Gleichheit die Freiheitsrechte der Menschen zu verletzen. Im Zentrum der Theorie von Nozick steht jedoch die *Freiheit* als unverletzliches Grundrecht eines jeden Menschen, die er als Prinzip des *Selbsteigentums (self-ownership)* zum Ausgangspunkt seiner praktischen Philosophie macht. Robert Nozick macht somit wie Immanuel Kant die Freiheit des Menschen zur Prämisse, allerdings interpretiert er diese Freiheit in seinem utilitaristischen Argumentationskontext als universelle Präferenz. So wie der Utilitarist Peter Singer die Gleichheit aller empfindungsfähigen Lebewesen zur Präferenz macht, so macht Robert Nozick die Freiheit des Menschen zur Präferenz. Damit begründete Nozick die *libertarianische Theorie* und forderte einen minimalen Staat, dessen Aufgabe lediglich die Sicherung der bürgerlichen Freiheiten sei.

In seiner Argumentation beruft sich Nozick zum einen auf John Locke und dessen Naturrechtstheorie, der zufolge niemand eine Einschränkung seiner natürlichen Rechte auf Leben, Freiheit, Gesundheit und Eigentum in der Gemeinschaft hinnehmen dürfe. Zum anderen verweist Nozick auf Immanuel Kant, für den die Würde eines Menschen unauflöslich mit seiner Vernunft, seiner Freiheit und seiner Autonomie verknüpft ist. Jede Form der staatlichen Unterstützung einzelner Bürger schränke aber notwendig die Freiheit oder die Eigentumsrechte anderer Bürger ein und mache alle Bürger gleichermaßen zum Instrument des staatlichen Handelns. Dies verletze jedoch ihre Würde, denn es widerspräche dem Kantischen Imperativ, Menschen als Zweck, und nie allein als Mittel zu betrachten (vgl. Nozick, 2006, S. 31f.).

Nozick fordert daher, dass Menschen als Bürger in einer Gemeinschaft vom Staat nur im Rahmen unverzichtbarer und minimaler Einschränkungen bei der Ausübung ihrer Freiheit begrenzt werden dürfen. Grundsätzlich hätten die individuellen naturrechtlichen und universellen Ansprüche eines Menschen Vorrang; die Interessen der Gemeinschaft, die durch den Staat vertreten werden, müssten diese zunächst respektieren.

Die Aufgaben des Staates will Nozick deshalb auf rudimentäre Funktionen beschränken. Ein solcher *Nachtwächterstaat* solle sich mit der Durchsetzung von Verträgen, dem Schutz des privaten Eigentums und der Friedenssicherung begnügen. Der Rest wird durch eine ›unsichtbare Hand‹ zum Wohle aller geregelt und alle weitergehenden Ansprüche sind mit seiner libertarianischen Staatskonzeption unvereinbar (Nozick, 2006, S. 128). Dem modernen westlichen Wohlfahrtsstaat wirft Nozick daher vor, die Autonomie seiner Bürger durch Gesetze und Verordnungen unrechtmäßig einzuschränken und sie zum Mittel der politischen Bevormundung zu machen.

Für die Ausübung von Freiheit sieht Nozick den Markt als Ideal an. Wie sein utilitaristischer Vordenker Adam Smith betrachtet Nozick die Austauschprozesse auf dem freien Markt als bestmögliche Handlungsformen autonomer Wesen und als Garanten eines friedlichen und kooperativen Zusammenlebens. Alle Güter, die in Marktprozessen entstehen, gehörten zunächst nur ihren Produzenten und dürften von diesen auch frei getauscht werden; das Recht auf das Eigentum sei naturrechtlich mit ihnen verbunden: »Die Dinge, die in die Welt hereinkommen, sind bereits an Menschen geknüpft, die Ansprüche auf sie haben« (Nozick, 2006, S. 152).

Aus dieser »Austauschtheorie« (Nozick, 2006, S. 144) entwickelt Nozick seine Vorstellungen über die Gerechtigkeit der Güterverteilung. Seine drei Prämissen lauten: Erstens ist jeder Besitz, der rechtmäßig erschaffen oder angeeignet wurde, auch gerecht. Zweitens ist jede Übertragung von Eigentum in Form eines freiwilligen und legitimen Kaufs, eines Tauschs oder einer Schenkung gerecht. Und drittens müssen Besitzverhältnisse, die der ersten oder der zweiten Prämisse widersprechen, korrigiert werden. Nozicks Schlussfolgerung lautet daher: »Ist der Besitz jedes einzelnen gerecht, so ist die Gesamtmenge (die Verteilung) der Besitztümer gerecht« (Nozick, 2006, S. 146).

Aus diesen Prämissen der Austauschtheorie folge, dass die Verteilung und der Tausch von allen Gütern grundsätzlich gerecht seien, wenn freie Menschen diese einvernehmlich festlegen. Der legale Besitz rechtfertigt für Nozick das uneingeschränkte Recht an der Verwendung eines Gutes: »Der Kern des Begriffs des Eigentums an X […] ist das Recht, über die Verwendung von X zu entscheiden« (Nozick, 2006, S. 228). Alle Austauschprozesse in Form von rechtmäßigen Verträgen und Abkommen zwischen erwachsenen Bürgern seien daher legitim und gerecht. Entscheidend sei einzig die Freiwilligkeit der Handlungen; jede Verteilung von Gütern ist somit gerecht, wenn sie auf der freiwilligen Zustimmung der Tauschpartner beruhe. Für die Gerechtigkeit der Verteilung sei nur die *Rechtmäßigkeit* des Tauschprozesses relevant, daher wird Nozicks Austauschtheorie auch als *»prozedurale Gerechtigkeitstheorie«* bezeichnet (Tschentscher, 2000, S. 183).

Dies gelte auch dann, wenn diese Austauschprozesse möglicherweise individuelle Benachteiligungen oder große Ungleichheit mit sich bringen. Daher fordert Nozick vom Staat, dass er die Handlungsfreiheit seiner autonomen Bürger möglichst gar nicht regeln solle. Sogar Gesetze, die die Bürger davor schützen sollen, sich selbst zu verletzen, sind für Nozick nicht gerechtfertigt. Vorschriften wie das Tragen eines Sicherheitsgurtes im Auto oder eines Helms beim Motorradfahren seien unangebracht, solange kein anderer durch die bloße Missachtung einer illegitimen Regelung verletzt werde und die Menschen für die Folgen ihres Handelns, zum Beispiel Krankenhausaufenthalte, selbst aufkämen (vgl. Sandel, 2013, S. 86). Jede Form des wohlfahrtsstaatlichen Paternalismus lehnt Nozick konsequent ab.

Dies gilt auch für Handlungen, die als moralisch problematisch angesehen werden können. Nozick verneint grundsätzlich das Recht des Staates, sich in ethischen oder moralischen Fragen als Richter aufzuspielen. Homosexualität und Prostitution seien Angelegenheiten, die freie Menschen unter sich verhandeln müssten, der Staat habe sich hierbei nicht einzumischen. Tradierte Vorstellungen über tugendhaftes Handeln oder Mehrheitsmeinungen über moralisch angemessenes Verhalten zu verordnen und zu sanktionieren, sei keine Staatsaufgabe. Moral und Recht sind für Nozick getrennte Sphären.

Auch die Umverteilung von Eigentum – selbst zum Wohle der Mehrheit – betrachtet Nozick als eine Form des staatlichen Diebstahls: »Der Staat hat ebenso wenig das Recht, begüterte Steuerzahler zur Unterstützung von Sozialprogrammen zu zwingen, wie ein wohltätiger Dieb das Recht hat, einem Reichen Geld zu stehlen und es Obdachlosen zu geben« (Sandel, 2013, S. 87). Anderen, bedürftigen Menschen Hilfe zu gewähren, sei eine freiwillige Leistung und kein Anspruch. Auch Ausbildung und Gesundheitsfürsorge sind für Nozick vertraglich zu regelnde Leistungen freier Bürger. Ein Staat, der sich als neuzeitlicher Robin Hood geriere, verfehle seine Aufgaben.

Der Minimalstaat

Daher wirft Nozick dem Wohlfahrtsstaat vor, dass er die Freiheit seiner Bürger in unzulässiger Weise einschränke. Die Freiheitsrechte des Individuums seien auch im Staat »so gewichtig und weitreichend« (Nozick, 2006, S. 13), dass die staatliche Macht auf ihre fundamentalen Aufgaben – Schutz gegen Gewalt und vor Diebstahl sowie die Durchsetzung von Verträgen – reduziert werden müsse. Jeder darüber hinausgehende Zwang sei, so Nozick, illegitim und eine Verletzung der individuellen Freiheit. Für ihn ist nur der Minimalstaat legitim, dieser sei »der einzige moralisch berechtigte Staat, der einzig moralisch tragbare Staat« (Nozick, 2006, S. 302), der die natürlichen Rechte autonomer Menschen nicht verletze.

Grundsätzlich sei die Herstellung von Gerechtigkeit im Sinne einer Verteilungsgerechtigkeit keine staatliche Aufgabe. Mit einer Ausnahme: falls die Verteilung von Güter nicht auf Freiwilligkeit beruht. Nur in diesem Fall habe der Staat das Recht und die Pflicht, in die Verteilung einzugreifen und zu korrigieren, um so die Gerechtigkeit der Prozesse wieder herzustellen. Wer einem Tausch unter Zwang und Gewalt zustimme, dürfe auf die Hilfe des Staates hoffen.

Dies betrifft aber nicht die Verteilung von Wohlstand. Reichtum und Armut seien das Resultat eines freien Marktes mit freien Akteuren. Der Staat ist für Nozick ein Nachtwächterstaat, der lediglich die Prozesse und die Rechtmäßigkeit von Ansprüchen prüft. Wenn wenige über großen Wohlstand verfügen und viele über wenig Wohlstand, so könne der Staat dies nicht durch Zwang korrigieren und den Wohlhabenden die Früchte ihrer Arbeit einfach wegnehmen. Die Unterstützung der Armen sei eine moralische Verpflichtung der Gesellschaft, aber nicht des Staates. Karitative Wohlfahrtsorganisationen, die die freiwilligen Spenden der Bürger verteilen, seien gerecht – nicht aber eine staatliche Umverteilung durch Sozialhilfe oder monetäre Zuweisungen an Arbeitslose. Diese Argumentation deckt sich erneut mit seinem utilitaristischen Vorgänger Adam Smith und dessen Begründung moralischen Handelns auf der Grundlage der ›sympathy‹, die die Menschen füreinander empfinden.

Lediglich Reichtum, der unrechtmäßig erworben worden sei, könne durch den Staat dem rechtmäßigen Eigentümer zurückgegeben werden. Wenn ein Bürger beispielsweise vom Unrecht früherer Zeiten, etwa der Enteignung oder der Versklavung von Personengruppen, profitieren würde, so seien Reparationsforderungen oder eine höhere Besteuerung durch den Staat legitim. In diesem Falle würde der Staat einer seiner Kernaufgaben, dem Schutz vor Diebstahl, nachkommen, nicht aber einer unangebrachten Gleichmacherei.

Nozick geht so weit, dass er jede Form der Besteuerung von Einkommen durch eigene Arbeit mit Zwangsarbeit vergleicht: »Die Besteuerung von Arbeitsverdiensten ist mit Zwangsarbeit gleichzusetzen« (Nozick, 2006, S. 10). Für ihn macht es keinen Unterschied, ob ein Bürger in seinem Beruf arbeitet und den erworbenen Verdienst durch seine Steuern an den Staat weitergibt oder ob er direkt vom Staat zur Zwangsarbeit zur Erfüllung staatlicher Dienste gezwungen wird – in beiden Fällen werde der Bürger in seiner Freiheit vom Staat verletzt und der Staat mache Eigentumsrechte an seinem Bürger geltend, über die er nicht verfügen dürfe:

> Nimmt man jemandem die Früchte seiner Arbeit weg, so ist das gleichbedeutend damit, dass man ihm Stunden wegnimmt und von ihm bestimmte Tätigkeiten verlangt. Wenn jemand gezwungen wird, eine Zeit lang eine bestimmte Arbeit oder unentgeltliche Arbeit zu leisten, so wird unabhängig von seinem Willen entschieden, was er tun muss und für welche Zwecke er arbeiten muss. Dadurch werden die anderen zu Teileigentümern, sie erlangen ein Eigentumsrecht über ihn. (Nozick, 2006, S. 229).

Robert Nozick kritisiert mit seiner libertarianischen Gerechtigkeitsvorstellung insbesondere die *Theorie der Gerechtigkeit* von John Rawls. Rawls' deontologische Prämisse der Gleichheit aller Menschen im Urzustand lehnt Nozick rundum ab. Für Nozick sind Menschen unterschiedlich und es sind ihre Begabungen und ihr Charakter, die über die Verteilung von Gütern bestimmen. Der Schleier des Nichtwissens, wie ihn Rawls einführt, hebe die historisch gewachsenen Ansprüche der Menschen und die Verteilung von Wohlstand, die durch die unterschiedliche Verteilung von Talenten entstanden sei, in ungerechter Form auf.

Mit dieser Laissez-faire-Haltung fand Robert Nozick in den 1980er Jahren großen Zuspruch. In den USA waren mit Ronald Reagan und in Großbritannien mit Margaret Thatcher starke Befürworter einer libertarianischen Position in der Verantwortung für die Politik ihrer Länder. Sie forderten eine Abkehr vom Wohlfahrtsstaat und wollten die Eigenverantwortung ihrer Bürger stärken. Hierbei beriefen sie sich nicht zuletzt auf die Ökonomen und Wirtschaftsnobelpreisträger Friedrich A. Hayek (1899-1992) und Milton Friedman (1912-2006). Mit Nachdrücklichkeit warnte beispielsweise Hayek, dass jeder politische Eingriff in die Verteilung von Wohlstand mit Zwang verbunden sei und derartiges Handeln zu einem totalitären Staat führe, der eine freie Gesellschaft zerstöre. Auch die deutsche Bundeskanzlerin Angela Merkel brachte im Jahr 2011 mit ihrer Forderung nach einer *marktkonformen Demokratie* wieder den Geist des Libertarianismus in Erinnerung:

> Wir leben ja in einer Demokratie und sind auch froh darüber. Das ist eine parlamentarische Demokratie. Deshalb ist das Budgetrecht ein Kernrecht des Parlaments. Insofern werden wir Wege finden, die parlamentarische Mitbestimmung so zu gestalten, dass sie trotzdem auch marktkonform ist, also dass sich auf den Märkten die entsprechenden Signale ergeben. Ich höre zum Beispiel von unseren Haushaltspolitikern, dass man sich dieser Verantwortung bewusst ist. (BfP, 2011)

Der Ökonom Milton Friedman forderte als konsequenter Libertarianer sogar die Abschaffung aller wohlfahrtsstaatlichen Leistungen wie Sozial- oder Rentenversicherungen. Die Vorsorge für die eigene Lebensführung sei ein ausschließlich privater Lebensbereich, ein mündiger Bürger müsse die Verantwortung hierfür übernehmen: »Wenn jemand es bewusst vorzieht, für den Augenblick zu leben und seine Mittel für seinen gegenwärtigen Zeitvertreib zu verwenden, dabei mit voller Absicht ein armseliges Alter in Kauf nehmend, woher nehmen wir dann das Recht, ihn daran zu hindern?« (Friedman, 2002, S. 222).

Das Recht auf Selbstbestimmung und *Selbsteigentum* steht für Friedman über jeder Gerechtigkeitsfrage. Wenn ein Arbeitgeber Teile seiner Belegschaft aufgrund von Geschlecht, Rasse oder Religion diskriminieren würde, so sieht Friedman hierin keine illegitime Handlung. Vielmehr seien Gleichstellungsforderungen oder Mindestlöhne nichts anderes als staatliche Eingriffe in die Freiheit des Marktes. Selbst die Berufsausübung solle, so Friedman, nur auf freien Verträgen zwischen freien Bürgern beruhen. Wer eine preisgünstige Blinddarmoperation wünsche, solle sich einen geeigneten Operateur suchen - unabhängig davon, ob dieser ein approbierter Arzt sei oder nicht (vgl. Sandel, 2013, S. 88). Die fachliche Eignung könne man auch durch private Bewertungsportale prüfen und so den freien Markt ohne illegitime Einschränkungen sichern.

Der Vorrang der Freiheit von Menschen und Märkten führt die Anhänger des Libertarianismus zu einer konsequenten Interpretation utilitaristischer Handlungsbewertungen. Wer seine Jugend und Schönheit auf Heiratsportalen oder seine Organe und gar sein eigenes Leben aus freien Stücken auf einem freien Markt anbiete möchte, solle hierbei nicht von einem Staat gehindert werden, der sich anmaßt, das Glück seiner Bürger einschränken zu dürfen. Die entfesselte Freiheit führt jedoch zu einer grenzen- und maßlosen Vorstellung von Autonomie, die sich nicht mehr auf die moralphilosophischen Überlegungen Immanuel Kants stützen kann. Robert Nozick erkannte diese Probleme ebenfalls und korrigierte seine Position in den 1980er Jahren, wobei er eine zunehmend kommunitaristische Haltung einnahm (vgl. Nozick, 1991).

4.3 Kommunitaristische Ethik

4.3.1 Das Kopftuch als Symbol

Religiöse Symbole sind regelmäßig Anlass für aufgeregte Diskussionen über den Anspruch gesellschaftlicher Gruppen auf Freiheit und Gleichheit. Tatsächliche oder auch nur empfundene Mehrheitsmeinungen prallen hier auf aktive und lautstarke Gemeinschaften, die sich auf das ihnen verbriefte Recht auf Religions- und Meinungsfreiheit berufen, umgekehrt wird die rechtliche und lebensweltliche Gleichheit der Bürger als Voraussetzung für einen modernen Staat beschworen.

Auch in Europa ist die Beziehung zwischen Staat und Kirche seit Jahrhunderten spannungsgeladen. Nach der Bekehrung Kaiser Konstantins im 4. Jahrhundert begaben sich Staat und Kirche auf einen gemeinsamen Weg, und der Investiturstreit im 12. Jahrhundert war der erste Versuch, die verflochtenen Machtbereiche wieder zu trennen. Es dauerte weitere 700 Jahre, bis sich der Staat emanzipieren konnte: Die Philosophie der Aufklärung, die Unabhängigkeitserklärung der Vereinigten Staaten von 1776 und die Französische Revolution von 1789 führten zur Entstehung der modernen Nationalstaaten (vgl. Hennig, 2013). Diese verstehen sich zumeist als liberale Demokratien und als säkulare Staaten. Zu ihrem Selbstverständnis gehört die Anerkennung individueller Rechte, zu denen auch die Religionsfreiheit gehört, sowie die staatliche Neutralität gegenüber allen Religionen und Weltanschauungen (vgl. Hinsch, 2013).

Doch nach wie vor ist die Grenze zwischen dem Privaten und dem Öffentlichen in Europa uneinheitlich. Während in Frankreich die strikte Trennung zwischen beiden Sphären eine wesentliche Grundlage der Republik ist, verstehen sich Irland und Polen als katholische Gesellschaften, die christliche Bekenntnisse sogar in ihren Verfassungen verankert haben. Einheitlichkeit gibt es nur in einem Punkt: In keinem europäischen Land ist die Beziehung zwischen Staat und Kirche, liberalen Rechten und religiösem Glauben, Individuum und Gemeinschaft konfliktfrei.

In Frankreich ist die Säkularität des Staates seit einigen Jahren ein besonders intensiv, zuweilen auch gewaltsam umkämpftes Feld. So führte ein Gesetz, das die rechtliche Gleichstellung von homosexuellen Männern und Frauen ermöglichte, Ende 2013 zu Massenprotesten und Ausschreitungen. Zwei Jahre zuvor wurde ein Gesetz erlassen, das das Tragen einer Vollverschleierung in der Öffentlichkeit bei Strafe verbietet. Jede Trägerin einer sogenannten Burka kann seitdem mit einer Geldstrafe von 150 Euro und einer Nachhilfestunde in Staatsbürgerkunde bestraft werden. Ein ähnliches Verbot gilt auch in Belgien. In Deutschland wurde einer Lehramtsstudentin in Gießen das Tragen einer Burka in der Universität verboten, in Bayern einer Schülerin das Tragen eines Nikab, einer Gesichtsverschleierung.

Diese Verbote wurden im Juli 2014 durch ein Urteil des Europäischen Gerichtshofs für Menschenrechte für rechtens erklärt (vgl. EGMR, 2014). Eine 24-jährige Juristin aus Frankreich wollte ihr individuelles Recht auf das Tragen einer Burka durchsetzen. Die Muslimin erklärte, dass das Kleidungsstück ein Teil ihrer religiösen Überzeugungen sei und sie von niemandem dazu gezwungen werde. Die Richter begründeten ihr Urteil damit, dass nicht nur der Staat aus Sicherheitsgründen, sondern auch die Gesellschaft ein elementares Interesse an der Verhinderung von Verschleierungen habe. Für das Zusammenleben als Gemeinschaft und die Herstellung von Öffentlichkeit durch Kommunikation als Fundament einer modernen Gesellschaft und eines liberalen Staates sei der offene und unverhüllte Diskurs unverzichtbar. Daher stehe das Verbot von Verschleierung in der Öffentlichkeit rechtlich über dem individuellen Recht auf Ausübung religiöser Bräuche oder Gebote.

In Deutschland gibt es kein allgemeines Gesetz, das diesen Lebensbereich regelt. Aber es gibt einige Regelungen für bestimmte Berufsgruppen. So ist in den meisten Bundesländern Polizistinnen und Polizisten das Tragen von Tätowierungen an sichtbaren Körperstellen verboten. Als Rollenträger und Repräsentanten eines weltanschaulich neutralen Staates dürfen sie keine symbolischen und sichtbaren Tätowierungen haben, da dies auch ihre eigene Legitimation und ihre Neutralität beschädigen könnte.

Ähnliches gilt für Lehrerinnen und das Tragen von Kopftüchern im Schuldienst. Vor einigen Jahren entschied das Bundesverfassungsgericht, dass die Bundesländer das Tragen eines Kopftuches an öffentlichen Schulen regeln sollten (vgl. Schenk, 2014). Zahlreiche Bundesländer wie Nordrhein-Westfalen, Hessen und Niedersachsen entschieden sich daraufhin für ein Verbot. Lehrerinnen dürfen dort in der Schule kein Kopftuch tragen, da sie im Unterricht als Vertreter des Staates neutral sein müssen. Eine religiöse oder politische Überzeugung dürfe man als Lehrerin und Lehrer nicht öffentlich äußern.

Zu einem vorhersehbaren Konflikt führt dieses Verbot nun aber mit der Einführung eines eigenen Religionsunterrichts für Muslime. Seit dem Jahr 2014 ist der islamische Religionsunterricht ein Regelfach an den staatlichen Schulen, er soll die Identitätsbildung, die Integration und die gegenseitige Toleranz fördern. An den Hochschulen wurden hierzu entsprechende Studiengänge der Islamischen Religions-

lehre entwickelt, die angehenden Lehrer werden jedoch erst ab 2019 ihre Ausbildung abgeschlossen haben. Bis dahin sollen Quereinsteiger die geforderten Inhalte vermitteln. Beispielsweise werden in Niedersachen 200 qualifizierte Lehrer für fast 50 000 muslimische Schüler benötigt, in Nordrhein-Westfalen ist der Bedarf dreimal so groß.

Zum Schuljahresbeginn 2014 stellte sich aber heraus, dass bei weitem nicht alle Lehrerstellen besetzt werden können. Die meisten der qualifizierten Seiteneinsteigerinnen sind verständlicherweise Frauen muslimischem Glauben - und viele von ihnen wollen nur mit Kopftuch in die Schule gehen. Daher wurde eine Ausnahmeregelung erlassen, der zufolge ein Kopftuch im islamischen Religionsunterricht erlaubt sein soll. Mit dieser Regelung waren die Lehrerinnen jedoch nicht einverstanden, da sie nur das Tragen des Kopftuches im Unterricht zulässt, nicht aber außerhalb des Klassenzimmers. In den Gängen und im Lehrerzimmer sollten sie dies nicht tragen dürfen. Auch die Akzeptanz innerhalb des Kollegiums ist zuweilen nicht vorhanden; Unterschriftenlisten gegen Kopftuch tragende Lehrerinnen oder diskriminierende Äußerungen (›Mit Kopftuch können Sie vor der Schule Gemüse verkaufen oder die Klassenräume putzen, aber nicht unterrichten‹) machen es den muslimischen Kolleginnen nicht leichter.

Diese Situation führte dazu, dass im März 2014 nur 25 Lehrer gefunden wurden und damit ein Großteil der 200 Stellen nicht besetzt werden kann. Während Mädchen als Schülerinnen und junge Frauen als Studentinnen ein Kopftuch tragen dürfen, solle ihren Lehrerinnen dies nur in einem Ausnahmefall, im Klassenraum und während des Religionsunterrichts, erlaubt sein. Gleichzeitig soll der islamische Religionsunterricht aber die Integration der Musliminnen unterstützen und ihnen die Gelegenheit geben, ihre religiöse Identität im Alltag frei auszuleben.

Die ethische Frage lautet daher: Ist es gerecht, Lehrerinnen das Tragen eines Kopftuches nur im Religionsunterricht oder Juristinnen nur außerhalb des Gerichts zu erlauben? Oder ist das Kopftuch ein Symbol für Rückständigkeit und Unterdrückung und wäre daher ein generelles Verbot - auch für Schülerinnen und Studentinnen - in allen öffentlichen Bereichen gerecht? Die Kompromisslösung, Lehrerinnen oder Juristinnen ein Kopftuch zu verbieten und Schülerinnen oder Studentinnen das Tragen zu gestatten, ist zumindest aus ethischer Sicht nicht plausibel. Die Abgrenzung zwischen dem privaten und dem öffentlichen Lebensbereich, zwischen dem individuellen Recht auf Religionsfreiheit und der Notwendigkeit der Akzeptanz gemeinschaftlicher Normen und Konventionen bei der Wahl der Kleidung im öffentlichen Raum steht auch in Deutschland noch in der Diskussion.

4.3.2 Michael Sandel und die Republik der Bürger

Die 1970er Jahre waren eine Zeit des Aufbruchs und der Veränderung: In den westlichen Gesellschaften forderten die Menschen mehr individuelle Freiheiten, mehr soziale Rechte und mehr politische Partizipation; neue Lebensweisen und gemeinschaftliches Engagement waren wichtige Themen der öffentlichen Debatte. Auch die praktische Philosophie wurde wiederbelebt und zu einem populären Thema. Mit John Rawls' *Theorie der Gerechtigkeit* lag ab 1971 eine komplexe philosophische Theorie über die Grundlagen der Gesellschaft vor, die auch in die öffentliche Diskussion Einzug hielt. Zwei Jahre später legte Robert Nozick mit *Anarchie, Staat und Utopia* ein radikalindividualistisches Alternativprogramm vor, das bei der Lösung der sozialen Fragen und Probleme der Zeit auf die wundersame Kraft einer *unsichtbaren Hand* setzte (Nozick, 2006). Es begann eine hitzige Debatte über das Verhältnis zwischen bürgerlichen Rechten und gesellschaftlichen Werten, Wirtschaft und Politik sowie über die Möglichkeit der Verwirklichung der Prämisse der Rawlsschen Gerechtigkeitstheorie: »Die Gerechtigkeit ist die erste soziale Tugend sozialer Institutionen« (Rawls, 1979, S. 19).

In dieser Debatte ging es auch um die Frage nach den *Tugenden* eines Menschen als soziales Wesen und als Bürger einer modernen liberalen Gesellschaft. Der US-amerikanische Politikwissenschaftler Michael Sandel (*1953) bereicherte die Auseinandersetzung über die Grundlagen der Gemeinschaft im Jahr 1982 um einem wichtigen Beitrag: Sein Buch *Liberalism and the Limits of Justice* eröffnete das Streitgespräch über zentrale Konzepte der praktischen Philosophie des Philosophen Aristoteles (vgl. Sandel, 1982). Damit wurde die Aristoteles-Debatte jedoch nicht nur begonnen, sondern auch auf den bis heute andauernden Konflikt zwischen liberalen und kommunitaristischen Positionen über die Grundlagen einer modernen Gemeinschaft verlagert und sogar eine »Renaissance der Tugendethik« (Nida-Rümelin, 2005, S. 5) ausgelöst.

Bei der Entwicklung seiner eigenen Position setzt sich Michael Sandel zunächst kritisch mit den Argumenten John Rawls' auseinander: Rawls fordere gerechte Institutionen und glaube, dass diese vor dem Schleier des Nichtwissens formulierbar seien. In einem Zustand der Unkenntnis individueller und sozialer Positionierungen in einer Gesellschaft solle es laut Rawls möglich sein, formale Kriterien für eine gerechte Gesellschaft zu entwerfen. Rawls betont, dass es vor dem Schleier des Nichtwissens keinesfalls darum gehen könne, die Normen und Werte einer späteren Gesellschaft zu diskutieren, die als liberal gelten wolle.

Was für die Gemeinschaft ein Gut sei, diese für Aristoteles so zentrale Frage jeder Gemeinschaft, ist für Rawls' individualistische Konzeption unerheblich. In einer liberalen Gesellschaft könne es, so Rawls, nur um die formalen Kriterien gehen, aus denen gerechte Institutionen erwachsen. Die Entwicklung dieser Kriterien und die Formulierung der Voraussetzungen für eine faire und gerechte Gesellschaft seien die eigentliche Aufgabe der Philosophie. Eine liberale Gesellschaft muss sich für Rawls von der Diskussion über die Idee des Guten, über gemeinsame Werte und Lebensformen distanzieren. Entscheidend für die Gerechtigkeit in einer liberalen Gesellschaft sei einzig der faire Umgang miteinander, ohne Ansehung der individuellen Vorstellungen über das Gute und die Glückseligkeit.

Dieser Argumentation und den Rawlsschen Diktum vom ›Vorrang des Rechten vor dem Guten‹ widerspricht Michael Sandel. Mit Bezug auf Immanuel Kant verstehe der Liberalismus unter menschlicher Würde lediglich die Autonomie der Person, also die Fähigkeit, selbstgesetzgebend eine Vorstellung des Guten und damit des guten Lebens zu entwerfen. Sandel wirf John Rawls, und damit auch Kant, folglich eine Gesellschaftskonzeption vor, die die formalen Kriterien des Rechts und der Rechtsgleichheit über die Werte und Ziele der Menschen in einer Gemeinschaft stellt. Doch, so fragt Sandel, »warum sollten wir unsere Identität als Staatsbürger von unserer Identität als moralische Person im weiten Sinne trennen?« (Sandel, 2013, S. 339). Der Vorrang des Rechten vor dem Guten lasse die für eine Gesellschaft notwendige und konstituierende Diskussion über die Vereinbarkeit individueller Ziele und Lebensvorstellungen mit den gemeinschaftlich geteilten Normen und Werten außer Acht.

Eine derartige liberale Gesellschaft verstehe sich lediglich als eine zufällige Ansammlung von Individuen mit jeweils eigenen Interessen, Lebenszielen und voneinander unabhängigen Vorstellungen des guten Lebens. In Rawls' wohlgeordneter Gesellschaft orientieren sich die regulativen Prinzipien der Lebensführung, die Normen und Werte, nur am Begriff des Rechts, nicht aber am Gemeinwohl oder einer gemeinsamen Vorstellung des guten Lebens in einer sozialen Gemeinschaft der Bürger (vgl. Sandel, 1982, S. 1).

Michael Sandel bemängelt, dass die liberale Position John Rawls' das neigungs- und interesselose Individuum vor ein grundsätzliches Problem stelle: Wie soll sich ein Mensch vor dem Schleier des Nichtwissens mit der Frage der Gerechtigkeit beschäftigen, wenn er auf keine personale und soziale Identität zurückgreifen kann? Ohne Kenntnisse seiner Sozialisation in einer Gemeinschaft, seiner individuellen Fähigkeiten und Tugenden, bleibe eine gemeinsame Diskussion über kollektive Normen und Ziele inhaltsleer.

Die Diskussion ist vor dem Schleier des Nichtwissens auf rein formale Kriterien der Initiierung einer fiktiven Gesellschaft beschränkt, aus ihr geht aber keine normative Begründung für eine Gemeinschaft hervor. Für Sandel sind es gerade die gemeinsamen Normen und Werte, die einer menschlichen Gemeinschaft die notwendige Kohäsion verleihen. Ohne diese Bindungskräfte an die Gemeinschaft gebe es keinen Grund für das Individuum, *hinter* dem Schleier des Nichtwissens ein Mitglied eben dieser Gemeinschaft zu *bleiben* beziehungsweise nicht als Trittbrettfahrer vom allgemeinen Streben nach Fairness zu profitieren. Die Anerkennung der Institutionen und ihrer Gerechtigkeit hänge nicht nur von der Fairness ab, sondern von den Tugenden, die sie verwirklichten, dem Zweck, dem sie dienten, und dem Ziel, das als gut erachtet werde.

> Denn der Versuch, Argumente über Gerechtigkeit und Rechte von Argumenten über das gute Leben abzutrennen, geht aus zwei Gründen fehl: Erstens ist es nicht möglich, Fragen von Gerechtigkeit und Rechten zu entscheiden, ohne gewichtige moralische Fragen zu beantworten, und zweitens ist es vielleicht auch nicht immer wünschenswert. (Sandel, 2013, S. 343)

Es ist insbesondere das Differenzprinzip im Rawlsschen Vertragskonzept, dem Sandel eine implizite normative Forderung nachweist. Rawls hebt zunächst die Freiheit und die Gleichheit der Vertragspartner hervor, führt dann aber mit dem Differenzprinzip ein Gebot der Teilung ein: Die Starken sollen die Schwachen nicht unberücksichtigt lassen. Michael Sandel fragt nun, warum ein Mensch vor oder hinter dem Schleier des Nichtwissens dieses Gebot beachten sollte. Wenn die Vertragspartner keinerlei Gemeinsamkeiten haben, keine gemeinsame Geschichte, keine gemeinsamen Wert- oder Zielvorstellungen – warum sollten sie sich dann verpflichtet fühlen, andere Menschen zu berücksichtigen und miteinander zu teilen? Ohne jegliche Verbindlichkeiten, die Menschen füreinander empfinden, ist das Differenzprinzip zu schwach, um als Argument eine faire Verteilung zu sichern (vgl. Reese-Schäfer, 2001, S. 19 ff.).

Sandel sieht daher soziale Zugehörigkeit und Verpflichtung nicht als Schwäche einer Gesellschaftskonzeption, sondern als ihre wesentliche Voraussetzung. Eine ähnliche Kritik hatte der Soziologe Talcott Parsons auch schon einige Jahrzehnte zuvor gegenüber den Utilitaristen und insbesondere der Hobbesschen Vertragstheorie geäußert und als Reaktion seine stark normativ orientierte Systemtheorie entworfen (vgl. Joas & Knöbl, 2011, S. 674). Auch Sandel kritisiert die Fiktion eines isolierten Subjekts als Ausgangspunkt einer politischen Philosophie, will aber – anders als Parsons – keine neue Gesellschaftstheorie entwerfen, sondern die ethischen Grundlagen einer Gemeinschaft hinterfragen.

Rawls' Differenzprinzip lehnt Sandel daher ab, da es interesselosen Akteuren *implizite* Verpflichtungen ohne jede Begründung unterstelle: »In his discussion of the idea of social union, Rawls carries his intersubjective language from common assets to common ends and purposes, and in rhetoric that comes perilously close to the teleological« (Sandel, 1982, S. 81). Für Sandel ist die Rücksichtnahme auf Schwächere, Minderheiten und Randgruppen schlichtweg eine *normative Forderung*, die grundsätzlich und in ihrer praktischen Reichweite einer Diskussion über die gemeinsamen Werte *(common assets)*, Ziele *(common ends)* und Zwecke *(purposes)* bedarf und nicht als selbstverständlich vorausgesetzt werden kann.

Die liberale Annahme, dass isolierte Menschen »quasi monologisch« (Joas & Knöbl, 2011, S. 674) Wertvorstellungen entwickeln können, die zugleich kollektive Verbindlichkeiten erzeugen und per Vertragsabschluss anerkannt werden, hält Sandel für nicht realistisch. Für gemeinsame Werte, Ziele und Zwecke müssten Menschen Verbundenheit empfinden, eine Haltung zueinander entwickeln und sich als »Mitglied dieser Familie, Gemeinschaft, Nation oder dieses Volkes, als Träger dieser Geschichte, als Bürger dieser Republik« (Sandel, 1984, S. 90) betrachten. Ohne diese Verbundenheit gebe es keine ethische Begründung für ein Leben in der Gemeinschaft, das moralisches und soziales Handeln ermögliche.

> Sich eine Person vorzustellen, die solcher konstitutiven Einbindungen unfähig ist, bedeutet nicht, sich einen idealen, frei und rational Handelnden zu denken, sondern sich eine Person ohne jeglichen Charakter, ohne moralische Tiefe vorzustellen. Denn Charakter haben bedeutet zu wissen, dass ich in eine Geschichte einrücke, die ich weder in meiner Verfügungsgewalt habe noch beherrschen kann, die aber dennoch Folgen hat für meine Wahlmöglichkeiten und mein Verhalten. (Sandel, 1984, S. 90)

Jeder liberalen Position wirft Sandel daher eine Anthropologie des *ungebundenen Selbst (unencumbered self)* vor, ein Menschenbild, das die egoistischen Interessen des einzelnen lediglich durch rechtsstaatliche Normen bändigen will. Dieses »ungebundene oder freischwebende Selbst« (Reese-Schäfer, 2001, S. 18) ist der zentrale Kritikpunkt an den sozialphilosophischen Theorien John Rawls' und Robert Nozicks. Deren Vorstellungen eines ungebundenen Selbst haben für Sandel »Konsequenzen für die Art von Gemeinschaft, zu der wir fähig sind« (Sandel, 1984, S. 86). Und diese Konsequenzen – die ausschließlich prozedurale Durchsetzung egoistischer Interessen mithilfe staatlicher Gesetze und Rechtsprechungen – hält Sandel in einer Gemeinschaft zumindest für nicht wünschenswert.

In Vertragsgemeinschaften, deren formale Grundlagen die isolierten Subjekte zuvor vereinbart haben, gebe es nur souveräne Akteure mit individuellen Rechten, aber keine Gemeinschaftlichkeit mit geteilten Werten; es gebe einen Kampf um die Durchsetzung dieser Rechte, aber keine Zusammengehörigkeit darüber hinaus. Das ungebundene Selbst ist »unabhängig von allen Loyalitäten, Bindungen oder Vorstellungen vom guten Leben« (Sandel, 2013, S. 339). Für Michael Sandel ist dieser liberale Mensch eigentlich nicht gemeinschaftsfähig und eine derartige Gesellschaft auch nicht erstrebenswert – eine pessimistische Zustandsbeschreibung, die Sandel in der amerikanischen Gesellschaft jedoch bereits verwirklicht sieht:

> In unserem öffentlichen Leben sind wir stärker verfangen, aber weniger gebunden als je zuvor. Es ist, als ob das von der liberalen Ethik vorausgesetzte ungebundene Selbst Wirklichkeit geworden wäre – eher entmachtet als befreit und in einem Netzwerk von ungewollten Verpflichtungen und Verwicklungen verfangen, aber dennoch von den gemeinschaftlichen Identifikationen oder mitteilbaren Selbstbestimmungen abgekoppelt, die jene erträglich machen würden. Indem die soziale und politische Organisation umfassender geworden ist, haben die Bedingungen unserer sozialen Identität an Einheitlichkeit eingebüßt und die Formen des politischen Lebens die zu ihrer Stützung unabdingbaren gemeinschaftlichen Ziele überholt. (Sandel, 1993, S. 34)

Die Folge dieses Mangels an Einheitlichkeit und gemeinschaftlichen Zielen ist für Michael Sandel eine *prozedurale Republik* (vgl. Sandel, 1993, S. 33), die mit ihren individuellen Rechtsansprüchen vermutlich auch Kants »Volk von Teufeln« (Kant, 1990l, ZeF, S. B 61) bändigen könnte. Sandel bezweifelt jedoch, dass eine derartige Gesellschaft von Egoisten in einer bloßen verfahrensrechtlichen Republik dauerhaft tragfähig und stabil bleiben kann (vgl. Sandel, 1993, S. 31 ff.). Eine Gemeinschaft ohne gemeinsame Ziele und ohne jegliche kollektiv anerkannten Normen und Werten werde ihre Mitglieder nicht auf ein einvernehmliches Handeln verpflichten können – doch genau dies ist für Sandel die notwendige Voraussetzung für eine gerechte Gesellschaft: Ohne gemeinsame Normen und Werte gebe es keine gemeinsamen Ziele und folglich kein gemeinsames und einvernehmliches Handeln in der Gemeinschaft.

> Gerechtigkeit ist unausweichlich mit Wertungen verbunden. [...] Fragen der Gerechtigkeit gehen stets mit konkurrierenden Vorstellungen von Ehre und Tugend, Stolz und Anerkennung einher. Bei der Gerechtigkeit kommt es nicht allein darauf an, etwas auf die richtige Weise zu verteilen. Es geht auch darum, wie die Dinge richtig zu bewerten sind. (Sandel, 2013, S. 357)

In seiner Argumentation stützt sich Michael Sandel in den wesentlichen Punkten auf die praktische Philosophie des Aristoteles. Für beide ist der Mensch ein soziales Lebewesen, das in der Gemeinschaft mit anderen lebt, um ein Ziel zu erreichen: Nur in der Gemeinschaft könne der Mensch sein Wesen, seinen Charakter und seine Identität entwickeln, könne er jene Tugenden und Lebensziele formen und anerkennen, die für ihn und seine Gemeinschaft bestimmend sind, die sein

Denken und Handeln lenken. Nur in der Dialektik von Individuum und Gesellschaft entstünden das Gute und das Gerechte. Das Gute und das Gerechte bedürften der Sozialisation und der Kommunikation. Damit formuliert Michael Sandel die grundsätzliche Position der *Kommunitaristen*.

Diese Position erläutert Sandel an zwei Fallbeispielen. Im ersten Fall wollten die Bürger einer Gemeinde in den USA einer Gruppe von Neonazis verbieten, sich in ihrem Ort zu einer öffentlichen Kundgebung zu treffen (vgl. Sandel, 2015, S. 347 ff.). Die Neonazis wollten in dieser Gemeinde, in der viele Überlebende des Holocaust lebten, aufmarschieren und ihre rassistischen Ansichten propagieren. Im zweiten Fall erinnert Sandel an jene Gemeinden im Süden der USA, in denen in den 1950er und 1960er Jahren Rassentrennung galt und die verhindern wollten, dass der Bürgerrechtler Martin Luther King Jr. mit seinen Anhängern durch ihre Gemeinde marschierten.

Für die Liberalen wäre das Recht auf Redefreiheit in beiden Fällen bedroht. Sie müssten sich aus ihrer Position für die Redefreiheit und gegen jede Einschränkung dieses Bürgerrechts aussprechen. Die freie Rede müsste unabhängig von den Inhalten und den Zielen jedem Bürger an jedem Ort ermöglicht werden, unabhängig davon, ob ein Bürgerrechtler oder ein Hassprediger einen Anspruch hierauf erhebt. Der Staat müsste sich zur Person und seinen Ansichten grundsätzlich neutral verhalten. Sandel widerspricht dieser Position und fordert, dass die Rechte von Bürgern sich an den vorherrschenden Werten der Gemeinschaft orientieren müssten. Für ihn besteht ein erkennbarer Unterschied »im moralischen Wert der Gemeinschaft, um deren Integrität es geht« (a.a.O., S. 349). Dieser Unterschied könne jedoch, so Sandel, nicht aus dem Recht begründet werden, sondern nur aus dem *common sense* – dem gesunden Menschenverstand, der die Grundlage gemeinsamer moralischer Vorstellungen und Werte ist.

Für Sandel liegt der offensichtliche Unterschied beider Fälle darin, dass »die Neonazis Völkermord und Hass propagieren, während Martin Luther King Jr. Bürgerrechte für Schwarze anstrebt. Der Unterschied liegt im Inhalt der Rede, in der Natur der Sache« (ebd.). Sandel erinnert daran, dass die Rechtfertigung von Rechten und der Anspruch darauf von der moralischen Bedeutung der Ziele abhängen, die durch diese Rechte ermöglicht werden. Einige Ziele dienen lediglich der Propaganda subjektiver Vorstellungen, andere Ziele unterstützen das Gemeinwohl, indem sie »Verhaltensweisen und Begabungen fördern, die gute Staatsbürger auszeichnen« (a.a.O., S. 345). Als Kommunitarist tritt er auch in diesen Fallbeispielen dafür ein, dass die Werte der Gemeinschaft definieren sollen, was als gut und als gerecht gelten *darf*. Die Neonazis hätten für ihn daher kein Recht auf Redefreiheit, die Bürgerrechtler hätten dieses Recht.

Historisch lässt sich diese Position Sandels und der Kommunitaristen nicht nur auf Aristoteles und die Tugendethik, sondern auch auf die berühmte Analyse der amerikanischen Demokratie durch *Alexis de Tocqueville* (1805–1859) in seinem Hauptwerk *De la démokratie en Amérique* von 1835 zurückführen. Der damals jungen US-amerikanischen Demokratie prophezeite der Autor einen baldigen Untergang, wenn es ihr nicht gelänge, ihre Bürger als aktive Staatsbürger zu öffentlichem Engagement aufzurufen. Für jede Demokratie sei es notwendig, dass die Bürger in Vereinen und Parteien für ihre Interessen und das kollektive Wohlergehen einträten und dieses gemeinsam umsetzten. In einer Demokratie, in der sich die Bürger aus dem öffentlichen Leben verabschieden und ins Private zurückzögen, entstehe ansonsten ein Vakuum der Interessenvertretung. Dieses Vakuum könne dann, so Tocqueville, durch einen totalitären Staat gefüllt werden, der für die Demokratie einen langsamen und kaum merklichen Tod einleite (vgl. Joas & Knöbl, 2011, S. 676 f.).

Für Michael Sandel befinden sich die Gesellschaften der westlichen Demokratien an eben diesem Punkt des Übergangs. Er kritisiert insbesondere seine US-amerikanische Heimat mit ihrer vorgeblich multikulturellen Gesellschaft, in der die Freiheit und die Gleichheit aller Menschen versprochen wird. Sandel vermutet hinter dem Multikulturalismus eine bloß prozedurale Rechtmäßigkeit ohne Gerechtigkeit, in der die Gemeinschaftlichkeit lediglich auf ökonomischer Abhängigkeit beruhe, Freiheit als Recht des ökonomisch Stärkeren missverstanden werde und die Gleichheit von der Auswahl der Geschworenen abhänge.

Um dies zu ändern, schlägt Sandel einen anderen Umgang miteinander vor. In einer Republik der Bürger müssten die Menschen einen Diskurs über die Grundlagen ihrer Gemeinschaft führen. Die gemeinsamen Werte und Ziele seien nur als Resultat einer fortgesetzten Auseinandersetzung über die moralischen Grundlagen des gemeinsamen Lebens und des Guten denkbar. Die gemeinsamen Institutionen dienten einem gemeinsamen Zweck, der das Gute ermöglichen solle – und nicht einer prozeduralen Nützlichkeit. Gerechtigkeit sei somit das Ziel der Gemeinschaft – und nicht wie bei Rawls ihre Voraussetzung – und gerechte Institutionen *entstünden* in einer dauerhaften Diskussion über die gemeinsamen normativen Ziele und das Wesen der Gerechtigkeit.

> Um zu einer gerechten Gesellschaft zu gelangen, müssen wir gemeinsam darüber nachdenken, was es heißt, ein gutes Leben zu führen, und eine öffentliche Kultur schaffen, die mit den unvermeidlich auftretenden Meinungsverschiedenheiten umzugehen weiß. Die Versuchung ist groß, nach einem Prinzip oder einem Verfahren zu suchen, das die Frage nach der daraus hervorgehenden Verteilung von Einkommen, Macht oder Chancen ein für alle Mal löst. Könnten wir ein solches Prinzip finden, würde es uns in die Lage versetzen, den Tumult und die Streitigkeiten zu vermeiden, die Debatten über das gute Leben stets aufs Neue hervorrufen. Doch es ist unmöglich, solchen Auseinandersetzungen aus dem Weg zu gehen. (Sandel, 2013, S. 357)

Daher fordert Michael Sandel ein stärkeres Engagement für die gemeinsamen Belange des öffentlichen Lebens sowie eine robustere Diskussionskultur, die dem Streit um Werte nicht aus dem Weg geht oder die Entscheidung hierüber den Juristen überlässt. Weder das ungebundene Selbst noch der patriarchalische Staat könnten das Gute für den Einzelnen und seine Gemeinschaft apodiktisch voraussetzen, die Bestimmung des Guten bleibe ein andauernder Streitpunkt über die Frage, *wie* wir gut leben wollen und *was* eine gerechte Gesellschaft sei.

> Es gibt keine Garantie, dass öffentliches Nachdenken über schwierige moralische Fragen in jedem Fall zu einer Übereinstimmung führt oder auch nur zu einer Wertschätzung für die moralischen und religiösen Ansichten anderer. Es kann immer sein, dass, je mehr wir über eine moralische oder religiöse Doktrin erfahren, wir sie desto weniger schätzen. Doch können wir das nur wissen, nachdem wir uns mit ihr auseinandergesetzt haben. (Sandel, 2013, S. 367 f.)

Dieser Aufruf zur Reflexion der eigenen Werte und zur Diskussion über die Grundlagen der Gemeinschaft machen den Philosophen Michael Sandel seit vielen Jahren zu einem der populärsten Moralphilosophen und zu einem weltweit beachteten Vertreter des Kommunitarismus. Seine Wirkung geht weit über seinen Lehrstuhl in Harvard hinaus: Seine Vorlesungsreihe über Gerechtigkeit ist nicht nur seit vielen Jahren eine der meistbesuchten Veranstaltungen an seiner Universität, sie ist auch im Internet mit vielen tausend Lesern und Zuschauern eine der weltweit beliebtesten Seiten über Philosophie *(www.justiceharvard.org)*. Seine Kritik an der Ökonomisierung des sozialen Lebens in seinem Buch *Was man für Geld nicht kaufen kann* wurde im Jahre 2013 zu einem internationalen Bestseller, der die philosophischen Fragen an unsere Gesellschaft auch außerhalb der Fachkreise wieder ins Gespräch brachte. Mag der Kommunitarismus mit seinen antiken Aristotelischen Wurzeln in modernen liberalen Gesellschaften auch auf starke Widerstände treffen, so ist es doch Michael Sandels Verdienst, die Diskussion über die Grundlagen unseres gemeinsamen Lebens auch über einen kleinen Kreis von professionellen Philosophen hinaus immer wieder anzuregen.

Auch die Eingangsfrage zu diesem Kapitel, ob eine Frau in der Öffentlichkeit eine Burka oder in der Schule ein Kopftuch tragen darf, wäre aus Sandels kommunitaristischer Perspektive ein wesentliches gesellschaftliches Diskussionsthema – denn bei diesem Thema geht es um die Bewertung der Beziehungen der Mitglieder einer Gemeinschaft zueinander und nicht um die prozedurale Verteilung von vermeintlichen Rechtsgütern.

Burka und Kopftuch sind aus folgendem Grund keine Rechtsgüter: Rechtsgüter werden von der Rechtsordnung durch Gesetze geschützt und sind beispielsweise das

Leben, die körperliche Unversehrtheit, Eigentum oder die öffentliche Sicherheit. Die Meinungs- und die Religionsfreiheit sind ebenfalls Rechtsgüter, die in einem säkularen Staat geschützt sind. Dieser Schutz gilt in Deutschland für alle Menschen, die im Land selbst leben, das heißt für Atheisten, Juden, Christen, Muslime, Hindus und so weiter – unabhängig von ihrem Status als Bürger, ihrer Nationalität oder Herkunft.

Die Bekleidung gilt aber nicht als Rechtsgut und kein Gesetz schreibt vor, wie sich die Menschen in Deutschland zu kleiden haben. In der juristischen Güterabwägung können in Einzelfällen die Interessen der Allgemeinheit oder andere Rechtsvorschriften zu Verboten führen, beispielsweise ist das Tragen von Motorradhelmen bei Demonstrationen oder von nationalsozialistischen Symbolen auf der Kleidung verboten.

Die Burka und das Kopftuch sind hochsymbolische Kleidungsstücke mit einer religiösen Konnotation. Sie sind aber kein Rechtsgut und sollten daher vom Staat nicht durch ein allgemeines Gesetz verboten oder erlaubt werden. Für Michael Sandel wäre auch in diesem Fall ein prozedurales Vorgehen unangebracht und das Tragen einer Burka oder eines Kopftuchs kein juristisches Problem, sondern ein Frage der Tugenden.

Im sozialen Handeln werden Tugenden verwirklicht, indem sie gesellschaftliche Normen und Werte berücksichtigen. Dies gilt auch für das Bekenntnis zu einer Religion im öffentlichen Raum, unabhängig davon, um welche Religion es sich handelt. Für Michael Sandel muss die Gesellschaft im Diskurs aushandeln, was als Tugend anerkannt werden kann und in welcher Form diese Tugend im sozialen Handeln ausgedrückt werden soll. Mit Aristoteles kann man sagen, dass es um die Bestimmung des Zuviel, des Zuwenig und der richtigen Mitte geht.

In der Interpretation der Position von Michael Sandel kann man nun vermuten, dass der US-Amerikaner die Klärung der Frage, ob man eine Burka oder ein Kopftuch tragen darf, an die jeweilige Gemeinschaft der Betroffenen verweisen würde – zumindest solange, bis ein allgemeiner gesellschaftlicher Konsens hergestellt ist. Bis zu diesem (sicherlich noch fernen) Zeitpunkt müssten beispielsweise die Schulen die richtige Mitte finden, sie müssten im Diskurs der Lehrer, der Schüler und der Eltern festlegen, ob eine Burka möglicherweise ein Zuviel darstellt und ein Kopftuch noch im Bereich der richtigen Mitte liegt. Zu diesem Diskurs über Tugenden gehört auch, dass nicht alle Beteiligten mit der Einigung zufrieden sein werden und dass diese Einigung nur vorläufig sein wird und keinesfalls den Diskurs beenden kann. Diese ›offene Lösung‹ ist die zuweilen unbequeme Konsequenz der kommunitaristischen praktischen Philosophie.

Wirtschaftsethik 5

Die Wirtschaftsethik ist im Studium und in der Fortbildung ein beliebtes Thema, in der Praxis hat sie es jedoch schwer: Krisen und Skandale, in die Unternehmen und Manager verstrickt sind, waren in den letzten Jahren regelmäßig wiederkehrende Themen in den Medien und in den wirtschaftsethischen Seminaren. Häufig ging und geht es um moralisches Fehlverhalten, um Lügen, Betrug und rücksichtlosen Egoismus von Managern. Der Soziologe Niklas Luhmann vermutete daher, dass die Wirtschaftsethik so etwas wie die englische Küche sei, also lediglich ein Gerücht, über das man besser nicht sprechen solle, da sie gar nicht existiere: »Es gibt Wirtschaft, es gibt Ethik – aber es gibt keine Wirtschaftsethik« (Luhmann, 1993, S. 134). Und für den Ökonomen Milton Friedman stand fest, dass die einzige soziale Verantwortung von Unternehmen darin bestehe, ihre Profite zu steigern (vgl. Friedman 1970).

Adam Smith, der neuzeitliche Begründer der Wirtschaftsethik, sah hierin zu Beginn der Industrialisierung auch kein Problem: Für ihn ermöglichte der Tausch von Gütern aus Eigeninteresse die Entstehung freier Märkte und somit das Wachstum des Wohlstands der Menschen und der Nationen. Erst ein Übermaß an egoistischer Habgier sollte durch den Appell des unparteiischen Zuschauers verhindert werden, in volkswirtschaftlichen Beziehungen durch das Wirken der unsichtbaren Hand. Markt und Moral spielten für Smith ein Nicht-Nullsummenspiel, in welchem durch kooperatives Handeln alle gewinnen.

Genau dies bezweifelte Karl Marx bereits ein Jahrhundert später zur Hochzeit der Industrialisierung: Er sah den Wohlstand einiger weniger auf Kosten der vielen stetig wachsen. Für ihn spielten Markt und Moral ein Nullsummenspiel, in dem Konflikte und nicht Kooperationen die Regeln bestimmten. Für Marx war der freie Markt die Herrschaft der Wölfe über die Lämmer, und ohne einen starken Staat und regulierte Märkte würden die Moral und die Gerechtigkeit untergehen.

Ein weiteres Jahrhundert danach ist das Verhältnis von Marktwirtschaft und Moral weiterhin zumindest problematisch. Einige spektakuläre Fälle sprechen für die

Prognose von Karl Marx: Nachdem Dirk Jens Nonnenmacher die HSH Nordbank durch hochspekulative Kreditgeschäfte an den Rand des Ruins getrieben hatte, verabschiedete er sich als Vorstandsvorsitzender und nahm vier Millionen Euro als Abfindung mit. Martin Winterkorn wurde Ende 2015 nach acht Jahren an der Spitze des Volkswagenkonzerns in den Ruhestand geschickt, da er vom Betrug seiner Mitarbeiter bei der Abgasreinigung zumindest gewusst haben soll. Eine lebenslange monatliche Konzernrente von 93 000 Euro und ein Firmenwagen sollen ihm dies dauerhaft erträglich machen. Zur Aufklärung des sogenannten Abgasskandals wurde die Juristin Christine Hohmann-Dennhardt von Volkswagen zum Vorstand für Integrität und Recht ernannt. Nach gut einem Jahr verließ sie jedoch den Konzern aufgrund ›unterschiedlicher Auffassungen über Verantwortlichkeiten‹ wieder – mit einer monatlichen Rente von 8 000 Euro und einer Abfindung von 12 Millionen Euro. Bevor die Fluggesellschaft Air Berlin Mitte 2017 unter der Führung von Thomas Winkelmann die Insolvenz erklären musste, hatte sich ihr Chefmanager eine Gehaltsgarantie von 4,5 Millionen Euro gesichert. Nach gut einem halben Jahr im Amt schied Winkelmann nun gut abgesichert aus, mehr als 1 000 Mitarbeiter wurden dagegen ohne finanzielle Zuwendungen des Unternehmens entlassen.

Dies sind sicherlich problematische Einzelfälle, die aber viele Menschen nach mehr Moral und mehr Gerechtigkeit in der Marktwirtschaft rufen lassen. Hierbei darf man jedoch nicht vergessen, dass seit Beginn der Industrialisierung der Wohlstand, die Gesundheit und die Bildung der Menschen weltweit und kontinuierlich durch freie Märkte gewachsen sind. Nicht übersehen darf man zudem, dass viele Konzernchefs wie Bill Gates, Warren Buffet und George Soros sowie viele tausend mittelständische Unternehmer ihre Gewinne in soziale und kulturelle Projekte zur Unterstützung benachteiligter Menschen investieren. Und seit einigen Jahrzehnten erkennen immer mehr Menschen auch die negativen Auswirkungen eines gehobenen Lebensstils für Umweltschäden, Artensterben und Massenmigrationen. Die Menschen des 21. Jahrhunderts verstehen ihre Rolle als moralische Akteure in ökonomischen Prozessen zunehmend besser und unterstützen bereitwillig faire und nachhaltige Wirtschaftsformen – solange ihre Lebensweise und ihre Freiheit als Konsumenten nicht darunter leiden. Ein modernes Mobiltelefon, modische Kleidung und moderate Preise für den Flug in den Urlaub gelten ihnen als unverzichtbarer Mindeststandard eines zivilisierten Lebens.

Die Verantwortung dafür, Moral und Marktwirtschaft miteinander zu verbinden, wird daher gerne an die Unternehmen delegiert. Sie sollen nicht nur Güter und Leistungen bereitstellen, sondern auch eine soziale und moralische Verantwortung als Teil der Weltgesellschaft übernehmen. Die Unternehmen sollen national und global für menschenwürdige Arbeitsbedingungen und Ressourcen schonende Produktionsweisen, faire Gehälter und nachhaltige Produkte sorgen. Unternehmen, die diese Forderungen missachten, zahlen zunehmend höhere Preise: Imageverluste, Re-

putationsschäden und Boykotte durch Kunden führen schnell zu massiven Umsatzeinbrüchen einzelner Unternehmen und ganzer Branchen. Der Marktwert einiger Banken und Autohersteller halbierte sich in den letzten Jahren nach moralischen Vorwürfen; die Investoren verloren Milliarden Euro. Das oftmals herrschende Misstrauen vieler Menschen gegenüber der Wirtschaft als Ganzes kann nur durch die tatsächliche Beachtung wirtschaftsethischer Grundsätze und durch moralisches Handeln von und in Unternehmen abgemildert werden.

Die Forderungen nach mehr Moral im Markt entstanden in den letzten Jahrzehnten unter den Bedingungen postnationaler Konstellationen *(vgl. Habermas, 1998): Einerseits führt die zunehmende Komplexität der Produktion von Gütern zur Globalisierung wirtschaftlicher Akteure, Fragmentierung kollektiver Handlungsfähigkeit und Einschränkung nationalstaatlicher Regulierungsfelder, andererseits führt die Individualisierung der Lebensformen zur kulturellen und normativen Heterogenität mit fluider Werteorientierung.*

Aus diesem Problemkreis folgt für die aktuelle Wirtschaftsethik eine neue Herausforderung, da weder konkrete Menschen als Produzenten oder Konsumenten noch der Staat als regulierende Autorität die gesamthafte Verantwortung für die Wahrung moralischer Grundlagen in der Wirtschaft übernehmen können oder wollen. Um dieses Defizit auszugleichen, so schlägt Archie B. Carroll vor, müsse man vier Verantwortungsbereiche differenzieren und als hierarchische Pyramide verstehen (vgl. Carroll, 1991): die ökonomische, die legale, die ethische und die voluntative Verantwortung.

Für Carroll lautet der erste Imperativ unternehmerischen Handelns folglich: Sei profitabel! Umsatz und Gewinn müssen maximiert werden, damit das Bestehen des Unternehmens gesichert ist. Darauf aufbauend folgt der zweite Imperativ: Halte dich an das Gesetz! Die Arbeit des Unternehmens muss innerhalb der geltenden Gesetze erfolgen. Der dritte Imperativ geht darüber hinaus: Handle ethisch korrekt! Die moralischen und ethischen Erwartungen der Gesellschaft sind für Carroll ein wesentlicher Teil der Verantwortung des Unternehmens. Und schließlich lautet sein vierter Imperativ: Sei philanthropisch! Die freiwillige und gemeinwohlorientierte Unterstützung der Kultur, der Bildung und der Wohlfahrt ist für ihn die höchste Stufe der Verantwortung des Unternehmens als Teil der Gesellschaft.

Aus Carrolls Pyramide lässt sich zwar deskriptiv ein Handlungskonzept der Unternehmensverantwortung ableiten, aber weder eine normative Begründung für konkrete Handlungsweisen noch eine analytische Untersuchung von Zielkonflikten zwischen den Ebenen seines Modells (s. Abb. 13). Interpretiert man Carroll so, dass die erste Ebene Priorität vor der zweiten, dritten und vierten hat, so wären die Legalität und die moralische Legitimität unternehmerischen Handelns nur mögliche sekundäre und tertiäre Handlungsweisen nach der Maximierung des monetären Erfolgs.

Abbildung 13   Verantwortungspyramide des Unternehmens nach Carroll

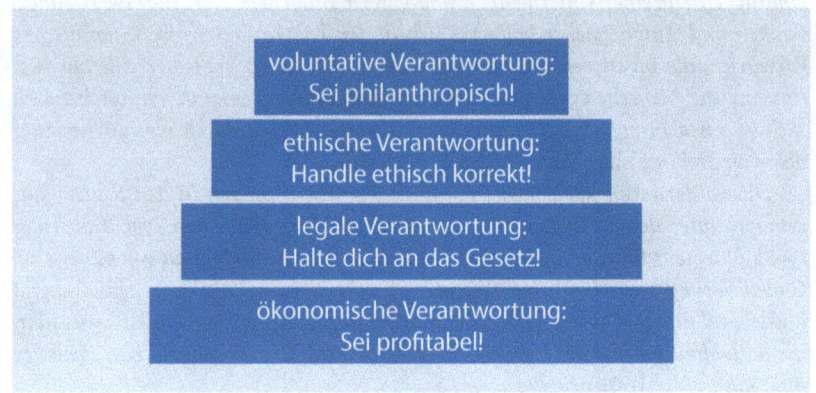

Für eine normative Wirtschaftsethik und die kritische Diskussion von Handlungs- und Zielkonflikten ist deshalb zunächst eine Klärung des Begriffs Verantwortung notwendig. Zumeist wird Verantwortung als dreistellige Relation betrachtet, wobei das Subjekt, das Objekt und die Instanz der Verantwortung zugeordnet werden müssen (vgl. Heidbrink, 2003). Für Otfried Höffe spielen darüber hinaus die Kriterien der Verantwortung eine wichtige Rolle, er schlägt eine vierstellige Relation vor (Höffe, 1993, S. 23). Die Frage lautet dann: Wer *trägt* wofür *und vor wem gemäß* welcher Kriterien die Verantwortung?

Subjekte der Verantwortung (wer?) können natürliche Personen wie Menschen, aber auch juristische Personen wie Wirtschaftsunternehmen, Vereine und Verbände sein. Sie alle können Akteure sein, Entscheidungen treffen und Handlungen ausführen (lassen), für die sie eine zurechenbare Verantwortung tragen. Als Objekte der Verantwortungsdiskussion (wofür?) kommen Entscheidungen und Handlungen in Frage, die juristische, moralische oder ethische Konflikte offenlegen und eine Begründung erforderlich machen. Adressat dieser Begründung (vor wem?) kann als Instanz der Verantwortung ein Gericht, die Gesellschaft oder das Gewissen sein. Als Kriterien der Verantwortung (welche Kriterien?) nennt Otfried Höffe notwendige (apodiktische), tatsächliche (assertorische) oder mögliche (problematische) Zuständigkeiten, die er aus den Modalitäten der Kantischen Urteilstafel ableitet (a. a. O., S. 30). Aus diesen Vorüberlegungen über Verantwortung folgen drei Ebenen, in denen die zugehörigen Verantwortungsbereiche und Relationstermini erfasst werden.

Weitgehend unproblematisch ist die oberste Ebene der Haftungsverantwortung, die alle Korporationen auf der Grundlage geltenden Rechts übernehmen müssen. Als *juristische Personen müssen sie sich dem Vertragsrecht, dem nationalen und dem supranationalen Recht unterwerfen und sich gegebenenfalls vor einem Gericht für Entscheidungen und Handlungen in der Vergangenheit rechtfertigen. Da es hierbei nur um zurückliegende Handlungen gehen kann, spricht man von einer passiven beziehungsweise einer negativen Verantwortung. Das Kriterium der Notwendigkeit erfüllt die Bindung an das Recht und die Sanktionsfähigkeit von Korporationen, da Entscheidungen und Handlungen von juristischen Personen in einem Rechtsstaat grundsätzlich zurechenbar und keinesfalls willkürlich sein dürfen.*

Auch in der Marktwirtschaft und in Korporationen sind nicht zuletzt einzelne Menschen für ihr Handeln verantwortlich. Als natürliche Personen sind sie zunächst in der Lage, die moralischen Anforderungen der Gesellschaft zu verstehen und ihr eigenes Handeln ethisch zu reflektieren. Dabei muss man jedoch einschränkend bedenken, dass die Autonomie der Mitarbeiter einer Korporation begrenzt ist, da ihre Zugehörigkeit zum Unternehmen, zum Verband oder Verein ihre Entscheidungen und Handlungen zumindest beeinflusst. Die Mitarbeiter nehmen eine ›typische Rolle‹ (Erving Goffman) ein, sie sind darauf ›eingestellt‹ (Max Weber), im Sinne ihrer Korporation zu handeln – sie sind nicht mehr rein autonome Akteure, sondern handeln als Teil der Korporation, als deren Agenten.

Nichtsdestotrotz sollten Menschen als Agenten der Korporation ihre Entscheidungen und Handlungen auch ethisch vertreten und vor ihrem Gewissen begründen können, warum sie etwas tun oder nicht tun. Letztlich sollte die Instanz des eigenen Gewissens immer über der Autorität des Vorgesetzten stehen und ein ethisches Widerstandsrecht des Mitarbeiters legitimieren. Für die ethische Begründung ihrer Verantwortlichkeit kommen folglich auch in der Wirtschaftsethik die klassischen Paradigmen der Reflexion in Betracht: teleologische, utilitaristische und deontologische Annahmen. Das Kriterium der Möglichkeit ethischer Verantwortung gilt in diesem Fall, da ein Mitarbeiter auch lediglich rechtskonform handeln kann und keinerlei ethische Legitimation für seine Entscheidung notwendig ist. Denn selbstverständlich gilt auch für Menschen als Mitarbeiter die Trennung von Ethik und Recht. Oder in Anlehnung an Immanuel Kant: Auch ein Unternehmen, in dem nur Teufel arbeiten, muss – wenn diese Teufel nur Verstand haben – möglich sein.

Problematisch ist jedoch die bloße Forderung nach moralischer Verantwortung von Unternehmen. Die Gesellschaft erwartet von den Unternehmen, dass diese Rechenschaft darüber ablegen, inwieweit ihre Entscheidungen und Handlungen tatsächlich mit moralischen Grundsätzen übereinstimmen. Nun folgt auch in diesem Fall aus einem Sollen kein Sein – nur weil eine Rechenschaft gelten soll, muss sie nicht notwendigerweise auch verpflichtend sein. Sie bleibt vielmehr ein Sollensanspruch der Gesellschaft, der von den Unternehmen akzeptiert werden kann. Problematisch ist die moralische Verantwortung von Unternehmen darüber hinaus, weil die Forderungen der Gesellschaft kulturell und historisch veränderlich sind: Einst galten das Insektizid DDT und das Beruhigungsmittel Contergan als Heilsbringer des Fortschritts, dann als Musterbeispiele der Hybris unternehmerischen Ehrgeizes und Gewinnstrebens.

Folgt man zudem den klassischen Überlegungen der praktischen Philosophie, dann ist die moralische Verantwortung von Unternehmen zumindest unbegründet. Für Aristoteles ist prinzipiell nur ein Mensch der Urheber seiner Handlungen, er allein trägt die Verantwortung für sein tugendhaftes und sein verwerfliches Tun (Aristoteles, 1995b, NE, 1113b). Auch für Immanuel Kant ist die Moralfähigkeit eines Wesens grundsätzlich von seiner Vernunft und seiner Freiheit abhängig (Kant, 1990d, GMS, S. BA 36). Für Kant können sich ausschließlich autonome Wesen selbst verpflichten, aus Achtung vor dem moralischen Gesetz zu handeln (vgl. Engelhard & Trautnitz, 2005). Ein Kollektiv, sei es eine Berufsgruppe, eine Ethnie, eine Nation oder ein Unternehmen, ist weder für Kant noch für Aristoteles ein autonomes Wesen. In der praktischen Philosophie gilt daher: Wirtschaftsethik ist immer Individualethik. *Die Anrechnung eines Verdienstes oder einer Schuld eines Kollektivs ist ethisch nicht möglich.*

Diesen philosophischen Überlegungen folgt auch das deutsche Strafrecht. In Deutschland können Korporationen wie Unternehmen nur für Ordnungswidrigkeiten belangt werden, nicht aber für Straftaten. Hier setzt die juristische Strafe eine personale ethische oder moralische Schuld voraus. Daher können in Deutschland nur Menschen (natürliche Personen) für ihre Entscheidung oder ihre Handlung vor einem Gericht strafrechtlich zur Verantwortung gezogen werden, keinesfalls aber ein Kollektiv wie ein Unternehmen. Anders ist dies in den Vereinigten Staaten von Amerika, wo Unternehmen aus rein pragmatischen Gründen auch für moralische Verfehlungen sanktioniert und zu hohen Geldstrafen verurteilt werden können. In Deutschland wäre eine solche pragmatische Erweiterung des Schuldbegriffs nicht durchsetzbar.

Müssen oder können Unternehmen deshalb in Deutschland nicht moralisch handeln? Dann wäre das Wort Wirtschaftsethik tatsächlich ein Oxymoron, ein Terminus, der aus einander widersprechenden Begriffen besteht. Eine mögliche Lösung für die moralische Bindung und Verantwortlichkeit des Kollektivs bietet das sozialpsychologische Konzept der Persona. *Die Persona bezeichnet einen Akteur oder ein Kollektiv, der beziehungsweise das in eine Rolle schlüpft und durch eine Maske eine gespielte Identität darstellt (vgl. Jung, 1984). Betrachtet man eine Korporation nun als eine solche Persona, so kann sie in der Gesellschaft eine soziale Rolle einnehmen, parasoziale Interaktionen durchführen und parasoziale Beziehungen entwickeln sowie daraus entstehende Rechte und Pflichten übernehmen (vgl. Horton & Wohl, 1956). Wenn Korporationen die Rolle der Persona übernehmen, dann kann die Gesellschaft diesen Personae auch die kollektive Verantwortung für ihre Entscheidungen zuweisen und ihr moralisches oder unmoralisches Handeln sanktionieren. Aus dieser zu-*

Wirtschaftsethik

Abbildung 14 Verantwortungsbereiche in der Wirtschaftsethik

Subjekt wer	Objekt wofür	Instanz wem	Kriterien welche	Art der Verantwortung
juristische Person	**Recht**	Gericht	notwendig	**Haftung** (*liability*) ➤ Verträge ➤ nationales Recht ➤ supranationales Recht
Persona	**Moral**	Gesellschaft	tatsächlich	**Rechenschaft** (*accountability*) ➤ Corporate Citizenship ➤ Corporate Stewardship ➤ Corporate Social Responsibility
natürliche Person	**Ethik**	Gewissen	möglich	**Verantwortlichkeit** (*responsibility*) ➤ teleologische Ethik ➤ utilitaristische Ethik ➤ deontologische Ethik

gewiesenen moralischen Verantwortung folgen dann aber weder juristische noch ethische Verantwortungen einer Korporation (s. Abb. 14).

In den letzten Jahrzehnten ist diese Zuweisung moralischer Verantwortung auch in Deutschland populär geworden, nicht zuletzt, da die fachwissenschaftliche Diskussion des Themas Wirtschaftsethik stark von US-amerikanischen Beiträgen beeinflusst wurde, die die Grenzen zwischen juristischen und moralischen Sphären wiederum aus pragmatischen Gründen zumeist aufheben. In der Folge entstand auch in Deutschland eine lebhafte Diskussion um Ansätze wie Corporate Citizenship, Corporate Stewardship *und besonders die* Corporate Social Responsibility. *Inwieweit diese Ansätze tatsächlich auf Deutschland mit seiner deontologischen Tradition übertragbar sind, ist jedoch sehr umstritten.*

Dennoch soll hier zumindest der Versuch gemacht werden, diese Ansätze kurz zu umreißen: So versteht der Ansatz der Corporate Citizenship *das Unternehmen als Teil der Zivilgesellschaft und weist ihm aus der wechselseitigen Abhängigkeit eine moralische Verantwortung zu. Im Sinne einer republikanischen Bürgerschaftstheorie überträgt dieser Ansatz dem Unternehmen in der Gemeinschaft die Aufgabe, einen Beitrag zum Gemeinwohl leisten zu müssen. Gute Bürgerschaft* (Good Citizenship) *bedeutet hierbei mehr als seine rechtliche Pflicht zu tun – auch das Unternehmen soll seinen Beitrag zum Wohl der Gemeinschaft leisten und die gesellschaftlichen Ziele aktiv unterstützen.*

Der Corporate Stewardship*-Ansatz geht davon aus, dass das Management eines Unternehmens eine treuhänderische Pflicht gegenüber den Kapitalgebern, den Mitarbeitern, den Kunden und der Gesellschaft hat. Die leitenden und entscheidenden Manager* (Stewards) *sollen im Rahmen der Fürsorge für das ihnen anvertraute Un-*

ternehmen möglichst umsichtig agieren, natürliche Ressourcen nachhaltig bewirtschaften und die Interessen der Stakeholder in den Vordergrund stellen.

Der Unterschied zwischen diesen beiden Konzepten ist folglich das Subjekt der moralischen Zuweisung: Die Vertreter der Corporate Citizenship *verstehen das Unternehmen als Persona, dem durch die parasoziale Interaktion mit der Gesellschaft eine Rechenschaftspflicht zukommt. Die Vertreter der* Corporate Stewardship *sehen hingegen die Agenten der Korporation in der Pflicht, für ihre Entscheidungen und Handlungen Rechenschaft abzulegen.*

Das umfassendste, damit aber auch diffuseste Konzept von Verantwortung bietet die Position der Corporate Social Responsibility. *Sie unterstellt eine rechtliche und moralische Verantwortung des Unternehmens und aller in und für das Unternehmen tätigen Personen für alle Handlungen, die zum Kernbereich der Leistungserbringung beitragen und darüber hinaus Konsequenzen haben. Diese Position mündet dann zwangsläufig in einer utilitaristischen Abwägung divergierender und konfliktreicher Gratifikationsbilanzen der zahlreichen Anspruchsgruppen wie Eigentümer, Manager, Mitarbeiter, Zulieferer, Konsumenten und so weiter. Ohne einen normativen Rahmen oder eine voluntative Bestimmung der Priorität des Guten oder des Rechten auf der Grundlage einer ethischen Setzung der Korporation verläuft die Diskussion dann aber in der Regel ergebnislos und ohne Konsequenzen für weitere Handlungen.*

Für die Diskussion wirtschaftsethischer Fragestellungen sind die Ansätze zweifellos bereichernd. Allerdings muss man auch daran erinnern, dass Korporationen nur unter bestimmten und nicht unumstrittenen Annahmen eine moralische Verantwortung haben können. Sie tragen »nur in einem analogen und sekundären Sinn Verantwortung für ihre Operationen, die aus dem Zusammenwirken primärer Einzelhandlungen von Individualakteuren in der Korporation hervorgehen« (Aßländer, 2011, S. 195). Grundsätzlich sind ethische und moralische Verdienste und Schulden im engeren Sinne an natürliche Personen gebunden, da nur sie zur Autonomie fähig sind. Will man nicht zuletzt die leichte ethische Entschuldung von Verantwortungsträgern verhindern, indem sie auf ›Unternehmensentscheidungen‹ verweisen, sollte die reale Zurechnung des guten Handelns oder einer Schuld auch künftig in der unmittelbaren Verantwortung von autonomen Menschen verbleiben – und Wirtschaftsethik als Individualethik verstanden werden.

5.1 Sozialethische Ansätze

5.1.1 Was verdient ein Manager?

Der Vorstandsvorsitzende des Internetunternehmens Google, Eric Schmidt, erhält im Jahr 2014 ein Grundgehalt von 1,25 Millionen Dollar sowie einen Barbonus von 6 Millionen Dollar (faz.net, 2014). Damit liegt Schmidts Einkommen bereits deutlich über dem durchschnittlichen Gehalt eines Vorstands aus einem deutschen Dax-Konzern, das bei 3,2 Millionen Euro liegt. Der Google-Manager erhält jedoch zusätzlich noch Bezugsrechte für Aktien im Wert von 100 Millionen Dollar. Damit führt Eric Schmidt die Tabelle der Gesamtvergütungen von Vorstandsvorsitzenden an, nach ihm folgen Lawrence J. Ellison (Oracle) mit 96,2 Millionen Dollar und Elon Musk (Tesla Motors) mit 78,2 Millionen Dollar. Die deutschen Manager sind hierbei weit abgeschlagen: Martin Winterkorn (Volkswagen) erhielt lediglich 16,5 Millionen Dollar, Dieter Zetsche (Daimler) 10,6 Millionen Dollar und Peter Löscher (Siemens) sogar nur 10 Millionen Dollar – kaum mehr als das Grundgehalt von Eric Schmidt.

Zwischen 1978 und 2013 haben sich die Gehälter der US-amerikanischen Unternehmenschefs in Relation zu den Einkommen ihrer Mitarbeiter fast verzehnfacht. Das durchschnittliche Salär eines US-Chefs betrug 2013 mehr als 15 Millionen US-Dollar und damit das 296-fache eines normalen Mitarbeiters. Im Jahr 1978 betrug es lediglich das 30-fache, so eine Studie des Economic Policy Institute, und diese exorbitante Entwicklung lässt den Schluss zu, dass der Anstieg der Einkommen oft vermutlich keine höhere Leistung der Manager widerspiegelt: »[It] does not indicate a growth of executives' individual contribution to raising output« (EPI, 2014, S. 10). Eine Reduzierung der Managergehälter hätte demnach keine Auswirkungen auf den Unternehmenserfolg, jedoch würde eine gleichmäßige Beteiligung der Arbeitnehmer die Ungleichheit der Entlohnung reduzieren.

Die Frage der Gerechtigkeit derart hoher Gehälter für Manager teilt die Gesellschaften der Welt seit einigen Jahren in zwei Lager: Die eine Gruppe vertritt den liberalen Grundsatz, dass ein Manager nach seiner Leistung für das Unternehmen bezahlt werden muss. Eric Schmidt führte den Google-Konzern an die Weltspitze und machte die Marke Google im Jahr 2014 zur wertvollsten Marke der Welt: Mit einem Markenwert von 158 Milliarden Dollar liegt Google vor Apple (147 Mrd. Dollar), IBM (107 Mrd. Dollar) und Microsoft (90 Mrd. Dollar) (vgl. Millward-Brown, 2014). Aus dieser Leistung resultiere ein gerechter Anspruch auf ein exorbitant hohes Gehalt.

Die Gegenposition fragt, ob es gerecht sei, dass ein Manager durchschnittlich 300 Mal und Eric Schmidt 3 333 Mal so viel Geld verdienen wie ein einfacher Mitarbeiter, für den hier ein durchschnittliches Gehalt von 30 000 Dollar pro Jahr angenommen wird. Ist die Leistung von Eric Schmidt für Google tatsächlich 3 333 Mal mehr wert als der eines Mitarbeiters? Viele Menschen fordern angesichts derartiger Rechnungen, dass man die Gehälter der Manager begrenzt. In der Schweiz gab es im November 2013 eine Volksinitiative, die die Managerentlohnung auf das maximal 12-fache des minimalen Arbeitslohns in einem Unternehmen reduzieren wollte. Würde Eric Schmidt in der Schweiz leben und arbeiten, so wäre – nach diesem Entwurf – sein jährliches Salär auf 360 000 Dollar beschränkt gewesen. Die sogenannte 1:12-Initiative scheiterte jedoch mit einer deutlichen 2/3-Mehrheit.

Mit Verweis auf die Regelungen des Corporate Governance Kodex, wonach der Aufsichtsrat eines börsennotierten Unternehmens verpflichtet ist, die maximalen Managergehälter und das durchschnittliche Arbeitnehmereinkommen festzulegen, forderte auch SPD-Fraktionsgeschäftsführer Thomas Oppermann im November 2013 im Rahmen der Koalitionsverhandlungen den staatlichen Eingriff in die Gehaltpolitik der Unternehmen. Gegenüber der Bild-Zeitung sagte Oppermann: »Wo der freie Markt versagt, muss der Staat versuchen, für Gerechtigkeit zu sorgen«. Weitere Diskussionen über dieses Thema folgten nach den Verhandlungen jedoch nicht, geschweige denn politische Maßnahmen.

Die Frage ist also: Was verdient ein Manager? Ist es gerecht, wenn seine überdurchschnittliche Leistung mit außergewöhnlich hohen Geldsummen honoriert wird? Sicherlich ist es ungerecht, wenn ein schlechter Manager für seine schlechte Arbeit mit viel Geld entlohnt wird, wie es im Nachklang der Bankenkrisen immer wieder berichtet wurde.

Ist es dann gerecht, wenn ein Manager die Effizienz seines Unternehmens befördert und tausende Mitarbeiter entlässt? In börsennotierten Unternehmen werden Manager immer wieder für derartige ›Erfolge‹ belohnt; sie machen das Unternehmen profitabler und die Dividenden steigen, Aktionäre und Investoren sind erfreut. Der Manager verdient in ihren Augen eine gerechte Belohnung. Andererseits gehen diese ›Erfolge‹ zu Lasten der Allgemeinheit, im Sozialstaat müssen die ›freigestellten‹ Mitarbeiter anschließend durch Arbeitslosengeld und Umschulungen unterstützt werden – Maßnahmen, die die Gemeinschaft der Steuerzahler finanzieren muss, während der Manager dafür einen Bonus von den Anteilseignern erhält. Der Vorteil des einen wird durch den Nachteil vieler erkauft. Hat der Manager diesen Bonus tatsächlich verdient?

Die Steuern und Sozialabgaben, die für die gerechte Behandlung der Entlassenen im Sozialstaat notwendig sind, müssen von allen Mitgliedern der Gemeinschaft bezahlt werden. Dieser Kritikpunkt ist den allermeisten Menschen klar. Strittig ist nur, wer wie viel Geld bezahlen muss. Ein Bürger, der in einem Land lebt und als Arbeiter oder Angestellter sein Geld verdient, zahlt seine Steuern und Sozialabgaben, noch bevor sein Arbeitgeber ihm sein Gehalt überwiesen hat. Dass einzelne Personen sich dieser Last durch Steuerhinterziehung entziehen (können), ist ungerecht und wird

nicht nur juristisch bestraft. Die öffentliche Bloßstellung in Massenmedien, wie es Ulrich Hoeneß und Alice Schwarzer widerfahren ist, empfinden die meisten Menschen dann auch durchaus als gerecht.
Bei internationalen Unternehmen ist die Lage aber kompliziert. Globale Konzerne wie Apple, Microsoft und Google stehen immer wieder in der Kritik, weil sie ihre internationalen Niederlassungen so verteilen, dass der Steuersatz reduziert wird. In einem Interview, das die Wochenzeitung ›Die Zeit‹ mit dem Vorstandsvorsitzenden von Google, Eric Schmidt, im Juni 2013 führte, sagte dieser zum Vorwurf der Steuervermeidung:

> Eric Schmidt: Jeder sollte die Steuern zahlen, die er schuldet. Google hat sich im internationalen Steuerregime absolut legal verhalten. [...] Ihre Frage dreht sich nicht ums Recht. Sie dreht sich um Moral, und das ist der falsche Zusammenhang. Google zahlt die Steuern, zu denen das Unternehmen verpflichtet ist. Wenn sich die Gesetze ändern, werden wir das akzeptieren.
>
> Die Zeit: Es gibt aber einen Unterschied zwischen legal und legitim ...
>
> Eric Schmidt: ... ich bin mit dem Rahmen dieser Diskussion nicht einverstanden, denn ich sage Ihnen: Wir sind ein amerikanisches Unternehmen. Wir haben eine finanzielle Verantwortung gegenüber unseren Aktionären. Wie soll ich es denn verbuchen, wenn wir mehr Steuern zahlen würden, als wir müssten – etwa als Spende? Oder sollen wir uns in den USA verklagen lassen, weil wir einer Regierung mehr zahlen als nötig? (Hamann & Rohwetter, 2013)

Eric Schmidt dreht die Frage nach der Gerechtigkeit seines Verhaltens geschickt um. Für ihn ist es gerecht, wenn sein Handeln den Wert des Unternehmens mit allen legalen Mitteln befördert und er den möglichen Vorwurf der Korruption vermeidet. Für Schmidt ist die Steuervermeidung folglich gerecht, denn er übernimmt dadurch als Manager seine Verantwortung gegenüber den Aktionären als Eigentümern und für den Ruf des Unternehmens. Viele Menschen sind der Meinung, dass Eric Schmidt für sein verantwortungsbewusstes Handeln dann auch seine außerordentliche finanzielle Honorierung verdienen würde.
Aristoteles würde dies vermutlich anders sehen, da Schmidt den inneren Zusammenhang von Ethik, Ökonomie und Politik verneint. Schmidt, so würde Aristoteles urteilen, handele ungerecht, da er den Vorteil einiger – der Mitarbeiter und Aktionäre von Google – durch den Nachteil vieler – der Steuerzahler in jenen Ländern, in denen Google Gewinne erwirtschaftet – erkauft. Für Aristoteles wäre das Handeln eines Managers dann gerecht und verdienstvoll, wenn es den einzelnen Mitarbeiter und die Gemeinschaft gleichermaßen berücksichtigen würde. Ein Manager, der Ar-

beitsplätze schafft, statt sie zu vernichten, der jedes Jahr mehr Steuern zahlt statt weniger, der durch seine Produkte und Dienstleistungen die Gemeinschaft fördert statt sie zu betrügen, hätte für Aristoteles einen gerechten Anspruch auf Bonuszahlungen in Millionenhöhe. Manager wie Eric Schmidt, Dirk Jens Nonnenmacher und Ulrich Hoeneß hätte Aristoteles wahrscheinlich als Trittbrettfahrer der Gerechtigkeit aus der Stadt werfen lassen.

Darüber hinaus gibt es zahlreiche Fragen über die Gerechtigkeit, die noch ungelöst sind. Die Philosophin Martha Nussbaum (*1947), die der kommunitaristischen Ethik nahe steht, hat einige von ihnen zuletzt in ihrem Buch Die Grenzen der Gerechtigkeit *(2010) zusammengefasst: Geht der Anspruch auf Gerechtigkeit über Tiere hinaus und gilt er auch für die Natur und das globale Ökosystem? Wenn die meisten ethischen Theorien sich auf die Moralfähigkeit und damit die Vernünftigkeit der Akteure stützen, gelten diese dann für Menschen mit psychischen und kognitiven Behinderungen oder Erkrankungen nicht? Und wie kann man die Macht weltweit agierender Organisationen und Unternehmen in einer globalen, von allen Menschen geteilten Gerechtigkeitstheorie einhegen und so den Weg zu einer globalen gerechten Weltordnung finden? Vorschläge zur Lösung dieser Probleme aus einer deontologischen Perspektive haben aber auch die katholische Soziallehre und insbesondere der Theologe Oswald von Nell-Breuning ausgearbeitet, die nun vorgestellt werden.*

5.1.2 Oswald von Nell-Breuning und die soziale Ordnung

Unter dem Begriff der Sozialethik versammeln sich zum Teil sehr unterschiedliche Ansätze der evangelischen, katholischen und orthodoxen Soziallehre. Einer ihrer prominentesten Vertreter ist der Theologe und Jesuit Oswald von Nell-Breuning (1890–1991), dessen Ansatz einer katholischen Soziallehre hier vorgestellt wird. Nell-Breuning war in den 1930er Jahren auch als Berater von Papst Pius XI. tätig und einer der einflussreichsten Mitautoren der Sozialenzyklika *Quadragesimo anno* (1931), in der insbesondere die Beziehung zwischen Gesellschaft und Wirtschaft aus kirchlicher Sicht dargestellt wird. In der Enzyklika wird das Eigentum in seiner individuellen und sozialen Funktion anerkannt, jedoch müsse sein Gebrauch immer auch auf das Gemeinwohl ausgerichtet sein. Der Staat dürfe das Recht auf Eigentum nur in Ausnahmefällen einschränken und jede Form des Sozialismus oder gar Kommunismus wird in der Enzyklika als unchristlich abgelehnt.

Nell-Breuning verfasste mehr als 1800 Schriften, in denen er sich immer wieder mit gesellschaftlichen und ökonomischen Fragestellungen beschäftigte. Er unterstützte die Katholische Arbeitnehmerbewegung und die Gewerkschaften bei ihrer Forderung nach Mitbestimmung für Arbeiter und beriet die Sozialdemokratische Partei Deutschlands (SPD) bei der Ausarbeitung des Godesberger Programms (1951), welches sie zur Volkspartei machte und ihre Wirtschaftspolitik mit der katholischen Soziallehre verband.

Gedanklicher Ausgangspunkt der katholischen Soziallehre Nell-Breunings blieb sein Leben lang die *soziale Ordnung (ordo socialis)*, also die Vorstellung, dass das soziale Leben in einer Gemeinschaft in einer vernünftigen Art und Weise von den Menschen gestaltet und in eine vernünftige Ordnung gebracht werden kann. In dieser sozialen Ordnung stellt die Ökonomie einen wichtigen Teilbereich des Lebens der Menschen dar. In einer demokratischen Gesellschaft müssten die Menschen, so Nell-Breuning, ihre Vorstellungen von und Ansprüche an die nationale und globale Ökonomie ermitteln und durch die Wirtschaftspolitik umsetzen. Das Ziel der sozialen Ordnung sei die soziale Gerechtigkeit, die durch den Ausgleich der unterschiedlichen Interessenslagen in den Teilbereichen der Sozial-, Rechts- und Wirtschaftsordnung angestrebt werde.

Die Sozialethik betrachtet den Menschen dabei primär als *soziales Wesen*, welches nicht ohne die Gemeinschaft leben kann. Zugleich könne der Mensch aber als freies und vernünftiges Wesen nicht nur für die Gemeinschaft leben. Der Mensch sei daher sowohl Individualwesen als auch Kollektivwesen, aber weder das eine noch das andere ausschließlich. Daraus ergebe sich zunächst das erste Prinzip der *Solidarität*: Der einzelne Mensch und die Gemeinschaft, in der er lebt, seien für ihr Wohlergehen wechselseitig voneinander abhängig. Der einzelne Mensch trage eine Mitverantwortung für das Wohlergehen seiner Gemeinschaft, diese sei verantwortlich für das Wohlergehen ihrer Mitglieder (Nell-Breuning, 1964, S. 5 f.).

Als Mensch verfüge das Individuum aber auch über eine *unantastbare Würde*, die es in der sozialen Ordnung zu respektieren gilt und aus der das zweite Prinzip der *Personalität* abgeleitet wird. Aus der Universalität der Würde eines Individuums als Mensch leitet Nell-Breuning insofern ein natürliches Recht auf Anerkennung der Personalität ab. Diese Konzeption verweist einerseits auf die deontologische Begründung universeller Menschenrechte, andererseits auf die Würde der Person im Sinne eines natürlichen Sittengesetzes *(lex naturalis)*, wie es der Kirchenvater Thomas von Aquin (1225–1274) entwickelte: Für Thomas war der von Gott geschaffene Mensch als vernunftbegabtes Wesen in der Lage, die von Gott gewollte natürliche Ordnung und das natürliche Recht zu erkennen und durch sein Handeln umzusetzen. Die zu respektierende Personalität stützt sich somit auf die Würde und die Vernunft des Menschen, da er ein von Gott geschaffenes Wesen ist.

Die Erkenntnis der natürlichen Ordnung und des natürlichen Rechts ist ein wichtiges Argument der Thomasschen Sozialethik, denn aus der gottgegebenen Erkenntniskraft des Menschen schlussfolgert er, dass das Recht auf persönliches

Eigentum *kein* Naturrecht sein kann. In der ursprünglichen göttlichen Ordnung seien die Dinge der gemeinsame Besitz aller Menschen. Das Recht auf Eigentum leitet Thomas daher aus dem *Vernunftrecht* ab, da das persönliche Eigentum erstens die Sorgfalt im Umgang mit den Dingen erhöhe, zweitens die jeweiligen Zuständigkeiten für die Dinge klar regle und drittens dem Gemeinwohl verhaftet bleibe.

Dieser letzte Aspekt der Gemeinwohlorientierung ist für die Sozialethik fundamental. Nach dem Naturrecht sind alle Dinge Gemeinbesitz, daher habe der naturrechtliche Anspruch auf den gemeinsamen Besitz Vorrang vor dem vernunftrechtlichen Anspruch auf persönliches Eigentum. In der Not habe der gemeinsame Gebrauch der Dinge daher Priorität vor dem Individualrecht. Der Natur- und Vernunftrechtsgedanke der Sozialethik darf also keinesfalls mit dem klassischen Hobbesschen Naturrecht verwechselt werden. Für Thomas Hobbes bezieht sich das Naturrecht auf das rationale und säkulare Recht auf alles, was das Überleben des Einzelnen zum Selbsterhalt sichert. Darüber hinaus bleibt die Verfügungsgewalt über jegliches Eigentum in der Macht des Souveräns. In der Sozialethik schränkt das Naturrecht das Vernunftrecht des Einzelnen jedoch ein: Das vernünftige Recht auf Eigentum wird im Konfliktfall durch das natürliche Recht auf die gemeinsame und gemeinwohlorientierte Nutzung der Dinge aufgehoben.

Die ersten beiden Prinzipien der sozialen Ordnung, die Solidarität und die Personalität, ergänzen einander, da sie eine anthropologische Grundlage miteinander verbinden: Die Solidarität ist eine Folge des sozialen Wesens des Menschen, die Personalität eine Folge seiner Würde als Mensch. Diese Anthropologie wird von Nell-Breunig axiomatisch vorausgesetzt und schafft eine Verknüpfung klassischer antiker Elemente (Sozialität) mit neuzeitlichen deontologischen Elementen (Würde). Nell-Breuning geht es insbesondere um die daraus abgeleitete Verbindung von gesellschaftlicher *Verantwortung* (aus der Sozialität) und individueller *Freiheit* (aus der universellen Würde), die argumentativ komplementär zueinander und konstituierend für die soziale Ordnung sind.

Das dritte Prinzip ist die *Subsidiarität,* unter der die Sozialethik die Verantwortungsübernahme und die Selbsthilfe in gesellschaftlichen Kleingruppen versteht. Die selbstverantwortliche Subsidiarität beginnt in der eigenen Familie, in der Nachbarschaft und im Arbeitsumfeld. Mit dem Verweis auf die Verantwortlichkeit der jeweils kleinsten Gruppe im sozialen Umfeld stärkt die Sozialethik zunächst die Verfügungsgewalt des selbstbestimmten und eigenverantwortlichen Individuums: Nur dann, wenn das Individuum keine Lösung für die Probleme im engeren sozialen Umfeld herbeiführen könne, könnten und dürfen sukzessive auch Kollektive sein Handeln subsidiär unterstützen. Zur Zielerreichung der sozialen Gerechtigkeit sei in diesen Fällen der subsidiären Hilfestellung auch eine

Einschränkung der Selbstbestimmung und Eigenverantwortlichkeit des Individuums hinnehmbar.

Zusammenfassend kann man festhalten, dass es in der Sozialethik drei aufeinander verweisende Prinzipien sind, durch die das Ziel der *Gerechtigkeit* in der sozialen Ordnung verwirklicht werden soll: die Solidarität, die Personalität und die Subsidiarität. Dabei wird das Prinzip der Solidarität mit dem sozialen Wesen des Menschen begründet, das Prinzip der Personalität mit der Würde des Menschen als vernünftiges Wesen und das Prinzip der Subsidiarität mit der Autonomie des Menschen als freiem Wesen. Die Sozialethik verknüpft Gerechtigkeit insofern mit der normativen Bestimmung des Menschen als soziales, vernunftbegabtes und freies Wesen.

Ein zentraler Gedanke bei der Gestaltung einer gerechten Ordnung ist für Nell-Breuning die Verfügungsgewalt über das Eigentum. Der Jesuit stellt fest, dass jegliches Eigentum sowohl einen individuellen Nutzen als auch eine nützliche Funktion für die Gemeinschaft erfüllen kann. In der Tradition gab und gibt es in dieser Frage divergierende Aussagen: Die liberale Position betont üblicherweise die Individualfunktion des Eigentums, die sozialistische Position hingegen dessen Sozialfunktion. Da sich aus der jeweiligen Funktion des Eigentums und der Bestimmung über dessen Verfügungsgewalt immer auch die gesellschaftliche Machtfrage ableiten lasse, erkennt Nell-Breuning einen historischen Zusammenhang zwischen Eigentum, Verfügungsgewalt und gesellschaftlicher Macht.

Diese Feststellung kennzeichnete zuvor bereits den Kern der Thesen von Karl Marx', Nell-Breuning zieht jedoch andere Konsequenzen aus einer ähnlichen Diagnose: Für die Sozialethik sucht der Theologe nach einer Mittelstellung zwischen der liberalen und der sozialistischen Position und will die Verfügungsgewalt über das Eigentum – und damit die gesellschaftliche Macht – in ein Gleichgewicht bringen, dass die Ansprüche des Individuums und der Gemeinschaft gleichermaßen berücksichtigt (vgl. Nell-Breuning, 1956).

Im Zuge dieses Ausgleichs treten die Prinzipien der Solidarität und der Personalität wieder in den Vordergrund: Das Solidarprinzip verpflichtet den Eigentümer zur sozialverträglichen Verwendung seines Besitzes für die Gemeinschaft, im Gegenzug muss die Gemeinschaft das aus dem Prinzip der Personalität hervorgehende Recht auf Eigentum und dessen Verwendung anerkennen.

Die Ökonomie hat daher für Nell-Breuning primär eine soziale Aufgabe, da sie der »Bedarfsdeckung einer Gemeinschaft« (Zimmerli & Aßländer, 2005, S. 342) diene. Das Individuum müsse sich dieser Aufgabe in seinem Handeln als Akteur in einem ökonomischen Kontext bewusst sein und in den notwendigen Prozessen des Leistungstauschs und der Arbeitsteilung immer auch die Orientierung am Gemeinwohl berücksichtigen. Dies gelte auch für korporative Akteure wie beispielsweise Unternehmen. Auch sie müssen eine Schädigung des Gemeinwohls in ihrem Handeln vermeiden und die Achtung vor der Schöpfung durch einen umsichtigen Umgang mit den natürlichen und endlichen Ressourcen unter Beweis stellen (vgl. Nell-Breuning, 1975, S. 15).

Für Oswald von Nell-Breuning muss in einer modernen Ökonomie vor allem der Faktor Arbeit neu bewertet werden. Er sieht die Gefahr, dass der Mensch und seine Arbeitskraft zunehmend als Kostenfaktor gelten und damit im Streben nach Wirtschaftswachstum und Produktivitätssteigerung untergehen. Nell-Breuning fordert daher die Rückbesinnung auf das *gerechte Gemeinwohl* als eigentliches Ziele der Ökonomie und der Gemeinschaftlichkeit. Dazu müsse jedoch die gerechte Verteilung der Arbeit für das Gemeinwohl im Vordergrund stehen und nicht die sinn- und ziellose Steigerung des Wachstums und der Produktivität.

Die Eingangsfrage, wie gutes und gerechtes Handeln von Managern gestaltet werden muss, kann man nun mit Oswald von Nell-Breuning beantworten. Die Manager sind Angestellte des Unternehmens und ihre Arbeit und ihr Einkommen müssen in einem Gleichgewicht zwischen ihren eigenen Interessen und denen der anderen Mitarbeiter stehen. Die Arbeit und das Einkommen von Managern soll sich am Gemeinwohl orientieren, nicht am Aktienkurs. Zum Gemeinwohl gehört dann auch eine gerechte Verteilung der Einkommen aller Mitarbeiter und für Nell-Breuning wäre es vermutlich ein Ungleichgewicht, wenn ein angestellter Manager das Tausendfache des Durchschnittsgehalts bezöge. Ob Nell-Breuning die Schweizer Volksinitiative ›1:12‹ unterstützt hätte, muss offen bleiben – als katholischer Theologe hätte er jedoch sicherlich die Manager an ihre Verantwortung für die Gesellschaft, ihr eigenes soziales Wesen und damit ihre Verpflichtung zur Solidarität erinnert.

5.2 Ordnungsethische Ansätze

5.2.1 Vertrauen und Verrat

Krisen und Skandale haben viele Unternehmen in Verruf gebracht. Autohersteller, die bei Abgasmessungen betrügen, Banken, die mit Immobilienkrediten und Sparfonds ihre Kunden in den Ruin treiben, und Manager von Konzernen und Fußballvereinen, die in ihrer Habgier weder moralische noch gesetzliche Grenzen kennen, haben in den letzten Jahren dazu beigetragen. Auf die Frage, welchen Institutionen die Deutschen vertrauen, sagen zwei von drei Befragten, dass sie der Polizei, dem Bundespräsidenten und Ärzten vertrauen (Stern, 2017). Aber nur jeder dritte Befragte vertraut der Wirtschaft als Institution und mehr als 90 % misstrauen den Managern von Großkonzernen.

Dieses weit verbreitete Misstrauen ist problematisch, denn es erschwert zum einen die Zusammenarbeit in der Gesellschaft, zum anderen widerspricht es der menschlichen Natur. Zusammenarbeit und Zusammenhalt waren und sind notwendige Voraussetzungen menschlicher Gesellschaften, denn erst die Fähigkeit, dauerhaft, friedlich und kooperativ an der Lösung von Problemen zu arbeiten, führte uns Menschen aus der frühgeschichtlichen Herde in die moderne Gesellschaft (vgl. Tomasello, 2014). Unser Denken und Handeln ist heute auf Kooperationen mit Familienmitgliedern, Nachbarn und Kollegen ausgerichtet, weil die daraus entstehenden Vorteile für jeden plausibel sind (vgl. Axelrod, 2009).

Das Streben nach Kooperation ist sogar soweit Teil unserer menschlichen Natur geworden, dass wir selbst dann zusammenarbeiten, wenn für uns daraus ein Nachteil entsteht. In den vielen Experimenten, in denen das Ultimatum- und das Diktatorspiel getestet wurden, zeigt sich, dass die meisten Menschen auch dann gerecht und fair handeln wollen, wenn sie dafür auf einen Vorteil oder einen Gewinn verzichten müssen (vgl. hierzu Kap. 4.1.1 sowie Kahneman, Knetsch & Thaler, 1986, und Sigmund, Fehr & Nowak, 2002). Gerechtigkeit ist für viele Menschen eine wesentliche Präferenz, die ihre Deliberationen leitet.

Dass dies in der ökonomischen Praxis aber häufig nicht gilt, zeigt ein anderes Experiment: Die Mitarbeiter einer Bank wurden aufgefordert, in einem Raum ohne Beobachtung eine Münze zu werfen und das Ergebnis – Zahl oder Kopf – zu notieren (vgl. Cohn, Fehr & Maréchal, 2014). Vorher unterhielt sich der Leiter des Experiments kurz mit jedem einzelnen Probanden. Mit einer Hälfte der Mitarbeiter sprach er über Privates, über Hobbies und den letzten Urlaub, mit der anderen Hälfte über Berufliches, über ihre Tätigkeit und ihre Karriere in der Bank. Psychologen bezeichnen solche Vorgespräche als Priming, als Beeinflussung des Denkens durch einen vorangegangenen Reiz.

Nun sollten die Probanden unbeobachtet zehn Mal die Münze werfen und die Ergebnisse wahrheitsgemäß notieren. Für ›Zahl‹ sollten sie jeweils 20 Dollar erhalten, für ›Kopf‹ nichts. Durchschnittlich müsste jeder der 128 Probanden daher 100 Dollar verdienen, wenn er gemäß der statistischen Wahrscheinlichkeit fünfmal ›Zahl‹ und fünfmal ›Kopf‹ wirft. Allerdings waren die Probanden, mit denen vorher über Berufliches gesprochen wurde, überdurchschnittlich erfolgreich: Sie gaben deutlich häufiger an, dass ›Zahl‹ oben gelegen habe, als die Probanden, mit denen zuvor über Privates gesprochen wurde. Bei fünf Probanden aus der Gruppe der beruflich Geprimten lag angeblich sogar nach jedem Münzwurf die ›Zahl‹ oben. Der Versuchsaufbau lud bewusst zum Lügen ein und das Ergebnis war vermutlich kein Glück – die Wahrscheinlichkeit, dass zehn Mal ›Zahl‹ oben liegt, beträgt etwa eins zu tausend. Sehr viel wahrscheinlicher ist es, dass es sich hierbei um eine Déformation professionnelle handelt: Die Erinnerung an die Rolle als Banker verführte die Mitarbeiter zur Gier.

Die negativen Konsequenzen von Egoismus und Gier für ein Kollektiv verdeutlicht das vermutlich bekannteste Gedankenexperiment der Spieltheorie: das Gefangenendilemma (vgl. Holler & Illing, 2008). Zwei Menschen werden verdächtigt, eine Straftat begangen zu haben. Es gibt zwar keine eindeutigen Beweise, dass sie die Tat begangen haben, sie wurden jedoch in der Nähe des Tatorts festgenommen und jeder von ihnen hatte eine Schusswaffe bei sich. Nun werden die beiden Personen gleichzeitig in zwei verschiedenen Räumen zur Tat befragt und jedem von ihnen wird ein Angebot gemacht: Wer als erster aussagt und die Tat gesteht, wird lediglich wegen des Besitzes einer Schusswaffe angeklagt. Als Kronzeuge kann er nach einem Jahr Gefängnis wieder freikommen. Wer schweigt, muss mit der Höchststrafe von sechs Jahren rechnen. Während der Befragung können die beiden Beschuldigten nicht miteinander kommunizieren, das heißt, dass jeder von ihnen nun eine isolierte Entscheidung treffen muss – die Spieltheorie bezeichnet dies als eine nicht-kooperative Entscheidungssituation.

Jeder der isolierten Beschuldigten hat nun folgende Optionen: Er kann schweigen und darauf vertrauen, dass der andere auch schweigt. In diesem Fall würde jeder von ihnen nur zu zwei Jahren Gefängnis wegen des Besitzes einer Schusswaffe verurteilt. Falls aber einer der beiden nur seinen eigenen Vorteil sucht oder an der Ganovenehre des anderen zweifelt, wäre ein schnelles Geständnis die bessere Option: Der Geständige wäre dann nach einem Jahr wieder in Freiheit. Wer jedoch zögert und dem anderen die Möglichkeit gibt, schneller zu gestehen, dem drohen sechs Jahre Haft. Die schwierige Frage ist also, ob der andere das Vertrauen tatsächlich verdient und dem Angebot der Polizei widerstehen kann. Wenn jedoch beide gleichzeitig aussagen, wird jeder von ihnen zu vier Jahren Haft verurteilt.

Aus Sicht der Beschuldigten sieht die Lage also so aus (s. Abb. 15): Beiderseitiges Schweigen und Kooperation werden mit jeweils zwei Jahren Haft belohnt (reward), beiderseitiges Misstrauen und Defektion werden mit je vier Jahren bestraft (punishment). Wer der Versuchung folgt, als Kronzeuge auszusagen, maximiert seinen eigenen Vorteil durch nur ein Jahr Gefängnis (temptation) und der andere erhält den Lohn des Betrogenen und bleibt sechs Jahre in Haft (sucker's payoff). Für den einzelnen, isolierten Beschuldigten wäre also eine schnelle Aussage (Verrat und Defektion) die bestmögliche Lösung des Dilemmas: Zum einen wäre er nach nur einem Jahr Haft wieder frei, zum anderen liegt nur die eigene Aussage in seiner Hand. Jede andere Lösung ist vom Vertrauen in den anderen abhängig.

Die optimale Lösung des Gefangenendilemmas lautet für den einzelnen Akteur somit Defektion – wenn beide Akteure dies jedoch zugleich erkennen, landen sie für vier Jahre im Gefängnis. Hätten aber beide im Vertrauen auf den anderen geschwiegen, wären beide in der Hälfte der Zeit wieder frei. Der Verrat wäre dann suboptimal und Schweigen die bestmögliche Lösung. Dieses Problem, wenn die Verfolgung individueller Ziele zu schlechteren Ergebnissen führt als der Verzicht darauf,

Abbildung 15 Das Gefangenendilemma

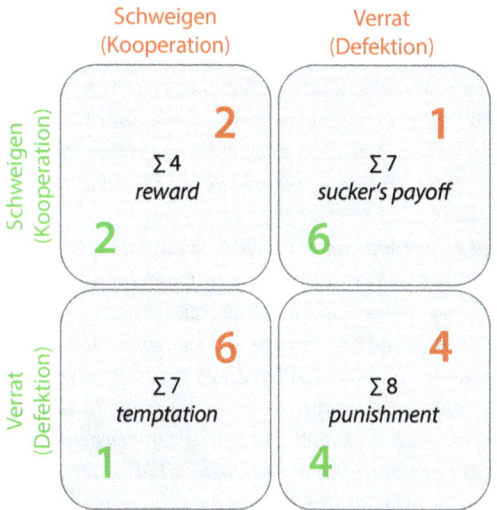

bezeichnet man in der Spieltheorie als soziale Falle oder auch als soziales Dilemma (vgl. Diekmann, 2013, S. 105).

Das Problem des sozialen Dilemmas wird deutlicher, wenn man das fiktive Gefangenendilemma auf reale ökonomische Probleme und das Handeln von Menschen in Marktwirtschaften überträgt. In der Ökonomie gilt der Homo oeconomicus, *also der egoistische, nur den Eigennutz maximierende Mensch, als Standardmodell. Zugleich funktioniert ein Markt aber nur dann dauerhaft, wenn die Akteure miteinander kooperieren und der Austausch von Gütern und Leistungen weitgehend fair ist. Akteure, die stets alle anderen übervorteilen wollen, werden schnell vom Markt ausgeschlossen. Kooperation mit und Vertrauen in den anderen sind folglich die Voraussetzungen für funktionierende Märkte, nur dann können sie einen Mehrwert für alle Beteiligten schaffen. Und nur wenn der Mehrwert der Kooperation größer ist als der Vorteil des rein individuellen Handelns, sind Märkte sinnvoll und funktional. Kooperationen in Märkten ermöglichen somit sogenannte* Nichtnullsummenspiele, *bei denen der Gewinn letztlich für alle größer ist als jener, der durch ausschließlich egoistisches Handeln hätte entstehen können (vgl. Homann, 2014, S. 97 ff.).*

Ein Beispiel: Die gemeinsame und nachhaltige Nutzung von begrenzten Ressourcen wie Wäldern oder Fischgründen ist davon abhängig, dass jeder Akteur die gemeinsamen Absprachen einhält und darauf vertraut, dass auch alle anderen dies tun. Wer für den eigenen, einmaligen Vorteil alle Bäume des Waldes fällt oder alle

Fische im Revier fängt, zerstört die Ressource langfristig. Durch Kooperationen auf der Grundlage von gemeinsam beschlossenen Quoten wird die nachhaltige Wiederaufforstung und die Erholung der Bestände gesichert, der Gewinn aller Nutzer wird dauerhaft möglich. Mit anderen Worten: Das Gefangenendilemma macht plausibel, dass Vertrauen in gemeinsame Normen und freiwillige Kooperationen auch in Marktwirtschaften eine Gesellschaft zu einem »Unternehmen der Zusammenarbeit zum gegenseitigen Vorteil« (Rawls, 1979, S. 105) machen und ökonomisches Handeln in solchen Nichtnullsummenspielen alle Akteure besserstellt, wenn sie auf die Verfolgung rein egoistischer Ziele verzichten.

So plausibel dies auch ist, gibt es dennoch immer wieder Situationen, in denen viele Menschen – nicht nur als Banker – doch sehr egoistisch handeln und nur ihren eigenen Vorteil anstreben. Ein bekanntes Experiment hierzu ist das öffentliche Güter-Spiel (Public Goods Game): Vier Spieler, nennen wir sie Anne, Bob, Carla und Don, erhalten ein Guthaben von 10 Euro und sollen dieses verdeckt in eine Gemeinschaftskasse einzahlen (vgl. Fehr & Schmidt, 1999). Der eingezahlte Gesamtbetrag wird dann vom Spielleiter verdoppelt und an alle Spieler zu gleichen Teilen ausgezahlt. Wenn also alle vier Spieler ihre 10 Euro einzahlen, erhält jeder von ihnen 20 Euro zurück und ihr Guthaben verdoppelt sich (s. Abb. 16). In Experimenten zeigte sich jedoch, dass die Spieler nach und nach die Logik des Spiels für sich ausnutzen. Wenn in der nächsten Runde Anne 15 Euro, Bob 10 Euro, Carla 5 Euro und Don nichts einzahlen, dann erhält jeder Spieler nur noch 15 Euro aus der Gemeinschaftskasse. Dons Vermögen ist nun auf 35 Euro angewachsen, Carlas auf 30 Euro, Bob hat 25 Euro und Anne nur 20 Euro. Von Runde zu Runde wächst das Vermögen derjenigen, die nichts oder wenig beitragen. Im öffentliche Güter-Spiel ist es für die Spieler individuell gewinn- und nutzenmaximierend, die Kooperation mit den Mitspielern zu verweigern – Defektion erweist sich als rational nützlich, bleibt aber moralisch für das Gemeinwohl schädigend.

Das Spiel verdeutlicht das Problem der öffentlichen Güter, von deren Konsum niemand ausgeschlossen werden kann (vgl. Diekmann, 2013). Solche Güter sind beispielsweise die Luft zum Atmen, der öffentliche Rundfunk, die Feuerwehr oder die Landesverteidigung. Zwar hat jeder Bürger gleichermaßen ein Interesse am Konsum dieser Güter und niemandem kann er verwehrt werden, allerdings ist die Bereitschaft zu ihrer Finanzierung nicht bei allen Menschen gleich groß. Das öffentliche Güter-Spiel macht deutlich, dass viele Spieler früher oder später aus rationalen Gründen doch zu Trittbrettfahrern werden. In weiteren Studien zeigte sich zudem, dass Spieler eher zur Defektion neigen, wenn sie mehr Zeit für die Überlegung haben (vgl. Rand, Green & Nowak, 2012) und in eher egoistischen Gesellschaften wie Indien leben (vgl. Capraro & Cococcioni, 2015). Zeitdruck und die Sozialisation in einer eher altruistischen Gesellschaft wie den USA erhöhen hingegen die Kooperationsbereitschaft und den eingezahlten Betrag (vgl. ebd.).

Abbildung 16 Das öffentliche Güter-Spiel – Investitionen und Gewinne

		Anne	Bob	Carla	Don
Spiel 1	**Vermögen**	**10**	**10**	**10**	**10**
	Investition	10	10	10	10
	(Verdopplung)	40 × 2 = 80 ÷ 4 = 20			
	Ausschüttung	20	20	20	20
Spiel 2	**Vermögen**	**20**	**20**	**20**	**20**
	Investition	15	10	5	0
	(Verdopplung)	30 × 2 = 60 ÷ 4 = 15			
	Ausschüttung	15	15	15	15
Spiel 3	**Vermögen**	**20**	**25**	**30**	**35**
	Investition	15	5	0	0
	(Verdopplung)	20 × 2 = 40 ÷ 4 = 10			
	Ausschüttung	10	10	10	10
Spiel 4	**Vermögen**	**15**	**30**	**40**	**45**
	Investition	0	0	0	0
	(Verdopplung)	0			
	Ausschüttung	0	0	0	0
	Vermögen	**15**	**30**	**40**	**45**

Dass es zudem einen Zusammenhang zwischen der subjektiven Bereitschaft zur Kooperation und dem ökonomischen Vorteil einer Volkswirtschaft gibt, konnte eine weitere Studie nachweisen: In 30 Ländern und 250 Städten weltweit gaben die Forscher angeblich verlorene Geldbörsen bei der Polizei und bei Banken, in der Post und in Hotels ab (Cohn, Maréchal & Zünd, 2017). Nun notierten die Forscher, wer den Besitzer der Geldbörse anrief und den Fund zurückgeben wollte. Die Auswertung der Daten zeigte, dass jene Regionen, in denen die ehrlichsten Menschen leben, auch wirtschaftlich besonders erfolgreich sind: In der Schweiz, Norwegen und Dänemark wurden die meisten Geldbörsen dem Besitzer zurückgegeben, die wenigsten in südeuropäischen, südamerikanischen und afrikanischen Ländern.

Auch wenn die individuelle Bereitschaft zu Ehrlichkeit und Kooperation offensichtlich ist, und – laut den meisten Studien – jedem einzelnen und der Gemeinschaft die größten Vorteile bringen, bleibt das Verhalten von Menschen kaum vorhersagbar. Der Mensch ist und bleibt nun mal »ein krummes Holz« (Kant). Denn im Gegensatz zum Gefangenendilemma zeigt das öffentliche Güter-Spiel, dass Egoismus sich manchmal lohnt und Kooperation bestraft wird: Die Gewinner des Spiels sind hierbei jene, die möglichst wenig investieren. Für die Wirtschaftsethik stellt sich daher die Frage, wie man Menschen zur freiwilligen Kooperation bewegen und Egoismus verhindern kann, um dann eine dauerhaft funktionierende Marktwirtschaft unter fairen Bedingungen zum Vorteil aller Beteiligten zu realisieren. Der US-amerikanische Ökonom James McGill Buchanan entwickelte hierzu in den 1970er Jahren die Idee, dass die Wirtschaftspolitik zielorientierte Rahmenbedingungen ökonomischen Handelns (choices of rules) *entwickeln sollte, die die Akteure durch Anreize* (choices within rules) *zur Unterstützung dieser Ziele motivieren (vgl. Buchanan, 1985). Der deutsche Philosoph Karl Homann übertrug diesen Ansatz auf die Verknüpfung von moralischen und ökonomischen Regeln und Handlungen.*

5.2.2 Karl Homann und die Anreizsysteme

Der wirtschaftsethische Ansatz der Ordnungsethik hat das Ziel, die Normenkonflikte in einer zunehmend pluralistischen Gesellschaft sowie einer globalisierten Weltwirtschaft aufzulösen. Die Ordnungsethiker sehen die Wurzel dieser Probleme in den sozialen Veränderungen der Gesellschaftsstrukturen, auf die die klassische Individualethik nur unzureichende Antworten gibt. Die sozialen Folgen der Aufklärung und der Marktwirtschaft im 18. und 19. Jahrhundert hätten die Individuen und die Gesellschaft so tiefgreifend verändert, dass nur durch die Übertragung moderner soziologischer und ökonomischer Erkenntnisse in das Feld der Ethik wieder eine stabile Ordnung hergestellt werden könne.

Entwickelt wurde der ordnungstheoretische Ansatz, der oftmals auch als Institutionen-ökonomischer Ansatz bezeichnet wird, von dem Philosophen und Ökonomen Karl Homann (*1943) und seinem Schüler Christoph Lütge (*1969). In ihren Arbeiten stützen sie sich insbesondere auf die Vertragstheoretiker Thomas Hobbes und John Rawls sowie Adam Smith. In dieser Traditionslinie versuchen Homann und Lütge eine eigenständige Erklärung für das soziale, ökonomische und ethische Handeln von Menschen zu finden.

Ein Grundproblem sehen die Ordnungsethiker in der modernen Gesellschaft, in der vereinzelte Individuen in Großstädten leben und eine globalisierte Kultur erfahren. In diesen Gesellschaften erführen die Individuen kaum eine Rückkopplung ihres Verhaltens, sei es normenkonform oder nicht. Die Kritik an den traditionellen Ansätzen von Hobbes, Smith und auch Rawls richtet sich daher gegen deren unzureichende Übertragbarkeit – diese gelten nach Ansicht der Ordnungsethiker für kleinere Gemeinschaften mit face-to-face-Gruppen, in denen das Fehlverhalten einzelner Mitglieder von der Gemeinschaft unmittelbar festgestellt und sanktioniert wird. In ländlichen Regionen mögen diese Lebensformen noch anzutreffen sein und die tradierten individualethischen Konzepte mögen dort das Leben und Wirtschaften der Menschen steuern können – in modernen Großstädten sei dies nicht mehr möglich: »Unter der Bedingung großer anonymer Gesellschaften geht diese Steuerungsfunktion direkter Sanktionsmechanismen für die Einhaltung der Gruppenmoral weitgehend verloren« (Zimmerli & Aßländer, 2005, S. 328).

Die Ausgangsfrage der Ordnungsethik ist folglich, warum Menschen soziale Normen oder moralische Ansprüche umsetzen sollen, wenn ihr Verhalten in einer anonymen Massengesellschaft möglicherweise weder positiv noch negativ sanktioniert wird. Diese Ausgangsfrage betrifft nicht nur die einzelnen Akteure, sondern auch die Unternehmen, die als korporative Akteure in einer Massengesellschaft tätig sind und für ihr unternehmerisches Verhalten, sei dieses nun normativ beziehungsweise moralisch richtig oder falsch, ebenfalls keine unmittelbare Sanktionierung erfahren.

Die Ordnungsethiker schlagen deshalb vor, dass – anstelle unmittelbarer Sanktionen durch andere – vielmehr *Anreizsysteme* für den Einzelnen und einzelne Unternehmen als sinnvoller Steuerungsmechanismus des Verhaltens erachtet werden. Es müsse sich schlichtweg für die einzelnen Akteure sowie korporative Akteure *lohnen,* normativ und moralisch richtig zu handeln. Jeder Akteur müsse den konkreten Anreiz erkennen, der sein moralkonformes Verhalten belohnt. Mit diesem Gedanken versucht Homann eine Verknüpfung von Ökonomie und Ethik herzustellen, mit der er jedes menschliche Verhalten untereinander, gegenüber anderen Lebewesen und der Umwelt in Form von Anreizen und sozialen Kosten zu steuern erhofft:

> Damit wird auf breiter Front die klassische Konzeption eingelöst, nach der die Ökonomie die Fortsetzung der Ethik unter den Bedingungen der modernen Wirtschaft und Gesellschaft darstellt. (Homann, 1993, S. 45)

Mit dieser Änderung der Konzeption muss Homann aber auch die Ausrichtung des Handelns verändern. In der klassischen Individualethik war es das gute Handeln, das es umzusetzen galt, und für den einzelnen Akteur bestimmte daher die Dichotomie von gut und schlecht den Rahmen des Ethischen. Für Homann lautet die wesentliche Prämisse für das Handeln von Wirtschaftssubjekten nun: »Langfristige Gewinnmaximierung ist nicht ein Privileg der Unternehmen, sondern ihre sittliche Pflicht« (Homann, 1994, S. 14). Die *Dichotomie* der Ordnungsethik laute daher marktkonformes Handeln versus nicht-marktkonformes Handeln. Mit anderen Worten: Die Wirtschaftssubjekte haben mit ihrem Handeln entweder langfristig Erfolg oder sie gehen im Konkurrenzkampf unter.

Zur Erklärung des Handelns und der Steuerungsprozesse schlägt Homann zwei Ebenen der Analyse vor. Auf der ersten Ebene betrachtet er das Verhalten einzelner Wirtschaftssubjekte aus einer Binnenperspektive der Ökonomie. Das sogenannte *Konversionsparadigma* untersucht die klassische Frage der Ethik: Was soll ich tun? Für Karl Homann steht hierbei »die Handlung, Entscheidungen des Einzelnen unter den gegebenen Bedingungen und Alternativen« (Homann, 2002, S. 189) im Mittelpunkt des Interesses. Die »gegebenen Bedingungen« sind hierbei die »Handlungsparameter und Ziele«, die der Einzelne beeinflussen kann, und nicht die vorgegebenen, zunächst unveränderlichen Restriktionen einer Handlung (Homann, 2002, S. 189).

Homann subsumiert im Konversionsparadigma die unterschiedlichsten Traditionsstränge, von der Verknüpfung der Tugenden mit den Pflichten als moralischer Akteur über die Verbindlichkeit des Sollens als moralische Pflicht bis zur kommunikativen Klärung von Pflichten und Ansprüchen im Diskurs. Bei aller Beliebigkeit ethischer Positionen innerhalb dieser Ebene ist der wesentliche Punkt für Homann, dass der Akteur im Konversionsparadigma sein moralisches Handeln über den ökonomischen Nutzen stellen soll. Hierbei ist Homann durchaus bewusst, dass ein Dilemma entsteht, wenn das moralische Handeln zu einem ökonomischen Nachteil für den Akteur führt oder gar den eigenen wirtschaftlichen Untergang einleitet.

Bei der Auflösung dieses Dilemmas greift Homann auf die Spieltheorie zurück. Das Gefangenendilemma macht deutlich, dass nicht-kooperatives Verhalten für den rationalen, isolierten Akteur die beste Lösung wäre. Allerdings zeigt sich dabei auch, dass Vertrauen und Kooperation für beide Akteure die kollektiv beste Lösung ist, diese aber ohne Interaktion und Kommunikation zur *normativen* Abstimmung und Rückversicherung riskant bleibt. Die Akteure, so Homanns Schlussfolgerung, müssten daher auf einen normativen Rahmen zurückgreifen können, der das Vertrauen in das kooperative Handeln des anderen stärkt und den beiderseitigen Vorteil ermöglicht.

Spielregeln und Spielzüge

Homann benötigt für seine Ordnungsethik also eine zweite Analyseebene, auf der die Auszahlung der Kooperationsgewinne stattfindet. Auf dieser zweiten Ebene wirken sich die Anreize für Kooperationen faktisch aus und helfen den Akteuren, das gemeinsame Handeln zum beiderseitigen Vorteil über das egoistische, rationale Interesse zu stellen. Moralisches Handeln versteht Homann daher als kooperatives Handeln im Sinne der Spieltheorie, durch das die Wirtschaftssubjekte gemeinsam erfolgreich agieren, wenn sie kollektive Absprachen einhalten und somit normenorientiert handeln. Die zweite Analyseebene muss folglich einen normativen Rahmen bereitstellen, in dem moralisches Verhalten implementiert wird und seinen Anreiz entfaltet. Diese zweite Ebene ist für Homann das *Inversionsparadigma:*

Moral wird inversionstheoretisch aus der Perspektive des Gesellschaftstheoretikers und/
oder des Politikers gesehen. Zunächst steht die rein positive Analyse der aggregierten
Folgen alternativer Regeln und Normen im Vordergrund. Normen werden verbindlich
gemacht durch einen eigenen Legitimationsakt *auf der Basis solcher Folgenkalkulationen,* und dieser Akt der Legitimation kann unter modernen Bedingungen nur demokratisch, per Konsens, und nicht aus ›Vernunft‹ erfolgen. (Homann, 2002, S. 189)

Das Inversionsparadigma grenzt sich in Bezug auf das Konzept der Moral vom Konversionsparadigma ab, wenn es auf dieser zweiten Ebene einen pragmatischen Umgang mit sozialen Normen und Werten im Sinne des Utilitarismus einführt. Für Homann ist die Diskussion und Legitimation von Verhaltensempfehlungen, sozialen Normen und Werten nur im Rahmen eines rein nutzenorientierten Inversionsparadigmas möglich:

Zum ersten wird Moral in der Folge der Aufklärung als ›Menschenwerk‹, als Resultat der kulturellen Evolution gedacht. Moral wird konzipiert als zweckmäßige Einrichtung der Gesellschaft durch deren Mitglieder. Damit wird die Diskussion moralischer Normen für Zweckmäßigkeitsargumente geöffnet, sogar auf Zweckmäßigkeitsüberlegungen fokussiert. [...] Entstehung, Festschreibung und Weiterentwicklung selbst so zentraler Normen wie der Menschenrechte können nur inversionstheoretisch angemessen diskutiert werden. (Homann, 2002, S. 193)

Damit moralisches Handeln nicht zu Wettbewerbsnachteilen führe, gelte es auf dieser Ebene die normativen Standards zu beschließen und zu etablieren, die den Wirtschaftssubjekten adäquate Anreize für ihr normenkonformes Agieren bieten. In der Konsequenz handelten die Akteure moralisch, weil es sich für sie lohne: »Nur eine über Anreizsteuerung von Handlungsvollzügen regulierte Moral kann sich unter den Bedingungen ökonomischer Dilemmastrukturen als tragfähig erweisen« (Zimmerli & Aßländer, 2005, S. 328).

Für diese Anreizsteuerung entwickelt Homann das Zusammenspiel von Spielzügen und Spielregeln, die das Handeln von Wirtschaftssubjekten analysierbar machen sollen (vgl. Homann & Blome-Drees, 1992, S. 20 f.). Die Spielzüge führen die Akteure auf der ersten Ebene aus, sie reflektieren das Konversionsparadigma und damit die moral- und marktkonformen Handlungen. Die Spielregeln legen auf der zweiten Ebene die Moralität bestimmter Handlungsoptionen fest und reflektieren damit das Inversionsparadigma. Anders gesagt: Die Spielzüge beschreiben die ethischen Handlungen der Akteure, die Spielregeln den normativen Rahmen des Wirtschaftssystems.

Die Akteure könnten sich dadurch in ihrem ökonomischen Handeln an den Spielregeln orientieren: Moralisch richtige Entscheidung seien regel- und marktkonform, sie ermöglichten einen freien Wettbewerb innerhalb der legitimen Spielregeln. Ein Akteur, der sich zur Erlangung eines Wettbewerbsvorteils für eine moralisch falsche Handlung entscheide, lasse sich entweder einen höheren Anreiz entgehen und handle irrational oder er entlarve damit einen Fehler in den Spielregeln, der korrigiert werden müsse. Perfekte Spielregeln führen für Homann zu einer Wirtschaftsordnung, in der moralisches Handeln zur Gewinnmaximierung führt.

Dieses optimale Zusammenspiel von Spielregeln und Spielzügen setzt jedoch voraus, dass Menschen der Gestaltung des Spiels vertrauen. Wie bereits in der Einleitung zu diesem Kapitel erläutert, funktioniert die Anthropologie des klassischen Handlungsutilitarismus, die Annahme des Homo oeconomicus, in nichtkooperativen Spielen nicht mehr. Wer in diesen Spielen nur seinen egoistischen Vorteil maximiert, zerstört die Logik des Nichtnullsummenspiels, denn gemeinsame Vorteile und Gewinne entstehen nur durch ein vertrauensvolles Miteinander bei der Befolgung der Spielregeln. Aus der Logik nicht-kooperativer Spiele folgt, dass eine funktionierende Handlungsethik dann auf eine vorangestellte Ordnungsethik angewiesen ist, in der die Spielregeln in Form einer Rahmenordnung definiert werden (vgl. Homann, 2014, S. 105 f.).

Diese Spielregeln entstehen allerdings nicht aus individuellen Nutzen- oder Zielüberlegungen der Akteure, sondern durch die Definitionsmacht der Gestalter des Spiels. Die Rahmenordnung, innerhalb derer bestimmte Spielzüge nun erwünscht oder abgelehnt werden, gestalten die eigentlichen Entscheider; und dies nicht nur in der Wirtschaft, sondern auch in der Politik, der Rechtsprechung, der Wissenschaft, der Kunst und den Medien – überall dort, wo in modernen Gesellschaften durch das Prinzip des Wettbewerbs und geeignete Rahmenordnungen kollektive Vorteile entstehen können (vgl. Homann, 2014, S. 258).

Diese Grundgedanken der Ordnungsethik sind deckungsgleich mit einem populären Zweig der Verhaltensökonomie, dem Nudging. Auch diese wirtschaftspsychologische Theorie geht davon aus, dass Menschen in der Regel keine optimalen Entscheidungen treffen, da ihre Rationalität zumeist durch starke irrationale Motive behindert wird (vgl. Thaler & Sunstein, 2008). Die anthropologische Annahme lautet, dass Menschen bei Entscheidung eher an den nahen Lustgewinn als an künftige problematische Folgen denken, dass sie Probleme mit der Selbstkontrolle haben und die Mühen der Informationsbeschaffung scheuen. Da die Menschen oftmals nicht wissen wollen, was gut für sie ist, bedarf es, so die Befürworter des Nudgings, eines sogenannten ›liberalen Paternalismus‹ und eines Staates, der das Verhalten seiner Bürger ohne Zwang zum Guten lenkt (vgl. Beck, 2014, S. 372 ff.). Richard Thaler wurde im Jahr 2017 für diese Theorie der sogenannte Wirtschaftsnobelpreis verliehen.

In der Wirtschaftspolitik vieler Staaten haben sich diese Ideen durchgesetzt: Eigentlich weiß jeder Mensch, dass eine gesunde Ernährung, ein nachhaltiger Umgang mit Ressourcen und eine hohe Sparrate für den einzelnen und die Gemeinschaft sinnvoll sind. Da diesen klaren Erkenntnissen aber nur wenige Taten folgen, hilft der Staat im Verbund mit den Unternehmen seinen Bürgern, auf den Pfad der Tugend zurückzukehren. Hohe Steuern auf Alkohol- und Takakkonsum, Subventionen für Solaranlagen und Elektroautos sowie finanzielle Anreize für private Gesundheits- und Altersversorgung gehören heute zum Standard guter Ordnungspolitik. Homanns Ordnungsethik und Thalers liberaler Paternalismus gehen davon aus, dass die Menschen eigentlich zwar wissen, was gut für sie selbst und für die Gemeinschaft ist, dies aber nicht immer wollen – die Wirtschaft und der Staat müssen sie daher bei ihren Überlegungen und Entscheidungen durch die richtigen Anreize in die richtige Richtung lenken.

Die Richtung müssen daher die richtigen Spielregeln vorgeben, die Anreize sollen zu den richtigen Spielzügen motivieren. Durch derartige Lenkungsprozesse will Karl Homann auch in modernen und anonymen Großgesellschaften das moralische Handeln der Menschen erleichtern. Für ihn stößt die klassische Individualmoral angesichts der Dilemmastrukturen, wie sie in der modernen Welt im freien Wettbewerb und im Umgang mit Gemeinschaftsgütern regelmäßig erscheinen, an eine systematische Grenze (vgl. Homann, 2014, S. 266). Diese Grenze kann für Homann nur durch individuelle Vorteilserwartungen überwunden werden, indem Spielregeln und Spielzüge moralisches Handeln zum Vorteil aller ermöglichen.

Soweit eine kurze Einführung in die zentralen Thesen der Ordnungsethik von Karl Homann. Das Zusammenspiel von Spielregeln und Spielzügen wirft jedoch die Frage auf, ob der kollektive Vorteil bei der Gestaltung von Spielregeln wichtiger ist als die Autonomie der Akteure. Die Ordnungsethik muss als utilitaristische Ethik die divergierenden Güter gegeneinander abwägen und eine Lösung bei Zielkonflikten anbieten – Karl Homann verspricht die Auflösung der Zielkonflikte durch perfekte Spielregeln.

Das Problem der Abwägung kollektiver Vorteile und individueller Freiheit verdeutlicht ein aktuelles Beispiel: Die Digitalisierung fast aller Lebensbereiche fordert sichere Zugangsschranken zu den vielen Möglichkeiten der technischen Erleichterung von den Mühen des modernen Lebens. Passwörter kann man jedoch vergessen oder verraten, Fingerabdrücke setzen sensible Scanner voraus und können gefälscht werden. Eine Kamera, die Gesichter erkennt und den Zugang gewährt, scheint dagegen sicher und komfortabel zu sein, und bereits heute erlauben Bahnhöfe den Zutritt und Mobiltelefone ihre Nutzung erst nach dem Scan des Gesichts. Die meisten Deutschen begrüßen die neue Technik der Gesichtserkennung, nur jeder Fünfte lehnt sie ab (vgl. Allensbach, 2017). Künftig sollen auch Autos und das eigene Heim konventionelle Schlüssel überflüssig machen, und beim Einkaufen folgen auf die Gesichtserkennung am Eingang erst individuelle Shoppingtipps und dann die automatische Abbuchung der Kosten.

In China ist die Nutzung der Technik und der gewonnenen Daten schon einen Schritt weiter, insbesondere um die öffentliche Sicherheit zu fördern: Bei einem Fest in der Hafenstadt Qingdao wurden die Besucher am Eingang fotografiert und identifiziert, woraufhin 25 gesuchte Tatverdächtige sogleich festgenommen werden konnten (vgl. Kolonka, 2017). Auch in Behörden, Unternehmen und Schulen ist in China der Eintritt immer öfter erst nach der Feststellung der Identität durch eine Kamera möglich. Die Provinzmetropole Jinan ist um die Sicherheit ihrer Bürger gar so bemüht, dass sie Fotos von Menschen, die bei Rot die Kreuzung überqueren, nur Sekunden nach ihrem Vergehen mitsamt Namen und Wohnort auf großen Monitoren vor Ort veröffentlicht. Künftig sollen auch die Nachbarn und die Arbeitgeber der Übeltäter zügig über das Vergehen informiert werden und die sogenannten sozialen Medien helfen bei der Information der Öffentlichkeit. Doch wie nützlich darf ein solcher digitaler Pranger für die öffentliche Sicherheit eigentlich sein?

Die Planungen gehen aber noch weiter und in China sieht man die Möglichkeiten der Technik sehr optimistisch. Künftig soll ein ›Sozialkreditpunktesystem‹ die 1,4 Milliarden Chinesen nicht nur zu guten Bürgern, sondern auch zu besseren Menschen machen (vgl. Ankenbrand, 2017). Jedem Menschen soll dann ein Sozialkonto zugewiesen werden, in dem er für sein Verhalten Punkte erhält oder sie ihm abgezogen werden. Eine positive Veränderung des Kontos erfährt, wer sich vorbildlich verhält und beispielsweise mit dem Leihfahrrad zur Arbeit fährt, mit seiner Großfamilie eine kleine Wohnung teilt und nach Feierabend ›freiwillig‹ beim Pflanzen von Bäumen mithilft. Als asoziales Verhalten gilt der Besitz ausländischer Oberklasseautos, das alleinige Bewohnen eines ganzen Hauses oder einer großen Wohnung sowie unmoralisches Verhalten. Auch der Punktestand der Mitglieder der eigenen Familie und des Freundeskreises beeinflusst den Punktestand positiv oder negativ. Die chinesische Regierung will auf diese Weise Gesetzestreue, moralisches Wohlverhalten, soziales Engagement, Aktivitäten im öffentlichen Interesse und Umweltschutz untersuchen und bewerten und somit ihre Bürger zu besseren Menschen machen. Künftig soll das Sozialkonto eines jedes Bürgers auch auf einer öffentlichen Internetseite sichtbar sein. Aber dürfen Spielregeln, die allen zum Vorteil gereichen, die Freiheit des einzelnen Bürgers so weit unterlaufen?

Auch wenn diese Beispiele aus China in der westlichen Welt noch befremdlich und repressiv erscheinen, so gibt es doch auch bei uns viele nützliche Instrumente der Optimierung unseres Verhaltens: Mobiltelefone, sensorenbesetzte Kleidung und Uhren (sogenannte Wearables) sowie Autos können heute schon unzählbare Daten über unser Verhalten erfassen, auswerten und bewerten. Sie sagen uns, ob unser Le-

bensstil die vorgegebenen Normen der körperlichen Fitness, der Ernährung und des richtigen Verhaltens im Straßenverkehr erfüllt und wir dann beispielweise von Versicherungsgesellschaften eine monetäre Belohnung in Form reduzierter Tarife erwarten können. Normenabweichendes Verhalten wird dagegen von der Gesellschaft und den Unternehmen bestraft, jede Abweichung der Spielzüge von den Spielregeln gilt als deviantes Verhalten.

Homanns Ordnungsethik führt, denkt man sie konsequent weiter, zu einer geteilten Gesellschaft. In dieser Gesellschaft gibt es einige wenige Menschen, die die Macht haben, die Spielregeln des richtigen Verhaltens festzulegen. Sie glauben zu wissen, was für die Menschen gut ist und welches Verhalten zu den besten kollektiven Vorteilen führen wird. Die vielen anderen müssen sich der Diktatur der normativ anerkannten Nützlichkeit unterwerfen. Die mächtigen Entscheider über die Spielregeln werden zu Demiurgen, zu allwissenden, weisen und omnipotenten Schöpfern des wahrhaft nützlichen Lebens. Im spieltheoretischen Modell des Gefangenendilemmas werden sie zu den Wächtern des Spiels und legen die Höhe der Auszahlungen fest, die machtlosen anderen werden zu moralisch Beschuldigten, die nur durch kooperatives Verhalten und die Unterwerfung unter die Rahmenordnung als Mitspieler geduldet werden können. Klassische individualethische Kategorien wie Autonomie, Werte, Pflichten, Verantwortung oder die Idee des guten Lebens spielen in der Ordnungsethik keine Rolle mehr (vgl. Neuhäuser, 2017).

Homanns Ordnungsethik öffnet zwar den klassischen Handlungsutilitarismus für die Wirtschaftsethik, bietet aber keine Lösung für dessen fundamentale Widersprüche: Sind gute Spielregeln nur auf die Maximierung der Freude der größten Zahl ausgerichtet und nehmen sie dafür auch das Leid einer Minderheit in Kauf? Warum sollte sich eine Ökonomie, in der vor allem die kurzfristigen Interessen der Shareholder bis zur nächsten Dividendenausschüttung und die Mikrosekunden andauernden Analysen der Investorencomputer über die Zukunft eines Unternehmens entscheiden, für die langfristen Gewinne aus vertrauensvollen Kooperationen entscheiden? Woher wissen die Wächter über die Spielregeln, was gut und vorteilhaft ist? Wer legitimiert die Wächter und gibt ihnen die Macht, darüber zu bestimmen, was gut für die Menschen ist? Diese und viele andere Fragen bleiben offen.

5.3 Sozioökonomische Ansätze

5.3.1 Der Preis der Gerechtigkeit

Das Freihandelsabkommen Transatlantic Trade and Investment Partnership *(TTIP) soll die Handelsbeziehungen zwischen den Mitgliedern der Europäischen Union und den Vereinigten Staaten von Amerika verbessern. Durch das Abkommen sollen der* internationale Handel erleichtert, das Wirtschaftswachstum belebt, die Arbeitslosigkeit gesenkt und die durchschnittlichen Einkommen der Arbeitnehmer erhöht werden. Seit Mitte 2013 werden die Verhandlungen unter Ausschluss der Öffentlichkeit geführt, allerdings kommt es immer wieder zur Veröffentlichung interner Unterlagen im Internet.

Umstritten sind vor allem die konkreten Auswirkungen auf den Schutz der Verbraucher. Darüber, inwieweit Verbraucher vor Unternehmen geschützt werden müssen, sind sich die EU und die USA uneinig. In den USA herrscht die Meinung, dass Unternehmen ihre Produkte auf einem freien Markt anbieten dürfen, nachdem sie diese vorher getestet haben. Falls die Tests der Unternehmen nicht ausreichend waren und Verbraucher geschädigt werden, müssen diese Schäden durch Schadenersatzklagen reguliert werden. Die teilweise exorbitant hohen Schadenersatzforderungen sollen die Unternehmen zu guten Tests anhalten.

In der Europäischen Union gilt hingegen die Meinung, dass Unternehmen ein Produkt erst dann auf den Markt bringen dürfen, wenn dieses Produkt von unabhängigen Instituten getestet und als unbedenklich eingestuft worden ist. Dies kann zu erheblichen Verzögerungen bei der Einführung neuer Produkte führen, allerdings sind die Schadenersatzforderungen bei Produktmängeln auch deutlich niedriger.

Exemplarisch für die Diskussion um das TTIP ist der Streit um die sogenannten Chlorhühnchen. In den USA werden geschlachtete Hühnchen vor der Weiterverarbeitung in einem Bad mit chlorhaltigem Wasser desinfiziert. Da Geflügelfleisch für gesundheitsschädliche Infektionen besonders anfällig ist, gilt diese Form der industriellen Reinigung in den USA als gründlich und wichtig. Allerdings müssen in den Schlachtbetrieben immer mehr Tiere in immer kürzerer Zeit desinfiziert werden, bei den Hühnchen bis zu 150 Tierkörper pro Minute, so dass der Chloranteil steigen muss. Die Kritiker warnen nun, dass hochkonzentriertes Chlorwasser, das sich selbst durch Beton hindurch ätzt, gesundheitsschädlich ist. Seit 1999 darf mit Chlorwasser desinfiziertes Hühnerfleisch nicht in die EU importiert werden, das TTIP soll dieses Verbot nun aufheben.

Es gibt jedoch auch andere essentielle Kritikpunkte an TTIP, die beispielsweise die Nichtregierungsorganisation Corporate Europe Observatory (CEO) äußert. Ein wesentlicher Kritikpunkt der CEO ist die mangelnde Transparenz der Diskussionen und der Entscheidungsfindung über die Inhalte des Freihandelsabkommens. Die CEO kritisiert, dass die Verhandlungen über TTIP ausschließlich zwischen den Mitgliedern der Europäischen Kommission und den USA geführt werden. Die gewählten Abgeordneten des Europäischen Parlaments, die die Bürger in den Mitgliedsstaaten informieren könnten, dürfen weder an den Verhandlungen teilnehmen noch die Unterlagen des Abkommens einsehen.

Weitgehend geheim sind auch die Beratungen über das Investitionsschutzabkommen, das Unternehmen und ihre Investitionen im Ausland vor Enteignungen und *politischen Richtungswechseln schützen soll. Dieses Abkommen soll auch Bestandteil des TTIP werden. Bereits heute gibt es weltweit rund 3 000 solcher Schutzabkommen, die die Vertragspartner, das heißt die Unternehmen und Regierungen, auf ihre Einhaltung und die Entscheidungen des zuständigen* Internationalen Zentrums zur Beilegung von Investitionsstreitigkeiten *(ICSID) verpflichten (vgl. Kohlenberg, Pinzler & Uchatius, 2014). Deutschland unterhält im Jahr 2014 circa 130 solcher Abkommen mit anderen Ländern.*

Seit 1965 können Unternehmen bilaterale Abkommen rechtlich schützen, indem sie Streitfälle beim ICSID verhandeln und klären. Die zugrundeliegende Idee war, dass beispielsweise deutsche Unternehmen ihre langfristen Investitionen in politisch instabilen Ländern vor jeglichem nationalen Zugriff schützen. Wenn etwa Siemens ein Kraftwerk in Afghanistan baut, sollte dieses nicht von einer neuen Regierung verstaatlicht werden können – zumindest nicht ohne Sanktionen und finanzielle Kompensationen. Die meisten Länder der Erde haben dieses Abkommen unterzeichnet und Unternehmen können sich bei internationalen Verträgen darauf berufen.

Das ICSID ist eine der fünf internationalen Organisationen der Weltbankgruppe und hat seinen Hauptsitz in Washington. Allerdings ist die Organisation kein Gericht, sondern ein Schiedsgericht. Es gibt zwar Kläger und Beklagte, Anwälte und Richter sowie rechtlich bindende Entscheidungen, aber weder hauptamtliche Richter noch eine völkerrechtliche Grundlage ihrer Entscheidungen noch eine öffentliche Verhandlung. Die Richter sind juristische Fachleute, die von den streitenden Parteien eingesetzt werden, und die Verfahren finden unter Ausschluss der Öffentlichkeit statt. Die Entscheidungen können notfalls von der Weltbank durch Verweigerung von Krediten durchgesetzt werden – ein Zwangsinstrument, das zwar noch nie offiziell eingesetzt wurde, aber für Staaten und Regierungen existentiell bedrohlich sein kann.

Die Kritik am ICSID lautet, dass derartige Verfahren den rechtsstaatlichen Grundsätzen der Öffentlichkeit und der Rechtsgleichheit widersprechen: »Das deutsche Verfassungsgericht urteilt ›im Namen des Volkes‹, aber in welchem Namen urteilen die Schiedsgerichte? Warum erhalten Investoren dieses Privileg der gesonderten Rechtsprechung? Warum nicht auch Umweltschützer oder Menschenrechtler?« (Kohlenberg, Pinzler & Uchatius, 2014, S. 16). Die Vision, dass Interessensvertreter des Umweltschutzes oder der Menschenrechte ihre Anliegen mit Unterstützung der Weltbank bei einem Schiedsgericht verhandeln und durchsetzen können, ist sicherlich im Sinne globaler Gerechtigkeit sehr interessant. Leider gibt es keine Ambitionen, diese Idee auch zu realisieren.

Und so können heute nur Interessensvertreter von Unternehmen ihre Anliegen gegen andere Staaten vorbringen. Dies führte beispielsweise dazu, dass das schwedische Energieversorgungsunternehmen Vattenfall gegen den von der deutschen Bundesregierung beschlossenen Atomausstieg beim ICDIS klagte. Die Bundesregierung richtete daraufhin eine ›Geschäftsstelle Schiedsverfahren 13. Atomgesetznovelle‹ im

Wirtschaftsministerium mit vier Mitarbeitern ein. Im Bundeshaushalt sind 2,2 Millionen Euro für diese Geschäftsstelle eingeplant, ein Großteil davon für Anwaltskosten (vgl. Kohlenberg, Pinzler & Uchatius, 2014, S. 16). Die Schadenersatzforderungen von Vattenfall belaufen sich auf mehr als 3,5 Milliarden Euro, die gegebenenfalls vom deutschen Steuerzahler zu begleichen sein werden.

Die deutschen Unternehmen RWE und Eon können als einheimische Unternehmen ihre Klagen nicht beim ICDIS einreichen, sie müssen ihre Forderungen von 250 Millionen Euro im Falle von RWE und 200 Millionen Euro im Falle von Eon vor einem deutschen Gericht öffentlich darlegen. Die erhebliche Diskrepanz in den Schadenersatzforderungen – 3,5 Milliarden Euro versus 250 Millionen Euro – mag auch mit dem Licht der Öffentlichkeit zusammenhängen. Eon hatte zunächst sogar ganz auf eine Klage verzichten wollen, da man die Diskussion über Sinn und Unsinn, Moral und Machbarkeit von Atomenergie nicht weiter befeuern wollte. Aus ›Verantwortung gegenüber den Aktionären‹ hat sich der Konzern dann im April 2014 aber doch zu einer Klage und einer Schadenersatzforderung durchgerungen.

Unzweifelhaft ist, dass Klagen vor einem Schiedsgericht bewaffneten Auseinandersetzungen zwischen Staaten zur Durchsetzung von Interessen vorzuziehen sind. Im 19. und 20. Jahrhundert beschossen europäische Kriegsschiffe immer wieder lateinamerikanische und afrikanische Hafenstädte, um den finanziellen Forderungen ihrer einheimischen Unternehmen Nachdruck zu verleihen. Diese Art der Wirtschaftspolitik wurde auch Kanonenbootpolitik genannt. Allerdings ist es schwer nachzuvollziehen, warum die deutschen Unternehmen RWE und Eon ihre Interessen in einem öffentlichen Verfahren vor einem deutschen Gericht durchsetzen müssen, das schwedische Unternehmen Vattenfall dies aber im Rahmen eines geheimen Schiedsverfahrens tun darf.

Die Nichtregierungsorganisation Corporate Europe Observatory kritisiert die Arbeit des ICSID in ihrem Bericht Profit durch Un-Recht *deshalb auch grundsätzlich und mit deutlichen Worten. Für sie sind das ICSID und ihre assoziierten Juristen weder ein unabhängiges Gericht noch unparteiische Richter, sondern ein Organ der ökonomischen Interessensvertretung gegen die Bürger eines Staates:*

> *Vielmehr gibt es in der Branche aktive Player, häufig mit engen persönlichen und wirtschaftlichen Beziehungen zu Unternehmen und Renommee in der Wissenschaft, die das internationale Investitionsrecht vehement verteidigen. Sie sind ständig auf der Suche nach Möglichkeiten, Staaten zu verklagen, und haben energisch und erfolgreich gegen Reformen des internationalen Investitionsregimes gekämpft.*
>
> *Die internationale Investitionsschiedsgerichtsbarkeit wurde von westlichen Regierungen mit dem Argument eingerichtet, dass ein gerechtes und neutrales System zur Streitbeilegung erforderlich sei, um die Investitionen ihrer Unternehmen vor vermeintlich befangenen und korrupten Gerichten im Ausland zu schützen.*

> Doch die Schiedsgerichtsbarkeit-Branche fungiert nicht als gerechter und neutraler Vermittler. Sie hat ein Eigeninteresse: Die Branche macht Millionenumsätze und wird dominiert von einem kleinen, exklusiven Kreis von Kanzleien und Juristen, deren Verstrickungen und eigene wirtschaftliche Interessen ihre Fähigkeit, gerechte und unabhängige Urteile zu fällen, ernsthaft in Frage stellen.
>
> Im Ergebnis ist die Schiedsgerichtsbarkeit-Branche mitverantwortlich für ein internationales Investitionsregime, das weder gerecht noch unabhängig, sondern einseitig an den Interessen von Investoren ausgerichtet ist. (CEO, 2012)

Aus der Perspektive der Wirtschaftsethik stellt sich angesichts dieses Urteils einer Nichtregierungsorganisation die Frage, ob es gerecht sein kann, dass Staaten wie Mexiko, Argentinien und Deutschland von Unternehmen in geheimen Verhandlungen zu Schadenersatz in Milliardenhöhe gezwungen werden dürfen, wenn der Klagegrund eine demokratische Entscheidung des jeweiligen Volkes war und dieses Volk als Steuerzahler dann die (geheime) Rechnung eines ausländischen Konzerns für seinen politischen Willen bezahlen muss.

5.3.2 Amitai Etzioni und der Gemeinsinn

Der Soziologe Amitai Etzioni (*1929) stammt ursprünglich aus Köln und wurde dort als Werner Falk geboren. 1936 floh er mit seinen Eltern nach Palästina und nahm den Namen Amitai Etzioni an. Nach dem Zweiten Weltkrieg studierte er in den USA und wurde dort als Professor für Soziologie zu einem der führenden Vertreter der kommunitaristischen Ethik und zum Kritiker der neoliberalen Ökonomie. In Etzionis Werk findet sich eine beachtliche »Verbindung von solider Wissenschaftlichkeit mit politischem Aktivitätsanspruch« (Reese-Schäfer, 2001, S. 112), die er als Soziologe an den Universitäten in Berkeley und New York sowie als aktiver Unterstützer von Protestbewegungen seit den 1960er Jahren unter Beweis stellt.

Seit vielen Jahren ist Amitai Etzioni aber nicht nur ein populärer Kritiker des Neoliberalismus, sondern auch der kommunitaristischen Versuche, den Bürger primär als Gemeinschaftswesen aufzufassen. Etzioni sucht nach *einem dritten Weg* zwischen liberalem Individualismus und kommunitaristischer Ordnung (Etzioni, 2001a). Seine Vorstellungen von einer guten Gesellschaft *(good society)* liegen zwischen den Ansprüchen auf individualistische Autonomie und den Forderungen nach einem kollektivistischen Sozialstaat, in dem die zivile Ordnung *(civic order)* in einer Zivilgesellschaft zu einer Gemeinschaft von Gemeinschaften mit einer moralischen Stimme *(moral voice)* führt: »Die Stimme der Moral ist eine besondere Form der Motivation: Sie ermutigt Menschen, an bestimmten Werten festzuhalten, denen sie sich verschrieben haben« (Etzioni, 1999, S. 169). Auch Gemeinschaften von Menschen verfügen für Etzioni über eine solche Stimme der Moral, die ihnen helfen kann, eine soziale Ordnung auf der Grundlage von freiwilligen Wertverpflichtungen zu errichten.

> Die soziologische Herausforderung besteht darin, gesellschaftliche Formationen zu entwickeln, die den bereichernden Besonderheiten autonomer Subkulturen und Gemeinschaften genügend Raum verschaffen und gleichzeitig einen Grundbestand an gemeinsamen Werten aufrechterhalten. (Etzioni, 1999, S. 256)

In seinen Arbeiten bezweifelt Etzioni grundsätzlich, dass Menschen in ihrem Handeln ausschließlich egoistische Motive verfolgen. Die Grundthese der Utilitaristen, dass der Mensch rational die zur Verfügung stehenden Optionen hinsichtlich der Maximierung von Lust und der Minimierung von Schmerzen für sich prüfe, hält er für nicht tragfähig. Eine Ökonomie, die derartiges Denken unterstütze, führe zu einer Krise des Kapitalismus und der Menschen:

> Sie propagierten, du gewinnst immer schneller mit immer mehr Dingen, die du nicht für dein Leben benötigst. Sie erzählen, dass man einen Pullover mit einer anderen Farbe, eine neue Handtasche oder andere Schuhe unbedingt braucht. Wenn aber das der Zweck deines Lebens ist, kann dies kein befriedigendes Leben sein. Die Krise kann also eine Gelegenheit sein, zu untersuchen, was das Leben im Ganzen lebenswert macht. (Etzioni, 2011)

Damit schlägt Etzioni eine kommunitaristische Anthropologie als Grundlage der Ökonomie vor. Die Menschen, so Etzioni, betrachten »Werte als ihr Eigenes und nicht als äußere Bedingungen, denen sie sich lediglich anpassen« (Etzioni, 1993, S. 114). In allen Entscheidungen, die Menschen träfen, spielten neben Nützlichkeitsüberlegungen immer auch moralische Orientierungen eine wichtige Rolle. Solche moralischen Eckpfeiler seien für Menschen wichtige Orientierungshilfen, sie seien wesentliche Bestandteile der Sozialisation eines jeden Gemeinschaftswesens und reflektierten ihren gemeinsamen kulturellen Hintergrund.

Einerseits kritisiert Etzioni die kommunitaristische Konzentration auf die kollektive Verbindlichkeit von Normen und Werten, wie sie bei Michael Sandel zu finden ist. Eine derartige Abwendung von liberalen Grundprinzipien moderner Gesellschaften geht für Etzioni über das Ziel hinaus. Andererseits ist eine ausschließlich rationale Entscheidungsfindung, bei der nur der erwartete Nutzen den Ausschlag gibt, für Etzioni eine Fiktion: »Entgegen der Ansicht der Neoklassik wird der Mensch also durch zwei Faktoren in seinem Handeln beeinflusst:

durch das Angenehme und durch seine sozialen und moralischen Verpflichtungen« (Zimmerli & Aßländer, 2005, S. 337). Der handelnde Akteur sei immer auch mehr als ein rationaler Egoist, seine Identität werde durch das soziale Feld und deren Normen und Werte geprägt. Im Utilitarismus, der als handlungserklärende Theorie die Basis aller neoklassischen Ökonomien von Adam Smith bis Friedrich August von Hayek darstellt, kommt dieser Aspekt für Etzioni zu kurz.

Insofern kann man die Position Etzionis als Versuch verstehen, ein »Gleichgewichtsverhältnis herzustellen zwischen den Autonomievorstellungen der Einzelnen und den Erfordernissen einer sozialen Ordnung« (Reese-Schäfer, 2001, S. 113) und einen praxisorientierten Kompromiss zwischen klassischen liberalen und kommunitaristischen Theorieentwürfen zu entwickeln.

In seinen Schriften kritisiert Etzioni einen Mangel an Gemeinschaftssinn *(weness)* in den westlichen Gesellschaften, dessen Ursache er in der populären utilitaristischen und liberalen Tradition sieht. Insbesondere in der amerikanischen Gesellschaft verortet er eine Stärkung der individuellen Rechte, die mit einer zunehmenden Schwächung der Pflichten gegenüber der Gemeinschaft einhergeht. Die Balance zwischen der Freiheit des Individuums und seiner Einbindung in kollektive Prozesse sei dadurch gestört.

In einer kommunitaristischen Sozialtheorie komme es nun darauf an, ein »neues Verhältnis zwischen Individuum und Gemeinschaft zu etablieren, ebenjene kommunikativen Infrastrukturen zu stärken, welche die Herstellung von Gemeinschaft bzw. ihre Revitalisierung ermöglichen« (Joas & Knöbl, 2011, S. 683). Damit greift auch Etzioni auf die klassische Ausgangsthese der Kommunitaristen zurück, dass eine Demokratie aktive Bürger brauche, um die Gemeinschaftlichkeit der Gesellschaft durch aktive Mitarbeit in Vereinen und Verbänden *(communities)* zu sichern und vor dem Zugriff eines allmächtigen Staates zu schützen. Hierzu müssten die Bürger über die gemeinsamen Normen und Werte zuweilen auch in einem sogenannten *Megalogue* diskutieren und streiten können; er fordert einen »societywide dialogue, one that links many community dialogues into one often nationwide give-and-take« (Etzioni, 2001b, S. 157).

Der ökonomische Ansatz Etzionis geht damit von einer ethischen Prämisse aus: Durch moralische Erziehung und Einübung des moralischen Handelns würden die Akteure und ihre Gemeinschaften eine Stimme der Moral entwickeln, die ihnen helfe, moralische Normen zu internalisieren und umzusetzen: »Wir brauchen ein System sozialer Tugenden, einige grundlegende und feststehende Werte, die wir als Gemeinschaft billigen und durchsetzen« (Etzioni, 1995, S. 29). Durch diese Sozialisation und die öffentliche Diskussion von Werten und Normen entwickle sich eine moralische Haltung, die ein Verhalten fördere, das über rein nutzenorientierte Entscheidungen hinausgehe. Diese Annahme gelte auch für den Bürger als Mitglied einer Ökonomie:

Es zeigt sich, daß mit der Stärke der moralischen Verpflichtung der notwendige Gewinn wächst, der für den Betreffenden mit einer Verletzung seiner stillschweigenden Festlegung aufgrund veränderter wirtschaftlicher Verhältnisse verbunden sein muß. (Etzioni, 1993, S. 115)

Durch die Stimme der Moral würden die Akteure verstehen, dass moralisches Verhalten für sie und die Gemeinschaft besser und nachhaltiger ist als egoistische Nutzenmaximierung. Etzioni verankert diese Annahme in seiner *Lernkostentheorie*, wonach die Akteure moralische Widerstände gegen unmoralisches Verhalten entwickeln und moralische Handlungen bereitwillig übernehmen.

Je stärker die moralischen Widerstände gegen das neu zu Lernende, desto geringer der Lerneffekt. Unmoralisches Verhalten wird von moralisch gefestigten Personen langsamer adaptiert als moralkonformes, auch dann, wenn sich Unmoral eher zu rentieren scheint, also belohnt wird. (Zimmerli & Aßländer, 2005, S. 337)

Dieses Programm der Tugenderziehung trage seine Früchte auch in der Wirtschaftsethik. Für Etzioni sind Unternehmen ebenfalls Akteure in der Gemeinschaft. Sie erbrächten Leistungen in und für die Gemeinschaft und die Wirtschaft sei keinesfalls ein eigenständiges System, welches losgelöst von der Gesellschaft agieren und wirtschaften könne. Die Unternehmen müssten sich des Vertrauens, das die Gemeinschaft ihnen gegenüber einbringt, *würdig* erweisen und ihre Zugehörigkeit zur Gemeinschaft durch soziales Engagement und die Übernahme von gesellschaftlicher Verantwortung nachweisen (vgl. Etzioni, 1999, S. 188 f.).

Die Zivilgesellschaft
Die Diagnose Etzionis lautet daher: In jeder Gesellschaft wirken zwei Kräfte und ringen um die Vorherrschaft; einerseits das Streben des Individuums nach Autonomie und andererseits das Bestreben nach Ordnung und Zusammenhalt der Gemeinschaft. Autonomie und Ordnung seien daher Kräfte, die ohne die ausgleichende Stimme der Moral – also ohne gemeinschaftliche Bindungen und geteilte Werte – zentrifugal auf die Mitglieder der Gemeinschaft wirken. Der Zerfall solcher Gesellschaften ohne eine Stimme der Moral könne nur durch eine totalitäre Politik oder eine Stärkung der Gemeinschaftlichkeit aufgehalten werden.

Der Gegenentwurf Etzionis lautet daher *Zivilgesellschaft*. In der Zivilgesellschaft verbänden sich Eigennutz und Moral im Handeln aller Akteure, der Individuen und der korporativen Akteure, und schüfen eine soziale Ordnung, in der die Freiheitsrechte und die soziale Verpflichtung aller Mitglieder der Gemeinschaft integrierend wirken können. In der Zivilgesellschaft gehe es um eine »aufgeklärte Remoralisierung«, durch die die Bürger nicht länger »als zitternde Atome in der Kälte des Neoliberalismus alleingelassen werden, sondern ihre Selbstbestimmung in responsiven Gemeinschaften organisieren« (Reese-Schäfer, 2001, S. 131).

Seine Vorstellung ist jedoch auch nicht die Anerkennung aller Partikularinteressen, die zu einem multikulturellen Relativismus aller Normen und Werte führe. Für Etzioni sind nicht alle kulturellen Gewohnheiten und Konventionen akzeptabel, die Neutralität oder auch Beliebigkeit mancher Ethnologen und Kommunitaristen angesichts kulturverbürgter »Verhaltensweisen wie Kannibalismus, rituelle Kindestötungen, Klitorisbeschneidungen oder Tötung von alten Menschen« (Reese-Schäfer, 2001, S. 120) sowie Massenmorde, die als Begründung die Andersartigkeit benachbarter Kulturen und Religionen anführen, sind für ihn nicht hinnehmbar. Einem derartigen Kulturrelativismus erteilt Etzioni eine klare Absage und fordert ein »end of cross-cultural relativism« (Etzioni, 1997, S. 178).

Gegen diesen Relativismus müsse ein moralischer Dialog innerhalb von Gesellschaften und auch global geführt werden, um die wesentlichen moralischen, sozialen und politischen Grundlagen zu diskutieren und gegenseitig anzuerkennen. Den Versuch der Durchsetzung westlicher Vorstellungen über universelle Menschenrechte hält Etzioni für gescheitert und nicht begründbar. Die Lösung könne nur ein weltweiter *Megalogue* sein, der die Verbindlichkeit und die Reichweite von Werten – von Freiheitsrechten bis zu Sozialstandards – für die Zivilgesellschaften der Welt kritisch prüfe und gemeinsam beschließe.

Eine Reihe von zivilgesellschaftlichen Werten, die eine Grundlage bilden könnten, schlägt Etzioni hierfür vor. Dazu gehören demokratische Regierungsformen, die ihre Macht an eine Verfassung und uneingeschränkte Grundrechte binden. Für die Gesellschaften seien gemeinschaftliche Loyalität füreinander sowie Toleranz gegenüber kulturellen Gruppen innerhalb der Gesellschaft notwendig. Andere Sitten sollten zumindest geachtet, sie müssten jedoch nicht von allen gleichermaßen akzeptiert werden. Der gesamtgesellschaftliche Megalogue solle aggressive Auseinandersetzungen eindämmen und zum Diskurs über die Verbindlichkeit von Normen und Werten führen. In diesem Megalogue dürfe es jedoch nicht um die kompromisslose Durchsetzung von Rechten gehen, sondern um den moralischen Diskurs über einen möglichen Konsens hinsichtlich unterschiedlicher Wertvorstellungen, der mit der Stimme der Moral geführt werde.

Die Aufgabe der staatlichen Wirtschaftspolitik sei es daher, auf der Grundlage des Megalogues den Werten der Zivilgesellschaft einen verbindlichen Rahmen zu geben, in dem beispielsweise soziale Sicherheit, globaler Wettbewerb und Schutz der natürlichen Ressourcen als moralische Tugenden von allen anerkannt und verfolgt werden. Nur eine derartige Zivilgesellschaft könne, so Etzioni, auch langfristig eine stabile Ordnung herstellen (vgl. Etzioni, 1999).

Auch für die Zivilgesellschaft selbst erstellt Etzioni einen Katalog von Vorschlägen, die in sich jedoch zuweilen disparat sind. Er fordert eine Abbremsung der Globalisierungsprozesse durch die Möglichkeit von Zöllen und Importbeschränkungen, damit sich die Ökonomien der Entwicklungsländer in ihrem eigenen Tempo anpassen können. Er fordert die Einrichtung von sogenannten Community-Jobs, in denen insbesondere öffentliche Güter wie Bildung gemeinschaftsnah bereitgestellt werden, sowie eine verbesserte Arbeitsplatzsicherung und Job-Sharing-Modelle, um Familienstrukturen das aktive Leben in der Gemeinschaft zu ermöglichen. Für alle Bürger solle es zudem eine garantierte Krankenversicherung und eine monetäre Grundversorgung geben, um ihnen ein »Grundgefühl sozialer Sicherheit« (Reese-Schäfer, 2001, S. 127) in der Gemeinschaft zu vermitteln. Und schließlich sollten die Bürger über ihre Konsumbedürfnisse nachdenken. Er schlägt eine freiwillige Beschränkung des rohstoffverzehrenden und nicht-nachhaltigen Konsums vor, um die globalen ökonomischen Abhängigkeiten der Gesellschaften zu reduzieren und die Lebensstile an die eigenen Möglichkeiten und die wirtschaftliche Schaffenskraft der jeweiligen Zivilgesellschaft anzupassen.

Angesichts dieses Katalogs von Vorschlägen gibt es auch kritische Stimmen. Die kommunitaristische Gesellschaftstheorie Amitai Etzionis dient als Beispiel für sozioökonomische Ansätze in der Wirtschaftsethik. Etzioni und die meisten seiner kommunitaristischen Mitstreiter bauen erkennbar auf der klassischen teleologischen Ethik des Aristoteles auf. Im Konsens über die Tugenden des Gemeinwesens, ihrer Umsetzung in der Gemeinschaft und ihrer inhaltliche Offenheit treten die antiken Wurzeln offen zu Tage.

Daher muss es auch nicht verwundern, dass die kritischen Punkte an den gleichen Stellen liegen. Eines der größten Probleme ist die inhaltliche Ausgestaltung der Tugenden: Wer ermittelt in der Gemeinschaft, was als Tugend und was als tugendhaftes Verhalten gilt? Aristoteles hat diese Frage mit einem Konsens erklärt, auf den sich die männlichen und unabhängigen Bürger des Kleinstaates verständigen und der in der Ausbildung der Kinder und Jugendlichen vermittelt wird.

Im Kern übernimmt Amitai Etzioni dieses Konzept, allerdings stellt sich dann die Frage, wie ein solcher Konsens im Megalogue in einer multikulturellen Gesellschaft mit mehreren Millionen Mitgliedern zustande kommen soll. Und wie wird dann die Ausbildung erfolgen, wenn konkrete Tugenden gelehrt werden sollen? Wo sind die Grenzen des tugendhaften Handelns oder gibt es wieder – wie bei Aristoteles – einen individuellen Spielraum? Die Gefahr der Diktatur des Rousseauschen Gemeinwillens und die erneute Errichtung eines Revolutionstribunals zur Unterscheidung von Freund und Feind ist zumindest nicht gänzlich unvorstellbar.

Und schließlich stellt sich in einer globalen Weltwirtschaft die Frage, wie man mit Unternehmen aus anderen Regionen der Welt umgehen will. Darf ein ausländisches Unternehmen nur dann im Inland aktiv werden, wenn es die moralischen Standards der Gemeinschaft respektiert oder soll man für das ausländische Unternehmen und seine Produkte die Grenzen schließen? Oder ist es dann besser, die Augen zu schließen, da man als Mitglied internationaler Vereinigungen nicht so einfach protektionistische Maßnahmen auf der Grundlage einer moralischen Mehrheitsentscheidung durchsetzen kann? Für die Gesellschaften in einer global vernetzten und interdependenten Weltgemeinschaft sind diese Fragen noch nicht geklärt.

Die Eingangsfrage zu diesem Kapitel über die sozioökonomische Theorie Amitai Etzionis lautete, ob man Konflikte zwischen Nationen und Unternehmen über langfristige Investitionen durch ein Gerichtsverfahren lösen kann. Für Etzioni wäre zumindest ein geheimes Schiedsgericht wie das Internationale Zentrum zur Beilegung von Investitionsstreitigkeiten *der falsche Weg, um die Interessen von Unternehmen und Bürgern zu verhandeln. Der Schutz langfristiger Investitionen von Unternehmen in ausländischen Staaten muss zweifelsohne gewährleistet sein – aber die Bürger eines Landes müssten einen möglichen Rechtsstreit, der aufgrund ihres demokratischen Willens entsteht, auch nachverfolgen und die verhandelten Argumente auch nachvollziehen können. Die Bürger müssten die Konsequenzen und die ökonomischen Folgen ihrer Entscheidungen kennen, um diese bei Abstimmungen und Wahlen zu berücksichtigen. Nur wenn der Preis der Moral auch allen bekannt ist, dann ist für Etzioni die Ausbildung von Tugenden und Gemeinsinn als Voraussetzungen für eine Stimme der Moral überhaupt möglich. Eine moralische Entscheidung, deren Kosten im Geheimen utilitaristisch ermittelt und eingefordert werden, würde den Gemeinsinn unterlaufen und das notwendige Vertrauen in die Arbeit globaler Unternehmen und die eigene Regierung zerstören. Etzionis Zivilgesellschaft ist grundsätzlich auf die Transparenz der politischen und ökonomischen Entscheidungsprozesse angewiesen, da diese eine notwendige Voraussetzung der moralischen Lernprozesse ist.*

Gerechtigkeitstheorien 6

In Theorien der Ethik werden üblicherweise zwei Bedeutungen von Gerechtigkeit unterschieden: Im objektiven Verständnis nimmt Gerechtigkeit Bezug auf die normativen Grundlagen einer Gemeinschaft, ihren Wertekanon oder ihre sozialen Institutionen. Im subjektiven Verständnis meint Gerechtigkeit eine Haltung im sozialen Handeln, die nicht von Zuneigung geprägt ist oder davon bedingt wird, was man einander rechtlich oder moralisch schuldet, sondern von der freien Gesinnung, gerecht zu handeln, obwohl es weder ein intrinsisches noch einen extrinsisches Motiv dafür gibt.

In diesen Bedeutungen bezieht sich der Begriff der Gerechtigkeit zumeist auf das soziale Handeln von Akteuren in einer konkreten Gemeinschaft. Die Vorstellungen und Bewertungen gerechten Handelns sind dabei an Raum und Zeit gebunden: In anderen Gesellschaften gilt ein anderes objektives Verständnis von Gerechtigkeit, in anderen Zeiten galt oder wird ein anderes subjektives Verständnis gelten.

In den letzten Jahren sind einige Publikationen erschienen, deren Kernthema die Gerechtigkeit ist: Am Anfang steht *Eine Theorie der Gerechtigkeit,* die John Rawls bereits im Jahr 1971 in den USA veröffentlichte, gefolgt von *Sphären der Gerechtigkeit* (im Original 1983) von Michael Walzer sowie *Grenzen der Gerechtigkeit* (im Original 2006) von Martha Nussbaum, Amartya Sens *Idee der Gerechtigkeit* (im Original 2009) und Michael Sandels *Gerechtigkeit - wie wir das Richtige tun* (im Original 2009). Jeder der genannten Titel wurde bald zu einem internationalen Bestseller und gilt als moderner Klassiker der praktischen Philosophie.

Es gibt jedoch eine bemerkenswerte Veränderung der Thematik und des Verständnisses von Gerechtigkeit. Die klassische Untersuchung des subjektiven und objektiven Verständnisses von Gerechtigkeit spielt weiterhin eine wichtige Rolle, allerdings ist bei den oben genannten Philosophen die Analyse losgelöst von Raum und Zeit. Es geht nicht mehr ausschließlich um das gerechte Handeln in

© Springer Fachmedien Wiesbaden GmbH, ein Teil von Springer Nature 2019
J. Rommerskirchen, *Das Gute und das Gerechte*,
https://doi.org/10.1007/978-3-658-22505-6_6

einer konkreten Gemeinschaft, sondern darüber hinaus um die Möglichkeit der Übertragung einer grundsätzlichen Gerechtigkeitstheorie auf andere Gemeinschaften oder andere Generationen. Die Prämissen und Argumente der modernen Gerechtigkeitstheorien sollen global und generationenübergreifend gelten (deontologische Theorien) oder sie entziehen sich bewusst diesem universellen Geltungsanspruch und betonen die Spezifika des subjektiven Verständnisses von Gerechtigkeit in den unterschiedlichen Gemeinschaften der Welt (utilitaristische und kommunitaristische Theorien). Keine der modernen Gerechtigkeitstheorien bezieht sich jedoch auf lediglich eine konkrete Gesellschaft.

Einige typische Vertreter derartiger moderner Gerechtigkeitstheorien für die Paradigmen der konsequentialistischen und der deontologischen Ethiken werden nachfolgend vorgestellt. John Rawls ist erneut der Repräsentant der deontologischen Ethik, diesmal wird er jedoch zum Problem generationenübergreifender Gerechtigkeit befragt. Zum Problem der globalen Gerechtigkeit vertritt der Wirtschaftsnobelpreisträger Amartya Sen eine utilitaristische Position, Charles Taylor und Michael Walzer argumentieren als Kommunitaristen.

6.1 Gerechtigkeit als Fairness

6.1.1 Generationengerechtigkeit

Zeitreisen sind ein beliebtes Thema in der Literatur und im Film. Kaum ein Zukunftsroman oder dessen Verfilmung verzichtet auf die phantastischen Möglichkeiten und das Spiel mit den logischen Problemen von Reisen in der vierten Dimension. Der bekannteste Klassiker dieses Genres stammt von dem Engländer H. G. Wells. In seinem Roman Die Zeitmaschine von 1895 wird erstmals eine Reise in eine ferne Zukunft beschrieben, in der die menschenähnlichen friedlichen Eloi von den Morlocks bedroht werden (vgl. Wells, 1996). Die affenartigen bedrohlichen Morlocks leben unter der Erde und halten die Eloi wie Nutztiere: Die Morlocks lassen die Eloi-Menschen für sich arbeiten, töten und essen sie. Mit dieser Dystopie prägte H. G. Wells die skeptische Ausrichtung des Genres und des Themas Zeitreisen.

Beim Gedankenexperiment Zeitreisen stellt sich die Frage, in welches Jahr in der Zukunft oder in der Vergangenheit eine Person reisen würde. Im Roman Die Zeitreise war es das Jahr 802 701, eine sehr ferne Zukunft. In Gesprächen mit Studierenden über die Frage, in welchem Jahrzehnt sie gerne leben würden, wollen die meisten von ihnen jedoch nur wenige Jahre in die Vergangenheit oder in die Zukunft reisen, zumeist geht es um 50 oder 100 Jahre. Die Neugier auf die langfristige Entwicklung der Menschheit auf der Erde scheint zumindest eingeschränkt zu sein, zumeist überwiegen dystopische Befürchtungen von Kriegen, Umweltzerstörungen und Überbe-

völkerung. Auch Reisen in die ferne Vergangenheit erfreuen sich wenig Beliebtheit, da die meisten Studierenden den sozialen und technischen Fortschritt nicht missen wollen.
Was bedeutet dies? Den meisten der befragten Studierenden ist bewusst, dass ihr heutiges Leben in vielerlei Hinsicht besser ist als ein Leben vor 500 oder 1 000 Jahren. Gleichberechtigung, politische Partizipation, kaum körperliche Arbeit oder auch nur die lokale Betäubung beim Zahnarzt sind Errungenschaften des Fortschritts, die kaum jemand aufgeben möchte. Diese Errungenschaften wurden über Generationen hinweg entwickelt und jede Generation profitierte von den Leistungen der vorangegangenen – bis heute. An den weiteren Fortschritt scheinen die meisten der heute 20- bis 25-jährigen Studierenden nicht zu glauben. Für sie verspricht ein Leben in 500 oder 1 000 Jahren keine wünschenswerte Verbesserung ihrer Lebensumstände.
Der Prozess einer Weiterentwicklung wird heute zumeist mit Misstrauen betrachtet, die aktuellen Probleme des übermäßigen Verbrauchs von Ressourcen und ihrer knapper werdenden Verteilung scheint den Befragten als drohendes Problem durchaus bewusst zu sein. Mit anderen Worten: Die Studierenden wissen sehr wohl, dass sie ihren Lebensstandard dem Fleiß und dem Erfindungsreichtum der vorherigen Generationen verdanken. Zugleich ahnen sie aber auch, dass ihr heutiger Lebensstandard den der nachfolgenden Generationen zumindest einschränken wird, da vermutlich weniger Ressourcen unter mehr Menschen verteilt werden müssen und die Verteilungskämpfe härter werden. Die Befragten des Gedankenexperiments Zeitreise wissen folglich sehr wohl, dass sie die Annehmlichkeiten und den Komfort eines Wohlstands genießen, dessen Kosten sie bereitwillig den nachfolgenden Generationen übertragen: Sie agieren wissentlich als Trittbrettfahrer einer generationenübergreifenden Gerechtigkeit.
Die Warnung vor einer Verletzung der Generationengerechtigkeit ist jedoch kein Phänomen der Gegenwart. Insbesondere die Gefahren des menschlichen Eingriffs in die Natur sind den Menschen schon seit langer Zeit bewusst. Bereits Mitte des 16. Jahrhunderts klagte Georg Agricola *(1530–1575)* über die Folgen des Erzabbaus, durch den die Flüsse vergiftet und die Fische getötet würden, ein Jahrhundert später schrieb John Evelyn *(1620–1706)* über das Problem der Luftverschmutzung in London und setzte sich für die Aufforstung der durch den Schiffsbau von Verkarstung bedrohten Flächen ein, und ein weiteres Jahrhundert danach beschrieb Alexander von Humboldt *(1769–1859)* die Veränderungen des Klimas infolge des menschlichen Raubbaus an der Natur am Beispiel eines venezolanischen Sees (vgl. Höffe, 1993, S. 113f.).
Der Begriff der nachhaltigen Bewirtschaftung der Natur wurde vermutlich erstmals vom Bergmann Hans Carl von Carlowitz *(1645–1714)* in der Schrift Sylvicultura oeconomica *(1713)* benutzt. Für von Carlowitz war die Nachhaltigkeit der Bewirtschaftung von Forstflächen notwendig, um die Versorgung der Erzgruben und

Schmelzhütten des Erzgebirges mit Brennholz langfristig zu sichern. Die regelmäßige Aufforstung und der nachhaltige Umgang mit dem Rohstoff Holz dienten folglich einer ökonomischen Funktion: der Sicherung der Energieversorgung des Montanreviers Erzgebirge.

Die Begründung beziehungsweise die Reichweite der Bedeutung des nachhaltigen Umgangs mit Ressourcen änderte sich erst gut 250 Jahre später. 1972 erschien der Bericht The Limits to Growth *des Club of Rome, der mit der Schlussfolgerung endete: Bei einer unveränderten Zunahme der Weltbevölkerung, der Industrialisierung, der Nahrungsmittelproduktion, der Umweltverschmutzung und der Ausbeutung natürlicher Rohstoffe werde die Erde in den nächsten hundert Jahren die Grenzen des Wachstums überschritten haben. Danach werde es zu einem drastischen Rückgang der Weltbevölkerung und der Industrialisierung aufgrund zunehmender Ressourcenverknappung kommen. Nachfolgende Studien bestätigten diese Ergebnisse oder datierten den Gipfel des Wachstums sogar auf frühere Termine.*

Der nachhaltige Umgang mit Rohstoffen diente somit nun nicht mehr einer rein ökonomischen Funktion der Aufrechterhaltung regionaler Produktionsprozesse, sondern der Vermeidung einer globalen Bedrohung menschlichen Lebens durch einen rein technischen Umgang mit den Ressourcen im Sinne eines ›Sinnvoll ist, was machbar ist‹. Die Technisierung und Globalisierung der Wirtschaftsprozesse hat zu einer ungerechten Verteilung der Nutzen und der Kosten des Wirtschaftswachstums geführt: Während ein Teil der Weltbevölkerung von der Ausbeutung der Ressourcen profitiert, muss ein anderer Teil den Preis hierfür bezahlen. Die ›Erste Welt‹ genießt die Früchte des Wachstums, die ›Zweite und Dritte Welt‹ müssen mit immer weniger Ressourcen ihr karges Leben bestreiten. Doch – und dies war die wesentliche Botschaft des Club of Rome – wird der nicht-nachhaltige Umgang mit Rohstoffen in absehbarer Zeit ein globales Problem aller Menschen auf der Erde. Die zunehmende Dynamik der Technisierung und der Globalisierung im Umgang mit Ressourcen aller Art stellt die Menschheit bei Handlungsfragen vor einen neuen Raum- und Zeithorizont, der alle lebenden und künftigen Menschen betrifft.

Angesichts dieser globalen Bedrohung und der ökonomischen und ethischen Konsequenzen des egoistischen Verhaltens der kurzfristig denkenden ›Ersten Welt‹ fordert der Philosoph Hans Jonas (1903–1993) die Menschen der technisch-industrialisierten Welt auf, Verantwortung für ihr Handeln zu übernehmen, und formuliert einen ökologischen Imperativ: »Handle so, daß die Wirkungen deiner Handlungen verträglich sind mit der Permanenz echten menschlichen Lebens auf Erden« *(Jonas, 1984, S. 36). Er plädiert für einen aufgeklärten Pessimismus, dem zufolge eine Handlung nicht ausgeführt werden sollte, wenn ihre Konsequenzen möglicherweise katastrophal sein könnten. In den Zeiten globalen Wirtschaftens und massiver langfristiger Eingriffe in die Natur durch den Menschen fordert Jonas daher eine neue Ethik:*

Der endgültig entfesselte Prometheus, dem die Wissenschaft nie gekannte Kräfte und die Wirtschaft den rastlosen Antrieb gibt, ruft nach einer Ethik, die durch freiwillige Zügel seine Macht davor zurückhält, dem Menschen zum Unheil zu werden. [...] Alles daran ist neuartig, dem Bisherigen unähnlich, der Art wie der Größe nach: Was der Mensch heute tun kann und dann, in der unwiderstehlichen Ausübung dieses Könnens, weiterhin zu tun gezwungen ist, das hat nicht seinesgleichen in der vergangenen Erfahrung. Auf sie war alle bisherige Weisheit über rechtes Verhalten zugeschnitten. Keine überlieferte Ethik belehrt uns daher über die Normen von ›Gut‹ und ›Böse‹, denen die ganz neuen Modalitäten der Macht und ihrer möglichen Schöpfungen zu unterstellen sind. Das Neuland kollektiver Praxis, das wir mit der Hochtechnologie betreten haben, ist für die ethische Theorie noch ein Niemandsland. (Jonas, 1984, S. 7)

Diese neue Ethik müsse, so Jonas, auf der Grundlage eines Prinzips der Verantwortung die grenzenlose Macht und die uneingeschränkte Freiheit des entfesselten Prometheus einschränken, um die Unversehrtheit seiner Welt und seines Wesens zu erhalten. Angesichts einer noch nicht dagewesenen Kumulation von Handlungsfolgen der Eingriffe in die Natur und damit einer neuen Dimension der Nahrungs-, Rohstoff-, Energie- und Thermalprobleme beim Umgang des Menschen mit seiner Welt sei eine freiwillige Selbstbeschränkung seiner allmächtigen Fähigkeiten notwendig. Als Prometheus, was übersetzt ›der Vorausdenkende‹ bedeutet, müsse sich der Mensch der Grenzen seiner Freiheit und seiner Macht bewusst werden. Hans Jonas' neue Ethik gibt die anthropozentrische Beschränkung der traditionellen Ethiken auf und betrachtet die gesamte Biosphäre als »menschliches Treugut« (Jonas, 1984, S. 29)*, welches einen moralischen Anspruch auf die Übernahme von Verantwortung im menschlichen Handeln hat. Die neue Ethik stellt das Prinzip Verantwortung daher in den Fokus ethischer Fragestellungen und anerkennt ein sittliches Eigenrecht der Natur auf respektvollen Umgang.*

Die ökologische Ethik hat damit zwei grundsätzlich unterschiedliche Positionen zur Nachhaltigkeit entwickelt: Auf der einen Seite steht der nutzenorientierte Ansatz des Anthropozentrismus, *der die Natur als Quelle von Ressourcen betrachtet, deren nachhaltige Nutzung bestmöglich organisiert werden muss. Der anthropozentrische Mensch ist ein Wesen, das seine Umwelt aktiv gestaltet, ein ›homo faber‹, der seine Biosphäre nutzt.*

Auf der anderen Seite steht der wertorientierte Ansatz des Physiozentrismus, *der die Natur als Treugut betrachtet und deren verantwortungsbewusste Behandlung mit dem Ziel minimaler Schädigung fordert. Der physiozentrische Mensch ist jener ›entfesselte Prometheus‹, wie ihn Hans Jonas beschreibt, der seine Ketten wieder anlegen muss.*

Es stehen sich folglich zwei Extrempositionen gegenüber, eine anthropozentrische Ethik, die der Natur einen instrumentellen Wert zuweist, und eine physiozentrische

Ethik, die den absoluten Eigenwert der Biosphäre anerkennt (vgl. Krebs, 2005). Zwischen diesen beiden Polen ist nun auch noch Raum für eine Vielzahl gemäßigter Ansichten, die aber hier nicht dargestellt werden können.

Die meisten Ansätze sind sich dahingehend einig, dass der technische Fortschritt und die Globalisierung menschlichen Handelns einen neuen Raum- und Zeithorizont eröffnet haben, der im 21. Jahrhundert eine ökologische Ethik notwendig macht. Die Lebensweise und der damit verbundene Ressourcenverbrauch vieler Menschen bringen ihnen Vorteile, deren Kosten sie anderen übertragen. Dies mache diese Menschen und ihr Handeln rechtfertigungspflichtig gegenüber den anderen Menschen in fernen Teilen der Welt und in einer fernen Zukunft (vgl. Leist, 2005). Dass eine ökologische Ethik den Raum- und Zeithorizont berücksichtigen muss, heißt, dass sie international und raum-grenzenlos sein muss sowie intergenerationell und zeitgrenzenlos.

Die globale Erwärmung ist ein typisches Problem der internationalen Gerechtigkeit. Die meisten unabhängigen Wissenschaftler beschreiben einen engen Zusammenhang zwischen der Industrialisierung vieler Länder der Welt, einem erhöhten Energieverbrauch, einer erhöhten Konzentration von Treibhausgasen sowie einer globalen Erwärmung, die letztendlich unter anderem zu einem steigenden Meeresspiegel führen wird. Problematisch wird dieser Anstieg des Meeresspiegels zunächst für jene Menschen, die auf kleineren Inseln und an den flachen Küsten leben. Die Menschen auf den Malediven und an den Küsten der Länder im Golf von Bengalen sind diesen Veränderungen ungeschützt ausgesetzt. Mit anderen Worten: Die Menschen in Bangladesch zahlen die Kosten des Lebenswandels der Menschen in Belgien.

Ein weiteres Beispiel für das Trittbrettfahrerproblem der Nachhaltigkeit und der intergenerationellen Gerechtigkeit sind die sogenannten Ewigkeitskosten der Energieversorgung. Beim unterirdischen Abbau von Steinkohle muss der Grundwasserspiegel lokal gesenkt werden. Nach der Stilllegung der Abbaustätten kann dieses Abpumpen von Grundwasser jedoch nicht einfach eingestellt werden, denn der Abbau hat zu Bergsenkungen geführt, so dass die Orte über den Abbaustätten nun unterhalb des Grundwasserpegels liegen. Solange diese Orte bewohnt sind, muss das Grundwasser abgepumpt werden – selbst dann noch, wenn die Kohle schon längst verbrannt ist, die Menschen, die davon profitierten, nicht mehr leben und die Unternehmen, die ihre Gewinne damit machten, nicht mehr existieren.

Die langfristigen Kosten der Energieerzeugung werden daher nicht von den Unternehmen und den Menschen bezahlt, die davon profitieren. Dies gilt für den Kohle- und Uranabbau genauso wie für die Endlagerung der Brennstäbe aus Atomkraftwerken sowie deren Sicherung und ihren Rückbau. Kaum jemand glaubt, dass beispielsweise die Rückstellungen der deutschen Energiekonzerne in Höhe von 36 Milliarden Euro für die Atomkraftwerke alle langfristig notwendigen Kosten werden decken können. Für Schäden durch Unfälle, Anschläge oder austretende

Strahlung waren diese Rückstellungen darüber hinaus nie vorgesehen. Einen Großteil der Kosten für diese Leistungen und die Risiken möglicher Schäden, die in vielen Jahrzehnten entstehen werden, müssen spätere Generationen ungefragt übernehmen. Für die Ethik stellt sich die Frage, wie man diese Lastenverteilung gerecht gestalten kann.

6.1.2 John Rawls und der Generationenvertrag

Für die Vertragstheorie ist die Übernahme einer Verpflichtung ohne Zustimmung ein grundsätzliches Problem. Ein Vertrag zwischen zwei Menschen darf einem Dritten keine Lasten auferlegen, denen er nicht zugestimmt hat. Das Rechtsprinzip der Privatautonomie verbietet derartige zustimmungslose Lastenverschiebungen, die Prämisse einer bewussten Handlung ist bei der Übernahme ethischer Verantwortung ohne Zustimmung nicht erkennbar. Insofern sind Verträge zu Lasten Dritter rechtlich und ethisch nicht zulässig. Gleichwohl ist der Ressourcenverbrauch von Privatpersonen und Unternehmen im Kern nichts anderes als ein solcher Vertrag zu Lasten Dritter, da dessen Folgen den zukünftigen Generationen Lasten auferlegen, denen sie nie zugestimmt haben. Nach dem Zeitalter der Industrialisierung muss eine Vertragstheorie auch dieses Problem der ökologischen Ethik beziehungsweise des nicht-nachhaltigen Handelns lösen.

Die klassische Vertragstheorie geht von einem hypothetischen Abkommen zwischen potentiellen Vertragspartnern aus. Bei Thomas Hobbes, John Locke, Jean-Jacques Rousseau und Immanuel Kant ist der Gesellschaftsvertrag daher eine kontrafaktische Annahme, die aus den Vermutungen über einen Urzustand die Grundlagen der Vergemeinschaftung festlegt. Der Vertrag steht zwischen den Status ex ante und ex post und regelt die spätere Verteilung von Rechten und Pflichten aus der Grundsituation anthropologischer Prämissen im Urzustand heraus. Daher ist das Soziale in der klassischen Vertragstheorie eine Folgewirkung einer mehr oder weniger pessimistischen Mutmaßung über die Natur des Menschen.

Beim Vertragsabschluss muss zwischen allen potentiellen Vertragspartnern jedoch eine gewisse Symmetrie moralischer und rechtlicher Form angenommen werden, da der Vertrag ansonsten einem Teil der Gesellschaft auch übermäßige Lasten zumuten könnte. Ohne diese kontrafaktische Symmetrie wäre die Benachteiligung einer Minderheit, beispielsweise aufgrund ihres Geschlechts, ihrer Hautfarbe oder der Größe ihrer Füße nicht zu verhindern. In dieser klassischen Vertragskonzeption symmetrischer Akteure wäre jedoch nur ein sogenannter Zwei-Generationen-Vertrag zulässig, der die reziproken Ansprüche und Rechte zwischen Eltern und ihren Kindern erlaubt (vgl. Leist, 2005, S. 458 f.). Spätere Generationen wären von der Festlegung der Lastenverteilung prinzipell ausgenommen. Für eine ökologische Ethik mit der Perspektive gerechter Lastenverteilung über mehrere Generationen hinweg ist diese Konzeption folglich nicht hinreichend.

John Rawls' Vertragstheorie vermeidet dieses Problem durch die bewusste Unschärfe des Urzustands, einer Festlegung vor dem Schleier des Nichtwissens. Rawls betont hierfür die kontrafaktische Situation des Urzustands, aus der keinerlei subjektgebundene Konsequenzen resultieren. Das Wesen der Menschen vor dem Schleier des Nichtwissens sei auf einige Grundannahmen reduziert und bleibe dabei immer überindividuell. Somit sei die anthropologische Bestimmung des Menschen unklar und sie sei auch kaum relevant, da die spätere soziale Existenz hiervon losgelöst sei. Keiner der Vertragspartner kenne seinen persönlichen Status hinter dem Schleier des Nichtwissens beziehungsweise nach der Zustimmung zum Vertrag. Niemand wisse, mit welchem Geschlecht, welcher Hautfarbe, welchem ökonomischen Wohlstand, welchen körperlichen und geistigen Befähigungen et cetera er sein Leben in der Gemeinschaft führen wird. Durch das Nichtwissen bleibe der individuelle Status ex post verborgen.

Vor dem Schleier des Nichtwissens haben die Vertragspartner jedoch ausreichende Kenntnisse über soziale, politische und ökonomische Fakten und Zusammenhänge. Diese Kenntnisse ermöglichen ihnen die Reflexion über die Auswirkungen der inhaltlichen Ausgestaltung des gemeinsamen Vertrages und der Fairness für alle Beteiligten in der Gesellschaft. Die wesentliche Prämisse dieser Reflexion ist für John Rawls das allen Menschen gemeinsame Streben nach Gerechtigkeit.

Jedoch unterstellt Rawls keine absolute Interessensharmonie. Zum einen wüssten die Akteure, dass eine Zusammenarbeit und Kooperation in der Gesellschaft notwendig sei, damit jeder von ihnen ein besseres Leben führen kann, als wenn er isoliert wäre. Zum anderen wüssten die Akteure, dass ihre Bedürfnisse und Interessen in der Gesellschaft teils übereinstimmen, teils aber auch widersprüchlich sein werden. Als Individuen haben sie eigene Lebenspläne und subjektive Vorstellungen über ihr Wohlergeben: »Demgemäß haben die Menschen nicht nur verschiedene Lebenspläne, sondern auch ganz verschiedene philosophische, religiöse, politische und gesellschaftliche Anschauungen« (Rawls, 1979, S. 150).

Die Vertragspartner sind folglich vor dem Schleier des Nichtwissens auch keine Gemeinschaft von Freunden, Heiligen oder Helden, die sich durch gemeinsame Bindungen verbunden fühlen, sich einer gemeinsamen Vision unterwerfen oder ein gemeinsames Ziel verfolgen. Das Ziel aller Überlegungen vor dem Schleier des Nichtwissens sei lediglich die faire Verteilung von Rechten und Pflichten durch eine minimale konzeptionelle Vertragsformulierung, auf deren

Grundlage die Gerechtigkeit unter Menschen mit ihren egoistischen Interessen möglich sein werde: »Die Gerechtigkeit ist also die Tugend des Verhaltens angesichts konkurrierender Interessen, die die Menschen gegeneinander geltend zu machen sich berechtigt fühlen« (Rawls, 1979, S. 152).

Diese Minimalkonzeption eines Vertrages wurde zuvor schon im Kapitel über John Rawls und seine Theorie der Gerechtigkeit erläutert. Dort wurde beschrieben, wie Rawls Gerechtigkeit als Fairness unter den Prämissen der Freiheit und der Chancengleichheit entwickelt. Da Rawls jedoch unterschiedliche Lebensentwürfe und Weltanschauungen nicht ausschließen will, sind verschiedene politische und ökonomische Rahmenbedingungen der Gesellschaft durchaus mit seiner Theorie der Gerechtigkeit vereinbar. Sein Entwurf einer Gerechtigkeit als Fairness bezieht sich daher nur auf die »Grundstruktur der Gesellschaft« (Rawls, 1979, S. 292), nicht aber auf subjektive Normenbewertungen und Wertorientierungen. Die Prämissen der Freiheit und der Chancengleichheit stehen bei Rawls über allen nachfolgenden möglichen Zielbestimmungen, beide Prämissen bilden den »archimedischen Punkt zur Beurteilung eines Gesellschaftssystems ohne Berufung auf apriorische Gesichtspunkte« (Rawls, 1979, S. 294). Der kontrafaktische Vertrag lege nur die langfristigen Ziele des gesellschaftlichen Handelns zur Umsetzung der Gerechtigkeit als Fairness fest, ohne jedoch zugleich die Bedürfnisse und Wünsche der Akteure zu definieren.

Rawls' anthropologisches Ideal ist folglich beschränkt auf das individuelle Streben nach Gerechtigkeit als Fairness, und nur im Hinblick auf ihren Sinn für Gerechtigkeit sei die Gesellschaft homogen (vgl. Rawls, 1979, S. 296). Solange dieses Streben mit den Prämissen der Freiheit und der Chancengleichheit übereinstimmen könne, sei nahezu jede soziale, politische und ökonomische Ausgestaltung akzeptabel. Am Beispiel möglicher Wirtschaftssysteme erläutert Rawls seine Gedanken: Die wesentlichen Unterschiede zwischen einem Wirtschaftssystem, das auf Privateigentum oder auf Sozialismus fundiert, seien zum einen die Eigentumsverhältnisse an den Produktionsmitteln, zum anderen der Anteil des öffentlichen Sektors an der Wirtschaftskraft. In einem sozialistischen Wirtschaftssystem sei der Anteil privaten Eigentums kleiner, der öffentliche Sektor stärker beteiligt. Eine gerechte Gesellschaft ist für Rawls letztendlich mit jeder der beiden Wirtschaftssysteme möglich, wenn auch ein Markt mit privatem Eigentum und demokratischen Entscheidungsprozessen einige Vorteile bei der Steuerung und der Kontrolle der Allokations- und der Verteilungsfunktion biete. Grundsätzlich seien jedoch sowohl Privateigentum als auch Sozialismus mit dem Ziel der Gerechtigkeit als Fairness vereinbar:

Welches der beiden Systeme und der vielen Zwischenformen am gerechtesten ist, läßt sich nach meiner Auffassung nicht im voraus entscheiden. Vermutlich gibt es keine allgemeine Antwort auf diese Frage, denn sie hängt stark von den Traditionen, Institutionen und gesellschaftlichen Kräften jedes Landes und seinen besonderen geschichtlichen Umständen ab. Diese Fragen gehören nicht zur Gerechtigkeitstheorie. (Rawls, 1979, S. 307)

Da die gesellschaftliche Festlegung auf ein Wirtschaftssystem hinter dem Schleier des Nichtwissens erfolge, sei diese Wahl auch nicht endgültig. Auf eine Phase des Privateigentums könne durchaus eine sozialistische Phase folgen und so fort. Bindend seien und blieben nur die Prämissen des Vertrags, die vor dem Schleier beschlossen wurden – und zwar für alle Menschen und jede Generation der Gesellschaft, die durch den Vertrag entstehe und in ihr folgen werden. Anders als bei seinen kontraktualistischen Vorgängern gibt es bei John Rawls keinen Status ex ante, aus dem Verbindlichkeiten in die Gesellschaft getragen werden. Es gibt für Rawls nur einen Status ex post, der jedoch vor dem Schleier des Nichtwissens vollumfänglich definiert wird.

Diese absolute Definitionskraft ermöglicht es John Rawls nun, über den klassischen Zwei-Generationen-Vertrag hinauszugehen. Da niemand wisse, mit wem er hinter dem Schleier verwandt sein werde, seien reziproke Verteilungen von Rechten und Pflichten nicht mehr relevant. Möglich seien nun auch lineare Drei- oder Mehr-Generationen-Verträge, in denen die Vorteile, die eine Generation genießt, zu Verpflichtungen gegenüber den nachfolgenden Generationen werden. Es gehe somit nicht mehr um Gerechtigkeit als Lastenverteilung zwischen Familienangehörigen, sondern um Fairness über Generationenkohorten hinweg. Mit dieser linearen Lastenverteilung eröffnet Rawls seiner Vertragstheorie den Anschluss an die ökologische Ethik, wie Anton Leist feststellt:

> Unter ökologischem Interesse könnte der Drei-Generationen-Vertrag als das Prinzip formuliert werden, daß jede Generation die Verpflichtung hat, der nachfolgenden die Naturgüter zu bewahren, die sie selbst vorgefunden hat, oder, wo nicht möglich, die Nachfahren entsprechend mit anderen Gütern zu kompensieren. So formuliert ist der Drei-Generationen-Vertrag eine Variante des intergenerationellen Egalitarismus. (Leist, 2005, S. 458)

Für die Vertragstheorie ist somit nicht nur die Symmetrie der Vertragspartner beim Abschluss relevant, sondern auch die lineare Fortführung der Vertragsbedingungen. Ohne diese konzeptionelle Erweiterung, die Rawls durch das Konzept des Nichtwissens einführt, bliebe der Kontraktualismus für die ökologische Ethik unvollständig. In seiner klassischen Konzeption wären auch Verschiebungen von Lasten wie langfristige Umweltschäden auf spätere Generationen durchaus möglich und legitim. Erst der Mehr-Generationen-Vertrag als konzeptionelle

Frucht des Schleiers des Nichtwissens schafft die Grundlage für eine »intergenerationelle Wohlstandsgarantie« (Leist, 2005, S. 458) innerhalb des modernen Kontraktualismus.

Gerechtigkeit zwischen Generationen
Auch wenn die Forderungen der Fairness laut Rawls für alle Generationen gleichermaßen gelten sollen, wird es vor dem Schleier des Nichtwissens zu einem Konflikt konkurrierender Ansprüche kommen. Ein Konfliktpotential birgt die Frage nach der Begründung von Rechten und Pflichten. Üblicherweise ist der Anspruch auf ein Recht mit einer Pflicht verbunden und beides muss synchron ausgetauscht werden: Des einen Recht auf Unversehrtheit bedingt die Pflicht aller anderen, dieses zu respektieren.

Doch warum sollten die Nachkommen Rechte gegenüber ihren Vorfahren geltend machen können, wenn sie doch keine Pflichten übernehmen? Da die Vorfahren nicht mehr präsent sind, ist der synchrone Austausch intergenerationell nicht möglich. Und umgekehrt stellt sich ebenso die Frage, warum die Lebenden eine Pflicht gegenüber ihren Nachkommen haben sollten, ohne dass die Nachkommen auf die Rechte der Lebenden Rücksicht nehmen könnten?

Ein weiteres Konfliktpotential bringt das Differenzprinzip mit sich, demzufolge »die Gesellschaftsordnung nur dann günstigere Aussichten für Bevorzugte einrichten und sichern darf, wenn das den weniger Begünstigten zum Vorteil gereicht« (Rawls, 1979, S. 96). Nun sind die Zukünftigen beim Verbrauch von Rohstoffen im Nachteil gegenüber den Lebenden, aufgrund des Differenzprinzips müssten die Lebenden jedoch durch ihren Rohstoffverbrauch immer auch einen Vorteil – gleich welcher Art – für ihre Nachkommen bereitstellen. Ein Teil der durch den Rohstoffverbrauch erwirtschafteten Produktivität müsste daher immer auch für nachfolgende Generationen zurückgelegt werden, um das Differenzprinzip zu respektieren. Über den prozentualen Anteil der anzusparenden Produktivität müssten sich die Gesprächspartner jedoch vorab verständigen, und hier liegt ein nachvollziehbares Konfliktpotential: Je höher der Anteil für die Nachkommen, desto weniger steht den Lebenden zur Verfügung und umgekehrt.

Die Lösungen, die John Rawls für diese beiden Konflikte aufzeigt, lauten *Linearität* und *äquivalente Sparraten*. Zunächst will Rawls die gerechte Verteilung von Rechten und Pflichten zwischen Lebenden und Zukünftigen durch eine Zusatzbestimmung des kontrafaktischen Urzustands auflösen. Dieser Zusatz lege fest, dass niemand wisse, wann sein Eintritt in die Gesellschaft erfolgen wird. Alle Akteure im Urzustand könnten möglicherweise in einer linearen Abstammungsfolge miteinander verwandt sein, jedoch sei die Reihenfolge dieser Linie noch völlig unbestimmt. Jeder von ihnen könnte also davon profitieren, dass seine Vorfahren sorgsam mit den Rohstoffen und nachhaltig in ihrer Produktivität waren, und wolle diese Unsicherheit im eigenen Interesse bei der Festlegung einer Sparrate durchsetzen:

> Wenn die Beteiligten an dieses Problem herangehen, wissen sie nicht, welcher Generation sie angehören oder, was auf dasselbe hinausläuft, welchen Zivilisationsgrad ihre Gesellschaft hat. Sie können nicht wissen, ob sie arm oder verhältnismäßig reich ist, ob sie überwiegend bäuerlich oder industriell ist usw. [...] Um also zu einem brauchbaren Ergebnis zu kommen, setzen wir erstens voraus, daß die Beteiligten Vertreter von Nachkommenlinien sind, denen jedenfalls ihre näheren Verwandten nicht gleichgültig sind; und zweitens, daß der beschlossene Grundsatz so beschaffen sein muß, daß sie wünschen können, alle früheren Generationen möchten ihn befolgt haben. (Rawls, 1979, S. 323)

Unter dieser Vorbedingung sei es durchaus gerecht, wenn mittels einer festgelegten Sparrate in jeder Generation ein Teil der erwirtschafteten Produktivität zurücklegt werde. Im Umkehrschluss: Niemand wird es für gerecht halten, dass eine Generation einen Großteil der Rohstoffe für sich verbraucht und den Nachkommen nur die Krümel vom Kuchen überlässt. Rawls' Sparrate der Produktivität bezieht sich jedoch nicht nur auf akkumuliertes Kapital wie Geld oder Produkte, sondern auch auf indirekt erwirtschaftetes Kapital wie Wissen und Kultur. Einen Baum zu fällen, um ein Buch zu drucken, ist in diesem Sinne eine sehr wohl gerechte und nachhaltige Verwendung eines Rohstoffs. Insofern ermöglichen die Sparrate und ihre Festlegung im Urzustand eine intergenerationelle Gerechtigkeit.

> Da niemand weiß, welcher Generation er angehört, wird die Frage vom Standpunkt alles aus betrachtet, und der beschlossene Grundsatz drückt einen fairen Ausgleich aus. Im Urzustand sind faktisch alle Generationen vertreten, denn es würde stets derselbe Grundsatz beschlossen. Es kommt zu einer ideal demokratischen Entscheidung, die den Ansprüchen aller Generationen fair Rechnung trägt und daher dem Grundsatz entspricht, was sich auf alle auswirke, darauf müßten auch alle Einfluß haben. Außerdem ist unmittelbar einsichtig, daß jede Generation, außer vielleicht der ersten, von einer vernünftigen Sparrate Vorteile hat. Wenn die Akkumulation einmal eingeleitet ist und fortgeführt wird, kommt sie allen folgenden Generationen zugute. Jede gibt an die nächste eine faire Menge von Realkapital weiter, wie sie ein gerechter Spargrundsatz fordert. (Rawls, 1979, S. 325)

Damit wäre das grundsätzliche Problem der Begründung einer Rechte- und Pflichtenverteilung über Generationenkohorten hinweg zunächst gelöst. Eine Sparrate sorgt erstens in einem linearen Mehr-Generationen-Vertrag, zweitens in einem chronologisch unbestimmten Urzustand für Fairness. Alle profitieren von dieser Verteilung, außer der ersten Generation. Aus dem Differenzprinzip folgt nun aber noch die Frage nach der Höhe der Sparrate. Wenn die ersten Generationen die gleiche Sparrate wie spätere Generationen einhalten müssten, so könnten die Zukünftigen auf eine stetig anwachsende Akkumulation von Kapital hoffen und sich dessen für ein bequemes Leben bedienen. Die früheren Generationen hingegen müssten ohne dieses angesparte Kapital auskommen und den gleichen Anteil zurücklegen. Deren Chancengleichheit wäre über die Generationen hinweg deutlich geringer und sie würden durch die nachfolgenden Generationen benachteiligt, ohne nachträglich einen Vorteil erhalten zu können, was wiederum dem Differenzprinzip zuwiderlaufen würde.

Daher schlägt John Rawls für dieses Problem eine Art äquivalente Sparrate vor, die sich aus den Möglichkeiten der jeweiligen Generation ergibt. Zu Beginn müsse diese Rate noch klein sein, damit die Menschen zunächst Kapital aufbauen können. Mit der Zeit sollte die Rate dann größer werden und so in einem äquivalenten Verhältnis zum Entwicklungsstadium der Gesellschaft anwachsen. Falls sich alle Generationen an diesen Sparplan hielten, könne eines Tages jener Punkt erreicht sein, an dem die Sparquote zunächst absinken und schließlich ganz aufgehoben werden könne.

> Wenn die Menschen arm sind und das Sparen schwerfällt, ist eine niedrige Sparrate angebracht; in einer reicheren Gesellschaft dagegen kann man vernünftigerweise ein stärkeres Sparen erwarten. Wenn dann einmal gerechte Institutionen verankert und alle Grundfreiheiten verwirklicht sind, dann fällt die Netto-Akkumulationsrate auf Null. An diesem Punkt erfüllt eine Gesellschaft ihre Gerechtigkeitspflicht, wenn sie gerechte Institutionen und ihre materielle Grundlage sichert. (Rawls, 1979, S. 323)

Eine genaue Aussage über die Sparrate und ihre Anpassung an den gesellschaftlichen Fortschritt macht John Rawls nicht. Er sagt auch nicht, wie niedrig oder wie hoch diese Rate mindestens oder maximal sein dürfe, ohne die Grundfreiheiten zu verletzen. Insgesamt bleibt diese vage Bestimmung intergenerationeller Gerechtigkeit bei Rawls dann doch ein ad-hoc-Argument ohne festen Boden (vgl. Shalit, 1995, S. 104 f.) – wie er auch selber bekennt, wenn er es als ›intuitive Betrachtungen‹ kennzeichnet:

> Es läßt sich unmöglich viel Genaues darüber sagen, was für ein Plan für die Sparrate (oder die Bereiche, in denen sie liegen sollen) beschlossen würde; man kann von diesen intuitiven Betrachtungen höchstens erhoffen, daß bestimmte Extreme ausgeschlossen werden. (Rawls, 1979, S. 324)

John Rawls' *Theorie der Gerechtigkeit* liefert letztlich in diesem Punkt keine befriedigende Lösung. Sein Vorschlag, Gerechtigkeit als Fairness zu betrachten, war ohne Zweifel ein Meilenstein der praktischen Philosophie und lieferte vielen seiner Kollegen, insbesondere Michael Sandel und Robert Nozick, die Vorlage für alternative und ebenso wegweisende Theorien zur Gerechtigkeit. Das Problem der intergenerationellen Gerechtigkeit bleibt jedoch bei John Rawls angesichts einiger Lücken in der Argumentation noch ohne eine belastbare theoretische Grundlage: Sein Ansatz, den nachhaltigen Umgang mit Ressourcen als Gebot der Fairness zu betrachten, bleibt aber ein wichtiges Argument für alle nachfolgenden Theorien über die Verteilung von Gütern über Raum und Zeit hinweg.

Die Energieversorgung einer Gesellschaft ist ein gutes Beispiel, um die Problematik der Eingangsfrage – der Nachhaltigkeit und der intergenerationellen Gerechtigkeit – zu verdeutlichen. Hierbei werden Ressourcen verbraucht, durch die die volkswirtschaftliche Produktivität erhöht wird, und es entstehen langfristige Umweltschäden und damit verbundene Kosten, die mehreren Generationen anheim gestellt werden. Für Rawls wären sowohl eine privatwirtschaftliche als auch eine vergemeinschaftete Energieerzeugung zunächst möglich.

Im Unterschied zur Landesverteidigung oder der öffentlichen Sicherheit ist die Energieversorgung auch nicht notwendigerweise ein öffentliches Gut, dessen Bereitstellung primär eine staatliche Aufgabe wäre. In Wirtschaftssystemen, die überwiegend auf Privateigentum beruhen, ist die Energieversorgung zumeist auch in privaten Händen. Alle dabei anfallenden Kosten müssten dann im Strompreis enthalten sein und von den Kunden bezahlt werden.

Da die Ewigkeitskosten des Tagebaus oder die langfristen Kosten von Atomkraftwerken den Strompreis aber um ein Vielfaches erhöhen würden und damit die Produktivität einer Industriegesellschaft drastisch reduzieren könnten, übernimmt jedoch der Staat einen Großteil der Sparrate. In Deutschland sind dies beispielsweise die realen Kosten für Versicherungen und mögliche Schadensfälle, Rückstellungen für Abpumpkosten oder nachgelagerte Kosten für die Entsorgung von Atommüll und den Abbau der Kraftwerke. Wie bei öffentlichen Gütern übernimmt der Staat einen Großteil der Lasten und Kosten, ohne jedoch die direkten Kapitalgewinne zu erhalten. Nur die indirekten Gewinne durch die Produktivität der Gesellschaft, die durch die Energieversorgung entstehen, kann der Staat durch Steuern auf diesen volkswirtschaftlichen Mehrwert, beispielsweise durch Konsumsteuern, auch einnehmen.

Für John Rawls wäre es nun fair, wenn der Staat einen Teil dieser indirekten Gewinne zur Kompensation der langfristigen Kosten durch Umweltschäden zurücklegen würde. Dies entspräche dem Grundsatz intergenerationeller Gerechtigkeit mit einer Sparrate, von der die Zukünftigen dann die auferlegten Lasten auch bezah-

len könnten. Doch wie hoch sollte eine derartige Sparrate künftig ausfallen? Über wie viele Generationen müsste man einen Anteil der Mehrwertsteuer, der wiederum den volkswirtschaftlichen Wohlstand über Generationen verringert, gerechterweise verteilen? Wie hoch sollte der Anteil möglicher Umweltschäden oder Unfälle in die Sparrate eingerechnet werden, die vielleicht nie eintreten oder katastrophale Ausmaße annehmen, wenn bei einem Atomkraftwerk große Mengen radioaktiver Strahlung austreten? Wäre es gerecht, angesichts dieser möglichen Kosten eine oder mehrere Generationen mit einer hohen Sparrate zu belasten? Diese und viele andere Fragen stellen die ökologische Ethik einer Theorie der Gerechtigkeit als Fairness vor bislang nicht gelöste Probleme.

Ein Schritt in die richtige Richtung ist sicherlich die Einrichtung staatlicher Fonds. In Deutschland wurde Mitte 2017 der Fonds zur Finanzierung der kerntechnischen Entsorgung geschaffen, in den die Betreiber der Atomkraftwerke insgesamt 24 Milliarden Euro eingezahlt haben. Der Fonds soll nun unter staatlicher Aufsicht das Geld nachhaltig anlegen und aus den Erlösen die Kosten der Lagerung des Atommülls bestreiten. Der Steuerzahler wäre nun entlastet und Rawls' Idee der Sparrate wäre auch in Deutschland umgesetzt – wenn der Fonds zur Deckung der Kosten tatsächlich ausreichend wäre oder eines Tages sein wird. In Norwegen wird ein Teil der Erlöse aus dem Verkauf von Erdöl schon seit einigen Jahren in einen Fonds investiert. Die Bürger Norwegens haben vor einigen Jahren beschlossen, auf einen Teil der Einnahmen aus dem Verkauf ihres Rohstoffes zu verzichten, um für die Zeit nach der Ölförderung vorzusorgen. Der staatliche Pensionsfonds in Norwegen investiert nur in ethisch unbedenkliche Unternehmen und überschritt Ende 2017 erstmals einen Gesamtwert von einer Billion Euro.

6.2 Gerechtigkeit als Sozialwahl

6.2.1 Eine gerechte Entwicklung

Die zentrale These von John Rawls, dass Menschen nach Gerechtigkeit streben, wurde anhand des sogenannten Ultimatumspiels vielfach überprüft und gilt als experimentell gesichert (vgl. Kapitel 4.1.1). Und doch ist die Welt ungerecht. Armut und Reichtum, Krankheiten und Gesundheit, Benachteiligung und Chancengleichheit sind auf der Welt äußerst ungerecht verteilt. Das Bruttoinlandsprodukt beziffert den Gesamtwert aller Waren und Dienstleistungen, die innerhalb eines Jahres in einem Land hergestellt wurden. In den Vereinigten Staaten von Amerika erwirtschaftete jeder Einwohner im Jahr 2013 durchschnittlich ein Bruttoinlandsprodukt von 53 000 US$, in Luxemburg sogar 110 000 US$. In dem afrikanischen Land Simbabwe liegt dieser Wert bei 571 US$, in der Demokratischen Republik Kongo bei 382 US$ pro Jahr, das heißt bei lediglich 0,3 % der Wirtschaftskraft eines Luxemburgers beziehungsweise bei 0,7 % eines US-Amerikaners.

Angesichts dieser globalen Ungleichheit mahnt Papst Franziskus in seinem viel beachteten Apostolischen Schreiben Evangelii Gaudium (2013), dass »das gesellschaftliche und wirtschaftliche System an der Wurzel ungerecht ist« (Bergoglio, 2013, Absatz 59) und die grenzenlose Gier der Menschen nach Macht und Besitz zu einer »Globalisierung der Gleichgültigkeit« (Bergoglio, 2013, Absatz 54) sowie einer »Wirtschaft der Ausschließung« führe, die die Menschen zu einem Konsumgut machen werde, das »man gebrauchen und dann wegwerfen kann« (Bergoglio, 2013, Absatz 59). Unmissverständlich ist seine Feststellung: »Diese Wirtschaft tötet« (Bergoglio, 2013, Absatz 59). Er fordert von der Wirtschaft und der Politik »eine angemessene Verwaltung des gemeinsamen Hauses [...], und dieses Haus ist die ganze Welt« (Bergoglio, 2013, Absatz 204). Auch für diese mahnenden Worte wurde Papst Franziskus im Dezember 2013 vom Time Magazine zur ›Person of the Year‹ ernannt.

Es gibt zahlreiche Versuche, die Verteilung von Wohlstand beziehungsweise das Ausmaß der Ungerechtigkeit in einem Land oder in der Welt zu messen. Eines der bekanntesten Instrumente hierzu ist der sogenannte Gini-Koeffizient, den der Statistiker Corrado Gini zur Erfassung der Verteilung von Einkommen oder Vermögen in einer Volkswirtschaft entwickelte. Wenn der Wohlstand in einer Gesellschaft gleichmäßig verteilt ist, nimmt der Gini-Koeffizient den Wert Null an (s. Abb. 17: Linie A). In der grafischen Darstellung der Verteilung des Wohlstands in der Bevölkerung wird deutlich, dass in diesem Fall 10 % des Wohlstands auf 10 % der Bevölkerung verteilt sind, 20 % des Wohlstands auf 20 % der Bevölkerung etc. (jeweils kumulierte Anteile in %).

Wenn aber in einer Gesellschaft nur einige wenige Personen über den Großteil des Wohlstands verfügen und alle anderen nahezu keinen Anteil daran haben, so tendiert der Gini-Koeffizient gegen Eins (s. Abb. 17: Linie B). In der Abbildung 17 zeigt die Linie B exemplarisch, dass 40 % der Bevölkerung über lediglich 10 % des Wohlstands verfügt (s. Abb. 17: Punkt b1) und 90 % der Bevölkerung lediglich 60 % des Wohlstands unter sich verteilt (s. Abb. 17: Punkt b2). Den wohlhabendsten 10 % der Bevölkerung gehört hingegen 40 % des gesamten Wohlstands.

In den meisten Ländern der Welt wird die Verteilung des Wohlstands, das heißt von Einkommen und Vermögen, seit vielen Jahren regelmäßig gemessen und durch einen Index bewertet. Die Messwerte lassen sich grafisch durch eine Lorenzkurve darstellen, die die Verteilung verdeutlicht: Je näher die Kurve an der idealen Gleichverteilung liegt, desto niedriger sind der Index beziehungsweise der Gini-Koeffizient (s. Abb. 18). In einer globalen Rangliste schneiden die skandinavischen Länder mit einem Index von etwa 25 (Gini-Koeffizient 0,25) recht gut ab (s. Abb. 18: Linie C), viele afrikanische Länder wie Sierra Leone, Botswana und Namibia mit einem Index von etwa 65 (Gini-Koeffizient 0,65) sehr schlecht (s. Abb. 18: Linie D). Deutschland

Gerechtigkeit als Sozialwahl 223

Abbildung 17 Der Gini-Koeffizient

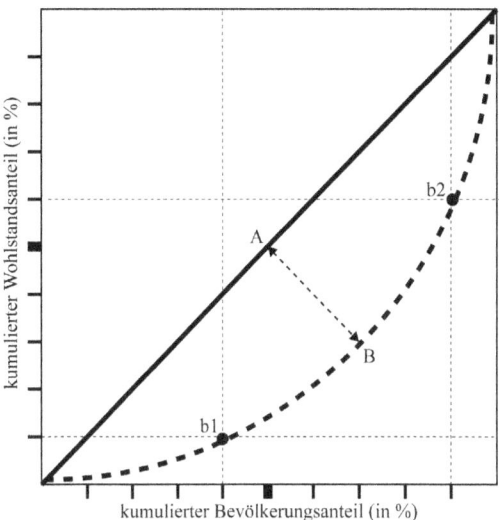

Abbildung 18 Verteilungsformen des Wohlstands

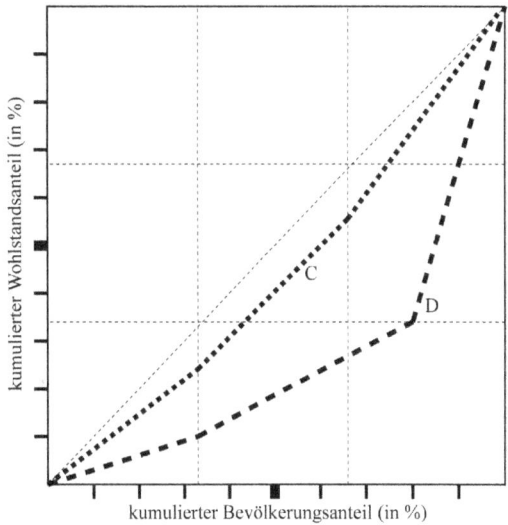

liegt mit einem Index von 28 in der Spitzengruppe der Gleichverteilung und deutlich vor dem Vereinigten Königreich (36) und den Vereinigten Staaten (46).

Allerdings ist der Gini-Koeffizient ein statistisches Maß, das heißt, er reduziert Datenmengen auf einen einzigen Wert. Problematisch wird die Aussagekraft des Gini-Koeffizienten, wenn man sich vergegenwärtigt, dass der gleiche Wert durchaus sehr unterschiedliche Verteilungsformen repräsentieren kann. Der Gini-Koeffizient 0,4 beschreibt sowohl eine Gesellschaft, in der die eine Hälfte sehr arm und die andere Hälfte normalverteilt ist (s. Abb. 19: Linie E), als auch eine Gesellschaft, in der ein Großteil normalverteilt und nur 10 % der Bevölkerung überdurchschnittlich wohlhabend sind (s. Abb. 19: Linie F).

Insofern ist die Aussagekraft des Gini-Koeffizienten sehr eingeschränkt: Zum einen macht der Wert an sich keine zuverlässige Aussage über die tatsächliche Verteilung des Wohlhabens einer Volkswirtschaft, dies ist erst durch die Interpretation der Daten anhand der Lorenzkurve möglich. Zum anderen, und dies ist der wesentliche Kritikpunkt aus ethischer Perspektive, beschreibt der mathematisch-statistische Wert eines Gini-Koeffizienten keine gerechte Verteilung. Gerechtigkeit ist eine normative Frage nach dem Guten, die über die Verteilung von Gütern weit hinausgeht. Gerechtigkeit ist schlichtweg nicht gleichzusetzen mit der Gleichverteilung von Wohlstand. Eine totalitäre Diktatur, in der der Wohlstand zwar gleichmäßig verteilt ist, die aber weder individuelle Freiheit noch Chancengleichheit zulässt, wäre beispielsweise für John Rawls keinesfalls gerecht.

Um die Gerechtigkeit der Verteilung materieller und immaterieller Güter zu erfassen, veröffentlichen die Vereinten Nationen seit 1990 den Index für menschliche Entwicklung (Human Development Index, HDI). Der HDI bewertet für die meisten Länder der Welt neben dem ökonomischen Wert des Bruttonationaleinkommens pro Einwohner auch die Lebenserwartung sowie die Bildung anhand der durchschnittlichen und der prognostizierten Dauer des Schulbesuchs. Aus diesen drei Messgrößen wird ein Index gebildet, der den Entwicklungsstand eines Landes angibt. Der HDI und seine Kriterien entstanden in der Zusammenarbeit der Ökonomen Mahbub ul Haq, Amartya Sen und Meghnad Desai.

Zu den laut HDI am höchsten entwickelten Ländern der Welt gehören seit vielen Jahren die skandinavischen Länder, Australien und die Vereinigten Staaten sowie Deutschland. Einen niedrigen Entwicklungsstand haben die meisten Länder Afrikas, wobei der Tschad, Niger und die Zentralafrikanische Republik das Schlusslicht bilden. Im Mittelfeld finden sich im Jahr 2016 Länder wie Russland (Platz 49) und die Volksrepublik China (90) sowie Costa Rica (66), Kolumbien (95) und Vietnam (115).

Der HDI berücksichtigt auch Bewertungskriterien wie die Gesundheitsversorgung und die Bildung seiner Bürger, da diese als normative Kriterien für Gerechtigkeit in einem Land ausgewählt wurden. Die Forscher gehen davon aus, dass Gesundheit und Bildung wesentliche Faktoren sind, die es einem Menschen erlauben,

Abbildung 19 Ungleichheit und Statistik

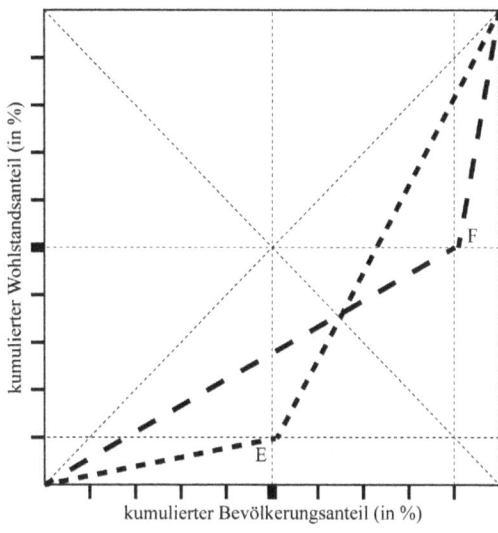

ein freies und selbstbestimmtes Leben zu führen, und deshalb für die weitere Entwicklung eines Landes hin zu einer gerechteren Gesellschaft relevant sind. Gesundheit ist eine wesentliche gegenwärtige Voraussetzung, Bildung eine wesentliche künftige Voraussetzung für ein freies und selbstbestimmtes Leben. Der HDI bewertet folglich nicht nur den ökonomischen Status einer Volkswirtschaft, sondern auch das Potential eines Landes und seiner Bürger, eine gerechtere Gesellschaft zu werden. Die Grundthese, dass die schrittweise Stärkung des Potentials der Menschen in einem Land entscheidenden Einfluss auf deren Lebensqualität und die Entwicklung ihrer Volkswirtschaft hat, ist der Ausgangspunkt der Gerechtigkeitstheorie Amartya Sens.

6.2.2 Amartya Sen und die Idee der Gerechtigkeit

Als zehnjähriger Junge erlebte Amartya Sen (*1933), wie eine Hungersnot in seiner Heimat Bengalen dazu führte, dass mehr als drei Millionen Menschen starben. Sen, Sohn eines wohlsituierten Chemieprofessors, erlebte diese Katastrophe zwar nicht am eigenen Leib, er konnte den Tod von Millionen Menschen um sich herum nicht einmal direkt sehen, das Sterben der Menschen und die Tatenlosigkeit der Politiker prägten aber sein Leben. Die britische Kolonialmacht in Indien vertuschte damals die Ursachen und die Folgen der Hungersnot, die Opfer konnten sich nicht wehren. Für Amartya Sen war dieses Erlebnis ein Auslöser, die Zusammenhänge von Ökonomie, Politik und Gerechtigkeit zu erforschen.

Für diese Forschung zur Wohlfahrtsökonomie erhielt Sen 1998 den sogenannten Wirtschaftsnobelpreis und zahlreiche weitere Ehrungen. In seinem Buch *Die Idee der Gerechtigkeit* (2010) entwickelt er eine umfangreiche Argumentation der *Sozialwahltheorie (Social Choice)*, mit der er sich einerseits gegen John Rawls' Gerechtigkeitstheorie stellt und andererseits Adam Smiths Gedanken der Objektivität in Handlungsüberlegungen mithilfe des unparteiischen Beobachters weiterentwickelt.

In diesem Buch zitiert Sen auch den Brief des englischen Utilitaristen James Mill, des Vaters John Stuart Mills, an den Ökonomen David Ricardo von 1816. Im Sommer dieses Jahres bedrohte in England eine Dürre die Ernte und eine Hungersnot war zu befürchten. Mill schlug vor, die Armen vom Hungertod zu bewahren und »ihnen die Kehle durchzuschneiden, so wie wir es mit den Ferkeln machen« (zitiert nach Sen, 2010, S. 415). Ricardo schloss sich ihm an, da man von der Regierung eines Landes keinesfalls erwarten dürfe, dass diese sich durch Gesetze oder Armenhilfe an der Rettung dieser Bürger beteiligen könne. Diese Äußerungen des Ökonomen Ricardo und des Politikers Mill formulieren die gleiche Haltung, wie sie mehr als ein Jahrhundert danach auch die Verantwortlichen für die bengalische Hungersnot von 1943 einnahmen: Die Politik und die Ökonomie seien nicht für soziale Gerechtigkeit verantwortlich und dürften daher nicht eingreifen.

Amartya Sen will sich mit seiner Sozialwahltheorie dieser Position entgegenstellen. Für Sen gibt es eine moralische Verantwortung für das Elend in der Welt und es gibt Lösungen, um die Ungerechtigkeit der Verteilung von Gütern auf der Welt zu verbessern. So wie der *Index für menschliche Entwicklung* (HDI), an dessen Erarbeitung Sen wesentlich beteiligt war, den Fortschritt in kleinen Schritten durch allmähliche Verbesserungen der Gesundheit und der Bildung der Menschen zunächst messen und dann befördern soll, so sieht Amartya Sen die Moralphilosophie in der Pflicht, für die Ökonomie eine Grundlage für den schrittweisen sozialen und ökonomischen Fortschritt zu entwickeln. Eine Moralphilosophie, die zunächst die Grundlagen der Welt und des menschlichen Handelns neu erfinden will, bevor sie sich an die profane Aufgabe macht, das Leben der Menschen zu verbessern, lehnt Sen ab. Sein Programm lautet Evolution statt Revolution.

Im Zentrum der Moralphilosophie Amartya Sens stehen die klassischen utilitaristischen Instrumente. Seine Anthropologie beschreibt den Menschen als Wesen, das Freude und Leid empfinden kann und aufgrund seiner Vernunft und seines Mitgefühls die Entscheidungen für eine Handlung als gut oder schlecht bewertet. Hiermit folgt Sen seinen utilitaristischen Vordenkern Thomas Hobbes, Adam Smith und Jeremy Bentham. Wie der Deontologe John Rawls geht Sen zudem davon aus, dass Menschen durch ihr Tun eine Vorstellung von Gerechtigkeit verwirklichen wollen:

> Wir hätten Geschöpfe sein können, die unfähig zu Mitgefühl sind, vom Schmerz und der Demütigung anderer nicht angerührt, gleichgültig gegenüber Freiheit und – nicht weniger signifikant – nicht fähig zu denken, zu argumentieren, verschiedener oder einer Meinung zu sein. Dass wir alle diese Eigenschaften in hohem Maß besitzen, verhilft uns kaum zur Entscheidung für eine bestimmte Theorie der Gerechtigkeit, deutet aber darauf hin, dass das allgemeine Streben nach Gerechtigkeit in der menschlichen Gesellschaft nur schwer auszurotten ist, auch wenn verschiedene Wege zum Ziel führen. (Sen, 2010, S. 442)

Dieses ›allgemeine Streben nach Gerechtigkeit‹ unterscheidet Sen von den meisten anderen Utilitaristen und eine derartige Berufung auf eine kollektive normative Vorstellung über ›das Gerechte als das Gute‹ ist innerhalb der nutzenorientierten Ansätze auch nicht ohne Probleme möglich. Für Thomas Hobbes liegen alle Fragen nach der Gerechtigkeit in der normativen Deutungshoheit des Leviathans und für Jeremy Bentham wäre eine intersubjektive Gerechtigkeitsidee lediglich ›Unsinn auf Stelzen‹. Ein wesentliches Merkmal des klassischen Utilitarismus ist gerade sein Verzicht auf alle anthropologischen und naturrechtlichen Annahmen, die über das Streben nach Freude und die Vermeidung von Leid hinausgehen.

Utilitaristen stehen daher grundsätzlich vor der Frage, wie sie allgemeine Gerechtigkeitsvorstellungen in eine Ethik integrieren können, die nur die individuelle Bewertung von Freude und Leid kennt. Aus der reinen Aggregation von Freude und Leid lassen sich keine normativen Aussagen über das Gute und das Gerechte schlussfolgern, dies wäre – in den Worten von David Hume – ein ›Sein-Sollen-Fehlschluss‹ (vgl. Hume, 1986, III,1): Wer von rein deskriptiven Seins-Aussagen auf normative Sollen-Sätze schließe, begehe bei der Argumentation einen logischen Fehler. So lässt sich beispielsweise aus der Freude, die man beim Essen von Keksen empfindet, nicht ableiten, dass das Essen von Keksen moralisch gut ist. Ebenso wenig lässt sich aus der Freude an einem Lebensstil, der von der Ausbeutung anderer Menschen profitiert, eine moralische Rechtfertigung der Sklaverei folgern.

Amartya Sen will diesen Sein-Sollen-Fehler durch die anthropologische These des Strebens nach Gerechtigkeit vermeiden. Er entwickelt hierzu jedoch keine metaphysischen Präliminarien, sondern argumentiert mit einer praxeologischen Interpretation des unparteiischen Beobachters von Adam Smith. Sen versteht diese ideale Figur seines Vorgängers im Sinne einer pluralistischen Perspektive auf soziale, politische und ökonomische Handlungsfragen. Er sieht im unparteiischen Beobachter nicht nur ein neigungsloses Alter Ego, sondern einen universellen Diskurspartner, der möglichst viele unterschiedliche kulturelle, philosophische und religiöse Positionen und damit zusammenhängende Interessen vertreten soll. Für Sen resultiert aus der Summe der vielen disparaten Interessen, die der unparteiische Beobachter in sich vereinigt, eine pluralistische und daher moralisch objektive Sicht auf die Gerechtigkeitsfragen der Welt. Diese pluralistische Sichtweise führe, so Sen, zu einer »offenen Unparteilichkeit« (Sen, 2010, S. 150). Sen stützt sich in seiner Argumentation explizit auf Adam Smith:

> Da die Berufung auf öffentliche Diskussion eine kontrafaktische Form annehmen kann (›Was würde ein unparteiischer Zuschauer aus der Entfernung dazu sagen?‹), geht Smith in seinem methodologischen Hauptanliegen davon aus, dass es notwendig ist, eine große Vielzahl von Gesichtspunkten und Ansichten aus der Nähe und aus der Ferne heranzuziehen, die auf unterschiedlichen Erfahrungen beruhen; er will verhindern, dass man sich auf – tatsächliche oder kontrafaktische – Begegnungen mit ›Nachbarn‹ beschränkt, mit Menschen, die im selben kulturellen und gesellschaftlichen Milieu leben und geprägt sind durch dieselbe Art von Erfahrungen, Vorurteilen und Überzeugungen hinsichtlich dessen, was vernünftig oder unvernünftig ist, und sogar dessen, was machbar oder unmöglich wäre. Adam Smith besteht darauf, dass wir unsere Gefühle *inter alia* aus einer ›gewissen Entfernung von uns‹ betrachten müssen, weil er das Ziel hat, nicht nur den Einfluss begründeter Interessen, sondern auch die Auswirkung fest eingewurzelter Traditionen und Sitten genau zu prüfen. (Sen, 2010, S. 73)

Sen versucht mit seinem *pluralistischen Zuschauer* Anschluss an die universalistische Begründung von Handlungen durch den kategorischen Imperativ Kants zu finden und sieht eine »substantielle Ähnlichkeit« (Sen, 2010, S. 151) zwischen der Vorstellung eines unparteiischen Beobachters und der vernünftigen Prüfung von Maximen. Er wirft John Rawls vor, dieses universalistische Kantische Fundament aufgegeben zu haben zugunsten einer kontraktualistischen Begrenzung, welche lediglich zu einer ›geschlossenen Unparteilichkeit‹ führe, aber keinen offenen, also pluralistischen und wahrhaft universellen Austausch der Meinungen und Interessen mehr zulasse:

> ›Geschlossene Unparteilichkeit‹ nenne ich das Verfahren zur unparteilichen Urteilsfindung, das nur die Mitglieder einer bestimmten Gesellschaft oder Nation (oder, wie Rawls sagt, eines bestimmten ›Volks‹), für die diese Urteile getroffen werden, an der Entscheidung beteiligt. Rawls' Methode der ›Gerechtigkeit als Fairness‹ nutzt die Denkfigur eines Urzustands und eines darauf basierenden Gesellschaftsvertrags zwischen den Bürgern eines bestimmten politischen Gemeinwesens. Außenseiter sind in einem solchen kontraktarischen Verfahren weder als Beobachter noch als Vertragspartner vorgesehen. (Sen, 2010, S. 150)

Diese grundlegende Differenz zwischen der geschlossenen Unparteilichkeit von Vertragspartnern und der offenen Unparteilichkeit eines pluralistischen Zuschauers erzeugt eine »scharfe Dichotomie« (Sen, 2010, S. 150) zwischen den Gerechtigkeitstheorien von Rawls und Sen. Amartya Sen wirft Rawls vor, einen »transzendentalen Institutionalismus« (Sen, 2010, S. 437) zu entwerfen, der lediglich zu der utopischen Vision vollkommen gerechter Institutionen innerhalb einer begrenzten kontrafaktischen Gemeinschaft führe. Ein derartiger deontologischer Zielpunkt der Rawlsschen Gerechtigkeitstheorie mag philosophisch reizvoll sein, ist aber für Sen kein tauglicher Ansatz zur Verbesserung der Welt:

> In einer Welt, in der so extrem hohe Forderungen an das Verhalten unrealistisch sind, wird die Institutionenwahl, die Rawls trifft, eher nicht zu einer Gesellschaft führen, die mit starken Argumenten Anspruch auf das Gütesiegel ›vollkommen gerecht‹ erheben könnte. (Sen, 2010, S. 439)

Für Amartya Sen ist die Hoffnung auf endgültige Antworten deontologischer Ansätze daher nicht hilfreich, um reale Probleme zu lösen. Als Utilitarist bevorzugt er die Abwägung einzelner konkreter Handlungen und deren Folgen für die Verteilung von Gütern. Ganz pragmatisch ist Sen, wenn er bei alltäglichen Entscheidungen für oder gegen eine Handlung oftmals eine Konkurrenz verschiedener, zuweilen auch divergierender Werte sieht. Eine solche »Prioritätenkonkurrenz« (Sen, 2010, S. 422) führe zwangsläufig zur Evaluation unterschiedlicher Handlungsweisen und deren Folgenbewertung. Aus der bloßen Möglichkeit, dass im Einzelfall nicht die theoretisch beste Option ausgewählt wurde, jede unvollkommene utilitaristische Abwägung als gänzlich untauglich abzulehnen, ist für Amartya Sen keine hilfreiche Argumentation.

> Wir verstehen sehr gut, dass Äpfel keine Apfelsinen sind und dass ihre Werte als Lebensmittel in unterschiedlichen Dimensionen – zwischen Wohlgeschmack und Nährwert – liegen, und trotzdem erstarren wir nicht jedes Mal in Unentschiedenheit, wenn wir wählen müssen, ob wir Äpfel oder Apfelsinen essen wollen. Theoretiker, die beharrlich behaupten, Menschen könnten sich nicht zwischen Alternativen entscheiden, wenn nicht alle Werte irgendwie auf einen einzigen reduziert würden, fühlen sich offenbar mit dem Abzählen sicher (›Ist dies mehr oder weniger als jenes?‹), aber nicht mit dem Beurteilen (›Ist dies wichtiger als jenes?‹). (Sen, 2010, S. 422)

Amartya Sen sieht daher eine globale Pluralität von Gründen und Werten, die Menschen immer wieder ganz unterschiedlich gewichten und bewerten. Dies dürfe aber nicht dazu führen, dass man Fragen der Gerechtigkeit erst dann beantworte, wenn man das eine und von allen Menschen als wahr erkannte universelle Prinzip der Gerechtigkeit gefunden habe. Die divergierende und strittige Einschätzung von Werten, die in einem öffentlichen Diskurs immer wieder und dauerhaft zur Disposition stehe, sei kein Hindernis für eine globale Gerechtigkeit, sondern ihre faktische Voraussetzung. Gerechtigkeit ist für Sen eine grundsätzlich vorläufige Bewertung von Handlungen, die in einem nicht endenden Diskurs pluralistischer und konkurrierender Werte verhandelt wird.

> Dass wir häufig Prioritäten setzen und Ordnungen herstellen können, wenn wir die relative Wichtigkeit von konkurrierenden Erwägungen einschätzen, heißt nicht, dass alle alternativen Szenarios immer vollständig ihrem Rang nach geordnet werden können – nicht einmal von derselben Person. Jemand könnte klare Vorstellungen von einigen Rangfolgen haben und trotzdem hinsichtlich anderer Vergleiche unsicher sein. (Sen, 2010, S. 422 f.)

Gesellschaftliche Werte bestimmten die Vorstellungen darüber, was gerecht ist und was nicht. Ob die Freiheit des Individuums oder die relative Gleichheit der Mitglieder einer Gemeinschaft in diesen Vorstellungen den Vorrang haben sollten, ist für Sen eine wichtige und grundsätzliche Frage für die Werteordnung einer Gesellschaft und das Streben nach Gerechtigkeit. Diese Frage kann aber für Sen nicht aus einem hypothetischen Urzustand der Gleichheit heraus ermittelt werden, sondern nur in einem globalen Diskurs und einer Art föderalem Wettbewerb der Ideen über Gerechtigkeit. In Sens Sozialwahltheorie bleibt die Wahl des eigenen sozialen Lebens das Privileg der Völker, nicht der Theoretiker.

Der warmherzige Utilitarismus

In diesem Wettbewerb würden sich dann einige Ideen und Gesellschaftsmodelle als erfolgreicher bei der Verwirklichung von Gerechtigkeit beweisen, andere würden scheitern. Für Sen ist letztlich nur relevant, dass die Menschen und die Staaten der Welt in diesem Wettbewerb ihre jeweiligen Vorstellungen von Gerechtigkeit umzusetzen versuchen. Unterschiedliche Modelle der Gerechtigkeit und *partielle Ordnungen* stellen für Sen keinen Widerspruch zur Idee der Gerechtigkeit dar, sondern mögliche Evolutionsschritte der globalen Gerechtigkeit. In diesem Prozess der Evolution der Gerechtigkeit würden ›konkurrierende Belange‹ und ›Kriterien‹ der Menschen zu unterschiedlichen Modellen in der Welt führen und ›partielle Ordnungen‹ würden sich bewähren.

> Wenn die konkurrierenden Belange, die jene Pluralität ausmachen, tiefgreifende Überzeugungskraft haben, über deren relative Intensität wir teilweise im Ungewissen bleiben, dann wäre es einen Versuch wert, herauszufinden, wie weit wir kommen können, ohne das Problem der relativen Gewichtung vollständig zu lösen. [...] Die konkur-

rierenden Kriterien werden unterschiedliche Rangordnungen von Alternativen ergeben, Ordnungen mit einigen gemeinsamen und einigen divergierenden Elementen. Die Schnittmenge – oder die Elemente, die in den Einstufungen gleich sind – der aufgrund unterschiedlicher Prioritäten verschiedenen Rangfolgen wird eine partielle Ordnung ergeben, die einige Alternativen mit großer Klarheit und innerer Konsistenz einstuft, andere Alternativpaare jedoch überhaupt nicht platzieren kann. Die Einigung auf diese neue Teilordnung kann dann als definitives Ergebnis unserer weit gefassten Theorie verstanden werden. (Sen, 2010, S. 424 f.)

Insofern ist Sen auch nicht primär an der Beantwortung der Frage ›Was ist Gerechtigkeit?‹ interessiert. Es könne sein, dass diese Frage eines Tages im Wettbewerb partieller Ordnungen entschieden werde, vielleicht geschehe dies aber auch nicht und es bleibe bei regional unterschiedlichen Ordnungen. Der von Sen mitentwickelte *Index für menschliche Entwicklung* (HDI) dient in diesem Wettbewerb lediglich als Maßzahl des Punktestands der Regionen und der Staaten bei ihren Bemühungen, ihre partielle Ordnung für Gerechtigkeit durch Bildung, Gesundheitsversorgung und ökonomischen Wohlstand zu messen. Insofern sei der Index der jeweilige Spielstand im Wettbewerb konkurrierender Ordnungen und der globalen »Gerechtigkeitsvergleiche« (Sen, 2010, S. 426).

In diesem Wettbewerb und anhand des aktuellen Spielstands stellt Sen jedoch einige Rahmenbedingungen heraus, die sich empirisch als vorteilhaft erwiesen hätten. So seien beispielsweise die Meinungsfreiheit, die Möglichkeiten der Partizipation und eine internationale Zusammenarbeit wichtige Voraussetzungen für erfolgreiche Mitspieler. Pluralistische Informationsquellen und seriöse Medien, die Vereinten Nationen, Bürgerinitiativen und Nichtregierungsorganisationen sowie internationale Kooperationen im Handel, bei Patenten, in der Gesundheits- und Bildungspolitik, beim Umweltschutz und bei der Vermeidung von Überschuldung und Konflikten erhöhten allesamt die Chancen auf einen hohen Punktestand beim Streben nach Gerechtigkeit (vgl. Sen, 2010, S. 436).

Empirisch, aber auch aus gerechtigkeitstheoretischen Gründen, sei ebenfalls die Demokratie ein wichtiger Baustein, da sie durch »öffentlichen Vernunftgebrauch« und eine »Regierung durch Diskussion« die Objektivität im Sinne des unparteiischen Zuschauers befördere (Sen, 2010, S. 435). Es geht Sen dabei nicht darum, irgendeine konkrete politische oder ökonomische Ordnung als Optimum zu diktieren. Er will aber die Bewertung von Handlungen, die Gerechtigkeit anstreben, durch einen unparteiischen Zuschauer ermöglichen, und der öffentliche Diskurs in demokratischen Gesellschaften komme dem nahe. In der Pluralität der Gründe und Werte, die im Chor der Meinungen den öffentlichen Vernunftgebrauch in einer bestimmten Weise vorschlagen, gelte es die bestmöglichen Entscheidungen und Handlungen für eine gerechtere Welt zu finden und abzuwägen.

Ohne diesen Chor der Meinungen aus aller Welt würde, so Sen, das Streben nach Gerechtigkeit der *Ignoranz* oder der *Provinzialität* verfallen. Der erste Vorwurf der Ignoranz richtet sich gegen John Rawls und seine Vertragstheorie, denn für Sen sind die Interessen aller Menschen sowie deren Perspektiven bedeutsam – und nicht nur die Zustimmung idealer vernünftiger Vertragspartner. In einer Welt globaler Chancen und Risiken gebe es eine unmittelbare »Interdependenz von Interessen« (Sen, 2010, S. 429) aller Menschen und erst deren Bewertungen »aus der Nähe oder aus der Ferne« (Sen, 2010, S. 431) machten aus subjektiven Interessen objektive gerechtigkeitsfördernde Begründungen.

Der zweite Vorwurf der Provinzialität richtet sich gegen die Kommunitaristen wie Michael Sandel, Charles Taylor und Michael Walzer – letztere werden im nachfolgenden Kapitel vorgestellt. Die »Begrenztheit eines Denkens, das sich auf provinzielle, mit nationalen Traditionen und regionalen Auffassungen verbundene Argumente verlässt« (Sen, 2010, S. 431), steht für Sen wiederum im Kontrast zur notwendigen Objektivierung jeder Abwägung durch einen unparteiischen Zuschauer. Regionale oder tradierte Normen und Sitten können für Sen schlichtweg keine Grundlage für eine gerechte Gesellschaft und eine moralische Evolution sein.

Als Beispiele für solche Normen nennt Sen die selektive Tötung weiblicher Föten und Kleinkinder, die Steinigung ehebrecherischer Frauen und die staatliche Todesstrafe. Er kritisiert die juristische Praxis der Todesstrafe für Erwachsene und insbesondere für minderjährige Straftäter auch in den USA und fragt mit den Worten der US-amerikanischen Richterin Ginsberg am Obersten Gerichtshof: »Warum sollten wir der Klugheit eines Richters aus dem Ausland nicht ebenso selbstverständlich trauen wie dem Artikel eines Professors, den wir in einer juristischen Fachzeitschrift lesen?« (Sen, 2010, S. 433). Für Sen ist es provinzielles Denken, wenn man sich der Kritik ausländischer Beobachter mit der Begründung entzieht, dass diese nicht zur Gemeinschaft gehörten. Für die Prüfung von Argumenten und die Begründungen für oder gegen Handlungen müssten alle Stimmen, aus der Nähe oder aus der Ferne, gehört werden, wenn man eine objektive Abwägung und damit einen Fortschritt der Gerechtigkeit herbeiführen wolle.

Zur Verdeutlichung seiner Überlegungen führt Sen das Beispiel der drei Kinder Anne, Bob und Carla und ihrer konkurrierenden Ansprüche auf die Flöte an (vgl. Kapitel 2.2). Es möge sein, dass Anne, die die Flöte geschnitzt hat, oder dass Bob, der kein Spielzeug hat, oder dass Carla, die Flöte spielen kann, einen höheren Anspruch auf die Flöte habe. Auch aus der Perspektive eines unparteiischen Zuschauers sei keine objektiv beste, das heißt wahrhaft gerechte Lösung in Sicht. Dies dürfe jedoch nicht dazu führen, dass kein Kind die Flöte erhalten dürfe und sie deshalb zerstört werden müsse. Keine Ansprüche anzuerkennen wäre die einzig wahrhaft ungerechte Lösung und vergleichbar mit der Tatenlosigkeit der Politiker in den Hungersnöten von 1816 in England und 1943 in Bengalen. Eine teilweise und vorläufig gerechte Verteilung der Güter und des Wohlstands der Welt ist für Amartya Sen aus utilitaristischer Sicht besser als die andauernde Suche nach der *wahren* Gerechtigkeit. Derartige pragmatische Überlegungen des Ökonomen Sen führen ihn zu einer Gerechtigkeitstheorie, die man auch als *warmherzigen Utilitarismus* bezeichnen kann: Die globale Praxis der Ungerechtigkeit schreie, so Sen, nach Barmherzigkeit, und für die Beseitigung dieser Ungerechtigkeit könne man auf die philosophische Aufklärung über die ethischen Prinzipien der Gerechtigkeit zunächst verzichten.

Der Wirtschaftswissenschaftler und Philosoph Amartya Sen ist seit vielen Jahren einer der einflussreichsten Wissenschaftler der Welt und seinen Forschungen zur Wohlfahrtsökonomie sowie zur wirtschaftlichen Entwicklung verdankt er nicht nur die Verleihung des sogenannten Wirtschaftnobelpreises im Jahr 1998, sondern auch den weltweiten Respekt von Ökonomen und Politikern. Als Wissenschaftler und Berater konnte er zudem das praktische Handeln von Politikern, Unternehmen und Organisationen verändern.

Sens interdisziplinäres Denken verknüpft die Ökonomie mit der praktischen Philosophie, und seine Rehabilitation von Adam Smith als Vorbild für diese Art des Denkens und Forschens erinnert an den Ursprung der Ökonomie als praktische Wissenschaft. Bei Adam Smith, dem Begründer der klassischen Schule der Nationalökonomie, folgte die Theorie des Wohlstands auf die Theorie der menschlichen Natur. Die praktische Philosophie geht bei Smith somit der Nationalökonomie als Grundlagenwissenschaft voraus, indem sie Sympathie und Nutzen als die wesentlichen, übergeordneten Motive des menschlichen Handelns untersucht. Diese Motive gelten für alle Bereiche des menschlichen Handelns und ihre wissenschaftliche Untersuchung in der Ethik, in der Ökonomie und in der Politik.

Eine einseitige Darstellung von Adam Smith als Vordenker des ›Manchesterkapitalismus‹ ist daher unzulässig, da sie diese Verknüpfung von Sympathie und Nutzen unterschlägt. Eine ausschließlich auf den bloßen Nutzen und das ›Überleben der Passendsten‹ ausgerichtete Wirtschaftsideologie fordern erst die radikalen Liberalen wie Herbert Spencer im 19. Jahrhundert, nicht zuletzt in Folge einer Fehlinterpretation von Smiths Wohlstand der Nationen. *Auch für Smiths utilitaristische Nachfolger Jeremy Bentham und John Stuart Mill bleiben Sympathie und Nutzen handlungsleitende Prinzipen, die durch die souveräne Instanz des unparteiischen Beobachters in ihrer Verknüpfung dominant bleiben.*

Aus dieser Verknüpfung von Sympathie und Nutzen, von Moral und Ökonomie entwickeln die Utilitaristen das gemeinsame Ziel der Gesellschaft: Gut und nützlich sei, was das Glück der größten Zahl fördert. Dieses Ziel gelte für jedes menschliche

Handeln, für die soziale Interaktion der Bürger, für ihr ökonomisches und ihr politisches Handeln.

Die Erinnerung an Adam Smith als Moralphilosophen und als Begründer der klassischen Schule der Nationalökonomie dient Amartya Sen auch der Rückführung des menschlichen Handelns in der Ökonomie und in der Politik auf die eigentlichen utilitaristischen Prinzipien: Nur die Verknüpfung von Sympathie und Nützlichkeit in der kritischen Reflexion des unparteiischen Beobachters und die Ausrichtung des Handelns auf das größte Glück der größten Zahl kann im utilitaristischen Sinne als gutes Handeln gelten.

Der Human Development Index (HDI) greift die Prinzipien des klassischen Utilitarismus auf, indem er nicht nur den bloßen Wohlstand, sondern auch die Bildung und die Gesundheit der Bürger bei der Bewertung der Entwicklung einer Gesellschaft einbezieht. Das Glück der größten Zahl ist für Amartya Sen auch von der individuellen Fähigkeit der Menschen zur selbstständigen Verbesserung ihrer Lebensumstände abhängig, daher sind Gesundheit und Bildung ebenso wichtig für den Entwicklungsstand wie ökonomischer Wohlstand.

Der Ökonom Amartya Sen erinnert seine libertarianischen und neoliberalen Fachkollegen mit seinem programmatischen Rückgriff auf Adam Smith an den Ursprung der liberalen Ökonomie. Von ihrer eigentlichen Aufgabe, das Glück der größten Zahl zu befördern, hat sich die moderne Ökonomie weit entfernt. Ihre Zielvorstellungen haben sich verändert und die Forderung lautete in den letzten Jahrzehnten: ›Das größte X für die größte Zahl‹ – wobei X je nach Standpunkt für Freiheit, Macht, Wohlstand oder Rendite stehen konnte. Zuweilen wurde diese Zielvorstellung aber auch auf den beliebigen und sinnentleerten gierigen Imperativ des ›Mehr!‹ reduziert. Adam Smiths Moralphilosophie und Amartya Sens Idee der Gerechtigkeit erinnern die Ökonomie an ihre eigentliche gesellschaftliche Aufgabe, das Glück der Menschen zu vermehren.

6.3 Gerechtigkeit als Gemeinwohl

6.3.1 Die Gerechtigkeit und das Glück der Menschen

Die Behauptung ist aufsehenerregend: »8 Männer besitzen so viel wie die ärmere Hälfte der Weltbevölkerung« (Oxfam, 2017). Wie es zu dieser ungleichen Verteilung von Vermögen auf der Welt kommen konnte, erklärt der französische Ökonom Thomas Piketty: Nach der Analyse volkswirtschaftlicher Daten stellte er fest, dass die Menschen schon lange nicht mehr durch ihre eigene Arbeit, sondern vor allem durch Kapitalbesitz zu Wohlstand gelangen (vgl. Piketty, 2014). Während in den skandinavischen Ländern in den 1970er Jahren noch gut ein Drittel des jährlichen Arbeits-

einkommens von der ärmeren Hälfte der Bevölkerung erwirtschaftet wurde, ist es im Jahr 2010 in den USA nur noch ein Viertel. Noch deutlicher ist die Verteilung von Kapitalbesitz: Nur ein Zehntel des Gesamtkapitals war in den 1970er Jahren im skandinavischen Raum in den Händen der ärmeren Hälfte, in den USA sind es im Jahr 2010 lediglich 5 % (a. a. O., S. 326 f.). Dort besitzen die reichsten 10 % der Bevölkerung 70 % des Gesamtkapitals (s. Abb. 20).

Piketty behauptet, dass der Kapitalismus unter einem zentralen Widerspruch leidet. Wenn die private Kapitalrendite (r) dauerhaft sehr viel höher ist als die Wachstumsrate (g), die aus Einkommen und Produktion entsteht, dann entsteht eine mächtige destabilisierende Kraft. Die Kapitalbesitzer werden zu Rentiers und gewinnen zunehmend an Macht über diejenigen, die »nichts als ihre Arbeit besitzen. Wenn es einmal da ist, reproduziert Kapital sich von selbst – und zwar schneller, als die Produktion wächst. Die Vergangenheit frisst die Zukunft« (Piketty, 2014, S. 786).

Abbildung 20   Verteilung von Arbeitseinkommen und Kapitalbesitz

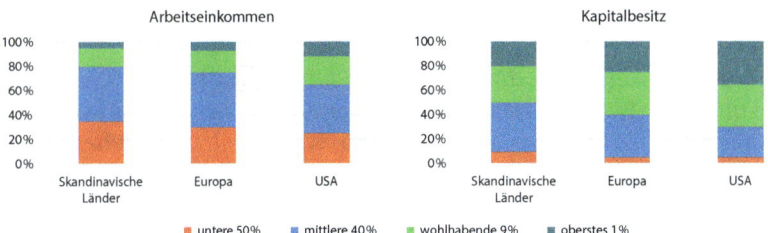

Arbeitseinkommen	untere 50 %	mittlere 40 %	wohlhabende 9 %	oberstes 1 %
Skandinavische Länder	35 %	45 %	15 %	5 %
Europa	30 %	45 %	18 %	7 %
USA	25 %	40 %	23 %	12 %

Kapitalbesitz	untere 50 %	mittlere 40 %	wohlhabende 9 %	oberstes 1 %
Skandinavische Länder	10 %	40 %	30 %	20 %
Europa	5 %	35 %	35 %	25 %
USA	5 %	25 %	35 %	35 %

eigene Darstellung, Quelle: Piketty, 2014, S. 326 f.; Daten für skandinavische Länder 1970 bis 1980, für Europa und USA 2010

Aus der Ungleichung r > g entstehe eine globale soziale Ungleichheit, die der politischen Regulierung bedürfe, wenn es nicht zu Krisen und gar Kriegen kommen solle.

Und doch geht es den Menschen weltweit immer besser. In der Mitte des 19. Jahrhunderts lebten weltweit 94 % der Menschen in extremer Armut, nur 12 % konnten lesen, 43 % starben vor ihrem fünften Geburtstag und die Lebenserwartung lag unter 30 Jahren. Zu Beginn des 21. Jahrhunderts leben nur noch 10 % aller Menschen in extremer Armut, 85 % können lesen, nur 4 % sterben bereits als Kleinkinder und die durchschnittliche Lebenserwartung liegt bei 71 Jahren (vgl. hierzu die umfangreiche Datensammlung bei Roser, 2017).

Diesen Fortschritt messbar und damit auch vergleichbar zu machen, war und ist das zentrale Anliegen des *Index für menschliche Entwicklung* (HDI), dessen Daten jedes Jahr von den Vereinten Nationen veröffentlicht werden (s. Kap. 6.2.1). Das Entwicklungsprogramm der Vereinten Nation berichtet für das Jahr 2015, dass Norwegen, Australien und die Schweiz die bestentwickelten Länder der Welt sind, die afrikanischen Länder Tschad, Niger und die Zentralafrikanische Republik hingegen die am schlechtesten entwickelten Länder (vgl. HDR, 2017). Für die nachfolgende Analyse und eine überschaubare Darstellung der Ergebnisse wurden zunächst zwölf Länder aus verschiedenen Regionen der Welt ausgewählt. Für diese ausgewählten Länder veröffentlichen die Vereinten Nationen folgende Werte für das Jahr 2015 (s. Abb. 21).

Kritiker bemängeln am HDI vor allem die Messung des Wohlstands durch die Ermittlung des Bruttonationaleinkommens pro Kopf. Dieser volkswirtschaftliche Kennwert beziffert den monetären Wert aller Waren und Dienstleistungen, der durchschnittlich von den Bürgern eines Landes in einem Jahr erwirtschaftet wird. Dazu gehören Maschinen, Autos und Gebäude sowie vieles andere, aber auch die Ausgaben für Treibstoff, der durch Staus in die Höhe getrieben wird, für Medikamente und Behandlungen, die durch Luftverschmutzung oder Drogenmissbrauch notwendig werden, oder für Gefängnisse, die für die Verwahrung von Straftätern erforderlich sind. Er wächst durch die Herstellung von alkoholischen Getränken und die Werbung dafür, aber auch durch die Behandlung von Unfällen und Erkrankungen, die durch ihn entstehen. Der Kennwert ist neutral gegenüber der Art der Wertschöpfung, er bemisst legale Arbeit und illegales Handeln sowie positive wie negative Folgen gleichwertig.

Die Kritik an dieser Art von Messung ist so alt wie der Kennwert selbst. Selbst sein Erfinder, Simon Kuznets, nannte ihn ›wissenschaftlich unsolide‹ und schon 1968 bemängelte Robert F. Kennedy in seiner Rede an der Universität von Kansas, dass das Bruttonationaleinkommen alles messe, außer dem, was das Leben lebenswert mache. Fast 50 Jahre später fordert eine Expertenkommission, zu der auch Amartya Sen gehört, erneut neue Instrumente zur Messung des Wohlstands und die stärkere Beachtung des Wohlbefindens der Bürger sowie der Nachhaltigkeit ihrer Wirtschaft.

Abbildung 21 Index für menschliche Entwicklung, HDI (ausgewählte Länder)

Land	HDI	Wohlstand	Gesundheit	Bildung
Australien	0,94	42,82	82,50	16,80
Deutschland	0,93	45,00	81,10	15,14
Dänemark	0,92	44,52	80,40	15,49
USA	0,92	53,25	79,20	14,88
Israel	0,90	31,22	82,60	14,38
Japan	0,90	37,27	83,70	13,90
Frankreich	0,89	38,09	82,40	13,95
Costa Rica	0,78	14,00	79,10	11,44
Mexiko	0,76	16,38	77,00	10,93
Brasilien	0,75	14,15	74,70	11,48
Südafrika	0,67	12,09	57,70	11,66
Niger	0,35	0,89	61,90	3,54

Quelle: HDR, 2017. Wohlstand: Bruttonationaleinkommen pro Kopf und Jahr in Tausend US$, Gesundheit: durchschnittliche Lebenserwartung bei der Geburt in Jahren, Bildung: durchschnittliche tatsächliche und erwartete Schuljahre

Die Kommission erinnert daran, dass die Qualität des Lebens von Menschen nicht nur von Gütern bestimmt wird, die auf einem Markt gehandelt werden: »Quality of life includes the full range of factors that make life worth living, including those that are not traded in markets and not captured by monetary measures« (Stiglitz, Sen & Fitoussi, 2009, S. 216).

Um die Lebensqualität der Bürger eines Landes zu messen, wurden in den letzten Jahren zahlreiche Verfahren zur Erfassung von Glück und Zufriedenheit entwickelt. Aber auch hierbei muss man genau hinschauen, was gemessen wird, denn die Fragen »Wie glücklich sind Sie?« und »Wie zufrieden sind Sie mit Ihrem Leben?« werden zumeist unterschiedlich beantwortet (vgl. Kahnemann, 2012, 491ff.). Das aktuelle Glücksgefühl schwankt bei den meisten Menschen stark und wird oft von Zufällen wie dem Wetter, dem aktuellen körperlichen Wohlbefinden oder der Stimmung anderer Menschen beeinflusst. Zudem ist das Glücksempfinden kaum von objektiven Lebensumständen abhängig, sehr wohl aber vom sozialen Vergleich. Der Ökonom Richard Easterlin hat festgestellt, dass der steigende Wohlstand eines Landes seine Bürger nicht notwendig glücklicher macht (vgl. Easterlin, 2010, S. 240ff.). Das nach ihm benannte Easterlin-Paradoxon besagt, dass Glück vor allem relativ ist:

Wenn alle Nachbarn jedes Jahr ein bisschen mehr zu Wohlstand kommen, wird keiner glücklicher – erst dann, wenn einer von ihnen erkennbar wohlhabender wird als seine Nachbarn, steigt auch sein Glücksempfinden.

Das Gefühl von Glück zu messen ist daher wenig hilfreich, wenn man die Lebenssituationen der Menschen erfassen und vergleichen will. Zielführender ist dazu die Lebenszufriedenheit; sie erfasst nicht nur die emotionale Tagesform, sondern auch die für uns wichtigen Erfahrungen und Erinnerungen an die Vergangenheit sowie unsere Erwartungen an die Zukunft. Die Schwankungen der eher rationalen Einschätzung der Zufriedenheit mit dem eigenen Leben sind entsprechend geringer.

Nun kann man die Zufriedenheit von Menschen mit einer einfachen Frage festhalten oder nach Lebensbereichen differenzieren. Die einfache Frage ist die sogenannte Leiterfrage: »Auf einer Skala von 0 (sehr unzufrieden) bis 10 (sehr zufrieden) – wie zufrieden sind Sie mit Ihrem Leben?« Für eine differenzierte Betrachtung von Lebensbereichen gibt es mittlerweile eine Reihe von Vorschlägen. Beispielsweise veröffentlicht der Glücksatlas der Deutschen Post jährlich die Bewertung der fünf Bereiche Leben allgemein, Arbeit, Einkommen, Gesundheit, Freizeit und Wohnen in 16 deutschen Regionen. Weltweite Daten finden sich im World Happiness Report über den sozialen Zusammenhalt, die Freiheit der Lebensführung, die eigene Großzügigkeit und die Wahrnehmung von Korruption in der Wirtschaft und in der Politik. Der Better Life Index der OECD sammelt aus nahezu allen Ländern der Welt die Bewertungen der Zufriedenheit mit dem Einkommen und der Beschäftigungssituation, den Wohnverhältnissen und der Umwelt, der Bildung und der Work-Life-Balance, dem Gemeinsinn und dem bürgerlichen Engagement, der Gesundheit und der Sicherheit (OECD, 2017).

Neben diesen subjektiven Bewertungen der Zufriedenheit werden oftmals auch statistische Daten über den Arbeitsmarkt oder die Kriminalität in einem Land mit einbezogen. Als wichtigster statistischer Wert gilt aber weiterhin der ökonomische Wohlstand der Bürger eines Landes, der als durchschnittliches Bruttonationaleinkommen pro Kopf in die Bewertung einfließt. Die normative Begründung hinter der Kombination subjektiver Bewertungen und statistischer Wirtschaftsdaten lautet schlichtweg, dass Geld allein vielleicht nicht glücklich, aber Wohlstand sehr wohl zufrieden macht. Und ein Blick auf die Werte der zwölf ausgewählten Länder bestätigt diese Annahme: Der gemessene Wohlstand korreliert in den allermeisten Fällen stark mit der Bewertung der Lebenszufriedenheit der Bürger eines Landes (s. Abb. 22). Auch wenn die meisten Daten in der Nähe der Trendlinie und damit des statistischen Durchschnitts liegen, fallen einige Länder auf: Beispielsweise sind die Bürger Costa Ricas auffallend zufrieden, trotz geringem Wohlstand. Umgekehrt sind die Japaner trotz ihrem Wohlstand relativ unzufrieden mit ihrem Leben.

Nun ist eine Korrelation von Daten noch keine Erklärung für deren Kausalität. Ob Wohlstand die Menschen zufriedener macht oder zufriedene Menschen auch

Gerechtigkeit als Gemeinwohl

Abbildung 22 Wohlstand und Zufriedenheit

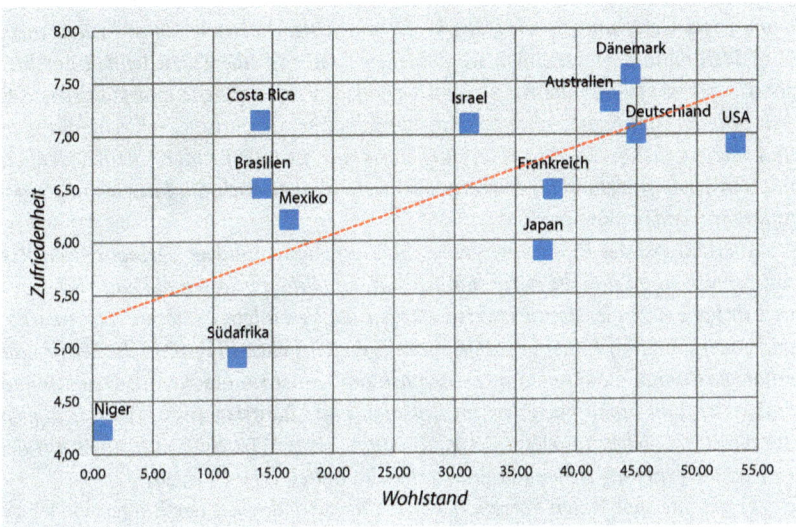

Land	Index (W/Z)	Wohlstand	Zufriedenheit
USA	7,72	53,25	6,90
Deutschland	6,43	45,00	7,00
Japan	6,32	37,27	5,90
Dänemark	5,89	44,52	7,56
Frankreich	5,88	38,09	6,48
Australien	5,87	42,82	7,30
Israel	4,40	31,22	7,10
Mexiko	2,64	16,38	6,20
Südafrika	2,47	12,09	4,90
Brasilien	2,18	14,15	6,50
Costa Rica	1,96	14,00	7,14
Niger	0,21	0,89	4,23

eigene Darstellung, gestrichelte Linie Trendline; Quelle der Daten für Wohlstand aus HDR, 2017, für Zufriedenheit aus OECD, 2017; Index: Wohlstand/Zufriedenheit, eigene Berechnung *leichter zu Wohlstand gelangen, ist damit nicht gesagt. Aber ein Leben in relativer Sicherheit und mit guter Infrastruktur bei Schulen und Krankenhäusern kostet nun einmal viel Geld, und so wird der Wohlstand einer Volkswirtschaft in den meisten Fällen dann doch zu einem wesentlichen Faktor für die Zufriedenheit der Bürger. Umgekehrt führen die Angst vor Überfällen, wirtschaftliche und politische Krisen, Schulen und Krankenhäuser mit mangelhafter Ausstattung, schlechte Straßen und unzuverlässige Energieversorgung nicht nur zu anhaltender Unzufriedenheit mit den Lebensumständen, sondern erschwert all dies auch die Entwicklung einer funktionierenden Wirtschaft.*

Allerdings ist der Erfolg einer Wirtschaft auf engste mit dem Verbrauch von Ressourcen verknüpft und die wirtschaftlich starken Länder belasten die natürliche Umwelt in hohem Maße. Beispielsweise würden die Vereinigten Staaten von Amerika und Australien fünf Erden benötigen, um ihren jährlichen Eingriff in die Natur dauerhaft fortführen zu können; in Dänemark und Israel sind es vier, in Deutschland, Frankreich und Japan noch drei, in Brasilien und Südafrika zwei Erden. Lediglich der bitterarme Niger im Herzen Afrikas könnte seine Wirtschaft auf Dauer mit der einen zur Verfügung stehenden Erde aufrechterhalten (vgl. GFN, 2017).

In den meisten Fällen korreliert daher die Zufriedenheit der Bürger eines Landes auch mit der Belastung der natürlichen Umwelt. So zeigt die Trendlinie (gestrichelte Linie, s. Abb. 23) erneut einen engen Zusammenhang zwischen dem ökologischen Fußabdruck und der Lebenszufriedenheit. In diesem Fall sind beide Werte insbesondere in Australien und in den Vereinigten Staaten von Amerika besonders hoch – sowohl eine hohe Zufriedenheit als auch eine hohe Belastung. Hierbei eine Kausalität zu vermuten, wäre problematisch – honi soit qui mal y pense. Auffällig ist jedoch, dass die Zufriedenheit und der Wohlstand vieler Menschen mit einer ressourcenvernichtenden Lebensweise zusammenfallen. Lediglich Costa Rica schafft es, einen eher kleinen ökologischen Fußabdruck mit einer hohen Zufriedenheit der Bürger zu verbinden.

Der Index für menschliche Entwicklung (HDI) ist in den letzten Jahren nicht zuletzt deshalb in die Kritik geraten, weil er das Problem der Ungleichheit außer Acht gelassen hat. Die Verrechnung der Wirtschaftsleistung ist ohne weitere Berücksichtigung der Verteilung des Wohlstands oftmals problematisch, wie bereits zuvor erläutert wurde (s. Kap. 6.2.1). Als Reaktion auf die Kritik wurde daher der Inequality-adjusted Human Development Index (IHDI) entwickelt, der ungleiche Verteilungen innerhalb der drei Messkriterien Wohlstand, Bildung und Gesundheit berücksichtigt. Je größer die Ungleichheit bei einem oder mehreren der drei Kriterien in einem Land ausfällt, desto niedriger ist der Wert, der in die Berechnung einfließt (vgl. HDR, 2017). Mit anderen Worten: In Ländern mit perfekter Gleichheit gäbe es keinen Unterschied zwischen dem HDI und dem IHDI. Je größer aber die Ungleichheit in einer Gesellschaft, desto größer ist auch die Abweichung beider Werte.

Gerechtigkeit als Gemeinwohl

Abbildung 23   Ökologische Belastungen und Zufriedenheit

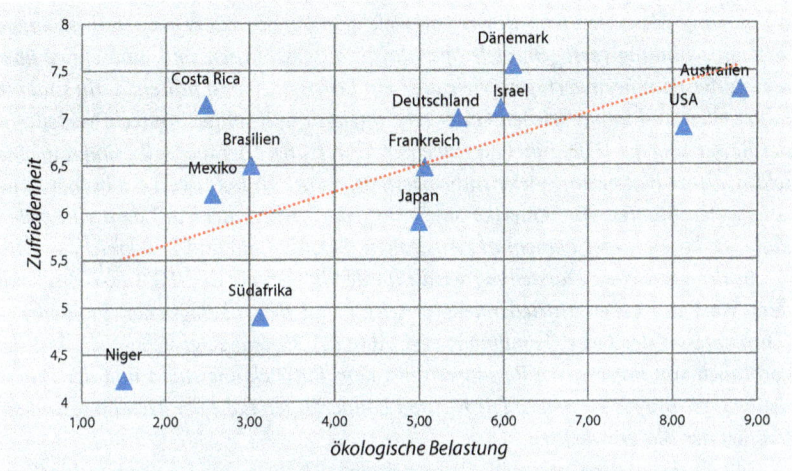

Land	Index (Z/ÖB)	Zufriedenheit	Ökologische Belastung
Costa Rica	2,88	7,14	2,48
Niger	2,82	4,23	1,50
Mexiko	2,42	6,20	2,56
Brasilien	2,15	6,50	3,02
Südafrika	1,57	4,90	3,13
Deutschland	1,28	7,00	5,46
Frankreich	1,28	6,48	5,06
Dänemark	1,24	7,56	6,11
Israel	1,19	7,10	5,96
Japan	1,18	5,90	4,99
USA	0,85	6,90	8,13
Australien	0,83	7,30	8,80

eigene Darstellung, gestrichelte Linie Trendline; Quelle der Daten für Zufriedenheit aus OECD, 2017, für ökologische Belastung aus Global Footprint Network, 2013 – ökologischer Fußabdruck pro Person als Summe aus Kohlenstoffproduktion und Belastung von Fischgründen, Ackerland, bebauten Flächen, Forstwirtschaft und Weideland; Index: Zufriedenheit/ökologische Belastung, eigene Berechnung

Die normative Annahme, die hinter dieser Bewertung steht, lautet, dass ungleiche Verteilungen in einer Gesellschaft auf soziale Ungerechtigkeiten hinweisen. Wenn einige Menschen sehr alt werden, viele aber bereits relativ jung sterben, einige über gute Bildung verfügen, viele aber davon ausgeschlossen sind, und einige über sehr große Vermögen verfügen, viele aber ein Leben in Armut führen, dann sind die materiellen und immateriellen Güter sehr ungleich und somit ungerecht verteilt. In der Bewertung des IHDI führt dies zu einer Abwertung. Hieraus ergibt sind nun eine relativ dichte Platzierung vieler Industriestaaten um den Indexwert 0,8 bis 0,85. Die Vereinigten Staaten von Amerika sind nun jedoch nicht mehr auf dem vordersten Platz, sie liegen hinter Dänemark, Australien, Deutschland und Frankreich.

In der grafischen Darstellung wird nun der Indexwert des IHDI (x-Achse) mit dem Wert der Lebenszufriedenheit (y-Achse) und dem ökologischen Fußabdruck (Durchmesser der Blase) kombiniert (vgl. Abb. 24). Erneut zeigt sich dabei, dass der Verbrauch von natürlichen Ressourcen mit dem Entwicklungsstand und der Zufriedenheit der Bürger korreliert: Die meisten Länder liegen nahe der Trendlinie und die Größen der Blasen wachsen.

Mit Blick auf die Gerechtigkeitsfrage ergibt sich aber eine sehr unterschiedliche Interpretation dieser Daten: Für Amartya Sen steht der aktuelle Entwicklungsstand eines Landes im Fokus, für ihn wäre – nicht zuletzt aus seiner utilitaristischen Position heraus – der Human Development Index (HDI) als Indikator für den sozialen und wirtschaftlichen Fortschritt ausreichend. Solange der Durchschnitt aller Einzelwerte des HDI steigt, könnte er eine wachsende Gerechtigkeit in der Welt feststellen. Für John Rawls wäre diese Diagnose hingegen verfehlt, da sie die Verteilungsfrage und damit die Fairness außer Acht lässt. Der Inequality-adjusted Human Development Index *(IHDI) wäre für Rawls vermutlich ein wesentlicher Fortschritt, da dieser auch die faire Verteilung von materiellen und immateriellen Gütern in einer Gesellschaft berücksichtigt. Rawls würde aber eine stärkere Beachtung der ökologischen Belastungen der Natur durch die Staaten fordern, da ein Leben in Wohlstand nicht auf Kosten der nachfolgenden Generationen geführt werden dürfte. Die Korrelation der Entwicklung und der Umweltbelastung wäre für ihn nicht fair, solange keine adäquate Sparrate die intergenerationelle Gerechtigkeit sichert.*

Für die Kommunitaristen wäre die Zufriedenheit der Menschen ein zumindest ebenso wichtiges Maß der Bewertung eines Landes und der Gerechtigkeit in der Welt. Für sie wären hochentwickelte Länder wie Frankreich und Japan mit relativ unzufriedenen Bürgern problematisch. Als gute und gerechte Gemeinschaft würden sie vermutlich eher Länder wie Dänemark, Israel und Costa Rica bezeichnen, die oberhalb der Trendlinie liegen.

Allerdings würden auch für die Kommunitaristen zwei Fragen offen bleiben: die nach der Verteilung und die nach der Bewertung von Zufriedenheit. Der hier zugrunde gelegte Better Life Index *der OECD misst eine Reihe von Indikatoren wie die*

Gerechtigkeit als Gemeinwohl

Abbildung 24 IHDI, Zufriedenheit und ökologische Belastung

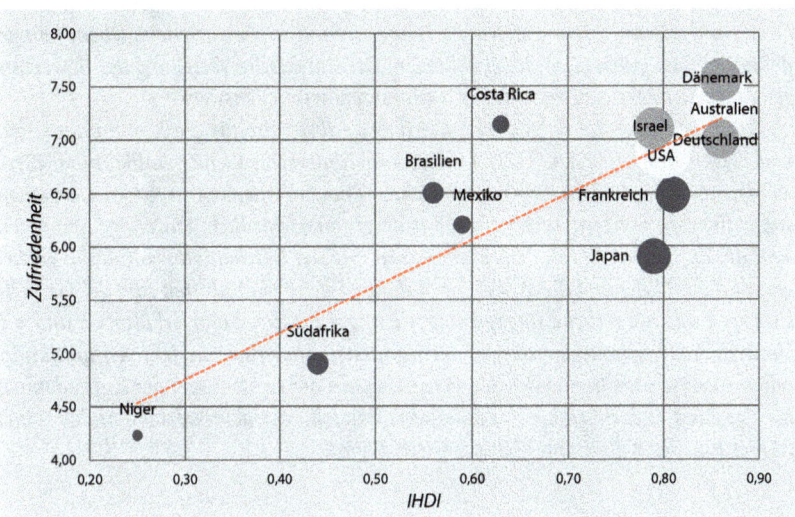

Land	IHDI	Zufriedenheit	Ökologische Belastung
Australien	0,86	7,30	8,80
Dänemark	0,86	7,56	6,11
Deutschland	0,86	7,00	5,46
Frankreich	0,81	6,48	5,06
USA	0,80	6,90	8,13
Israel	0,79	7,10	5,96
Japan	0,79	5,90	4,99
Costa Rica	0,63	7,14	2,48
Mexiko	0,59	6,20	2,56
Brasilien	0,56	6,50	3,02
Südafrika	0,44	4,90	3,13
Niger	0,25	4,23	1,50

eigene Darstellung, gestrichelte Linie Trendline; Quelle der Daten fur IHDI (x-Achse) aus HDR, 2017, für Zufriedenheit (y-Achse) aus OECD, 2017, für ökologische Belastung (Blasen-Durchmesser) aus Global Footprint Network, 2013

Zufriedenheit mit dem Einkommen, den Wohnverhältnissen und dem Gemeinsinn. Er beschreibt aber nicht die Verteilung der Zufriedenheit in einer Gesellschaft. Ein Land, in dem einige sehr zufriedene Bürger und viele Unzufriedene leben, könnte dennoch einen guten Gesamtwert erzielen. Die statistische Verteilung der Bewertungen zu berücksichtigen, wäre daher auch hierbei wünschenswert.

Vor allem aber die Berechnung des Index selbst wäre für die Kommunitaristen eine Diskussion wert. Die OECD misst zwar unterschiedlichste Indikatoren, diese werden aber für alle Länder gleich gewichtet. Die Zufriedenheit ist jedoch zum einen subjektiv, zum anderen auch kulturell bedingt unterschiedlich. Für einige Menschen sind die Zufriedenheit mit dem Einkommen und der Beschäftigungssituation wichtiger als die Bildung und die Work-Life-Balance, in einigen Kulturen sind der Gemeinsinn und das bürgerliche Engagement wichtiger als die Wohnverhältnisse und die Umwelt. Aus kommunitaristischer Sicht müssten auch diese subjektiven und kulturellen Unterschiede berücksichtigt werden, damit der Gesamtwert der Zufriedenheit für ein Land tatsächlich einen Zahlenwert darstellt, der dem Wertempfinden seiner Bürger und der Kultur eines Landes gerecht wird.

6.3.2 Der Kommunitarismus und die multikulturelle Gesellschaft

Die westlichen Staaten verstehen sich als demokratische Gemeinschaften, die ihren Bürgern im liberalen Sinne individuelle Freiheit und rechtliche Gleichheit garantieren. Grundrechte wie die Menschenwürde, die freie Entfaltung der Persönlichkeit, die Gleichberechtigung von Männern und Frauen sowie die Meinungs- und Glaubensfreiheit sind das Erbe der Aufklärung und konstituierende Elemente eines modernen Gemeinwesens. Unverzichtbar sind aber auch Solidarität, Gemeinsinn und Engagement für das Gemeinwohl – schon Alexis de Tocqueville (1805–1859) mahnte Mitte des 19. Jahrhunderts, dass »es Pflicht und Interesse des Menschen ist, sich seinen Nächsten nützlich zu erweisen« (Tocqueville, 2006, S. 247), da sich die Demokratie anderenfalls unmerklich zur Despotie wandele. Eindringlich warnt Tocqueville vor dem Verlust der freien Selbstbestimmung, sobald der Individualismus über den Gemeinsinn triumphiert:

> Ich sehe eine unübersehbare Menge ähnlicher und gleicher Menschen, die sich rastlos um sich selbst drehen, um sich kleine und gewöhnliche Freuden zu verschaffen, die ihr Herz ausfüllen. Jeder von ihnen ist, ganz auf sich zurückgezogen, dem Schicksal aller anderen gegenüber unbeteiligt: seine Kinder und seine besonderen Freunde sind für ihn die ganze Menschheit; was seine übrigen Mitbürger angeht, so ist er zwar bei ihnen, aber er sieht sie nicht; er berührt sie, aber er spürt sie nicht; er lebt nur in sich und für

sich selbst, und wenn ihm auch noch eine Familie bleibt, so kann man doch zumindest sagen, ein Vaterland hat er nicht mehr.
Über diesen Bürgern erhebt sich eine gewaltige Vormundschaftsgewalt, die es allein übernimmt, ihr Behagen sicherzustellen und über ihr Schicksal zu wachen. Sie ist absolut, ins einzelne gehend, pünktlich, vorausschauend und milde. Sie [...] sucht aber, die Menschen unwiderruflich in der Kindheit festzuhalten; sie freut sich, wenn es den Bürgern gut geht, vorausgesetzt, daß diese ausschließlich an ihr Wohlergehen denken. Sie arbeitet gern für ihr Glück; aber sie will allein daran arbeiten und allein darüber entscheiden; sie sorgt für ihre Sicherheit, führt ihre wichtigsten Geschäfte, leitet ihre gewerblichen Unternehmungen, regelt ihre Erbfolge und teilt ihren Nachlaß; könnte sie ihnen nicht vollends die Sorge, zu denken, abnehmen und die Mühe, zu leben? (Tocqueville, 2006, S. 343)

Inwieweit Tocquevilles dystopische Vision von einem paternalistischen Staat mit atomisierten Bürgern schon Realität geworden ist, ist zumindest umstritten. Soziologen beschreiben jedoch seit den 1970er Jahren eine Epoche der Individualisierung in den westlichen Staaten, in der die klassischen »Konsenzformen und -formeln – Klasse, Kleinfamilie, Ehe, Beruf, Frauenrolle, Männerrolle – zerbröckeln. [...] Institutionen werden *Individuumabhängig*« (Beck, 1991, S. 45). Mit der Individualisierung der Lebensstile und der Vorstellungen von Glückseligkeit stellt sich seitdem wieder verstärkt die Frage nach der Notwendigkeit von Solidarität und *Gemeinsinn* in einer liberalen Gesellschaft, wie sie Tocqueville schon forderte.

In Deutschland ist diese Debatte seit einigen Jahren eng mit der Frage nach dem Gemeinsinn in einer multikulturellen Gesellschaft verknüpft und pendelt zwischen der nationalistischen Forderung nach einer Leitkultur, wie sie der Politikwissenschaftler Bassam Tibi regelmäßig erneuert, und der Erinnerung an die homogenitätsverbürgende Kraft der Solidarität, die dem freiheitlichen Staat gleichsam vorausgeht und seinen Bestand sichert (vgl. Rommerskirchen, 2011, S. 160 ff.). Letztere Position bringt das sogenannte Böckenförde-Diktum, benannt nach dem Bundesverfassungsrichter Ernst-Wolfgang Böckenförde, zum Ausdruck:

Der freiheitliche, säkularisierte Staat lebt von Voraussetzungen, die er selbst nicht garantieren kann. Das ist das große Wagnis, das er, um der Freiheit willen, eingegangen ist. Als freiheitlicher Staat kann er einerseits nur bestehen, wenn sich die Freiheit, die er seinen Bürgern gewährt, von innen her, aus der moralischen Substanz des einzelnen und der Homogenität der Gesellschaft, reguliert. Anderseits kann er diese inneren Regulierungskräfte nicht von sich aus, das heißt mit den Mitteln des Rechtszwanges und autoritativen Gebots zu garantieren suchen, ohne seine Freiheitlichkeit aufzugeben und – auf säkularisierter Ebene – in jenen Totalitätsanspruch zurückzufallen, aus dem er in den konfessionellen Bürgerkriegen herausgeführt hat. (Böckenförde, 1976, S. 60)

Zu Beginn der Epoche der Individualisierung stärkte John Rawls' *Theorie der Gerechtigkeit* von 1972 diese soziale Strömung, indem er die ethischen Fragen nach dem Guten und nach der Gerechtigkeit auf die Ebene der politischen Institutionen verschob. Unterhalb der formalen Bedingungen der Freiheit, der Chancengleichheit und des Differenzprinzips betonte Rawls die liberale Haltung der Gemeinschaftsmitglieder in Bezug auf die Gesellschaft. Für Rawls gilt das Primat der ›Fairness als Gerechtigkeit‹ und somit ›des Rechts vor dem Guten‹. Die kommunitaristische Bewegung begann mit der Kritik an diesem Primat und dem daraus abgeleiteten liberalen Individualismus. Die Kommunitaristen betonten dagegen die Verpflichtung zur Zugehörigkeit, eine »obligation to belong« (Taylor, 1985, S. 198), und erinnerten das liberale Individuum an seine normative Einbindung in die Gemeinschaft und deren Werte. Insofern ist der Kommunitarismus seit seinem Beginn in den 1980er Jahren »der Versuch einer Wiederbelebung von Gemeinschaftsdenken unter den Bedingungen postmoderner Informations- und Dienstleistungsgesellschaften« (Reese-Schäfer, 2001, S. 7). Im Gegensatz zu John Rawls galt es, die Gerechtigkeit wieder als Wert zu betrachten und mit der Anerkennung des guten Handelns zu verknüpfen. Mit anderen Worten: Gerechtigkeit ist nicht unbedingt Fairness, sondern zunächst wertorientiertes gutes Handeln, und das Gute sollte daher vor dem Recht stehen.

Mit dem Problem der Wertebegründung durch die Zugehörigkeit zu einer Gemeinschaft beschäftigte sich auch schon der kommunitaristische Urahn, Aristoteles. Für ihn durfte der Staat nicht zu klein und nicht zu groß sein, da er hierdurch entweder die staatliche Autonomie (die Freiheit der Werte) oder die gemeinschaftliche Isonomie (die Gleichheit der Werte) gefährdet sah. Ein zu kleiner Staat konnte schnell von anderen Staaten wirtschaftlich, militärisch und sozial abhängig werden, ein zu großer Staat konnte ohne persönliche Beziehungen und ohne Verständigung über eine gemeinsame Wertebasis unregierbar sein: »[Um] aber entscheiden zu können, was wirklich rechtens ist, und um die Staatsämter nach Würdigkeit vergeben zu können, müssen die Staatsbürger einander kennen und wissen, was an einem jeden von ihnen ist, und wo dies nicht der Fall ist, da müssen notwendig die Ämterbesetzung und die richterliche Entscheidung schlecht ausfallen« (Aristoteles, 1995c, Pol, 1326b 14 f.). In einer *guten politischen Gemeinschaft (politiké koinōnía)* im Sinne Aristoteles' war die Ähnlichkeit oder Gleichförmigkeit der Vorstellungen von Tugenden, Gerechtigkeit, Lebensformen und Glückseligkeit daher eine wesentliche Voraussetzung für gutes Handeln.

> Der Staat nun aber ist eine Gemeinschaft von Gleichen, und zwar zum Zweck des möglichst besten Lebens. Da indessen Glückseligkeit das Beste ist, und diese in der Verwirklichung und vollendeten Ausübung der Tugend besteht und da [...] nur ein Teil der Menschen an der Tugend teilzuhaben vermag [...], so liegt offenbar hier-

in der Grund davon, weshalb mehrere verschiedene Arten von Staat und Staatsverfassung entstehen. Denn indem eben die Menschen auf verschiedene Weise und mit verschiedenen Mitteln jenem Zweck nachjagen, rufen sie dadurch auch eine Verschiedenheit der Lebensformen und der Staatsverfassungen hervor. (Aristoteles, 1995c, Pol, 1328a 36 ff.)

Aristoteles zufolge sollten die Menschen folglich ihr Glück in jener Gemeinschaft zu verwirklichen suchen, die es ihnen auch ermöglichen konnte und wollte. Menschen mit anderen Lebensformen und Lebenszielen, die nicht zu dieser Gemeinschaft passten, sollten sich entweder anpassen oder eine ihnen passende Gesellschaft suchen. Nun war es im antiken Griechenland in der Polis vielleicht möglich, die Ziele, Stärken und Schwächen der politisch aktiven Mitbürger zu kennen und ihre Eignung für bestimmte Ämter und Aufgaben zu beurteilen – da Frauen, Metöken und Sklaven hiervon ausgeschlossen waren, blieb die Anzahl der »Gleichen« überschaubar. In modernen Staaten mit vielen Millionen Bürgern, die einerseits politisch gleichberechtigt sind und andererseits unterschiedlichste Interessen und Lebensstile vertreten, ist die Idee einer »Gemeinschaft der Gleichen« nur noch eine bloße Utopie. Daher stellt sich die Frage, wer in einer modernen Gesellschaft über die ethischen Grundlagen der Gemeinschaft und deren Vorstellungen von Tugenden und Glückseligkeit als Bezugspunkte und als Ziel allen Handelns berät und entscheidet. Oder, um einen Titel von Charles Taylor zu zitieren, der das Problem auf den Punkt bringt: *Wieviel Gemeinschaft braucht die Demokratie?* (vgl. Taylor, 2002).

Amartya Sen hat diese Frage für seinen warmherzigen Utilitarismus aus einer liberalen Position heraus beantwortet (vgl. Kapitel 6.2). Ihm geht es nicht um gemeinschaftsspezifische Werte, sondern um Tugenden und Gerechtigkeit aus der Perspektive eines unparteiischen Beobachters. Das Gute und das Gerechte sind für Sen deshalb normative Anliegen, die nur aus der Distanz zu bewerten sind. Am Beispiel der Todesstrafe für minderjährige Straftäter fordert Sen eine öffentliche Diskussion über dieses Strafmaß, an der auch ausländische Juristen und Experten teilnehmen und deren Stimmen auch die US-amerikanischen Richter des Obersten Gerichtshofs anhören und berücksichtigen sollten. Für ethische Fragen sei ein solches »partizipatorisches Verfahren, das viel mit dem […] Praktizieren von Demokratie durch öffentlichen Vernunftgebrauch gemeinsam hat« (Sen, 2010, S. 435), ein diskursiver Meilenstein, um jeglichen »lokalen oder nationalen Provinzialismus« (Sen, 2010, S. 434) zu vermeiden. Der Vorwurf des Provinzialismus richtet sich hierbei, wie bereits dargestellt, an die kommunitaristischen Verfechter einer Aristotelischen Handlungs- und Gemeinschaftstheorie wie Michael Sandel, Charles Taylor und Michael Walzer.

Allerdings verfehlt Sen hierbei die eigentliche Position neuzeitlicher kommunitaristischer Philosophen, mag sein Vorwurf des Provinzialismus angesichts der sehr begrenzten Toleranz der antiken Polis gegenüber Nicht-Athenern auch noch so zutreffend sein. Doch impliziert Michael Sandels Kritik am *ungebundenen Selbst* keinen Provinzialismus im Sinne Amartya Sens, sondern fordert eine Bewertung gemeinsamer Werte, Ziele und Zwecke von Handlungen *für* die Gemeinschaft im Sinne des Gemeinwohls. Eine derartige Bewertung ist jedoch nicht an die Herkunft des Beraters aus der jeweiligen Gemeinschaft beschränkt und seine Perspektive ist nicht einzig auf die jeweilige Gesellschaft reduziert. Allerdings könne diese Bewertung laut Sandel keinesfalls ein interesseloses Subjekt vornehmen, da dieses Urteil auf dem normativen Fundament der Gemeinschaft aufbauen müsse und das Gute und das Gerechte nur *für* die Gemeinschaft zu bestimmen sei (vgl. Kapitel 4.3). Und auch für Michael Walzer kann der Kritiker des Gemeinwesens kein unparteiischer Beobachter sein, er muss *als* Mitglied der Gemeinschaft urteilen, deren ethische Grundlagen in der Kritik stehen. Auch dies impliziert keinesfalls, dass eine angemessene Kritik ausschließlich lokale Kriterien zur Beurteilung hinzuzieht.

> Dieser Kritiker ist einer von uns. Vielleicht hat er Reisen gemacht und ihm Ausland studiert, doch er beruft sich auf örtliche und vor Ort geltende Grundsätze; wenn er auf seinen Reisen neue Ideen gewonnen hat, so versucht er, diese mit der heimischen Kultur zu verknüpfen, wobei er sich auf seine ureigene Kenntnis stützen kann; er steht seiner Gesellschaft nicht mit intellektuellem Abstand gegenüber. (Walzer, 1990, S. 49)

Der kommunitaristische Richter beziehungsweise Kritiker ist kein Provinzialist, aber seine Erfahrungen und Überlegungen sind immer auf *seine* Gemeinschaft ausgerichtet, jene, der er sich *zugehörig* fühlt. Zugehörigkeit bedingt jedoch keine Abstammung und Verbundenheit keinen Provinzialismus. Insofern verläuft die Grenzlinie zwischen der liberalen und der kommunitaristischen Position entlang der Frage, welche Rolle die Normen und Werte einer spezifischen Gemeinschaft für die Bewertung von Handlungen, für die Anerkennung eines Guten als Handlungsziel und für die Gerechtigkeit eines ethischen Urteils in einer modernen Gemeinschaft spielen sollen. Für die liberalen Theoretiker John Rawls und Amartya Sen ist ihre Bedeutung gering, sie sind für den Vertragsabschluss nicht relevant oder gleichrangig mit anderen Werten und Normen. Für die nun nachfolgend vorgestellten kommunitaristischen Philosophen Charles Taylor und Michael Walzer sind sie allerdings Ausgangs- und Zielpunkt ihrer ethischen Überlegungen sowie die *conditio sine qua non* der Bestimmung des Guten und der Gerechtigkeit – wobei sich jedoch bei beiden Philosophen eine mehr oder weniger deutliche Abgrenzung zu den Positionen von John Rawls und Amartya Sen zeigt: Während

Charles Taylor alle Nützlichkeitsüberlegungen in Fragen des Guten und des Gerechten entschieden ablehnt, nimmt Michael Walzer eine vermittelnde Position zwischen Kommunitarismus und Liberalismus ein.

6.3.3 Charles Taylor und das Recht auf Selbstbestimmung

Der kanadische Politikwissenschaftler und Philosoph Charles Taylor (*1931) gehört zu den weltweit populärsten Vertretern des Kommunitarismus. In den letzten fünf Jahrzehnten hat Taylor zahlreiche Bücher und Essays zu Fragen der praktischen Philosophie veröffentlicht sowie mehrere Gastprofessuren auch in Deutschland übernommen und wurde mit einigen der renommiertesten Preise geehrt, unter anderem 2008 mit dem Kyoto-Preis, der auch als ›Nobelpreis‹ der Philosophie gilt.

Charles Taylors Werk ist eingebettet in die Geschichte der Philosophie, und seine profunden Kenntnisse erlauben es ihm, seine Argumente immer auf seine Vorgänger und Wegbegleiter zu beziehen, die er – von Aristoteles bis Habermas – ausführlich zur Prüfung seiner eigenen Theorien heranzieht. In seinem letzten großen Werk *Ein säkulares Zeitalter,* das 2009 im englischen Original und 2012 in deutscher Übersetzung erschien, prüft Taylor auf mehr als 1 200 Seiten die gängige Behauptung, dass sich die Menschen in den westlichen Nationen in säkularen Gesellschaften bewegen und auf religiöse Bezugnahmen und Einflüsse verzichten; 14 Seiten lang ist allein das Namensregister.

Seine politische Theorie ist geprägt von den zentralen kommunitaristischen Gedanken über das Verhältnis von Individuum, Gemeinschaft und Staat. Er kritisiert einerseits die liberalen individualistischen Staatskonzepte, wie sie von den Philosophen Thomas Hobbes und John Locke sowie dem Nationalökonomen Joseph Schumpeter (1883–1950) entwickelt wurden, als quasi-ökonomische Staatstheorien. Wenn das Verhältnis zwischen Politik und Bürgern mit dem zwischen einem Unternehmen und seinen Kunden gleichgesetzt werde, wie Schumpeter vorschlägt, dann, so Taylor, verkenne der ökonomische Blick auf die Gesellschaft das Wesen der Beziehung zwischen Bürger und Staat.

> Dieses Modell der Demokratie vernachlässigt gerade das, was von jeher als die Tugend und Würde des Bürgers, als ›Bürgerschaft‹ *(citizenship)* angesehen wurde: daß Menschen sich aktiv an der Regierung ihres Gemeinwesens beteiligen, daß sie sich in gewisser Weise selbst regieren. (Taylor, 2002, S. 14)

Anderseits kritisiert er aber auch die diametral entgegengesetzten kollektivistischen Konzeptionen, wie sie Rousseau und Marx entwickelt haben. Eine das Individuum verkollektivierende *volonté générale* ist für Taylor ebenso unakzeptabel wie eine Diktatur des Proletariats, beide Konzeptionen seien als Modell für jede Demokratie verheerend: »Es spricht Differenzen, Konkurrenz und Streit ihre Legitimität ab« (Taylor, 2002, S. 19). Ohne diese störenden gesellschaftlichen Kräfte könne eine Demokratie jedoch nicht bestehen, und ein Staat, der diese abschaffen wolle, sei immer eine Despotie.

Taylors Vorschlag ist ein dritter Weg, ein demokratisches Gemeinwesen, das zum einen Streit und Konkurrenz ermöglicht, zum anderen seinen Bürgern einen »zentralen, einheitsstiftenden Identifikationspol« (Taylor, 2002, S. 19) bietet. Dieser Identifikationspol sind für Taylor die Gesetze, die als Gemeingut der Gemeinschaft angesehen und geachtet werden, die den gemeinschaftlichen Willen spiegeln und sich der Kritik und dem Streit nicht entziehen.

Für ein solches Gemeinwesen, das sowohl den liberalen Atomismus als auch den Zwang des Kollektivs vermeidet, beschreibt Taylor vier Bedingungen, die dieses möglich und lebendig machen sollen: Solidarität, Partizipation, Respekt und eine gemischte Wirtschaftsform. Eine wesentliche Vorbedingung hierzu sei die Anerkennung aller Mitglieder der Gemeinschaft als ›Gleiche‹. Taylor versteht hierunter jedoch weder eine ›Gemeinschaft der Gleichen‹, wie sie Aristoteles' isonomische Gesellschaftstheorie voraussetzt, noch eine Klasse der Bourgeoisie, wie sie bei Kant als Gleichheit der Selbstständigen erscheint. Taylors Vorstellung vom Bürgers ist der Citoyen, der am Gemeinwesen interessierte und orientierte Staatsbürger (vgl. Reese-Schäfer, 2001, S. 35).

Darauf aufbauend ist *Solidarität* zur Gemeinschaft für Taylor eine Art des Patriotismus. Für eine demokratische Gesellschaft, die als Einheit und als Nation bestehen will, sei es »wesentlich, daß ihre Mitglieder sich als Beteiligte am gemeinsamen Unternehmen der Wahrung ihrer Bürgerrechte verstehen« (Taylor, 2002, S. 21). Dieses ›gemeinsame Unternehmen‹ sei aber nicht auf die Wahrung der individuellen Rechte des Bürgers gegenüber der Gemeinschaft beschränkt, sondern fordere darüber hinaus eine Form der Solidarität, die sich in der Anerkennung der Anderen und der Verpflichtung zum Gemeinwesen ausdrücke.

> In der Praxis kann eine Nation nur dann eine stabile Legitimität garantieren, wenn ihre Mitglieder einander in hohem Maße verpflichtet sind kraft eines von allen geteilten Gefühls der Zugehörigkeit zur politischen Gemeinschaft. [...] Kurz, ein moderner demokratischer Staat braucht ein ›Volk‹ mit einer starken kollektiven Identität. (Taylor, 2002, S. 31)

Aus dieser Verpflichtung zum Gemeinwesen folgt für Taylor die zweite Bedingung einer Demokratie, die *Partizipation*. Eines der wichtigsten Probleme der modernen Massendemokratien ist für Taylor die Beschränkung des Bürgersinns auf die

Stimmabgabe bei den Wahlen der politischen Repräsentanten. Diese Beschränkung führe lediglich dazu, dass es »das Bewußtsein untergräbt, an dem gemeinsamen Vorhaben der Selbstregierung beteiligt zu sein« (Taylor, 2002, S. 23). Daher müsse es zwar eine zentrale Gewalt geben, die die Gesetze durchsetzt und die politische Führung des Landes gegenüber den Bürgern verantwortet, ebenso wichtig sei aber auch eine Dezentralisierung von Zuständigkeiten für das Gemeinwohl, die eine lokale Partizipation mit echten Kompetenzen erlaube und »lebendige Identifikationsgemeinschaften« (Taylor, 2002, S. 25) herausbilde.

Ohne gegenseitigen *Respekt*, welcher die dritte Bedingung einer Demokratie ist, seien solche Identifikationsgemeinschaften jedoch nur leere Worte, da die Haltung der Zugehörigkeit entscheidend davon abhänge, dass alle Mitglieder der Gemeinschaft diese Zugehörigkeit auch wechselseitig anerkennen. Demokratie beruht für Taylor deshalb »auf einer Philosophie der Inklusion«, denn nur dann könne sie als »Herrschaft des *ganzen* Volkes« gelten (Taylor, 2002, S. 30). Sobald eine Gruppe von Mitgliedern aufgrund regionaler, ethnischer oder sprachlicher Besonderheiten ausgeschlossen werde, ende die gemeinsame Beratung über das gemeinsame Wohl.

> Wenn beispielsweise eine Gruppe den Eindruck hat, daß der Rest der Nation ihr keine Beachtung schenkt oder unfähig ist, ihren Standpunkt zu verstehen, dann wird sie sich vom Prozeß der gemeinschaftlichen Deliberation ausgeschlossen fühlen. [...] Eine Gruppe, die ungehört bleibt, ist von der Nation ausgeschlossen, aus demselben Grund aber auch nicht mehr an deren Willen gebunden. (Taylor, 2002, S. 31)

Die vierte und letzte Bedingung für ein demokratisches Gemeinwesen ist eine *Form des Wirtschaftens*, die die strukturellen Fehler des Kapitalismus und des Sozialismus vermeidet. Charles Tayler fordert keinesfalls die Abschaffung eines freien Marktes oder privatwirtschaftlicher Unternehmen, jedoch glaubt er, dass zum einen die öffentlichen Güter nicht als Privateigentum gelten und zum anderen die Steuerung des Marktes und der Produktion stärker dezentralisiert werden sollten, um so die Macht der Großunternehmen einzuschränken.

Diese vier Bedingungen einer demokratischen Gesellschaft als Gemeinwesen – die Solidarität, die Partizipation, der gegenseitige Respekt und eine andere Form des Wirtschaftens – sind für Charles Taylor keine Minimalforderungen, sondern eine ideale Grundlage einer Gemeinschaft von Menschen, die er für erstrebenswert hält. Taylor selbst zweifelt daran, dass diese je erreicht werden, aber sie geben eine Richtung vor, in die sich lebendige und lebensfähige Demokratien künftig bewegen sollten (Taylor, 2002, S. 29).

Auf diesem Weg der Transformation des Sozialen erhofft sich Taylor zudem ein neues Verständnis des Individuums für seinen Platz in der Gemeinschaft. Er fordert die Bürger auf, in lokalen Vereinigungen das gemeinsame Leben zu organisieren und das Gemeinwesen wieder in die eigenen Hände zu nehmen. Ein großer Staat dürfe nicht die Entscheidungen an sich reißen, sondern die Selbstbestimmung gehöre, wo immer es möglich ist, in dezentrale, lokale Bürgervereinigungen. Mit Verweis auf Alexis de Tocqueville fordert Taylor eine starke *Zivilgesellschaft (civil society)*, in der der Einzelne die Verantwortung für seine Autonomie als Mitglied einer Gemeinschaft wieder wahrnimmt – daher sind Selbstbestimmung und Gemeinschaftlichkeit für Taylor auch keine Gegensätze, sie verschmelzen vielmehr in seiner Zivilgesellschaft.

> Freiwillige Zusammenschlüsse für jeden erdenklichen Zweck sind etwas Wertvolles. Doch beruht ihre besondere Bedeutung darin, daß sie uns an den Geschmack und die Übung der Selbstbestimmung gewöhnen. Und darum sind Vereinigungen zu politischen Zwecken unabdingbar. Wenn sie aber wirklich Orte der Selbstbestimmung sein sollen, dürfen sie nicht übermäßig groß sein, müssen zahlreich sein und auf vielen Ebenen des Gemeinwesens existieren. Dieses Gemeinwesen muß dezentralisiert sein, so daß Selbstbestimmung auch auf lokaler, nicht bloß auf nationaler Ebene praktiziert werden kann; wenn sie dort verkümmert, ist sie hier in Gefahr. (Taylor, 2002, S. 89)

Die konkreten politischen Auswirkungen seiner philosophischen Theorien überprüfte Charles Taylor am Beispiel des sogenannten Meech-Lake-Amendment. Im Jahr 1987 wollte die französischsprachige Provinz Québec von der kanadischen Regierung eine Reihe von Sonderrechten durchsetzen und als eine ›*Gesellschaft mit besonderem Charakter*‹ anerkannt werden. Zu diesen Sonderrechten gehörten unter anderem die Regelungen, dass frankophone Bürger und Einwanderer ihre Kinder nicht auf eine englischsprachige Schule schicken dürften, dass die Geschäftssprache in Unternehmen mit mehr als 50 Mitarbeitern französisch sein müsse und dass Plakatwerbung ausschließlich mit französischem Text beschriftet werde. Diese Regelungen hatten das Ziel, die Kultur und die Sprache der frankophonen Mehrheit in der Provinz Québec zu sichern und zu unterstützen, doch sie widersprachen zum Teil der *Charter of Rights* von 1982 im mehrheitlich englischsprachigen Kanada.

Die Frage war nun, ob derartige ›Besonderheiten‹ einer Region in einem Staat zugelassen werden sollten oder ob die Einheit der Nation durch diese Ausnahmen gefährdet würde. Mit anderen Worten: Würden in Québec die individuelle Freiheit und der Anspruch auf Grundrechte von Mitgliedern einer (englischsprachigen) Minderheit durch die kollektiven Sonderregelungen einer (französischsprachigen) Mehrheit verletzt? Oder verletzten die kanadischen Grundrechte nicht vielmehr das Recht der Mehrheit der Québecer und ihrer frankophonen Gemeinschaft auf Selbstbestimmung? Inwiefern also das Verlangen von Minderheiten nach »kultureller Selbsterhaltung oder ›Überleben‹« (Taylor, 2009, S. 39) in einem demokratischen Gemeinwesen anerkennungsfähig ist, konnte Taylor nun anhand seiner Vorstellungen einer Zivilgesellschaft exemplarisch prüfen.

Die liberale Vorstellung, wie sie von Immanuel Kant entworfen und in letzter Zeit beispielsweise von Richard Dworkin vertreten wurde (vgl. Dworkin, 2012), stellt die Autonomie des Menschen in den Mittelpunkt und setzt diese mit seiner Würde gleich: Der Mensch verliere seine Würde, wenn seine (rechtmäßige) Selbstbestimmung eingeschränkt werde. Handlungskonflikte bei der Verfolgung autonomer Zielvorstellungen der rechtlich gleichgestellten Akteure könnten in dieser liberalen Welt nur prozedural gelöst werden, das heißt durch allgemeinverbindliche Gesetze und richterliche Entscheidungen. Moralische und kulturelle Angelegenheiten seien hiervon jedoch ausgenommen, solange sie sich nicht in Handlungsformen äußerten, die die Freiheitsrechte anderer einschränken – ein gutes Leben sei Privatsache, solange es mit dem Recht vereinbar sei.

> Eine liberale Gesellschaft muß im Hinblick auf die Idee des guten Lebens neutral bleiben, sie muß sich darauf beschränken zu gewährleisten, daß die Bürger, gleichgültig, welche Anschauungen sie haben, fair miteinander umgehen und daß der Staat alle gleich behandelt. (Taylor, 2009, S. 41)

Aus dieser liberalen Perspektive haben die Québecer keinen Anspruch darauf, für sich Sonderrechte zu fordern oder sich gar als ›Gesellschaft mit besonderem Charakter‹ den prozeduralen Verpflichtungen zu entziehen. Für Charles Taylor sind die Québecer Sonderrechte jedoch Ausdruck der freien Selbstbestimmung über ein wesentliches Gut und die Frage, wie sich die Zivilgesellschaft in der Provinz Québec ein gutes Leben vorstellt. Taylor fordert hierfür nicht die Abschaffung liberaler oder gar rechtsstaatlicher Prinzipien in Kanada, sondern lediglich die Anerkennung des Anspruchs einer Minderheit auf ein gutes Leben.

Dieser Auffassung zufolge zeichnet sich eine liberale Gesellschaft dadurch aus, wie sie mit Minderheiten umgeht, auch mit denen, die sich die öffentlich akzeptierten Definitionen des Guten nicht zu eigen machen, und vor allem dadurch, welche Rechte sie allen ihren Angehörigen einräumt. (Taylor, 2009, S. 45)

Durch die Québecer Sonderregelungen werden für Taylor auch keine liberalen oder rechtsstaatlichen Prinzipien verletzt, da das Recht auf Leben und Meinungsfreiheit nicht tangiert werde. Es gehe unter anderem um die Frage, in welcher Sprache ein Plakat beschriftet wird, und wenn dadurch eine wesentliche kulturelle Eigenschaft einer Gemeinschaft wie die Frankophonie unterstützt werde, die für ihre Mitglieder ein hohes Gut darstellt, so sollte diese Gemeinschaft auch das Recht haben, dies durch Sonderregelungen aktiv zu sichern – auch gegen das liberale Modell der Autonomie in einer prozeduralen Gesellschaft.

Eine Gesellschaft mit kollektiven Zielen wie im Falle von Quebec verstößt gegen dieses Modell. Für alle Regierungen von Quebec gehört zu den Axiomen ihrer Politik, daß das Überleben und Gedeihen der französischen Kultur in Quebec ein Gut ist. [...] Vielmehr will die Politik der *survivance* sicherstellen, daß es auch in Zukunft eine Gruppe von Menschen gibt, die von der Möglichkeit, die französische Sprache zu nutzen, tatsächlich Gebrauch macht. Diese Politik ist *aktiv* bestrebt, Angehörige dieser Gruppe zu erzeugen, indem sie zum Beispiel dafür sorgt, daß sich auch künftige Generationen als Frankophone identifizieren. (Taylor, 2009, S. 44 f.)

Das Konzept der Zivilgesellschaft, demzufolge sich die Selbstbestimmung und die Gemeinschaftlichkeit der Bürger in dezentralen, freiwilligen Zusammenschlüssen diskursiv organisiert und mit Forderungen der Anerkennung und der Umsetzung des Guten auch moralische und kulturelle Belange verwirklicht, diskutiert Taylor am Beispiel des Meech-Lake-Amendments ausführlich. Er selbst bezog in den jahrelangen politischen Diskussionen aktiv Stellung für die Interessen der Québecer. Allerdings konnte der Verfassungszusatz schließlich nicht beschlossen und umgesetzt werden, da nach drei Jahren der Verhandlungen mit den zahlreichen beteiligten Minderheitsgruppen die Verfahrensfristen abliefen. So scheiterte die Diskussion über das gute Leben in Québec ausgerechnet an den prozeduralen Vorschriften – doch nur vorläufig, denn im Jahr 2006 wurde der Provinz Québec dann doch der Status einer ›Nation in einem vereinten Kanada‹ mit zahlreichen Sonderrechten offiziell zugesprochen.

Es bleiben jedoch einige Zweifel an der Position von Charles Taylor, wenn man diese mit allen Konsequenzen für das Gute und das Gerechte in einem Gemeinwesen – über den Einzelfall Québec hinaus – weiterdenkt. In der Zivilgesellschaft ist die gemeinsame Beratung und Entscheidungsfindung ein wesentliches Kriterium. Um jedoch in einem Diskussionsprozess zu einem Konsens zu gelangen, sieht Taylor – wie auch Aristoteles – letztendlich die Notwendigkeit einer ›Gemeinschaft der Gleichen‹: »Dies setzt einen gewissen Grad an sozialem Zusammenhalt voraus. Die Mitglieder der Gesellschaft müssen einander kennen, einander zuhören, einander verstehen« (Taylor, 2002, S. 31). An diesem Punkt ist die Zivilgesellschaft, wie sie Taylor vor Augen hat, der antiken Polis und ihrer von Aristoteles geforderten Isonomie zumindest sehr nahe. Die Grenze zu einer nationalistischen Leitkultur oder gar einem totalitären Regime ist dann aber sehr dünn, wenn man die moralische und kulturelle Homogenität der Mitglieder einer Gemeinschaft derart ins Zentrum stellt. Inwieweit eine multikulturelle Gesellschaft ohne Separation ethnischer und kultureller Gruppen dann als Zivilgesellschaft möglich ist, erschließt sich aus Taylors Überlegungen nicht.

Es findet sich bei Charles Taylor dann auch keine Abgrenzung zwischen unbedingten rechtsstaatlichen Grundsätzen und kommunitaristischen Anrechten über den Einzelfall hinaus. Auch in Deutschland stellt sich seit einigen Jahren die Frage, inwieweit man die moralischen und religiösen Besonderheiten von Minderheiten anerkennen oder gar fördern müsse. Weitgehende Einigkeit herrscht beispielsweise bei der Notwendigkeit sprachlicher Ausdrucksfähigkeit und der dazu notwendigen Förderung von Deutschunterricht für Migranten; bei der Veröffentlichung von Karikaturen, die religiöse Gefühle verletzen, bei der Schächtung von Tieren oder dem Tragen eines sogenannten Burkini im schulischen Schwimmunterricht gehen die Meinungen aber weit auseinander (vgl. Rommerskirchen, 2017, S. 4ff.). Sollte man auch jüdische und muslimische Feiertage zu offiziellen landesweiten Feiertagen erklären und im Gegenzug einige christliche Feiertage abschaffen? Haben erzkonservative christliche Gemeinden das Recht, Abtreibungen zu verbieten? Dürfen ebenso erzkonservative islamische Gemeinden dann auch Diebstahl mit dem Abhacken von Händen bestrafen? Wo genau liegt die Grenze zwischen dem Guten für eine Gemeinschaft und dem unverzichtbaren Recht eines Individuums in einem multikulturellen Gemeinwesen?

Offensichtlich sind die Fragen über das Gute und das Gerechte mit einer einfachen Antwort nicht zu klären, allerdings muss man Charles Taylor und seiner Forderung nach diskursiver Erörterung dieser kulturellen Probleme in einer (multikulturellen) Zivilgesellschaft eine berechtigte Kritik am prozeduralen Liberalismus zugestehen. Es mangelt seiner Theorie jedoch an einer Bestimmung jener Grenze zwischen uneingeschränkt geltenden, unaufhebbaren Individualrechten und den kollektiven normativen Freiräumen, die bei der Suche nach dem Guten und den gerechten Handlungsformen in einer Zivilgesellschaft zur Diskussion und Disposition stehen dürfen.

6.3.4 Michael Walzer und die Sphären der Gerechtigkeit

Auch der US-amerikanische Philosoph Michael Walzer (*1935) verbindet seine theoretische Arbeit mit politischem Engagement. Sein Buch über gerechte und ungerechte Kriege (*Just and Unjust Wars*, 1977) gilt seit langem als moderner Klassiker, und als Publizist und Politikberater bezieht Walzer auch aktiv Stellung, wenn es um die Frage der angemessenen Kriegsführung geht. Als Philosoph lehnt Walzer die Möglichkeit eines gerechten Krieges nicht rundum ab, jedoch versucht er die Gründe, Zwecke und Mittel eines Krieges einzuschränken und mit seiner Gerechtigkeitstheorie abzugleichen. Dies führt ihn zu der Ansicht, dass die Kriege im ehemaligen Jugoslawien und gegen die Taliban in Afghanistan als gerechte Interventionen gelten dürfen, der Krieg der USA und ihrer Verbündeten gegen den Irak im Jahr 2003 jedoch ungerecht gewesen sei, da der internationale diplomatische Weg noch nicht am Ende war.

Im Jahr 1983 veröffentlichte Walzer sein zweites Hauptwerk, *Sphären der Gerechtigkeit*, und im Untertitel präzisiert Walzer sein Anliegen: *Ein Plädoyer für Pluralität und Gleichheit*. Damit bestimmt er seine Position zwischen zwei angrenzenden Feldern, die sowohl Michael Walzer als auch die meisten anderen Kommunitaristen wie Michael Sandel, Amitai Etzioni oder Charles Taylor kritisieren: Einerseits einem verengten Wertekanon, andererseits einem unbegrenzten Wertepluralismus.

Die Vertreter des *Wertekanons* treten zumeist für eine klare Definition der geltenden Normen und Werte ein, die das autochthone ›Urvolk‹ mit Verweis auf eine gemeinsame Kultur und Tradition für alle auf einem bestimmten Gebiet lebenden Menschen vorgibt. Ihre Vertreter finden sich in indigenen Volksgruppen ehemaliger Kolonialstaaten, bei sich selbst als ›Ureinwohner‹ bezeichnenden ethnischen Gruppen und in Deutschland oftmals bei den Verfechtern einer sogenannten Leitkultur. Für sie alle ist die *Unbestimmtheitsrelation der multikulturellen Alltagswirklichkeit* (vgl. Rommerskirchen, 2011, S. 178) eine Bedrohung ihrer eigenen Definitionsmacht über Kultur und Tradition.

Die Vertreter des unbegrenzten *Wertepluralismus* sind hingegen der Ansicht, dass man menschliches Verhalten grundsätzlich aus einer verstehenden und ethnologischen Perspektive betrachten sollte. Beispielsweise bedauern ihre Vertreter, dass die englische Kolonialmacht den alten indischen Kult von *Sittala Devi* ausgerottet habe. Dieser Kult, bei dem die Götter angebetet wurden, um die Pocken abzuwenden, sei durch die Pockenschutzimpfung, die die Engländer eingeführt hatten, ohne Rücksicht auf die tradierte Kultur beendet worden (vgl. Nussbaum, 1993, S. 325). Kultische Handlungen, wie die rituelle Tötung von Kindern und Witwen oder die Klitorisbeschneidung, sind für die Verfechter des unbegrenzten Wertepluralismus an sich schützenswerte Güter, die dem moralischen Imperativ eines ›Que sera, sera‹ folgen.

Insofern befindet sich der Kommunitarismus in einem engen Fahrwasser: Auf der einen Seite liegt die *nationalistische Leitkultur*, in der die Gedanken der Herrschenden (oder der zuvor Unterdrückten) die herrschenden Gedanken vorgeben wollen (Marx), auf der anderen Seite liegt ein *fundamentalistischer Kommunitarismus*, in dem ein abstruser ethnologischer Relativismus jegliches tradierte Handeln als Wert anerkennt.

Dagegen setzt Michael Walzer eine kommunitaristische Positionsbestimmung der *komplexen Gleichheit*. Um diesen Begriff zu erläutern, sei hier zunächst das Gegenmodell der einfachen Gleichheit beschrieben: Einfache Gleichheit ist für Walzer ein Gesellschaftskonstrukt der monopolistischen Verteilung von Macht, Wohlstand, Sicherheit, Ämtern, Bildung und Anerkennung. Er stellt sich hierbei eine Gesellschaft vor, in der ausschließlich die wenigen sehr wohlhabenden Menschen das Recht auf politische Macht, hohe Bildung und Sicherheit haben. Ein solches Konstrukt wäre eine tyrannische Staatsform, in der eine Person oder eine Gruppe von Personen den alleinigen Zugriff auf die in einer Gesellschaft zu verteilenden Güter hat oder haben.

> Gleichheit, wörtlich verstanden, ist ein Ideal, das seinen Verrat vorprogrammiert. Engagierte Männer und Frauen verraten es oder scheinen es zumindest zu verraten, sobald sie darangehen, eine Massenbewegung zugunsten der Gleichheit zu organisieren und dabei Macht, Positionen und Einfluß unter sich zu verteilen. (Walzer, 2006, S. 15)

Komplexe Gleichheit bedeute hingegen, dass eine Gruppe von Personen über die Verteilung von Macht, eine andere Gruppe über die Verteilung von Waren und Geld, eine dritte Gruppe über die Verteilung von Ämtern – und so weiter – befinde. Güter wie Macht, Geld und Ämter würden als separate Sphären behandelt und in jeder dieser Sphären würden die Güter an andere Personen aufgrund anderer Gerechtigkeitsgrundsätze verteilt. Walzer untersucht in seinem Buch elf Sphären: Mitgliedschaft in einer staatlichen Gemeinschaft, Sicherheit und Wohlfahrt, Geld und Waren, Ämter und Qualifikation, Arbeit, Freizeit, Erziehung und Bildung, Verwandtschaft und Liebe, göttliche Gnade, Anerkennung und politische Macht. Für alle elf Sphären beschreibt Walzer die spezifischen Formen von Gerechtigkeit und die Bedeutung von komplexer Gleichheit, damit die Sphären ihre Eigenständigkeit behalten können.

> Das System der komplexen Gleichheit ist das Gegenteil von Tyrannei. Es erzeugt ein Netz von Beziehungen, das Dominanz und Vorherrschaft verhindert. Formal gesprochen bedeutet komplexe Gleichheit, daß die Position eines Bürgers in einer bestimmten Sphäre oder hinsichtlich eines bestimmten sozialen Guts nicht unterhöhlt werden kann durch seine Stellung in einer anderen Sphäre oder hinsichtlich eines anderen sozialen Guts. (Walzer, 2006, S. 49)

Die unterschiedlichen Gerechtigkeitsgrundsätze bedingen das Wesen der politischen Gemeinschaft, die Walzer als *Verteilungsgemeinschaft* sieht – das gemeinsame Fundament seien der gemeinsame Besitz, die Verteilung und der Tausch von Gütern. Die meisten der materiellen und immateriellen Güter entstünden ja erst mit der Gemeinschaft, erhielten dort erst ihren symbolischen Wert und könnten auch nur in ihr verteilt werden. Dies treffe sowohl auf Geld als auch auf Macht, Ansehen und Bildung zu. Der Vielfalt der Güter entspreche »eine Vielfalt von Distributionsverfahren, Distributionsagenten und Distributionskriterien« (Walzer, 2006, S. 27), ohne die eine gerechte Gesellschaft mit komplexer Gleichheit nicht denkbar sei. Zwar sei das Geld seit der Abschaffung der Naturalwirtschaft in den meisten Gegenden der Welt das gängige und zentrale Medium der Verteilung, doch seien weder das Geld noch der Markt das »allumfassende Verteilungssystem« (Walzer, 2006, S. 27) – es gebe Dinge, die man für Geld nicht kaufen könne und in einer gerechten Welt auch nicht kaufen dürfe.

Walzer setzt sich daher für einen *Pluralismus* der Güter und ihrer Verteilungsformen ein. Dieser Pluralismus bezieht sich nicht nur auf die separaten Sphären, sondern darüber hinaus auch auf die kultur- und gemeinschaftsspezifische Ausgestaltung von Gerechtigkeit. Als Kritik an John Rawls' universalistischer Vertragstheorie versteht Walzer seinen Hinweis auf den »Partikularismus der Geschichte, der Kulturen und der Zugehörigkeiten« (Walzer, 2006, S. 29), der die Gerechtigkeit zu einem menschlichen Konstrukt mache, in dem es – im Aristotelischen Sinne – keinen Punkt zu bestimmen gebe, sondern nur eine Skala der Ausprägungen: »Alle Verteilungen sind gerecht oder ungerecht immer in Relation zur gesellschaftlichen Bedeutung der zur Verteilung gelangenden Güter« (Walzer, 2006, S. 34).

Unabhängig von der jeweiligen Gemeinschaft gilt für Michael Walzer die Prämisse, dass die Sphären der Güter getrennt voneinander zu betrachten seien. Jede Grenzüberschreitung, bei der die Ansammlung eines Gutes den effizienteren oder leichteren Zugriff auf ein anderes Gut ermögliche, öffne die Tür zum Totalitarismus und zerstöre jeglichen Anspruch auf Gerechtigkeit.

> Im großen und ganzen werden die besten Politiker, Unternehmer, Wissenschaftler, Soldaten und Liebhaber verschiedene Menschen sein; und solange die Güter, die sie besitzen, ihnen keine weiteren Güter eintragen, gibt es keinen Grund, ihre Fähigkeiten und Leistungen zu fürchten. Die Kritik an Dominanz und Herrschaft weist uns den Weg zu einem offenen Distributionsprinzip: *Kein soziales Gut X sollte ungeachtet seiner Bedeutung an Männer und Frauen, die im Besitz eines anderen Gutes Y sind, einzig und allein deshalb verteilt werden, weil sie dieses Y besitzen.* (Walzer, 2006, S. 50)

Neben der Vermeidung von Dominanz müssen für Walzer auch die klassischen Verteilungsformen des freien Austauschs, des Verdienstes und des Bedürfnisses den richtigen Sphären zugeordnet werden. Insofern gelte es, innerhalb der Sphären zu bestimmen, wie Macht, Geld, Ämter und Anerkennung zu verteilen sind, und eine gerechte Form des freien Austauschs, eines Verdienstes oder Bedürfnisses zu finden. Die Regel laute: »unterschiedliche Güter für unterschiedliche Personengruppen aus unterschiedlichen Gründen auf der Basis unterschiedlicher Verfahren« (Walzer, 2006, S. 58). Eine zentrale Instanz bei der Verteilung dürfe es jedoch ebenso wenig geben wie eine Grenzüberschreitung.

Die Gefahr der Grenzüberschreitung sieht Michael Walzer insbesondere beim Geld: »Denn das Geld überwindet alle Grenzen, indem es durch sie hindurchsickert« (Walzer, 2006, S. 53) und als ›allgemeiner Kuppler‹ (Marx) vermag es, »alle natürlichen und alle moralischen Schranken durchbrechend, schändliche Verbindungen zwischen Menschen und Waren« (Walzer, 2006, S. 150) zu knüpfen. Daher stellt sich für Walzer die Frage, welche Grenzen das Geld nicht überwinden darf – womit er zugleich den Kern der Kritik an Charles Taylors zivilgesellschaftlicher Selbstbestimmung offenlegt und die Grenzen der liberalen Autonomie aufzeigt. Walzer nennt diese Grenzen »blockierte Tauschgeschäfte« (Walzer, 2006, S. 156) und schlägt einen Katalog vor:

1. Menschen dürfen nicht getauscht werden. Die persönliche Freiheit darf weder verkauft noch aus Verzweiflung eingetauscht werden.
2. Politische Macht und Einfluss dürfen nicht gekauft oder verkauft werden. Der Handel mit Wahlstimmen oder die Bestechung sind verboten und politische Ämter sind nicht käuflich.
3. Strafjustiz und Rechtsprechung stehen nicht zum Verkauf.
4. Rede-, Presse-, Religions- und Versammlungsfreiheit kommen jedem gleichermaßen zu.
5. Ehestand- und Zeugungsrechte sind ebenso unverkäuflich wie Gebärlizenzen bei Leihmüttern.
6. Das Recht, die politische Gemeinschaft zu verlassen, darf nicht verkauft werden.
7. Dienste für die Gemeinschaft, wie der Militärdienst oder die Geschworenenpflicht, kann man weder kaufen noch verkaufen.
8. Ein Minimum an elementaren Wohlfahrtsleistungen, wie polizeilicher Schutz oder Schulbildung, stehen jedem Mitglied der Gemeinschaft zu.
9. Verzweifelte Tauschaktionen sind ausgeschlossen und Sozialleistungen, wie der Mindestlohn, der Acht-Stunden-Tag und die Gesundheits- und Sicherheitsbestimmungen, dürfen nicht auf einem Markt gehandelt werden.
10. Jede Form der Ehrung oder der Auszeichnung für Verdienste ist unverkäuflich.
11. Göttliche Gnade (Ablasshandel) sowie Liebe und Freundschaft können nicht erkauft werden.
12. Kriminelle Marktgeschäfte der ›Killer-AG‹ oder Erpressung, der Handel mit Heroin, Diebesgut, schädlichen und falsch etikettierten Lebensmitteln sowie Informationen, die die Sicherheit der Gemeinschaft gefährden, sind verboten. Zur Diskussion stehen beispielsweise unsichere Autos, gefährliche Schusswaffen oder gesundheitsgefährdende Medikamente (vgl. Walzer, 2006, S. 157 ff.).

Diesen Katalog der blockierten Tauschgeschäfte hält Walzer für hinreichend, um seine Absicht deutlich zu machen, dass Geld die Sphäre des Warenkaufs nicht überschreiten darf. Kategorien, die der Einzelne hier noch anfügen möchte, mögen mehr oder weniger zahlreich sein – doch das Prinzip der Begrenzung der Tauschmöglichkeiten und die Wahrung der Gerechtigkeit für die Distributionsformen von Gütern sollte damit einsichtig geworden sein. Wer gegen diesen Katalog verstoße, begebe sich auf einen illegalen Schwarzmarkt, auf dem keine Gerechtigkeit herrsche: »Der Markt, auf dem Tauschgeschäfte dieser Art möglich sind, ist ein Schwarzer Markt, und die Männer und Frauen, die ihn frequentieren, tun dies in der Regel im Verborgenen, ihr Tun, wenn danach gefragt, leugnend oder zumindest beschönigend« (Walzer, 2006, S. 161).

Das Ziel dieses Kataloges ist zum einen eine konkrete Grenzziehung der Sphären der Gerechtigkeit, innerhalb derer Güter entweder frei getauscht oder nach Verdienst oder nach Bedürfnissen verteilt werden dürfen. Der Katalog ist somit ein kommunitaristischer Schutzwall gegen einen verengten Wertekanon, in dem eine totalitäre Gütervergabe herrscht, sowie gegen einen unbegrenzten Wertepluralismus, in dem der Tausch von Gütern einer Diktatur der Kultur oder der Tradition untersteht. Die Grenzziehung dient somit der Sicherung der komplexen Gleichheit gegen jeden totalitären Anspruch, indem sie die »maximale Differenzierung« der Sphären vor der »maximalen Gleichschaltung« (Walzer, 2006, S. 445) schützt.

> In jeder differenzierten Gesellschaft wird Gerechtigkeit nur dann zu Harmonie und Eintracht führen, wenn sie zunächst für Separierung und Unterscheidung sorgt. Gute Zäune garantieren gerechte Gesellschaften. (Walzer, 2006, S. 449)

Walzers Katalog ist zum anderen ein Vorschlag für eine konkrete Gemeinschaft, er hat hierbei insbesondere die amerikanische Gesellschaft im Blick. Dabei ist ihm bewusst, dass Gerechtigkeit kein absolutes und universelles Konzept ist, das sich in Form eines Mustervertrags beliebig adaptieren lässt – wie es John Rawls vorschlug. Gerechtigkeit ist für Walzer relativ und kann sich immer nur in einer bestehenden Gemeinschaft mit sich im gemeinsamen Leben entwickelnden Glücks-, Ziel- und Sinnvorstellungen manifestieren.

> Eine gerechte Gemeinschaft kann es erst dann geben, wenn es eine Gesellschaft gibt; und das beschreibende Adjektiv *gerecht* bestimmt nicht das reale Leben von Gesellschaften, sondern kennzeichnet es nur. Es gibt eine unendliche Zahl möglicher Lebensformen, die durch eine unendliche Zahl von möglichen Kulturen, Religionen, politischen Systemen, geographischen Gegebenheiten usw. geprägt sind. Eine bestehende Gemeinschaft ist dann eine gerechte Gesellschaft, wenn sie ihr konkretes Leben in einer bestimmten Weise lebt – in einer Weise, die den gemeinsamen Vorstellungen ihrer Mitglieder entspricht. (Walzer, 2006, S. 441)

So unterschiedlich die Lebensformen und Gerechtigkeitsvorstellungen sein mögen, in einem Merkmal seien alle menschlichen Gemeinschaften gleich: »wir sind (und zwar samt und sonders) kulturproduzierende Geschöpfe; wir schaffen und bewohnen bedeutungsvolle Welten« (Walzer, 2006, S. 442). Doch sei es eben die allen gemeinsame Fähigkeit zur Kultur, die zu den Sphären der Gerechtigkeit führe und ihre unterschiedlichen Verteilungsformen in der Gemeinschaft erzeuge. Und die Grenzen der Sphären seien von Menschen und ihren Gesellschaften gemacht, sie folgten keinem universellen Plan: Gute Zäune (oder Grenzen) sichern die Gerechtigkeit der Gesellschaft; was sie schützen sollen, muss die Gesellschaft jedoch fortlaufend diskutieren.

> Wo diese Zäune aufzurichten sind, läßt sich niemals genau sagen; sie haben keinen natürlichen, angestammten Platz. Die Güter, die sie voneinander separieren, sind Artefakten; so wie sie an irgendeiner Stelle errichtet wurden, so können sie auch an einer anderen Stelle errichtet werden. Die einmal gezogenen Grenzlinien stehen nicht unwandelbar fest, sondern verschieben sich, wenn sich die sozialen Bedeutungen wandeln; und uns bleibt keine andere Wahl, als mit den ständigen Ein- und Übergriffen zu leben, in denen diese Grenzverschiebungen Ausdruck finden. [...] Die soziale Welt wird eines Tages anders aussehen, als sie es heute tut, und die distributive Gerechtigkeit wird einen anderen Charakter annehmen, als sie ihn heute hat. Beständige Wachsamkeit ist keine Garantie für ewigen Bestand. (Walzer, 2006, S. 449)

Und damit schließt sich Michael Walzer seinen kommunitaristischen Weggefährten Michael Sandel, Amitai Etzioni und Charles Taylor bei den Überlegungen, wie eine Gemeinschaft von Menschen das Gute und das Gerechte bestimmen und dabei sowohl den liberalen Individualismus als auch den kontraktualistischen Universalismus überwinden könne, in den Grundzügen an: Auch Walzer propagiert einen »dezentralen demokratischen Sozialismus[11] in Gestalt eines starken Wohlfahrtsstaates« mit »lokalen, ehrenamtlich tätigen Gemeindebeamten« und einer »auf Parteien, Bewegungen, Versammlungen und öffentliche Diskussionen gestützten Politik« (Walzer, 2006, S. 448). Diese Vorstellung von einer starken und aktiven Zivilgesellschaft, deren Mitglieder ihre selbstgewählten Normen und Werte in ihrem sozialen Handeln umsetzen und schützen, verbindet die Kommunitaristen und impliziert eine Verknüpfung von gutem Handeln, Glückseligkeit und Gerechtigkeit.

---

11 Hier muss daran erinnert werden, dass aus US-amerikanischer Perspektive auch einige westliche Wohlfahrtsstaaten bereits dann als ›sozialistisch‹ betrachtet werden, wenn sie eine Kranken-, Arbeitslosen- und Rentenversicherung vorschreiben.

Das gute und das gerechte Handeln 7

Dieses Buch begann mit der Frage, was gutes und gerechtes Handeln ist. Um diese Frage zu untersuchen, wurden drei Paradigmen der praktischen Philosophie vorgestellt: die teleologische, die utilitaristische und die deontologische Ethik. Jedes Paradigma wurde anhand einiger seiner typischen Repräsentanten in den vier Teilbereichen der Grundlagentheorien, der Sozial- und der Wirtschaftsethiken sowie der Gerechtigkeitstheorien vorgestellt (s. Abb. 25). Das Ziel dieses Buches war eine Einführung in die zentralen Themen und Teilbereiche der unterschiedlichen Paradigmen sowie eine kritische Betrachtung ihrer Theorien der praktischen Philosophie. Eine endgültige und allgemeingültige Antwort auf die Frage, was gutes und gerechtes Handeln ist, kann dieses Buch nicht geben – dies war auch nicht sein Ziel. Jedes Paradigma schlägt Lösungen für spezifische Probleme vor, mit denen sich der nach dem guten und dem gerechten Handeln fragende Mensch in einer komplexen und kontingenten Welt beschäftigt. Aus der Darstellung und der kritischen Reflexion der Paradigmen und der Teilbereiche sollen sich für den Leser vielmehr neue Fragen und möglicherweise eigene Antworten auf die Herausforderungen der Praxis ergeben.

In der Praxis des sozialen Handelns in alltäglichen oder außergewöhnlichen Situationen dienen die praktische Philosophie und ihre Theorien einem Zweck: Sie sollen jedem Menschen helfen, die relevanten Probleme und Konflikte des sozialen Handelns zu verstehen und zu einer persönlichen Lösung zu finden. Eine universelle Lösung im Sinne einer Entscheidung für ein Paradigma für alle Teilbereiche ist nicht sinnvoll und vermutlich auch nicht möglich. Einige Menschen orientieren sich am Ziel ihres Handelns, andere am Nutzen, andere an den Maximen des Sollens. Jedes Paradigma bietet in jedem Teilbereich Lösungswege, eröffnet aber auch neue Probleme und Konflikte – welcher Weg in der Praxis der richtige ist, um gut und gerecht zu handeln, kann jeder nur für sich selbst entscheiden. Die Antwort auf die Frage, was gutes und gerechtes Handeln ist, muss daher offen bleiben.

© Springer Fachmedien Wiesbaden GmbH, ein Teil von Springer Nature 2019
J. Rommerskirchen, *Das Gute und das Gerechte*,
https://doi.org/10.1007/978-3-658-22505-6_7

Abbildung 25 Die Paradigmen der praktischen Philosophie

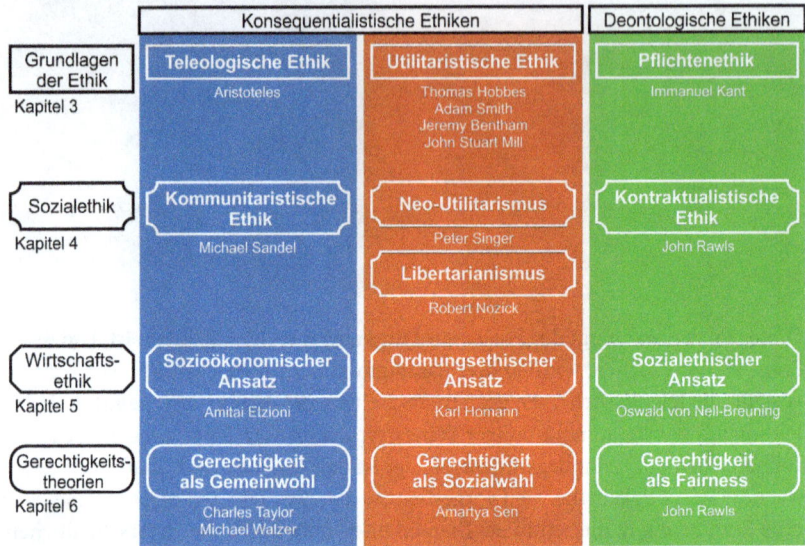

Ein Beispiel für eine solche offene Frage ist das Problem der Verteilung der Flöte, wie es Amartya Sen entworfen hat (vgl. Kapitel 2.2): Drei Kinder – Anne, Bob und Carla – streiten sich um eine Flöte, die jedes von ihnen gerne besitzen würde. Anne ist die Einzige von den dreien, die Flöte spielen kann und das Instrument zur Freude und Unterhaltung der beiden anderen benutzen könnte. Bob ist der ärmste von den dreien, er besitzt kein einziges Spielzeug, anders als seine wohlhabenden Freundinnen. Carla hat wochenlang an der Flöte gearbeitet, sie hat aus einem Stück Holz mit eigenen Händen ein wohlklingendes Instrument gemacht, dass ihr die beiden anderen nun abnehmen wollen.

Welches Kind soll die Flöte erhalten? Die meisten Vertreter einer teleologischen Ethik würden vermutlich Anne die Flöte geben, da nur sie das Wesen der Flöte, gut gespielt zu werden, aktualisieren kann und das Musizieren sie und ihre Freunde glücklich machen würde. Aus Sicht der deontologischen Position von John Rawls hätte Bob vermutlich gute Karten, da er bei der Verteilung unter Berücksichtigung des Differenzprinzips seinen Anspruch anmelden könnte – schließlich besitzt er kein anderes Spielzeug. Für die Libertarianer wäre ausschließlich Carlas Eigentumsrecht relevant, da sie die Flöte eigenhändig hergestellt hat. Den meisten anderen Utilitaristen stellt sich das Problem der Abwägung des Nutzens und der Freude: Übertrifft die Freude, die Anne und ihre Zuhörer beim

Musizieren mit der Flöte empfinden, das Leid von Bob und Carla? Ist die Freude von Bob so groß, dass Annes und Carlas Leid vernachlässigt werden dürfen? Oder führt die Vergabe der Flöte an Carla dazu, dass sie weitere Musikinstrumente für Anne und Bob herstellt und somit alle drei Kinder als Trio musizieren können? Jede mögliche Lösung dieses Problems kann sich auf ein Paradigma berufen, es gibt jedoch keine Lösung für eine gute und gerechte Verteilung der Flöte, die alle Paradigmen verbindet.

Formen der Gerechtigkeit

Um an dieser Stelle abschließend eine Synopsis der unterschiedlichen Vorstellungen und Konzepte der Gerechtigkeit zu formulieren, sollen die zuvor vorgestellten Theorien nun zusammengefasst werden. Hierbei werden jedoch nur die in diesem Buch vorstellten Theorien aufgegriffen: liberale, kommunitaristische und utilitaristische Gerechtigkeitskonzepte. Andere Theorien, wie sozialistische und diskursethische Gerechtigkeitskonzepte sowie die kritischen Theorien der Frankfurter Schule, können hier nicht vorgestellt werden (vgl. hierzu Goppel, Mieth & Neuhäuser, 2016, und die dort angegebene Literatur).

Den Anfang macht John Rawls, denn mit seiner *Theorie der Gerechtigkeit* eröffnete er Anfang der 1970er Jahre die zeitgenössische Debatte. Er setzte den ersten Meilenstein der Gerechtigkeitsdebatte in der jüngeren Vergangenheit und legte mit seinem Buch einen umfassenden Entwurf einer modernen liberalen Position vor. Alle nachfolgenden Autoren mussten sich nun mit Rawls auseinandersetzen – ihm zustimmen oder ihm widersprechen. Daher beginnt diese Synopsis mit einer Zusammenfassung der liberalen Gerechtigkeitstheorie von John Rawls und stellt die weiteren Positionen in ihrer Auseinandersetzung damit vor.

Die Quelle der Rawlsschen Überlegungen ist Immanuel Kant. Als Liberaler *avant la lettre* prägte Kant die grundlegende Idee, dass die Trennung von Ethik (Moralphilosophie) und Recht (Rechtsphilosophie) und damit von Motiven und Handlungen das Wesensmerkmal eines Staates ist, der die aufgeklärte Freiheit seiner Bürger ermöglicht. Die Vernunft des Individuums steht für Kant im Zentrum, diese bestimmt sein Wollen und seine Handlungsfreiheit, die nur an der vernünftigen Freiheit des Anderen seine Grenzen findet. Das freie und friedliche Zusammenleben der Menschen muss, so Kant, unabhängig von individuellen Lebenszielen innerhalb des vernünftigen Rechts möglich sein.

Aus diesen kantischen Gedanken entwickelt Rawls nun seine Überlegungen zur Begründung einer gerechten Gesellschaft. Er setzt hierfür einen kontrafaktischen Anfangspunkt, in dem der Mensch zugleich vernünftig und gegenseitig desinteressiert, rational und neidfrei ist. Rawls erfindet den interessenlosen Menschen, der im Urzustand zwar gut gebildet ist und aus dieser Bildung eine vernünftige Vorstellung über die Prinzipien der Gerechtigkeit ableiten kann, aber keinerlei Eigenschaften, Haltungen oder Lebensziele hat. Interessenlos kann dieser Mensch nun mit seinesgleichen den normativen Rahmen einer Gesellschaft aufspannen, in dem die Prinzipien der Gerechtigkeit verwirklicht werden können. In Rawls' Gesellschaft stehen die vernünftigen Vorteile im Fokus, die durch die wechselseitige Anerkennung der gleichen Grundfreiheiten und Grundrechte entstehen. Die beiden Eckpfeiler Freiheit und Gleichheit stützen seinen liberalen Gesellschaftsentwurf, in dem die interessenlose Definition des Rechten Vorrang vor dem Guten hat.

Da John Rawls davon ausgeht, dass alle Menschen die Prinzipien der Gerechtigkeit im Sinne wechselseitiger und vernünftiger Fairness *von Natur aus* kennen und in ihren Handlungen anstreben, sind gemeinsame Überlegungen über das gute Leben und gemeinsame Werte für ihn überflüssig. Die sozialen Normen ergeben sich für Rawls aus den vernünftigen Überlegungen des Einzelnen im sozialen Handeln und sind stets kongruent mit den individuellen Vorstellungen des Guten. Ein Widerspruch zwischen subjektiven Werthaltungen und gesellschaftlichen Moralkonventionen ist für Rawls daher undenkbar. Normen und Werte sowie moralische und ethische Wertungen beziehen sich in der liberalen Gesellschaft immer auf sehr ähnliche Vorstellungen über die vernünftige und damit gerechte Verteilung von individuellen Freiheitsrechten. Diese Freiheitsrechte sind daher im Kern Fairnessregeln und gelten für Rawls als unverletzliche Menschenrechte, die von jedem vernünftigen Menschen in jeder denkbaren Gemeinschaft anerkannt werden müssen und auch nicht für ein noch so großes Glücksversprechen einer Mehrheit zulasten einer Minderheit geopfert werden würden.

Die Kommunitaristen bezweifeln diese Position in nahezu allen Punkten. Auch wenn der Kommunitarismus eine Reihe sehr unterschiedlicher Denker wie Amitai Etzioni, Michael Sandel, Charles Taylor und Michael Walzer unter einem Begriff vereinigt, so lassen sich doch einige Gemeinsamkeiten festhalten. Allen Kommunitaristen gemeinsam ist die Kritik an der liberalen Vorstellung der Gesellschaftsgründung, in der zunächst rationale Normen kollektiv definiert werden und sich daran anschließend persönliche Wertungen bilden. Für die Kommunitaristen verhält es sich damit genau umgekehrt: Für sie verbinden sich Menschen mit ähnlichen Wertvorstellungen in einer Gemeinschaft, anschließend verfestigen sich aus persönlichen Werten die kollektiven sozialen Normen. Ihrer Meinung nach entsteht ohne gemeinsame Werte lediglich eine Gruppe von Menschen, keinesfalls aber eine Gemeinschaft. Für alle Kommunitaristen gilt daher: Das Gute hat Vorrang vor dem Rechten.

Gerechtigkeit ist für die Kommunitaristen folglich ein persönlicher Wert, eine Präferenz, und mit der subjektiven Bewertung von Handlungen verknüpft. Diese subjektiven Wertungen über Gerechtigkeit entstehen für sie in der Sozialisation innerhalb einer Gemeinschaft und in der sozialen Interdependenz, in Konflikten und Kooperationen, in Gesprächen und im Streit. Aus der Auseinandersetzungen mit den anderen entstehe dann mehr als ein liberaler Anspruch auf individuelle Freiheitsrechte, es entstehe vielmehr ein tiefes Verständnis für die gemeinschaftsrelevanten Werte und Bewertungen. Daraus erwachse eine wechselseitige Loyalität, die nicht nur individuelle Rechte, sondern auch die damit zusammenhängenden Pflichten, die Menschen in einer Gemeinschaft füreinander haben, annehmbar machen. Für die Kommunitaristen sind auch die ›ärgerlichen Tatsachen der Gesellschaft‹ (Ralf Dahrendorf) ein wesentliches Element des Verständnisses füreinander und für das gemeinsame Leben.

Der kommunitaristische Referenzpunkt ist dabei immer die Idee des guten Lebens, die jeder Bürger in der Gemeinschaft entwickelt und anstrebt. Der Staat hat in der republikanischen Tradition, die eng mit dem Kommunitarismus verknüpft ist, die Aufgabe, seinen Bürgern das Streben nach einem guten Leben zu ermöglichen. Aus der Geschichte, der Kultur und dem Narrativ einer Gemeinschaft formen sich nun Wertungen der Gerechtigkeit, die nur in der spezifischen Gemeinschaft gelten und sich nur evolutionär verändern. Gerechtigkeit ist für die Kommunitaristen daher immer auch die Handlungsfreiheit, sich als Bürger für eine Idee, eine Handlung oder ein Ziel zu entscheiden und dieses anzustreben. In diesem Sinne ist das Streben nach Gerechtigkeit für die Kommunitaristen ein Ausdruck der positiven Freiheit des Bürgers, wenn dieses Streben zur Verwirklichung des spezifischen Gemeinwohls beiträgt.

Eine derart abstrakte Idee der Gerechtigkeit als Beitrag zum Gemeinwohl lehnen die utilitaristischen Konzeptionen wiederum ab. Der klassische Handlungsutilitarismus kennt nur individuelle Interessen, deren Verfolgung in einem akteursbezogenen Kalkül als nützlich bewertet werden und damit zum größtmöglichen Glück der größten Zahl beitragen. Die Handlungsutilitaristen lehnen Wertungen der Gerechtigkeit üblicherweise aus zwei Gründen ab: Erstens müssten sie den Nutzen intersubjektiv bewertbar machen, um daraus einen gemeinsamen höheren Nutzen als Gerechtigkeit zu konstruieren. Zweitens könnte dieser höhere, kollektive Nutzen zur Bevorzugung von Handlungen führen, die individuell nicht als nützlich erkannt werden können. Beides lehnen die Handlungsutilitaristen kategorisch ab.

Erst die Einführung von Regeln oder Präferenzen ermöglichen im Utilitarismus eine Konzeption von Gerechtigkeit, da es sich bei diesen Ergänzungen um überindividuelle Ebenen der Handlungsbewertung handelt. Im Regelutilitarismus findet sich zunächst eine Einschränkung des Universalisierbarkeitsprinzips, da Regeln als Restriktionen in einem intersubjektiven Abstimmungsprozess vereinbart werden sollen. In diesem moralischen Diskurs spielen die gemeinsame Sozialisation und Kultur jedoch unvermeidlich eine große Rolle und schwächen somit das utilitaristische Kernargument der einfachen subjektiven Bewertung von

Freude und Leid. Angesicht der nun möglicherweise entstehenden Uneinigkeit der Diskussionspartner über die notwendigen Regeln und deren Gerechtigkeit bleibe nur die Flucht in die Anerkennung des Rechts und der Gesetze als Verwirklichung allgemeiner gerechter Regeln. Wer hiervon aufgrund eines subjektiven moralischen Gerechtigkeitsgefühls abweichen wolle, mag dies aus Wohltätigkeit tun. Eine normative Vorstellung über Gerechtigkeit oder eine soziale Verpflichtung, gerecht zu handeln, kennt der Regelutilitarismus nicht.

Der Präferenzutilitarismus führt die Argumentation zurück auf die subjektive Bewertung von Interessen, die jedoch als gleiche und somit vergleichbare Interessen oder Präferenzen dem utilitaristischen Prinzip der Universalisierbarkeit entsprechen. Die Präferenzutilitaristen gehen deshalb davon aus, dass die Empfindungen und deren Bewertungen für alle Menschen intuitiv ähnlich und daher intersubjektiv vergleichbar sind. Die bei der Verwirklichung von personalen Interessen subjektiv empfundenen Gefühle von Freude und Leid bewerten die Präferenzutilitaristen erneut als einfache individuelle Aggregate und identifizieren die entstehende Freude als gerechte Verteilung eines Nutzens, umgekehrt gilt ihnen jedes Leid als Ungerechtigkeit.

Allerdings führt diese Argumentation wiederum zum Problem, wie man subjektive Gefühle intersubjektiv vergleichen und bewerten kann. Zum einen ist das Maß an Freude und Leid, dass Menschen angesichts ihrer Erfahrungen in der Welt empfinden, zutiefst kulturell geprägt: Der Verzehr eines gut zubereiteten Rinderfilets mag einige erfreuen, andere abstoßen. Zum anderen sind Freude und Leid nicht ordinal skalierbar: Kann die Freude, die man beim Schauen eines guten Films empfindet, doppelt so groß sein wie die Freude beim Trinken eines guten Weins? Ergeben zwei Gläser Wein dann die doppelte Freude? Wie sollte man diese Verteilungen und Bewertungen von Freude und Leid mit einem Konzept von Gerechtigkeit erfassen?

Die Libertarianer begründen ihre jeweiligen Positionen mit sehr unterschiedlichen Argumenten, einige stehen dem liberalen Lager näher, andere dem utilitaristischen. Robert Nozick wurde zuvor als Präferenzutilitarist beschrieben, da er die Freiheit des Individuums als wesentliches Interesse von Menschen in utilitaristischen Abwägungen beschreibt. Gerechtigkeit wird hier grundsätzlich als Achtung vor den Eigentumsrechten von Menschen beschrieben. Dieses natürliche, vorstaatliche Recht auf Eigentum und Selbsteigentum ist ein negatives Recht, das den unerlaubten Eingriff anderer kategorisch ablehnt. Die Libertarianer lehnen deshalb jede paternalistische Einschränkung der Freiheit ab, auch wenn sie dem Schutz des Individuums vor Unfällen und eigener Dummheit gilt. Sie lehnen deshalb auch jede Hilfspflicht für Menschen in Not ab: Einen Ertrinkenden gegen seinen Willen zu retten, wäre ein Eingriff in sein Selbsteigentum. Gut und gerecht ist nur, was *für* jemanden gut und gerecht ist. Eine das Subjekt und seine Eigentumsrechte transzendierende Idee des Guten und der Gerechtigkeit kennt der Libertarianismus nicht.

In einer grafischen Darstellung kann man die unterschiedlichen Positionen *cum grano salis* anhand ihrer wesentlichen Differenzierungsmerkmale zuordnen (vgl. Abb. 26). Hierfür kann man auf der horizontalen Achse zunächst zwei formale Pole gegenüberstellen: Auf der einen Seite stehen die individuellen Rechte (Vorrang des Rechten), auf der anderen Seite das kollektive Gemeinwohl (Vorrang des Guten) als Orientierungspunkte der Gerechtigkeitskonzepte. Auf der vertikalen Achse finden sich ebenfalls zwei Pole, die die inhaltliche Gestaltung der Gerechtigkeitspositionen beschreiben: Einerseits eine objektive und universelle Vorstellung von Gerechtigkeit, andererseits eine subjektive und kulturspezifische Vorstellung. Diese Darstellung soll eine grobe Zuordnung erlauben und keinesfalls die zahlreichen Ausdifferenzierungen innerhalb der jeweiligen Posi-

Abbildung 26   Positionen und Konzepte der Gerechtigkeit

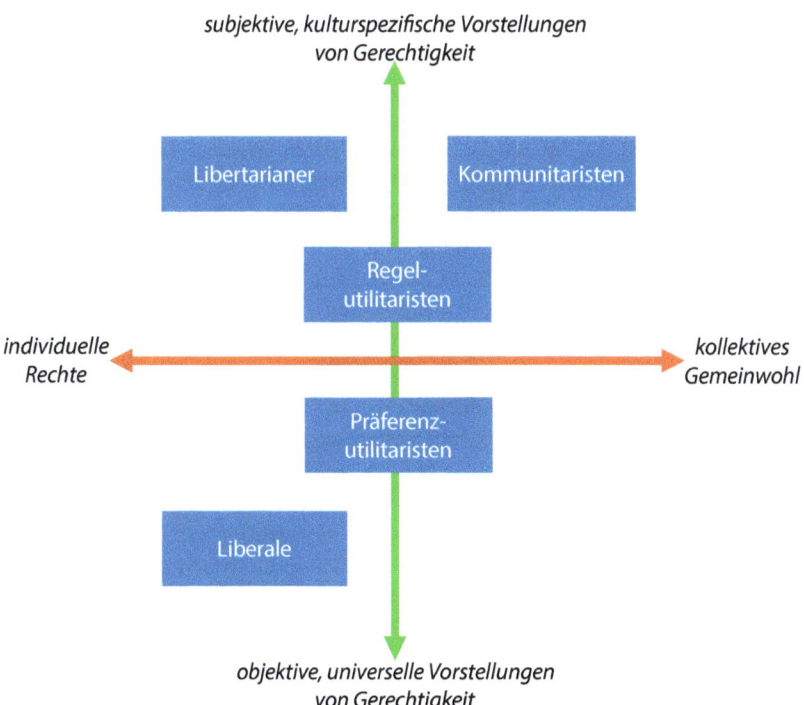

tionen übergehen. Als Ausgangspunkt für ein besseres Verständnis der jeweiligen Gerechtigkeitskonzepte und tiefergehende Überlegungen des Lesers ist diese Darstellung aber hoffentlich hilfreich.

Praktische Philosophie als Wissenschaft
In diesem Buch wurden den Darstellungen der unterschiedlichen Paradigmen und ihrer jeweiligen Theorien jeweils Einleitungen vorangestellt, in denen anhand eines praktischen Beispiels die zugrundeliegenden Probleme und Konflikte veranschaulicht wurden. Die Rolle der praktischen Philosophie ist die wissenschaftliche Untersuchung der Praxis mithilfe theoretischer Modelle. Die Einleitungen dienten in diesem Sinne der kritischen Betrachtung der Beziehung zwischen Theorie und Praxis. Hierbei kommt es jedoch zu unterschiedlichen Aussagen, welche Handlungen als gut und gerecht erachtet werden können, je nachdem auf welches Paradigma der Akteur Bezug nimmt. Die Bewertung der Praxis hängt somit von der subjektiven, akteurgebundenen Wahl des theoretischen Paradigmas ab.

Zuweilen wird der praktischen Philosophie deshalb vorgeworfen, dass sie keine Wissenschaft sei. Die Kritiker meinen, dass *die Wirklichkeit* nicht von der subjektiven Präferenz für ein theoretisches Modell abhängen dürfe. Doch ist dies lediglich ein Problem der praktischen Philosophie, so dass sie berechtigterweise aus dem Kreis der Wissenschaften ausgeschlossen werden darf?

Jeder Mensch verfügt über ein bestimmtes Wissen über *die Wirklichkeit,* die aus sinnlichen Erfahrungen sowie Rückgriffen auf personal oder medial vermittelte Daten besteht (vgl. Berger & Luckmann, 2000). Wissen – im Sinne sicherer Überzeugungen – setzt sich aus der Verknüpfung und der Bewertung dieser Erfahrungen und Daten zusammen. Ein derartiges Wissen kann sich in der Interaktion und in der Kommunikation mit anderen Menschen bewähren, wenn es rational begründbar und in der Praxis des Verhaltens sowie des sozialen Handelns überzeugend ist. Eine sichere Letztbegründung allen Wissens ist nicht erforderlich, denn »[u]nzureichend begründete Überzeugungen sind nicht notwendigerweise irrationale Überzeugungen« (Nida-Rümelin, 2005, S. 56). Das Wissen, dass die Sonne morgens im Osten aufgeht, ist begründbar und für die Praxis der Navigation durchaus tauglich – obwohl wir wissen, dass sich die Erde in eine bestimmte Richtung dreht und sich nicht etwa die Sonne bewegt.

Es gibt jedoch Bereiche des Wissens, die nicht rational begründbar sind. Ich weiß, dass ich Äpfel mag und dass ich die Unterlagen für meine nächste Vorlesung noch verbessern könnte. Dieses Wissen kann ich jedoch nicht rational begründen, das heißt, ich kann einem anderen Menschen mit rein rationalen Argumenten weder meine Vorliebe für Äpfel noch den Wunsch nach Verbesserung meiner Vorlesungsunterlagen erklären. Interaktion, die auf Wissen und Überzeugungen aufbaut, spielt sich nicht notwendigerweise nur »im Raum der Gründe«

(vgl. Robert Brandom) ab, oftmals findet sie auch im benachbarten Raum der subjektiven Präferenzen statt. In der Kommunikation über unser soziales Handeln und unser Wissen gibt es nicht nur *deskriptive Sprechakte,* die auf Tatsachen verweisen und im *Raum der Gründe* ausgetauscht werden, sondern auch *normative Sprechakte,* deren Gehalt nicht rational begründet oder explizit verifiziert werden kann und doch im *Raum der Präferenzen* als Tauschwährung anerkannt ist (vgl. Rommerskirchen, 2017, S. 315 ff.). Mein Wissen, dass ich Äpfel mag, wird nicht dadurch verändert, dass mein Kollege Birnen mag. Mein Wissen über die Wirklichkeit kann sich vom Wissen meines Kollegens durchaus unterscheiden, da unsere Präferenzen unterschiedlich sind.

Es gibt folglich ein Wissen, das sich nicht auf Argumente stützt, die durch eine Letztbegründung rational, logisch und notwendig sind. Auch bloße Präferenzen können unser subjektives Wissen über die Wirklichkeit und unser gemeinsames soziales Handeln verändern und anleiten. Gemeinsames Handeln ist selbst dann möglich, wenn die Akteure unterschiedliche Präferenzen haben – auch in der Wissenschaft. Beispielsweise ist die moderne Naturwissenschaft durchaus zur gemeinsamen wissenschaftlichen Forschung fähig, obwohl es unterschiedliche Meinungen über die Natur des Lichts und den Anfang der Welt gibt. Die Wissenschaftler können sich bei ihrer Arbeit für das Modell des Lichts als Teilchen oder für den sogenannten ›Urknall‹ entscheiden und darauf aufbauende Theorien und Anwendungen entwickeln, obwohl weder das eine noch das andere eindeutig bewiesen ist und es andere Wissenschaftler gibt, die diese Annahmen bestreiten. Solange Präferenzen nicht im Widerspruch zu anderen, besseren Erkenntnissen stehen, gelten sie als brauchbare Hypothesen.

In der praktischen Philosophie gibt es ebenfalls unterschiedliche Meinungen darüber, ob das Ziel, der Nutzen oder die Maximen einer Handlung entscheidend für ihre Bewertung sind – und doch können wir uns auf ein gemeinsames Handeln verständigen und *unsere* Präferenzen begründen, ohne dass diese notwendig auch die Präferenzen aller anderen Beteiligten sein müssen. Ein Akteur kann sich für das utilitaristische Paradigma entscheiden und danach handeln, obwohl alle anderen Beteiligten das deontologische Paradigma bevorzugen würden. Der Akteur kann sein Handeln daher mit seiner Präferenz für das utilitaristische Paradigma *begründen,* ohne die Präferenzen der anderen Beteiligten zu kennen oder zu berücksichtigen. In diesem Sinne ist die praktische Philosophie eine Wissenschaft wie jede andere auch.

Praktische Philosophie und Menschenrechte

Dennoch ist die Suche nach Gewissheit und somit die Sehnsucht nach einem axiomatischen Kern der praktischen Philosophie ein zutiefst menschliches Bedürfnis, denn, so John Dewey, »[d]er Mensch, der in einer Welt voller Gefahren lebt, ist gezwungen, nach Sicherheit zu suchen« (Dewey, 1998, S. 7). Für die drängenden Probleme der Sozial- und der Wirtschaftsethik findet daher zuweilen eine Berufung auf die Menschenrechte als *ruhendem Punkt* statt. Die Menschenrechte sollen als subjektive Rechte jedem Menschen gleichermaßen zustehen, sie sollen universell, unveräußerlich und unteilbar sein. Die Hoffnung ist, dass aus diesen Rechten ethische Handlungsweisen abgeleitet und begründet werden können.

Die Idee derartiger Menschenrechte entstand in der Zeit der Aufklärung und es waren Philosophen wie Thomas Hobbes, John Locke, Jean-Jacques Rousseau und Immanuel Kant, die die Begründung von Rechten, die allen Menschen zustehen sollten, aus dem Bereich des Glaubens an einen Schöpfergott auf ein natürliches, vorstaatliches und individuelles Recht verlagerten.

Die Geschichte dieser *säkularen* Menschenrechte ist lang. Von der *Magna Charta* (1215) über die englische *Bill of Rights* (1689), die *Virginia Declaration of Rights*[12](1776) und die französische *Erklärung der Menschen- und Bürgerrechte* (1789) bis zur *Allgemeinen Erklärung der Menschenrechte* (1948) und der *Charta der Grundrechte der Europäischen Union* (2000) finden sich unterschiedliche Formulierungen mit unterschiedlichen Schwerpunkten und Gewichtungen der jeweiligen Rechte. Im Zentrum stehen zumeist das Recht auf Leben und Freiheit sowie das Recht auf Gesundheit und Eigentum.

Als Regelwerk für gutes und gerechtes Handeln sind die Menschenrechte jedoch nicht geeignet. Zum einen gelten sie weder als Rechtsgüter, noch gelten sie universell. Formal sind sie Empfehlungen und keine Verträge, und sie gelten für ein spezifisches Land oder die Unterzeichner eines bestimmten Abkommens (vgl. Partsch, 1995, S. 13). Insofern sind Menschenrechte keine universellen rechtsverbindlichen Vorschriften, sondern selbst für jene, die sie anerkennen und übernehmen, ein »zu erreichender *common standard of achievement*«, wie es die Präambel der UN-Menschenrechtserklärung selbst beschreibt, und ein »*Ausdruck symbolischer Politik*« (Fassbender, 2008, S. 7).

---

12   Während sich die *Virginia Declaration of Rights* von 1776 auf den Willen der Bürger stützt und somit als säkulare Rechte formuliert sind (»A Declaration of Rights made by the representatives of the good people of Virginia, assembled in full and free convention which rights do pertain to them and their posterity, as the basis and foundation of government. Section 1. That all men are by nature equally free and independent and have certain inherent rights, of which, when they enter into a state of society, they cannot, by any compact, deprive or divest their posterity; namely, the enjoyment of life and liberty, with the means of acquiring and possessing property, and pursuing and obtaining happiness and safety«), begründet die daraus entstehende Präambel der US-amerikanischen Verfassung von 1791 die Geltung der Menschenrechte mit einem Schöpfergott (»We hold these truths to be self-evident, that all men are created equal, that they are endowed by their Creator with certain unalienable Rights, that among these are Life, Liberty and the pursuit of Happiness«) und kann daher nicht als rein säkulare Erklärung gelten.

Zum anderen sind die Menschenrechte als Regelwerk für gutes und gerechtes Handeln ungeeignet, da sie Themen der praktischen Philosophie auf den Bereich des Rechts verschieben. Selbst für Immanuel Kant, einen der geistigen Väter eines internationalen Völkerrechts, wäre diese Vermischung unzulässig. Das Recht, so Kants klassische Definition, regelt die äußeren Handlungen der Menschen und ist »der Inbegriff der Bedingungen, unter denen die Willkür des einen mit der Willkür des anderen nach einem allgemeinen Gesetz der Freiheit zusammen vereinigt werden kann« (Kant, 1990i, MS, S. B 33). Das Recht und die ›allgemeinen Gesetze‹ sind für ihn somit also *rechtsstaatliche* Begründungen des Handelns und Begrenzungen der *bürgerlichen* Freiheiten.

Die praktische Philosophie befasst sich aber mit dem Menschen als Doppelwesen, das sich im Antagonismus »zwischen natürlichen Neigungen und vernünftiger Sittlichkeit« (Geier, 2012, S. 262) frei entscheiden kann. Gut und gerecht zu handeln bedeutet für Kant deshalb, eine autonome Entscheidung für eine Maxime des moralischen Handelns zu treffen. Und Autonomie im Sinne der Selbstgesetzgebung bedeute, dass diese Maximen als Pflicht erkannt werden, unabhängig von religiösen Geboten, staatlichem Recht oder zwischenstaatlichen Vereinbarungen. Wie man gut und gerecht handelt, sei keine Frage des Rechts oder der Menschenrechte, sondern der Ethik und der praktischen Philosophie.

In der praktischen Philosophie gibt es bis heute keine Begründung für universelle Menschenrechte. Jeder Versuch einer ethischen Begründung ist bislang gescheitert und weder die teleologische noch die utilitaristische oder die deontologische Ethik haben eine überzeugende Argumentation für allgemeine Menschenrechte entwickeln können. Der Anspruch universeller Rechte muss daher losgelöst vom ethischen Handeln als Problem der *Anerkennung* eines rechtlichen Rahmens betrachtet werden. Auch für Immanuel Kant waren Menschenrechte kein moralisches oder politisches Programm, sondern das, was die Vernunft im Fackelschein des Lichts der Aufklärung in der Ferne erkennen konnte. Fast 250 Jahre später kann die Vernunft dieses ferne Ziel oftmals schon besser erkennen, manchmal bleibt es aber auch im Nebel des Unrechts verborgen.

Handlungsfelder der praktischen Philosophie

Für die praktische Philosophie bleiben andere Aufgaben und andere Handlungsfelder. In einer Synopsis der Handlungsfelder sollen abschließend einige wesentliche Aufgaben der praktischen Philosophie angesprochen werden (s. Abb. 27). Dazu sollen zunächst innerhalb einer Gemeinschaft von Menschen die Ebenen der Individualethik, der Korporationsethik und der politischen Ethik unterteilt werden. Es bestehen zwischen allen drei Ebenen Interdependenzen und die Probleme der Sozial- und der Wirtschaftsethik tangieren jede dieser Ebenen. Beispiele für diese drei Ebenen und ihre Interdependenzen sind das sogenannte ›freiwillige so-

Abbildung 27 Themenbereiche der praktischen Philosophie

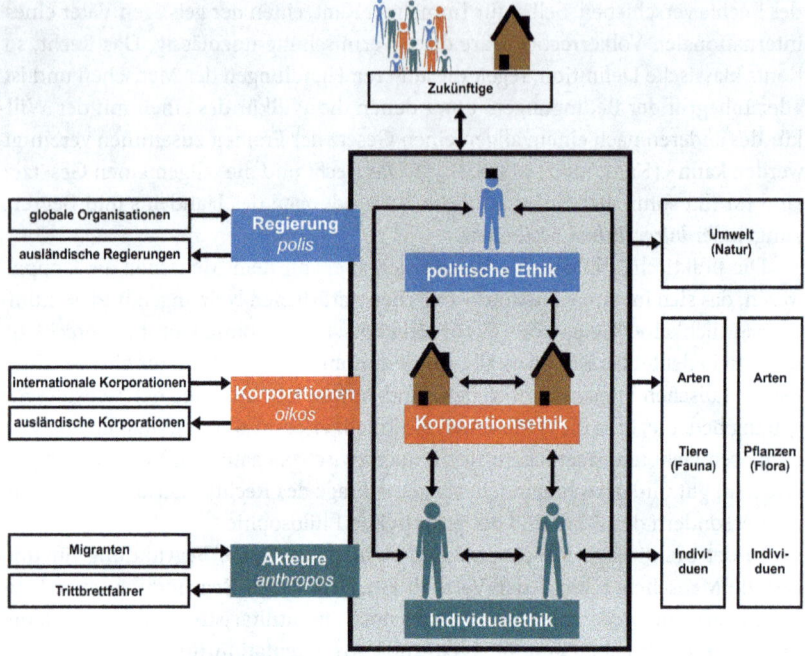

ziale Jahr‹ als Dienst an der Gemeinschaft, die Organisation von Organspenden oder die Regelung der Sterbehilfe. In all diesen Fällen müssen Individuen, Korporationen und die Politik ethische Positionen einnehmen.

Außerhalb der aktuellen Gemeinschaft stehen die nachfolgenden Generationen und mit ihnen das Problem nachhaltigen Handelns, das ihre Interessen berücksichtigen soll. Der Umgang mit Ressourcen, die Nachfrage nach Produkten und die Produktion von Wirtschaftsgütern betreffen ebenfalls das menschliche Handeln in allen drei Ebenen. Individuen müssen als Konsumenten oder als Produzenten, als Bürger oder als Mitglieder von Korporationen eine Haltung zu den Ansprüchen nachfolgender Generationen einnehmen.

Im Grenzbereich zur Gemeinschaft finden sich auf der Ebene der Individualethik die Migranten, die Teil der Gemeinschaft werden wollen, sowie die Trittbrettfahrer, die sich ihren gerechten Ansprüchen entziehen. Beispiele hierfür sind das Asylrecht für Menschen, deren Leben oder deren Eigentum gefährdet ist, sowie Menschen, die sich durch Steuerhinterziehung ihren Verpflichtungen gegenüber der Gemeinschaft verweigern.

Auf der Ebene der Korporationsethik finden sich Probleme des Umgangs mit internationalen Korporationen, die Ansprüche an das Handeln der innergemeinschaftlichen Korporationen stellen, sowie mit ausländischen Korporationen mit eigenständigen Handlungsweisen. Hier stellen sich Fragen, die die Macht globaler Konzerne über unsere eigenen Formen des Handelns und des Wirtschaftens betreffen, den Schutz von Arbeitern vor Lohndumping, die Pflicht zur Zahlung von Steuern auf Gewinne, den Import von Produkten, die möglicherweise die Umwelt oder die Gesundheit von Menschen gefährden, oder den Schutz der Privatsphäre vor dem Missbrauch persönlicher Daten.

Auf der Ebene der politischen Ethik finden sich dementsprechend globale Organisationen und ausländische Regierungen. In einer Welt, die politisch und wirtschaftlich eng vernetzt ist, beeinflussen die Europäische Union, die NATO, die Weltbank und die Vereinten Nationen ebenso unseren Alltag und unser Handeln wie die Regierungen der USA, Russland, China und vieler anderer Länder. Kooperationen sind sinnvoll und wichtig, doch inwieweit sollen und dürfen deren Entscheidungen unser Leben und unsere Vorstellungen über Freiheit und Gleichheit betreffen?

Ebenfalls außerhalb der menschlichen Gemeinschaft steht zudem die Umwelt. Diese kann als Gesamtheit betrachtet werden oder – unterteilt in Fauna und Flora – die Berücksichtigung von einzelnen Arten oder gar einzelnen Tieren beziehungsweise einzelnen Pflanzen erfordern. Ist es gut, auf Ressourcen verbrennende Autos oder wirtschaftliche Entwicklungen und steigenden Wohlstand zugunsten des Umweltschutzes zu verzichten? Ist es gut, einzelne seltene Tiere zur kommerziellen Jagd freizugeben, um mit dem erzielten Einkommen andere Tierarten besser schützen zu können? Ist es gerecht, das eigene Haustier mit Futter aus der Massentierhaltung zu ernähren?

Aus dieser Synopsis der Handlungsfelder der praktischen Philosophie ergeben sich zahlreiche Fragen nach dem guten und gerechten Handeln von Menschen. Einige dieser Fragen wurden in diesem Buch diskutiert, viele weitere wurden hier nur erwähnt oder gar nicht thematisiert, sie alle sollen dem Leser jedoch als Anregung zum eigenständigen Weiterdenken dienen. Die Frage nach dem guten und dem gerechten Handeln ist und bleibt eine offene Frage an unsere Haltung und unser *ethos* – sie ist und bleibt aber eine notwendige Frage, denn, so hätte es der Philosoph Immanuel Kant wohl formuliert, wenn das Nachdenken über das Gute und die Gerechtigkeit untergeht, so hat es keinen Wert mehr, dass Menschen auf Erden leben.

Literatur

Allensbach, Institut für Demoskopie (2017). Was halten Sie von der automatischen Gesichtserkennung in Bahnhöfen? In *Frankfurter Allgemeine Sonntagszeitung*, 37/2017, S. 23.
Ankenbrand, H. (2017). China plant die totale Überwachung. In *Frankfurter Allgemeine Zeitung* 271. S. 15.
Aristoteles (1995a, MP). Metaphysik. In Aristoteles, *Philosophische Schriften* (Bd. 5). Hamburg: Meiner.
Aristoteles (1995b, NE). Nikomachische Ethik. In Aristoteles, *Philosophische Schriften* (Bd. 3). Hamburg: Meiner.
Aristoteles (1995c, Pol). Politik. In Aristoteles, *Philosophische Schriften* (Bd. 4). Hamburg: Meiner.
Aristoteles (1999, RH). *Rhetorik*. Stuttgart: Reclam.
Aßländer, M. (2011). *Handbuch Wirtschaftsethik*. Stuttgart: Metzler.
Augustinus (2007). *Vom Gottesstaat – De civitate Dei*. München: DTV.
Axelrod, R. (2009). *Die Evolution der Kooperation*. Berlin: Oldenbourg.
Bak, P. M. (2014). *Wirtschafts- und Unternehmensethik. Eine Einführung*. Stuttgart: Schäffer Poeschel.
Bauer, T., Gigerenzer, G. & Krämer, W. (2014). *Warum dick nicht doof macht und Genmais nicht tötet*. Frankfurt am Main: Campus.
Baurmann, M. (1996). *Der Markt der Tugenden: Recht und Moral in der liberalen Gesellschaft*. Tübingen: Mohr Siebeck.
Beck, H. (2014). *Behavioral Economics*. Wiesbaden: Springer Gabler.
Beck, U. (1991). Der Konflikt der zwei Modernen. In W. Zapf, *Die Modernisierung moderner Gesellschaften* (S. 40–53). Frankfurt am Main: Campus.
Becker, G. S. (1993). *Ökonomische Erklärung menschlichen Verhaltens*. Tübingen: Mohr Siebeck.
Bentham, J. (1992). Eine Einführung in die Prinzipien der Moral und der Gesetzgebung. In O. Höffe (Hrsg.), *Einführung in die utilitaristische Ethik*. Tübingen: Franke.
Bentham, J. (2007). *An Introduction to the Principles of Morals and Legislation*. Mineola, New York: Dover.

Bentham, J. (2013). *Unsinn auf Stelzen: Schriften zur Französischen Revolution.* München: Akademie Verlag.
Berger, P. L. & Luckmann, T. (2000). *Die gesellschaftliche Konstruktion der Wirklichkeit.* Frankfurt am Main: Fischer.
Bergoglio, J. (2013). *Die Freude des Evangeliums.* Freiburg: Herger.
Bertelsmann Stiftung (2017). Sind die wirtschaftlichen Verhältnisse, also was die Menschen besitzen und verdienen, in Deutschland im Großen und Ganzen gerecht oder nicht gerecht? Von *Statista*: https://de.statista.com/statistik/daten/studie/260793/umfrage/umfrage-zur-gerechtigkeit-wirtschaftlicher-verhaeltnisse-in-deutschland; abgerufen am 26.10.2017.
Beyme, K. v. (2013). *Liberalismus.* Wiesbaden: Springer VS.
BfP (2011). Blätter für deutsche und internationale Politik. Von *»Wir werden Wege finden«, Pressestatements, 1.9.2011:* https://www.blaetter.de/.../»wir-werden-wege-finden-die-parlamentarische-mitbestimmung; abgerufen am 01.09.2014
Böckenförde, E.-W. (1976). *Staat, Gesellschaft, Freiheit.* Frankfurt am Main: Suhrkamp.
Brandom, R. (2015). *Wiedererinnerter Idealismus.* Berlin: Suhrkamp.
Brandt, R. B. (1992). Einige Vorzüge einer bestimmten Form des Regelutilitarismus. In O. Höffe (Hrsg.), *Einführung in die utilitaristische Ethik* (S. 183–222). Tübingen : Francke.
Bröcker, W. (1987). *Aristoteles.* Frankfurt am Main: Klostermann.
Buchanan, J. M. (1985). *The Reason of Rules – Constitutional Political Economy.* Indianapolis: Liberty Fund.
Capraro, V. & Cococcioni, G. (2015). Social setting, intuition and experience in laboratory experiments interact to shape. In *Proceedings of the Royal Society* B 282.
Carroll, A. B. (1991). The Pyramid of Corporate Social Responsibility. Toward the Moral Management of Organizational Stakeholders. In *Business Horizons,* Juli/August 1991, S. 39–48.
CEO (2012). Corporate Europe Observatory. Von *Profit durch Un-Recht:* http://corporateeurope.org/de/trade/2012/11/profit-durch-un-recht; abgerufen am 01.09.2014
Christandl, F. (2013). The Belief in a Just World as a Personal Resource in the Context of Inflation and Financial Crisis. In *Applied Psychology: An international Review* 62(3)/2013, S. 486–518.
Christandl, F., Oberlechner, T. & Pitters, J. (2013). Belastung oder Gelegenheit – Eine Metaphernanalyse zur Wahrnehmung der Finanzkrise durch wirtschaftliche Laien. In *Wirtschaftspsychologie* 2/2013, S. 48–60.
Cohn, A., Fehr, E. & Maréchal, M. A. (2014). Business culture and dishonesty in the banking industry. In *Nature* 516, S. 86–89.
Cohn, A., Maréchal, M. A. & Zünd, Ch. (2017). *Civic Honesty across the Globe.* Bislang unveröffentlichtes Arbeitspapier.
Cohen, F. (2010). *Die zweite Erschaffung der Welt.* Campus: Frankfurt am Main.
Daubek, K. (2013). Der Richter in uns. In *Die Zeit* 30/2013, S. 29.

destatis. (2014). Bildung, Forschung, Kultur. Von *Prüfungen an Hochschulen 2012:* https://www.destatis.de/DE/Publikationen/Thematisch/BildungForschungKultur/Hochschulen/PruefungenHochschulen2110420127004.pdf; abgerufen am 01.09.2014
Dewey, J. (1998). *Die Suche nach Gewissheit. Eine Untersuchung des Verhältnisses von Erkenntnis und Handeln.* Frankfurt am Main: Suhrkamp.
Diekmann, Andreas (2013). *Spieltheorie. Einführung, Beispiele, Experimente.* Reinbek bei Hamburg: rowohlt.
Donaldson, S. & Kymlicka, W. (2013). *Zoopolis. Eine politische Theorie der Tierrechte.* Berlin: Suhrkamp.
Drach, M. S. (2014). Mehrheit der Deutschen für Snowden-Asyl. In *Süddeutsche Zeitung,* 05.06.2014, S. 2.
Dworkin, R. (2012). *Gerechtigkeit für Igel.* Berlin: Suhrkamp.
Easterlin, R. A. (2008). *The Reluctant Economist.* Cambridge: University Press.
Easterlin, R. A. (2010). *Happiness, Growth, and the Life Cycle.* Oxford: University Press.
Edmonds, D. (2013). *Would You Kill the Fat Man? The Trolley Problem and What Your Answer Tells Us about Right and Wrong.* Princeton: University Press.
EGMR (2014). Grand Chamber judgment S.A.S. v. France – ban on wearing in public clothing concealing one's face. Von *French ban on the wearing in public of clothing:* http://hudoc.echr.coe.int/sites/eng-press/pages/search.aspx?i=003-4809142-5861661; abgerufen am 01.09.2014
Engelhard, J. & Trautnitz, G. (2005). Tragen Unternehmen Verantwortung? Überlegungen zur Fundierung des Konzepts korporativer Verantwortung. In M.-J. Oesterle, & J. Wolf (Hrsg.), *Internationalisierung und Institution – Klaus Macharzina zur Emeritierung* (S. 517–541). Wiesbaden: Springer Gabler.
EPI (2014). Issue Brief No. 380, 12. Juni 2014. Von *CEO Pay continues to rise:* http://s1.epi.org/files/2014/ceo-pay-continues-to-rise.pdf; abgerufen am 01.09.2014
Etzioni, A. (1993). Über den Eigennutz hinaus. In J. Wieland (Hrsg.), *Wirtschaftsethik und Theorie der Gesellschaft* (S. 109–133). Frankfurt am Main: Suhrkamp.
Etzioni, A. (1995). *Die Entdeckung des Gemeinwesens. Ansprüche, Verantwortlichkeiten und das Programm des Kommunitarismus.* Stuttgart: Schäfer-Poeschel.
Etzioni, A. (1997). The end of Cross-Cultural Relativism. In *Alternatives* 22, S. 177–189.
Etzioni, A. (1999). *Die Verantwortungsgesellschaft. Individualismus und Moral in der heutigen Gesellschaft.* Berlin: Ullstein.
Etzioni, A. (2001a). *Der dritte Weg zu einer guten Gesellschaft.* Hamburg: Mikado.
Etzioni, A. (2001b). *The Monochrome Society.* Princeton/Oxford: Princeton University Press.
Etzioni, A. (2011). Der Weg führt in den Bankrott. In *Frankfurter Rundschau,* 10.10.2011, S. 26.
Fassbender, B. (2008). Idee und Anspruch der Menschenrechte im Völkerrecht. In *Aus Politik und Zeitgeschichte,* 46/2008, S. 3–8.
FAZ (2014). Bolivien legalisiert die Kinderarbeit. In *Frankfurter Allgemeine Zeitung* 153/2014, S. 20.

faz.net (2004). Chronik des Kannibalismus-Falls. Von *Frankfurter Allgemeine – Gesellschaft*: http://www.faz.net/aktuell/gesellschaft/hintergrund-eine-chronik-des-kannibalismus-falls-von-rotenburg-1129308.html; abgerufen am 01.09.2014
faz.net (2014). Manager-Gehälter. Von *Frankfurter Allgemeine – Wirtschaft*: http://www.faz.net/aktuell/wirtschaft/manager-gehaelter-fuer-it-manager-fliessen-milch-und-honig-12787006.html; abgerufen am 01.09.2014
Fehr, E. & Schmidt, K.M. (1999). A Theory of Fairness, Competition, and Cooperation. In *The Quarterly Journal of Economics* (Band 114), S. 817–868.
Fischer, T. (2014). Was regiert die Welt. In *Die Zeit*, 34/2014, S. 38.
Foot, P. (2003). *Virtues and Vices. And other Essays in Moral Philosophy*. Oxford: University Press.
Forschner, M. (1993). *Über das Glück des Menschen*. Darmstadt: Wissenschaftliche Buchgesellschaft.
Friedman, M. (1970). The Social Responsibility of Business Is to Increase Its Profits. In *New York Times Magazin*, 13.09.1970, S. 122–126.
Friedman, M. (2002). *Kapitalismus und Freiheit*. Frankfurt am Main: Eichborn.
Fry, S. (2013). *Geschichte machen*. Berlin: Aufbau.
Gallup (2014). Wellbeing Meta-Analysis – A Worldwide Study. Von *Gallup*: http://www.gallup.com/strategicconsulting/157229/wellbeing-meta-analysis.aspx; abgerufen am 01.09.2014.
Geier, M. (2012). *Aufklärung. Das europäische Projekt*. Reinbek: Rowohlt.
Gern, D. (2011). Sind Sie der gefährlichste Mann der Welt? In *Frankfurter Allgemeine Zeitung*, 24.07.2011, S. 12.
GFN (2010). Ecological Footprint Atlas 2010. Von *Global Footprint Network*: http://www.footprintnetwork.org/de/index.php/GFN/page/ecological_footprint_atlas_2010; abgerufen am 01.09.2014.
GFN (2017). Ecological Footprint Explorer. Von *Global Footprint Network*: http://data.footprintnetwork.org; abgerufen am 28.09.2017.
Goppel, A., Mieth, C. & Neuhäuser, Chr. (2016). *Handbuch Gerechtigkeit*. Metzler: Stuttgart.
Habermas, J. (1998). *Die postnationale Konstellation*. Frankfurt am Main: Suhrkamp.
Hagelüken, A. (2014). Jung und schön – ein Abschreibungsobjekt. In *Süddeutsche Zeitung*, 76/2014, S. 26.
Hamann, G. & Rohwetter, M. (2013). »Wir bunkern kein Geld«. In *Die Zeit*, 24/2013, S. 24.
Haupt, F. (2014a). Kinderarbeit nutzt. In *Frankfurter Allgemeine Sonntagszeitung*, 25/2014, S. 1.
Haupt, F. (2014b). Es ist gut für die Armen, dass die Reichen reich sind. In *Frankfurter Allgemeine Sonntagszeitung*, 25/2014, S. 2.
HDR (2017). Human Development Reports. Von *United Nations Development Programme*: http://hdr.undp.org/en; abgerufen am 09.07.2017.
Heidbrink, L. (2003). *Kritik der Verantwortung. Zu den Grenzen verantwortlichen Handelns in komplexen Kontexten*. Göttingen: Velbrück.
Hennig, A. (2013). Zum Verhältnis von Religion und Politik in Europa. In *Aus Politik und Zeitgeschichte*, 24/2013, S. 43–48.

Henrich, J. (2010). Markets, Religion, Community Size, and the Evolution of Fairness and Punishment. In *Science* 327/2010, S. 1480–1484.
Hinsch, W. (2013). Glaube und Legitimität in liberalen Demokratien. In *Aus Politik und Zeitgeschichte*, 24/2013, S. 10–16.
Hobbes, T. (1984). *Leviathan*. Frankfurt am Main: Suhrkamp.
Hobbes, T. (1994a). *Elemente der Philosophie III. Vom Bürger*. Hamburg: Meiner.
Hobbes, T. (1994b). *De Cive*. Hamburg: Meiner.
Höffe, O. (1985). Immanuel Kant. In O. Höffe (Hrsg.), *Klassiker der Philosophie* (Bd. II, S. 7–39). München: Beck.
Höffe, O. (1988). *Immanuel Kant*. München: Beck.
Höffe, O. (1993). *Moral als Preis der Moderne*. Frankfurt am Main: Suhrkamp.
Höffe, O. (2013). *Ethik. Eine Einführung*. München: Beck.
Holler, M. J. & Illing, G. (2008). *Einführung in die Spieltheorie*. Berlin: Springer
Homann, K. (1993). Wirtschaftsethik. Die Funktion der Moral in der modernen Wirtschaft. In J. Wieland (Hrsg.), *Wirtschaftsethik und Theorie der Gesellschaft* (S. 32–53). Frankfurt am Main: Suhrkamp.
Homann, K. (1994). Ethik und Ökonomik – Zur Theoriestrategie der Wirtschaftsethik. In K. Homann (Hrsg.), *Wirtschaftsethische Perspektiven I: Theorie, Ordnungsfragen, Internationale Institutionen* (S. 9–30). Berlin: Duncker & Humblot.
Homann, K. (2002). Die Bedeutung von Anreizen in der Ethik. In C. Lütge (Hrsg.), *Vorteile und Anreize: Zur Grundlegung einer Ethik der Zukunft* (S. 187–210). Tübingen: Mohr Siebeck.
Homann, K. (2014). *Sollen und Können. Grenzen und Bedingungen der Individualmoral*. Wien: Ibera.
Homann, K. & Blome-Drees, F. (1992). *Wirtschafts- und Unternehmensethik*. Göttingen: Vandenhoeck.
Horstkotte, H. (2014). Männerdiskriminierung an der Humboldt-Universität. In *Frankfurter Allgemeine Zeitung*, 144/2014, S. N4.
Horton, D. & Wohl, R. (1956). Mass Communication and Para-Social Interaction. Observations On Intimacy at a Distance. In *Psychiatry* 19. S. 215–229.
Hume, D. (1986). *Eine Untersuchung über den menschlichen Verstand*. Stuttgart: Reclam.
IW (2017). Lohngerechtigkeit. Der Osten hinkt hinterher. Von *Institut der deutschen Wirtschaft Köln*: https://www.iwkoeln.de/studien/iw-kurzberichte/beitrag/lohngerechtigkeit-der-osten-hinkt-hinterher-368607; abgerufen am 12.12.2017.
Joas, H. (1999). *Die Entstehung der Werte*. Frankfurt am Main: Suhrkamp.
Joas, H. & Knöbl, W. (2011). *Sozialtheorie*. Frankfurt am Main: Suhrkamp.
Jonas, H. (1984). *Das Prinzip Verantwortung*. Frankfurt am Main: Suhrkamp.
Jung, C. G. (1984). *Die Beziehungen zwischen dem Ich und dem Unbewußten*. Solothurn: Walter.
Kahnemann, D. (2012). *Schnelles Denken, langsames Denken*. München: Siedler.
Kahneman, D., Knetsch, J. L. & Thaler, R. (1986). Fairness as a Constraint on Profit Seeking: Entitlements in the Market. In *American Economic Review* (LXXVI), S. 728–741.
Kant, I. (1990a, ApH). Anthropologie in pragmatischer Hinsicht. In W. Weischedel (Hrsg.), *Werkausgabe* (Bd. XII). Frankfurt am Main: Suhrkamp.

Kant, I. (1990b, BFA). Beantwortung der Frage: Was ist Aufklärung. In W. Weischedel (Hrsg.), *Werkausgabe* (Bd. XI). Frankfurt am Main: Suhrkamp.
Kant, I. (1990c, EaD). Das Ende aller Dinge. In W. Weischedel (Hrsg.), *Werkausgabe* (Bd. XI). Frankfurt am Main: Suhrkamp.
Kant, I. (1990d, GMS). Grundlegung zur Metaphysik der Sitten. In W. Weischedel (Hrsg.), *Werkausgabe* (Bd. VII). Frankfurt am Main: Suhrkamp.
Kant, I. (1990e, GSE). Beobachtungen über das Gefühl des Schönen und Erhabenen. In W. Weischedel (Hrsg.), *Werkausgabe* (Bd. II). Frankfurt am Main: Suhrkamp.
Kant, I. (1990f, IGA). Idee zu einer allgemeinen Geschichte in weltbürgerlicher Absicht. In W. Weischedel (Hrsg.), *Werkausgabe* (Bd. XI). Frankfurt am Main: Suhrkamp.
Kant, I. (1990g, KpV). Kritik der praktischen Vernunft. In W. Weischedel (Hrsg.), *Werkausgabe* (Bd. VII). Frankfurt am Main: Suhrkamp.
Kant, I. (1990h, KrV). Kritik der reinen Vernunft. In W. Weischedel (Hrsg.), *Werkausgabe* (Bd. III). Frankfurt am Main: Suhrkamp.
Kant, I. (1990i, MS). Die Metaphysik der Sitten. In W. Weischedel (Hrsg.), *Werkausgabe* (Bd. VIII). Frankfurt am Main: Suhrkamp.
Kant, I. (1990j, ÜdG). Über den Gemeinspruch. In W. Weischedel (Hrsg.), *Werkausgabe* (Bd. XI). Frankfurt am Main: Suhrkamp.
Kant, I. (1990k, VRM). Über ein vermeintes Recht aus Menschenliebe zu lügen. In W. *Weischedel* (Hrsg.), Werkausgabe (Bd. VIII). Frankfurt am Main: Suhrkamp.
Kant, I. (1990l, ZeF). Zum ewigen Frieden. In W. Weischedel (Hrsg.), *Werkausgabe* (Bd. XI). Frankfurt am Main: Suhrkamp.
Keller, M. (2013). Herz auf Bestellung. In *Die Zeit*, 11/2013, S. 17–19.
King, S. L. & Janik, V. (2013). Bottlenose dolphins can use learned vocal labels to address each other. Von *Proceedings of the National Academy of Sciences of the United States of America (PNAS)*: http://www.pnas.org/content/110/32/13216.full; abgerufen am 01.09.2014
Kohlenberg, K., Pinzler, P. & Uchatius, W. (2014). Im Namen des Geldes. In *Die Zeit*, 10/2014, S. 15–17.
Kolonka, P. (2017). Gesichter am Pranger. In *Frankfurter Allgemeine Sonntagszeitung*, 37/2017, S. 8.
Krebs, A. (2005). Ökologische Ethik I: Grundlagen und Grundbegriffe. In J. Nida-Rümelin, *Angewandte Ethik* (S. 386–425). Stuttgart: Kröner.
Kunze, A. (2014). Reich heiraten. In *Die Zeit*, 19/2014, S. 26.
Ladwig, B. (2011). *Gerechtigkeitstheorien zur Einführung*. Hamburg: Junius.
Leist, A. (2005). Ökologische Ethik II: Ökologische Gerechtigkeit. In J. Nida-Rümelin, *Angewandte Ethik* (S. 427–512). Stuttgart: Kröner.
Lotz, S., Christandl, F. & Fetchenhauer, D. (2013). What is fair is good: Evidence of consumers' taste for fairness. In *Food Quality and Preference*, 30/2013, S. 139–144.
Luftsicherheit, 1 BvR 357/05 (*Bundesverfassungsgericht* 15. Februar 2006).
Luhmann, N. (1993). Wirtschaftsethik – als Ethik? In J. Wieland (Hrsg.), *Wirtschaftsethik und Theorie der Gesellschaft* (S. 134–147). Frankfurt am Main: Suhrkamp.
Marx, K. (1969). Die deutsche Ideologie. In *Marx-Engels-Werke* (Bd. 3). Berlin: Dietz.
Marx, K. (1981). Zur Kritik der politischen Ökonomie. In *Marx-Engels-Werke* (Bd. 13). Berlin: Dietz.

Marx, K. (1990a). Die heilige Familie oder Kritik der kritischen Kritik. In *Marx-Engels-Werke* (Bd. 2). Berlin: Dietz.
Marx, K. (1990b). Manifest der Kommunistischen Partei. In *Marx-Engels-Werke* (Bd. 4). Berlin: Dietz.
Matas, A. J. & Schnitzler, M. (2004). Payment for living donor (vendor) kidneys: a cost-effectiveness analysis. Von *American Journal of Transplantation*, 2/2004, S. 216–221: http://www.ncbi.nlm.nih.gov/pubmed/14974942; abgerufen am 01.09.2014
Meiwes (2005). BGH 2 StR 310/04 (*Landgericht Kassel* 22. April 2005).
Mill, J. S. (2006). *Utilitarianism/Der Utilitarismus*. Stuttgart: Reclam.
Mill, J. S. (2009). *On Liberty/Über die Freiheit*. Stuttgart: Reclam.
Millward-Brown (2014). Top 100 Most Valuable Global Brands 2014. Von *Millward-Brown – BrandZ*: http://www.millwardbrown.com/brandz/2014/Top100/Docs/2014_BrandZ_Top100_Chart.pdf; abgerufen am 01.09.2014
NEF (2013). The Happy Planet Index 2012 Report. Von *New Economics Foundation*: http://www.happyplanetindex.org/assets/happy-planet-index-report.pdf; abgerufen am 01.09.2014
Nell-Breuning, O. v. (1956). *Eigentum und Verfügungsgewalt in der modernen Gesellschaft. Gesellschaftspolitische Kommentare* (Bd. III, S. 473–478). Bonn: Carthaus.
Nell-Breuning, O. v. (1964). *Christliche Soziallehre*. Mannheim: Pesch.
Nell-Breuning, O. v. (1975). *Der Mensch in der heutigen Wirtschaftsgesellschaft*. München: Olzog.
Neuhäuser, Chr. (2017). Drei Rückfragen an die normativen Grundlagen der Ordonomik. In *Zeitschrift für Wirtschafts- und Unternehmensethik*, 18, S. 264–268.
Nida-Rümelin, J. (2005). Theoretische und angewandte Ethik: Paradigmen, Begründungen, Bereiche. In J. Nida-Rümelin, *Angewandte Ethik* (S. 2–87). Stuttgart: Kröner.
Nowak, M. A., Page, K. & Sigmund, K. (2000). Fairness Versus Reason in the Ultimatum Game. In *Science* 289/2000, S. 1173–1775.
Nozick, R. (1991). *Vom richtigen, guten und glücklichen Leben*. München: Hanser.
Nozick, R. (2006). *Anarchie, Staat, Utopia*. München: Olzog.
Nussbaum, M. (1993). Menschliches Tun und soziale Gerechtigkeit. In M. Brumlik & H. Brunkhorst, *Gemeinschaft und Gerechtigkeit* (S. 323–363). Frankfurt am Main: Fischer.
OECD (2017). »Better Life Index«, OECD Social and Welfare Statistics (database). Von *OECD*: http://dx.doi.org/10.1787/data-00823-en; abgerufen am 09.09.2017
Oehrlein, J. (2014). Kinderarbeit erlauben. In *Frankfurter Allgemeine Zeitung*, 147/2014, S. 5.
Oxfam (2017). »8 Männer besitzen so viel wie die ärmere Hälfte der Weltbevölkerung«. Von *Oxfam*: https://www.oxfam.de/ueber-uns/aktuelles/2017-01-16-8-maenner-besitzen-so-viel-aermere-haelfte-weltbevoelkerung; abgerufen am 09.07.2017.
Partsch, K. J. (1995). Der internationale Menschenrechtsschutz. In Bundeszentrale für politische Bildung (Hrsg.), *Menschenrechte. Dokumente und Deklarationen* (S. 11–30). Bonn: Bundeszentrale für politische Bildung.

Pfordten, D. v. (2005). Rechtsethik. In J. Nida-Rümelin, *Angewandte Ethik* (S. 202–300). Stuttgart: Kröner.
Piketty, Th. (2014). *Das Kapital im 21. Jahrhundert.* München: C. H. Beck.
Platon (2010). Politeia – Der Staat. In Platon, *Werke in acht Bänden.* Darmstadt: Wissenschaftliche Buchgesellschaft.
Popper, K. R. (1992a). *Die offene Gesellschaft und ihre Feinde* (Bd. I). Tübingen: Mohr.
Popper, K. R. (1992b). *Die offene Gesellschaft und ihre Feinde* (Bd. II). Tübingen: Mohr.
PRC (2014). NSA coverage wins Pulitzer. Von *PewResearchCenter:* http://www.pewresearch.org/fact-tank/2014/04/15/nsa-coverage-wins-pulitzer-but-americans-remain-divided-on-snowden-leaks; abgerufen am 01.09.2014
Quincey, T. D. (1984). *Die letzten Tage des Immanuel Kant.* München: Matthes & Seitz.
Rand, D. G., Greene, J. D. & Nowak, M. A. (2012). Spontaneous giving and calculated greed. In *Nature* 489, S. 427–340.
Rawls, J. (1979). *Eine Theorie der Gerechtigkeit.* Frankfurt am Main: Suhrkamp.
Rawls, J. (2006). *Gerechtigkeit als Fairneß. Ein Neuentwurf.* Frankfurt am Main: Suhrkamp.
Reese-Schäfer, W. (2001). *Kommunitarismus.* Frankfurt am Main: Campus.
Rommerskirchen, J. (2011). *Prekäre Kommunikation. Die Vernehmung in der multikulturellen Gesellschaft.* Wiesbaden: VS.
Rommerskirchen, J. (2017). *Soziologie & Kommunikation. Theorien und Paradigmen von der Antike bis zur Gegenwart.* Wiesbaden: Springer VS.
Roser, M. (2017). Our World in Data. Von *Roser:* https://ourworldindata.org; abgerufen am 09.07.2017.
Sandel, M. J. (1982). *Liberalism and the Limits of Justice.* Cambridge: Cambridge University Press.
Sandel, M. J. (1984). *Liberalism and Its Critics.* New York: University Press.
Sandel, M. J. (1993). Die verfahrensrechtliche Republik und das ungebundene Selbst. In A. Honneth, *Kommunitarismus. Eine Debatte über die moralischen Grundlagen moderner Gesellschaften* (S. 18–35). Frankfurt am Main: Campus.
Sandel, M. J. (2012). *Was man für Geld nicht kaufen kann.* Berlin: Ullstein.
Sandel, M. J. (2013). *Gerechtigkeit. Wie wir das Richtige tun.* Berlin: Ullstein.
Sandel, Michael (2015). *Moral und Politik: Wie wir das Richtige tun.* Berlin: Ullstein.
Schenk, A. (2014). Das darf nicht sein. In *Die Zeit,* 14/2014, S. 77–78.
Schirach, F. v. (2017). Terror – Ferdinand von Schirach. Von *Schirach:* http://terror.theater; abgerufen am 10.10.2017.
Schmitz, F. (2014). *Tierethik.* Berlin: Suhrkamp.
Schopenhauer, A. (2006). *Über die Grundlage der Moral.* Hamburg: Meiner.
Sen, A. (2010). *Die Idee der Gerechtigkeit.* München: Beck.
Shakespeare, W. (1995). *Hamlet.* Frankfurt am Main: Zweitausendeins.
Shalit, A. D. (1995). *Why Posterity Matters: Environmental Policies and Future Generations.* London: Routledge.
Sigmund, K., Fehr, E. & Nowak, M. (2002). Teilen und Helfen – Ursprünge sozialen Verhaltens. In *Spektrum der Wissenschaft* März 2002, S. 52–59.
Singer, P. (2013). *Praktische Ethik.* Stuttgart: Reclam.
Smith, A. (1999). *Wohlstand der Nationen.* München: dtv.
Smith, A. (2010). *Theorie der ethischen Gefühle.* Hamburg: Felix Meiner.

Sophokles (1999). *Antigone*. München: Oldenbourg.
Stern (2017). Zu welchen Institutionen haben Sie großes Vertrauen? Von *Statista*: https://de.statista.com/statistik/daten/studie/3612/umfrage/institutionen-denen-die-deutschen-vertrauen; abgerufen am 09.07.2017
Stiglitz, J. E., Sen, A. & Fitoussi, J.-P. (2009). Report by the Commission on the Measurement of Economic Performance and Social Progress. Von *stiglitz-sen-fitoussi*: http://www.stiglitz-sen-fitoussi.fr: http://www.stiglitz-sen-fitoussi.fr/documents/rapport_anglais.pdf; abgerufen am 01.09.2014
Taylor, C. (1985). Atomism. Philosophy and the Human Sciences, In *Philosophical Papers* 2/1985, S. 187–211.
Taylor, C. (1992). *Negative Freiheit?* Frankfurt am Main: Suhrkamp
Taylor, C. (2002). *Wieviel Gemeinschaft braucht die Demokratie?* Frankfurt am Main: Suhrkamp.
Taylor, C. (2009). *Multikulturalismus und die Politik der Anerkennung*. Frankfurt am Main: Suhrkamp.
Taylor, C. (2012). *Ein säkulares Zeitalter*. Berlin: Suhrkamp.
Thaler, R. & Sunstein, C. (2008). *Nudging – Wie man kluge Entscheidungen anstößt*. Berlin: Econ.
Thomas von Aquin (1953). Summa theologica. In *Deutsche Thomas Ausgabe* (Bd. 18). Heidelberg: Kerle.
Thomson, J. J. (1976). Killing, Letting Die, and the Trolley Problem. In *The Monist* 59, S. 204–217.
Tocqueville, A. d. (2006). *Über die Demokratie in Amerika*. Stuttgart: Reclam.
Tomassello, M. (2014). *Eine Naturgeschichte des menschlichen Denkens*. Berlin: Suhrkamp.
Tschentscher, A. (2000). *Prozedurale Theorien der Gerechtigkeit*. Baden-Baden: Nomos.
UCL (2014). University College London. Von *Bentham Projekt*: http://www.ucl.ac.uk/Bentham-Project/who/autoicon; abgerufen am 01.09.2014
Urmson, J. O. (1992). Zur Interpretation der Moralphilosophie John Stuart Mills. In O. Höffe, *Einführung in die utilitaristische Ethik* (S. 123–134). Tübingen: Francke.
Walzer, M. (1990). *Kritik und Gemeinsinn. Drei Wege der Gesellschaftskritik*. Berlin: Rotbuch.
Walzer, M. (2006). *Sphären der Gerechtigkeit. Ein Plädoyer für Pluralität und Gleichheit*. Frankfurt am Main: Campus.
Weber, M. (2008). *Wirtschaft und Gesellschaft. Grundriss der verstehenden Soziologie*. Frankfurt am Main: Zweitausendeins.
Wefing, H. & Pham, K. (2013). Sein geheimes Leben. In *Die Zeit*, 27/2013, S. 3.
Wells, H. G. (1996). *Die Zeitmaschine*. München: dtv.
Werner, M. (2014). Die Tierzählung. In *Die Zeit*, 21/2014, S. 38.
Zimmerli, W. C. & Aßländer, M. (2005). Wirtschaftsethik. In J. Nida-Rümelin, *Angewandte Ethik* (S. 303–375). Stuttgart: Kröner.

GPSR Compliance
The European Union's (EU) General Product Safety Regulation (GPSR) is a set of rules that requires consumer products to be safe and our obligations to ensure this.

If you have any concerns about our products, you can contact us on

ProductSafety@springernature.com

In case Publisher is established outside the EU, the EU authorized representative is:

Springer Nature Customer Service Center GmbH
Europaplatz 3
69115 Heidelberg, Germany